LA HISTORIA ARGENTINA EN PERSPECTIVA LOCAL Y REGIONAL

LA HISTORIA ARGENTINA EN PERSPECTIVA LOCAL Y REGIONAL

Nuevas miradas
para viejos problemas

Tomo 1

Susana Bandieri y Sandra Fernández
(coordinadoras)

La historia argentina en perspectiva local y regional: nuevas miradas para viejos problemas/Nidia Areces ... [et al.]; coordinación general de Susana Bandieri; Sandra R. Fernández. - 1a ed. - Ciudad Autónoma de Buenos Aires: Teseo, 2017. 476 p. ; 20 x 13 cm.
ISBN 978-987-723-133-5
1. Historia Argentina. 2. Historia Regional. I. Areces, Nidia II. Bandieri, Susana, coord. III. Fernández, Sandra R., coord.

CDD 982

Imagen de tapa: Designed by Freepik

Buenos Aires, Argentina
Editorial Teseo
Hecho el depósito que previene la ley 11.723
Para sugerencias o comentarios acerca del contenido de esta obra, escríbanos a: **info@editorialteseo.com**
www.editorialteseo.com

ISBN: 9789877231335

Compaginado desde TeseoPress (www.teseopress.com)

Índice

Presentación

Un mapa. Esta obra es un ancho mapa. Una imagen de varias significativas producciones de la historiografía argentina construida desde el perfil de los estudios regionales y locales. El conjunto no pretende ser ni una miscelánea ni una síntesis, sino un pase cuadro a cuadro de una secuencia de investigaciones sobre varios de los tópicos que han mantenido una línea de trabajo y una tradición durante las últimas tres décadas.

Treinta años de producción escrita, marcados por la recuperación democrática de la universidad argentina en 1983 y la proyección de los organismos públicos de investigación, que han consolidado un corpus en el marco de un escenario historiográfico novedoso dentro del campo, quizás el más prolífico que hayamos observado. Tal panorama hubiera sido imposible sin el crecimiento sostenido de las investigaciones pensadas y llevadas adelante desde una perspectiva regional y local, perspectiva que nutrió y amplió el caudal historiográfico de forma impensada en los años ochenta.

La obra en conjunto no pretende ser un manual o un escrito que desde el eje temporal habilite el estudio de algunos temas. En este sentido, también se distancia de la idea de colección como reunión de elementos significativos, ya que la perspectiva transversal propuesta desde los ejes seleccionados prioriza la problematización por sobre el proceso.

La compilación pone en cuestión las formas de ver el "hecho nacional" como emergente fundamental, a la vez que resiste a su influencia. Desenfocar el análisis de la retórica de lo nacional, no para marginarla, sino para incluirla como una más en un escenario compartido donde asisten otros protagonistas, conlleva un ejercicio de puesta en escena de investigaciones mostrando balances y líneas de fuerza que alimentan nuestro campo de estudio. El ejercicio debe acompañarse además con un plano reflexivo que permita comenzar a ver un horizonte de síntesis que funde sus bases sobre la plural y densa producción que señalábamos más arriba.

Los estudios desplegados en los tres tomos de este texto son un muy buen ejemplo de la frondosidad de la producción historiográfica argentina, que marca no solo una clara reacción en contra de los énfasis iniciales de los años ochenta y primeros noventa, que ponían el acento en los estudios sobre el Estado nacional, retomando la línea trazada en el período anterior a la dictadura, sino una renovación del aparato teórico-metodológico que ha sido materia excluyente en las aproximaciones a nuevos y viejos temas de nuestra historia. La capilaridad demostrada en las investigaciones reunidas en esta obra hace posible exponer algunos de los lineamientos más significativos desarrollados ya en el siglo XXI sobre distintos espacios regionales y locales.

La estructuración de la obra en ejes ha permitido revitalizar una tarea, parcial por cierto, en el esfuerzo de contextualización de las investigaciones. Contexto entendido como las coordenadas espacio-temporales que delimitan un hecho y que lo convierten en eslabón de una cadena de significados, a la vez que permite definir objetos y problemas de estudio corriéndose de la cómoda justificación de lo nacional para circunscribir un abordaje historiográfico.

Alan Knight expresa, en un excelente artículo de 1998, que el "impulso moribundo por generalizar" ha permitido que se desplegaran en la historiografía mexicana en particular y latinoamericana en su conjunto, aproximaciones que al fin hicieron posible que viejas certidumbres se hayan puesto en tela de juicio.[1] Parafraseando a Knight, es el paso de una historia nacional a muchas historias argentinas.

La transformación que puede observarse a lo largo de estas páginas tiene tres puntos de inflexión, diferentes entre sí pero complementarios, a la vez que ineludibles en conjunto. El primero tiene que ver con las escalas elegidas, que permiten seleccionar una determinada cantidad y un determinado tipo de información que debe ser pertinente con lo que se pretende representar. La escala que los estudios regionales y locales llevan adelante hace posible una explotación intensiva de las fuentes con atención a lo particular, sin olvidar nunca el contexto. Segundo, tales investigaciones visibilizan y rescatan una gran cantidad de *corpus* documentales que, desconocidos o escasamente visitados, exponen y traducen nuevos datos, puestos en perspectiva con fuentes más tradicionales y transitadas. Archivos primarios que han crecido y que se han mejorado, la aparición de nuevos catálogos, la sistematización, digitalización y puesta en línea de muchas fuentes, obedecen a este impulso de estudiar más y mejor "lo pequeño". El incremento de la exploración de los archivos regionales y locales, gracias al esfuerzo de investigadores individuales, de programas de rescate de archivos para dotar a centros de documentación e investigación de mayor y mejor material ha sido fundamental en la transformación del panorama de las fuentes para la historia regional y local. Tales esfuerzos, en la mayoría de los casos, han podido ser contenidos por parte de los centros de investigación dedicados específicamente a la problemática regional y local en estas últimas dos décadas. Sin la fundamental asistencia y contención de estas instituciones públicas (aquí debemos señalar con énfasis la labor

---

1 KNIGHT, Alan, "Latinoamérica, un balance historiográfico", en *Historia y Grafía* nº 10, enero-junio/1998.

de CONICET) hubiera sido mucho más difícil la tarea de sistematización de fuentes y, correlativamente, de producción en investigación de base.

De este modo, las investigaciones aquí reunidas son tributarias de estas ventajas que la historiografía argentina logró en los años democráticos, rescatando estudios nodales de los años sesenta y setenta para comprender y transitar en términos positivos la crisis de los paradigmas propios de la ciencia social en su conjunto.

La recuperación de documentos que exceden largamente los atesorados en los archivos estatales, la consideración de los espacios como socialmente constituidos, la concepción de que objetos modestos hacen grandes historias, el análisis de las relaciones sociales a "ras del piso" son algunos de los grandes valores que la perspectiva regional y local aporta al horizonte del conjunto historiográfico argentino.

Vale la pena insistir en estos atributos, y esta obra es un buen ejemplo de ello. Se eligió una opción que no es la síntesis, la colección o el manual. Esta compilación es una composición coral que muestra la madurez de la perspectiva regional y local en la historiografía argentina y que, aun a riesgo de dispersar temáticamente y de contraer alcances cronológicos (problemas lógicos de una compilación), tiene la gran virtud de dinamizar el nivel de reflexión y de exponer un estado de la cuestión sugerente sobre nuestra producción científica actual.

Susana Bandieri y Sandra Fernández

Actores sociales en espacios de frontera

Trajines de los milicianos en las fronteras santafesinas (1650-1720)

Nidia R. Areces

Introducción

Reflexionar acerca de las acciones de las milicias en los espacios santafesinos de frontera remite a uno de los conceptos que despierta el interés de las ciencias sociales y en particular de la historia: el de actor social (ver entre otros Touraine, 1984), que puede ser un individuo, una red de sociabilidad, un colectivo o una sociedad. A través de sus acciones y de su vinculación con el grupo al que pertenecen se construye la identidad de los actores. Precisamente, el retorno al protagonismo del sujeto como actor permite analizar a las milicias y a sus integrantes caracterizándolos a partir del campo estructural y relacional de la sociedad.

Las prácticas de los alardes y las campañas de carácter militar integradas por vecinos de cualquier condición y/o estamento que se organizan para la defensa de la ciudad y regiones aledañas contribuyen a identificar a los actores y a visualizar los fundamentos de poder asentados en patrones de tipo clientelar. Estas movilizaciones dependen no solo de la coyuntura bélica sino también del entramado estamental y político propio de esos tiempos. La remisión es a la gestión y funcionamiento de los poderes locales, específicamente al Cabildo, institución rectora de la vida de la ciudad de la América colonial que se hace de atribuciones y recursos que le permiten contar con un margen de maniobra bastante considerable, y más en Santa Fe, una región de frontera del Virreinato peruano y frontera en sí misma.

La etapa de referencia es anterior a las reformas que los Borbones implementan en el plano militar, momento en que las milicias, formaciones locales sin paga e irregulares, son más autónomas e independientes, a pesar de lo cual constituyen uno de los elementos -junto con las flotas, las fortificaciones y las guarniciones- de la defensa de las colonias españolas. La importancia histórica de esta organización militar de carácter temporal, cuyo origen proviene de la Edad Media, responde a prácticas seculares de movilización de la población con el objetivo de defensa del territorio y apoyo a las tropas del ejército. Al respecto, las campañas desplegadas por las milicias coloniales resguardan la "República de los españoles" para repeler ataques, avanzar sobre los territorios de los pueblos autóctonos no sometidos y, si se dan las condiciones, dominarlos y reducirlos para fundamentalmente proveerse de mano de obra.

Uno de los efectos de las campañas milicianas es consolidar la autoridad cívico-militar en la ciudad y su jurisdicción, proceso del cual se benefician los notables, vecinos de estirpe y hacienda, que respaldan y costean estas campañas y quienes, de esta manera, aseguran su rol en la vida política de ese espacio e incluso de la Gobernación. La misma composición y funcionamiento de las milicias las hacen proclives al reforzamiento de liderazgos locales nutridos por lazos clientelares que repercuten en el ámbito político. Su organización y mantenimiento ocasionan costos y desvíos de recursos que recaen en el gobierno de la ciudad y, por ende, en sus pobladores.

Sin embargo, el sistema de reserva de las milicias resulta menos eficaz que el del ejército reglado y capacitado, que es el que finalmente se impone, modelo cuyo basamento consiste en el ingreso y promoción jerarquizada de efectivos militares. Este proceso se desarrolla sobre todo en el transcurso del siglo XVIII a partir de la aplicación de las reformas borbónicas, entre las cuales cobran especial importancia la necesidad de reorganizar y reforzar las defensas del Imperio español en América, dignificar la institución militar y enaltecer la carrera de armas como propia y exclusiva del Real servicio. La figura del soldado de fortuna, tan característica del siglo XVII, da lugar a una nueva oficialidad, para la que se establece un conjunto de requisitos de ingreso, siendo los más importantes el de la limpieza de sangre y la condición distinguida del futuro oficial. Este proceso se acelera en América colonial a medida que pasan los años, constituyendo la corporación militar y la carrera de las armas uno de los segmentos de cambio de la estructura social.

Las precedentes cuestiones generales acerca de las milicias, su organización, funciones e incidencia en el ámbito socio-político están presentes en este trabajo que reflexiona acerca de su accionar en el espacio santafesino desde los momentos iniciales del traslado de la Vieja Santa Fe a su nuevo y actual asentamiento entre 1650-1660 hasta las dos primeras décadas del siglo XVIII, período signado por la agudización de los enfrentamientos con los pueblos autóctonos, la inestabilidad de los bordes fronterizos, en particular del río Salado, y el posterior y consecuente reordenamiento espacial con el desplazamiento de población hacia la otra banda del Río Paraná y el sur de la jurisdicción.

La temporalidad se sustenta en las etapas que experimenta la ciudad -eje radiante de la ocupación y poblamiento del espacio santafesino por los españoles- en el marco de la última etapa del reinado de los Austrias a las dos primeras décadas del de los Borbones. En particular se tienen en cuenta los efectos económicos y sociales del traslado así como el hecho de ser puerto preciso (Damianovich, 1986) que obliga al tráfico proveniente de río arriba a recalar y pagar contribuciones a la ciudad. Los avances y retrocesos producidos en el norte en el río Salado, en el este, en la otra banda del río Paraná, y en el sur en los límites del Pago de los Arroyos marcaron el contexto de los espacios fronterizos. Estas situaciones inciden de manera significativa en la construcción de lindes y bordes y de la misma ciudad por ser esta de frontera y donde hombres y mujeres realizan y transmiten sus experiencias de vida y entretejen sus relaciones sociales y políticas.

Las fronteras santafesinas, espacios de contacto y conflicto

Los espacios de frontera santafesinos constituyen en la etapa colonial rioplatense una de las tantas periferias del extenso Virreinato peruano encontrándose en los confines de los centros de poder y siendo justipreciados por las autoridades españolas en distintas etapas más que en otras. Santa Fe se la connota por su ubicación estratégica que la vincula, por vías terrestres y fluviales, al vasto interior y a Buenos Aires. Esta ubicación se traduce en las interrelaciones que se producen entre individuos y colectivos sociales que pertenecen a unidades espaciales distintas: territorios de los pueblos originarios no sometidos y poblados, ciudades y vías de comunicación de los españoles.

En esos espacios abiertos, propensos a los conflictos y donde la tónica es la guerra, los sujetos que los transitan logran contactarse e intercambiar en forma esporádica y transitoria o de manera organizada con signos de perdurabilidad teniendo en cuenta que, en el transcurso del tiempo, son más proclives a la porosidad que a la clausura. En este sentido, el tránsito por los mismos puntos de encuentro y de paso hacía posible una amplia gama de transacciones, pero también propiciaba transgresiones de todo tipo. En la larga duración, el lazo que se establece prevalece sobre la separación, particularmente en las cortas distancias donde las vinculaciones son más fluidas y hasta inusitadas. La porosidad de las fronteras permite igualmente la difusión de rasgos y caracteres de un territorio al otro dando lugar a las recomposiciones espaciales a partir de una mayor apertura y frecuencia de los tránsitos e intercambios que pueden o no ser recíprocos y/o complementarios.

Estas consideraciones se aprecian en el espacio santafesino en particular cuando la ciudad está siendo trasladada, años a partir de los cuales se incrementa el comercio con otras regiones del Virreinato peruano potenciándose la producción mular, la realización de vaquerías, la circulación de tropas de ganado y fletamentos de yerba, así como las cacerías de venados y ñandúes.

Para 1675, la población blanca de la ciudad se compone de unas 1.300 almas, estimación que entendemos es baja dada la estructura urbana en su conjunto con chacras en su periferia y las actividades a las que se dedica su población: tierra, vaquerías y trajines. En 1698, los hombres de guerra ascienden a 360, con un cálculo global de 1.500 habitantes, que se reducen en el año 1700 a 323 hombres de guerra, o sea un total aproximado de 1.300 habitantes (Torre Revello, 1961), descenso poblacional ocasionado sobre todo por las amenazas e invasiones de los chaqueños que incursionan en las fronteras y acechan la ciudad.

En la composición de la población del centro urbano predominan los blancos o los considerados como tales -españoles, criollos y distintas categorías de mestizos-, a los que se agregan indios y negros, la mayoría reducidos y esclavos. Alberga también una numerosa y abigarrada población flotante y/o pasante que transita los espacios de frontera, sin diferenciación de color o estamento, principalmente los ocupados en el acarreo y transporte de mercaderías. La población no solo crece naturalmente, además arriban sujetos de diversa condición provenientes de distintas regiones del Virreinato peruano y también peninsulares, entre otros, portugueses -dedicados en particular al comercio- que estratégicamente establecen alianzas, vía matrimonial, con familias de antigua residencia y ascendencia.

Una vez trasladada la ciudad, se detectan en la documentación la instalación de fuertes para su defensa y para dar aviso de las novedades de las fronteras, entre otros, el Fuerte del Salado sobre el río homónimo posteriormente denominado del Rosario por su cercanía a la Capilla de la Reducción de Calchaquíes y, a principios del siglo XVIII, el asentado sobre el río Colastiné en el Rincón. Estos fuertes son construcciones precarias de madera, de efímera existencia, que junto con las estancias, protegidas con empalizadas y mangrullos, y las reducciones funcionan de línea defensiva frente al avance de los pobladores autóctonos.

A principios del siglo XVIII, el espacio ocupado en la región santafesina se limita al núcleo urbano de la ciudad y cuatro pagos poblados, diseminados radialmente: Rincón, Chacras del Saladillo, río Salado de esta Banda y río Salado de la otra Banda hasta el río Carcarañá, incluida la Bajada de Entre Ríos que constituye un área de vaqueo y de estancias de los santafesinos. Este espacio, asociado al corredor fluvial paranaense, conoce una ampliación en la primera mitad del mencionado siglo, al sumarse hacia el Sur los Curatos de Coronda y Rosario. La conflictiva situación con los pueblos originarios cercanos a la ciudad y las periódicas calamidades naturales –sequías, plagas, pestes- obligan a muchos de los vecinos con sus familias a trasladar sus sementeras y estancias hacia el Sur y hacia las tierras de la otra banda del Paraná, en la actual Entre Ríos. Este desplazamiento acarrea inestabilidad e inseguridad para hombres y bienes trastocando el cuadro optimista de las décadas siguientes al traslado de la ciudad. De principios a mediados del siglo XVIII, la situación en las fronteras es de suma inestabilidad y peligro planteándose la necesidad de un nuevo traslado hacia 1725 en momentos en que muchos pobladores se desplazan hacia sitios más seguros, situación que se revierte por la acción de la Compañía de Jesús en el espacio santafesino.

Efectivamente, dicha Compañía tiene una efectiva incidencia en la planificación y proyección del poblamiento santafesino. Desde su instalación en 1610 hasta que es expulsada en 1767, la presencia e intervención de la Compañía sobre la realidad local y regional es activa y decisiva contando con el conocimiento que poseen de la política metropolitana y, sobre todo, con la influencia sobre los actores de esta historia. Por consiguiente, la construcción social de los espacios de frontera no puede desvincularse del proyecto jesuita (Calvo, 1993; Baravalle, *et al.* 1999; Areces, 2004) cuya puesta en marcha y desarrollo configuran vectores de dominación que se posicionan estratégicamente gracias al inteligente manejo de recursos humanos y materiales. El eje es el Colegio asentado en la ciudad y su red de propiedades urbanas y rurales y de reducciones indígenas, entramado extendido en la región santafesina que, a su vez, está conectado con otras jurisdicciones siendo la de Córdoba la más cercana. Ese espacio en su conjunto funciona como bisagra del cruce de rutas fluviales y terrestres que unen a las ciudades de Buenos Aires, Córdoba, Santiago del Estero y Corrientes, articulándolas con el Alto Perú, Chile, Paraguay y Brasil, a pesar de las restricciones que, por pertenecer a distintas administraciones y dominios, impone el gobierno español. El proyecto efectivizado por la Orden en Santa Fe diagrama el espacio y asegura las fronteras de las irrupciones y embates de los pueblos originarios.

En la defensa de estos espacios de frontera no se dan en el período estudiado acciones coordinadas entre las ciudades más próximas a Santa Fe: Corrientes, Santiago del Estero, Córdoba y Buenos Aires. Las entradas y campañas se realizan aisladamente y, por consiguiente, el costo es mayor en fuerzas humanas y materiales para la entidad que la organiza. Se entiende que las competencias institucionales dificultan su realización llegándose a producirse conflictos de los cabildos entre sí. Pero también hay que pensar en las carencias y limitaciones que se le presentan -inherentes al mismo sistema- al tratar de movilizar hombres, caballos, pertrechos y vituallas, más allá de las jurisdicciones respectivas.

Trajines de las milicias, alardes y campañas

Las experiencias en las fronteras y el continuo trajín militar constituyen moneda corriente en la vida de los pobladores cualquiera fuera su ubicación en la escala social. Hasta los más pudientes, los más notables, acuden personalmente encabezando las compañías, encuadrados en la obligación de todo súbdito de prestar servicio militar. Son formaciones improvisadas no entrenadas metódicamente para tareas de guerra y cuya organización es irregular. Apenas finalizadas las acciones para las cuales son convocadas -fundamentalmente defensa de propiedades y territorios y dominación sobre los pueblos originarios-, se desintegran y los milicianos retornan a sus actividades habituales hasta que son nuevamente citados.

La composición heterogénea de la población santafesina se refleja en las milicias integradas por vecinos y estantes de distinta condición social y rango que tienen la obligación de aportar caballos y armas, ayudando los más pudientes a los que carecen de ellos. Son convocados a través de bandos para acudir obligatoriamente al alarde, revista o parada, cuya función prioritaria es administrativa, siendo su objetivo el recuento de la tropa y de las armas disponibles. En algunas ocasiones, a los concentrados se les facilita sobre el terreno algún tipo de instrucción militar. La dispar tropa queda bajo el mando de una autoridad militar señalada en última instancia por la Corona, pudiendo recaer en el encomendero de mayor prestigio al que por sus méritos se le concede grado militar, normalmente maestre de campo, sin sueldo y sin preeminencias fuera de su jurisdicción, o bien en el gobernador si se efectúa en una cabecera de provincia, o alguien a quien este último envía específicamente para tal cometido. Los alardes son convocados por los alcaldes y regidores de las ciudades, pueblos o partidos con una periodicidad de cuatro meses, por los menos, dos veces al año, anunciando con ocho o diez días de antelación la fecha y el lugar de concentración con la finalidad de que todos puedan acudir con todo el bagaje y pertrechos (Marchena Fernández, 1992: 39-40), como se verá a continuación.

En la muestra de armas de 1658, los vecinos santafesinos están sosteniendo dos ciudades, la que se está despoblando y la nueva, cuando no solo están afectados por los inconvenientes ocasionados por el reacomodamiento en el nuevo sitio y por las calamidades naturales sino también por el incremento de las incursiones y de las acciones bélicas con los distintos pueblos chaqueños. Afrontar en conjunto esta situación evidencia el potencial subyacente en esta sociedad de frontera que, entre otros recursos empleados para proveerse del sostén económico necesario, realiza vaquerías generales sobre el ganado cimarrón y mostrenco disponible.

En el informe del maestre de campo Juan Arias de Saavedra, encomendero, teniente de gobernador, justicia mayor y superintendente de Armas de Santa Fe y de Corrientes, al Cabildo del 17 de noviembre de 1658, consta que algunos vecinos regresan de la entrada al Valle Calchaquí[1] por haberse encontrado con gente de guerra a veinte leguas de la ciudad. Considera además la necesidad de poner remedio al hurto que los enemigos no capturados o huidos a los montes de Calchaquí hacen de piezas de servicio[2] de esta ciudad y a los daños que pueden provocar, así como a los robos de la gente de la ciudad de Santiago del Estero que siguiendo órdenes están en la jurisdicción santafesina, todo lo cual inquieta a la población. Con este fin se pregona la orden de que todos los vecinos comparezcan a la muestra de armas que se realiza el 20 de noviembre

---

1 En Santa Fe se denomina Valle Calchaquí al espacio que se encuentra a mitad de camino entre la franja de transición que separa, por una parte, a La Pampa y al Chaco y el Chaco propiamente dicho y, por otra, el área de interfluvios y aluvial del río Paraná, siendo el río Salado el que actúa en los tiempos coloniales como un agente de articulación del espacio.

2 Piezas: indios y esclavos que pueden ser intercambiados.

de 1658 siendo su resultado que solo seis hombres sobre un total de cuarenta y dos se presentan con armas (Cervera, 1924: 226).[3]

Otro alarde de los registrados es el convocado por el mismo Arias de Saavedra el 6 de junio de 1659 por estar la tierra en pie de guerra, siendo necesario que sus pobladores defiendan sus haciendas y custodien la ciudad. La causa detonante es la muerte de vecinos provocada por los chaguschasques y guaycurúes que intempestivamente entraron en la jurisdicción asaltando y cometiendo tropelías.

En esas entradas al Valle Calchaquí, los milicianos capturan piezas para lucrar con ellas. Al respecto se constata que en 1663 se prohíbe la venta, trueque o permuta por dinero o efectos a los poseedores de ciento cincuenta piezas de indios, chinos, muchachas y niños de nación chaguschasques capturados en la refriega de dicho Valle y que fueran repartidas entre los capitanes, oficiales y soldados. Se les impone también la obligación de buen trato y de impartirles

---

3 En 1663 "es obedecida la confirmación del título de Sargento Mayor que presenta Miguel Martín de la Rosa despachada por el gobernador José Martínez de Salazar en Buenos Aires, el 19 de setiembre de ese año", en APSF Actas Capitulares, Tomo IV, f. 155, 27-10-1663. Los que se presentan con "armas de a pie y de a caballo", o sea los hombres en condiciones de pelear montados, son: general Diego de Vega y Frías, alcalde ordinario; capitán Miguel Martínez de la Rosa, regidor; capitán Diego Tomás de Santuchos, fiel ejecutor y regidor en distintos períodos; sargento mayor Antonio de Vera; capitán Juan Ramírez Bracamonte y Francisco Moreira Calderón. En el segundo alarde, a su vez se presentan Juan Arias de Saavedra justicia mayor y capitán a Guerra, maestre de campo y teniente de gobernador, y Felipe Arias, sargento mayor.
"El capitán Diego Tomas de Santuchos, vecino feudatario presenta título de Corregidor, Teniente Gobernador Capitán a guerra de Santa Fe", Acta Capitular del 6-10-1663, en APSF Actas Capitulares, Tomo IV, fs. 143 v a 145 v. Miguel de Santuchos hijo del capitán Diego Tomás de Santuchos y de Catalina Correa de Santa Ana, venidos en la expedición de Ortiz de Zárate (padre del anterior), encomendero.

enseñanza cristiana, con advertencia de que esa servidumbre se establece por el tiempo que determine su majestad, disponiendo distintas sanciones para los infractores.[4]

La situación en la frontera del río Salado no se soluciona en estos tiempos, por el contrario se produce un gran avance de los chaqueños, cuyos desplazamientos posiblemente son motivados, así como el de otros pueblos originarios, por las Guerras Calchaquíes en la Gobernación del Tucumán entre 1630 y 1667, y las distintas entradas llevadas a cabo en dicha Gobernación. Las ciudades cercanas tratan de aunar esfuerzos para poder sostenerse. Corrientes y Santa Fe, a partir de mediados de la década de 1660, intentan actuar en forma conjunta frente a las invasiones de abipones y mocovíes, que obligan a despoblar toda la costa del río Paraná, al mismo tiempo que enfrentan a los guaraníes huidos de las misiones jesuitas y a los charrúas de la otra banda del Paraná. Los ataques se dirigen tanto a las poblaciones españolas como a los indios amigos, que muchas veces actúan de tropas auxiliares. Frente a esta inquietud y posible invasión, el Cabildo de Santa Fe resuelve en 1666 preparar una nueva expedición al Valle Calchaquí comandada por Antonio de Vera Mujica, expedición que no se efectúa por no arribar la gente de Corrientes.[5]

Según Manuel Cervera, pocos años después del traslado de la ciudad la penuria y necesidad de los vecinos santafesinos es notoria, siendo una muestra la lista de soldados sin recursos que necesitan ser ayudados para realizar las campañas al Valle Calchaquí (Cervera, 1991: 396-397). Este y otros historiadores que insisten en la situación de pobreza

---

4 APSF Actas Capitulares, Tomo IV, fs. 136 a 138 v, 12-7-1663. Copia del Bando del gobernador Alonso de Mercado y Villacorta, Buenos Aires, 12-6-1663.

5 Antonio de Vera Mujica, mecenas de la nueva ciudad, en los años de 1662 y 1667, asume como teniente gobernador al año siguiente, realiza campañas al Valle deteniendo a los originarios y desplazando a algunos a diversos lugares, como a los tocagües de las encomiendas de Saavedra llevados a la Bajada.

de Santa Fe en el siglo XVII se hacen eco de las quejas que realizan constantemente los pobladores sin tener en cuenta el tipo de economía prevaleciente con escasa circulación de moneda metálica. Pobreza relativa entonces porque lo cierto es que los más poderosos de esa sociedad -que por cierto no son los más- poseen una apreciable cantidad de bienes, así se constata en testamentos, dotes y contratos de comercio. Los que viven una existencia precaria y muchas veces de pobreza son todos aquellos que no tienen la posibilidad de entrar en los circuitos comerciales donde predominan los bienes de Castilla, que son manejados por aquellos otros bien ubicados económica y socialmente.

Para tener una idea de los milicianos sin recursos, según una lista de 1667, el alcalde ordinario Antonio de Godoy[6] debe ayudar con caballos y armas a Diego Monzón; el alcalde ordinario Juan Domínguez Pereiro a José P. Banegas; el tesorero Bartolomé Márquez de Herrera a Bruno Rodríguez de Luján; el alcalde provincial Juan de Arce a Roque de Espíndola y, así sucesivamente, treinta y un vecinos pudientes deben ayudar a treinta y un milicianos pobres. Estas cadenas de ayuda contribuyen a la formación de redes clientelares, uno entre muchos factores que tienen un peso importante en el sistema de poder y que sirven de base para articular las relaciones que ordenan el

---

6 Antonio de Godoy y Ponce de León, natural de España, Marchena, mayorazgo de su casa, arriba con Martínez de Salazar como su teniente general de la Gobernación. En 1673 presenta título de teniente de gobernador, justicia mayor y capitán a Guerra de Santa Fe, otorgado por el gobernador José Martínez de Salazar, en Buenos Aires, el 28 de junio de ese año. Se considera fiador el maestre de campo Antonio de Vera Mujica [su suegro]. Tiene plazo de un año para obtener la confirmación del título ante la Real Audiencia de La Plata, en APSF, Actas Capitulares, Tomo IV, fs. 311 a 312 v, 31-7-1673. Godoy reemplaza en 1673 a Rivera Mondragón. También Godoy se desempeña como teniente general de Tucumán durante la Gobernación de Alonso Mercado y Villacorta. En 1675, el Cabildo de Santa Fe le otorga poder junto al general Diego de Vega y Frías para que actúe como apoderado de Santa Fe en España, ante el rey y Consejo de Indias, de acuerdo con las instrucciones que se le imparten, en APSF, Actas Capitulares, Carpeta nº. 7, fs. 41v a 43, 21-6-1675.

funcionamiento de la política, dando pie a formas de patronazgo, entendido este como un sistema político basado en las relaciones personales entre desiguales, entre pudientes/notables y pobres/subalternos.

En otra lista aparecen los que deben ayudar con caballos a los indios amigos que los acompañan.[7] Desde los primeros contactos con el español, los pueblos originarios incorporan el caballo a su forma de vida convirtiéndose en extraordinarios jinetes y participando en vaquerías y recerías de ñandúes y ciervos, aunque tardan más tiempo en emplearlo para la guerra (Zapata Gollán, 1955: 50). Con respecto a la ayuda, de los veinticinco vecinos que sostienen a setenta y ocho de esos indios amigos, solamente se recogen veintiséis caballos, muy poca yerba y tabaco, y veintinueve pesos de plata. Se puede también pensar que algunos de ellos son renuentes a aportar recursos siendo que no perciben remuneración alguna y que, por otro lado, la gratificación que reciban depende de una contraprestación de esos indios amigos que se manifiesta en vínculos de lealtad, acatamiento y/o servicios.

La situación de la ciudad se agrava no solo por las posibles invasiones provenientes del Chaco sino también con la sublevación de los colastinés, próximos a la ciudad, en febrero de 1667. Las disposiciones del Cabildo se repiten con el objeto de resguardar la vecindad. El Bando del 16 de febrero de 1667 ordena a los vecinos y soldados estar prontos a salir al Valle, y a los vecinos del Pago del Rincón a recogerse al amparo de la ciudad en el breve plazo de ocho días. Al poco tiempo, en abril de ese mismo año, otro bando dispone que los forasteros no salgan del sitio urbanizado y acudan junto con todo vecino mayor de catorce años, para reconocer quién carece de arma bajo pena de diez pesos.[8] De este requerimiento resulta que de un total de noventa y seis vecinos, dieciséis no poseen armas; de veintiocho

7 APSF, Diversos Autos, Tomo I, s/n.

8 Se entiende que se refiere al de plata o peso de ocho reales.

forasteros, quince sin armas; de treinta y cuatro vecinos de otros pagos, solo cuatro presentan armas. Se intima -dado que tienen que salir al Valle en junio- que presenten todas las armas bajo pena de dos años de destierro en el presidio de Buenos Aires. Al siguiente mes se realiza nueva reseña para la guardia de la ciudad, acordándose enviar veinte hombres para resguardar el Fuerte del Salado y aliviar a los que regresan del Valle.

En las listas se repiten los apellidos de las familias tradicionales con el agregado de algunos recién arribados: don Antonio de Godoy y Ponce de León, capitán Francisco Gutiérrez o Gutiérrez Calderón español, capitán Juan Gómez Recio, tesorero Bartolomé Márquez de Herrera, natural de Lucas de Barrameda, hijo de Antonio Márquez y de Francisca Herrera, quien hace información de limpieza de sangre y nobleza.[9]

El 21 de Julio de 1672, el capitán Hernando Rivera Mondragón, teniente de gobernador, justicia mayor y capitán de guerra de Santa Fe, ordena que todo el pueblo se presente a la reseña de vecinos feudatarios y reformados. Acuden treinta y seis vecinos con todo tipo de armas, cincuenta y cuatro a caballo y sesenta y dos infantes, a los que se ordena acudir a la fiesta del patrono de la ciudad, San Jerónimo, del 30 de setiembre para efectuar la ostentación de guerra. Nuevas incursiones de los pueblos chaqueños a fines de ese año hacen temer su entrada en la población, por lo que a principios de 1673 se convoca a las armas a todos los vecinos y se dispone que los moradores de más de diez años se concentren en la chacra del sargento mayor Felipe Arias Mansilla para hacer recuento de armas, poseyéndolas pocos de ellos.

En el transcurso de ese año se repiten los bandos proclamando que los vecinos acudan a la plaza pública frente al Cabildo todas las veces que se toque Caja de Guerra, y se prohíbe salir de la ciudad sin expresa orden del gobernador

---

9 Limpieza de sangre y nobleza que se conserva en AGN.

bajo pena de diez pesos y diez días de cárcel, asimismo se dispone que no salgan las carretas sin dar cuenta ni alejarse para cerdear y hacer recogidas en el lugar de la Vieja Santa Fe, del río Salado y del Valle Calchaquí, entre otras disposiciones. El 9 de agosto de 1673 se resuelve, por un acuerdo de guerra, recorrer los pagos del Salado y del Rincón. Vistas las listas de hombres y vecinos, se dispone la preparación de ochenta hombres armados y con caballos para repeler las invasiones mientras que otros veinte salen en reconocimiento. Los demás vecinos deben aportar las cabalgaduras necesarias para los indios amigos. A ese respecto se habilita la isla frente a la ciudad como potrero para esta caballada. En el día de San Jerónimo se hace reseña de hombres de armas, de a pie y a caballo, de municiones y caballos con la obligación que comparezcan todos los vecinos, bajo pena nuevamente de diez pesos de multa y diez días de cárcel.

En la reseña de armas de 1673[10] consta la división en compañías y los nombres de sus integrantes. Teniendo en cuenta la anterior lista del mismo año, se constata que el total de hombres de armas es de ciento setenta (Cervera, 1981: 400), concurriendo: la compañía de infantería con el capitán Pablo Gómez y el alférez Gerónimo de Basualdo con veintinueve hombres, en total treinta y un hombres, presentándose quince con lanzas; la compañía de infantería con el capitán Bartolomé Lezcano, en total treinta hombres. Estas dos compañías las integran vecinos y moradores con armas, municiones y demás pertrechos, aclarando que si son vecinos feudatarios tienen que llevar quince caballos alistados, no debiendo salir de los términos de la ciudad so pena de presidio en Buenos Aires, convocándose a toque de clarín a la plaza pública y casas de cabildo. Mientras que los vecinos reformados y demás soldados están obligados a llevar diez caballos cada uno.[11]

---

10 APSF, Varios Documentos, Tomo I.
11 APSF, Varios documentos, Tomo I.

Vale la pena mencionar a los apercibidos con armas y caballos tratando de rastrear su historia familiar y linaje: general Antonio de Godoy, teniente de gobernador;[12] sargento mayor Bartolomé Caro; mariscales de campo Antonio de Vera y Francisco de Oliver; capitán Antonio Fernández Montiel;[13] general Diego Tomás de Santuchos; sargentos mayores Miguel Martín de la Rosa, Vicente Moreira e Ignacio Montiel; capitanes Francisco Resquín, Alonso Ramírez Gaete, Juan Gómez Recio, Juan Gómez Recio el mozo,[14] Juan Dávila de Salazar, Francisco Gutiérrez, Francisco Giménez, Bartolomé Lezcano, Juan de Basualdo, Miguel de Santuchos, Manuel de Aguilera, Bernabé Arias Montiel, Antonio Suarez de Altamirano;[15] ayudante Domingo Manuel de Candía y Pablo Hernández; alférez Bernabé de Sosa; Martín de Escobar; sargentos Raimundo Fernández y Bonifacio Medina; alférez Francisco de los Ríos y Pedro Casal; ayudante Pedro de Porras y Portugal. También está incorporada la compañía de a caballo coman-

---

12 El 6-7-1674, el gobernador Andrés de Robles encarga al teniente gobernador, justicia mayor y capitán a Guerra de Santa Fe capitán Antonio de Godoy "además de las obligaciones de rutina [...] la defensa de la ciudad de los indios enemigos del valle Calchaquíe, y lo nombra Juez de Residencia de la Administración de José Martínez de Salazar", en ACSF, Actas Capitulares, Carpeta Nº 7, fs. 9v a 11v, 23-7-1674.

13 Alonso Fernández Montiel hijo de Alonso Fernández Montiel y de Isabel de Arias. Su padre, natural de Baena, Andalucía, vino con la expedición de Ortíz de Zárate en la que es tratado de don y tenido por hijodalgo. Isabel de Arias es hija de Cristóbal Arias, quien vino en la misma armada siendo muerto por los charrúas. En su testamento de 1654 declara "sucesor del feudo y encomienda de indios que estoy poseyendo".

14 "El Capitán Juan Gómez Rezio 'el mozo', presenta una petición contradiciendo la vaquería que el Alférez Real Francisco Moreyra Calderón tiene autorizado realizar 'en las cabezadas del río Gualeguay'". Por ser "difícil la materia" se suspende su resolución para otro acuerdo, en APSF, Actas Capitulares, Tomo IV, fs. 397v y 398, 1677.

15 Antonio Suárez Altamirano hijo de Diego Juárez, natural de Lébora, Portugal, y de Ana Matute Altamirano, hija de Cristóbal Matute Altamirano, vecinos de Santa Fe.

dada por el capitán Cristóbal Domínguez de Zanabria[16] y el teniente Juan Ramírez del Cabo, con treinta y un hombres. Total: cuatro compañías divididas en treinta y un hombres cada una.

A pesar de las entradas, la frontera del Salado se mantiene inestable y con alto grado de peligro para pobladores y vecinos. En 1677, el Cabildo requiere al gobernador provisión de municiones, plomo, cuerdas y arcabuces por la amenaza de los fronterizos calchaquíes y otras naciones y por la falta de pertrechos de guerra Las estancias situadas sobre el río Salado a doce leguas de la ciudad comienzan a despoblarse, careciendo los vecinos de armamentos por haberse interrumpido el comercio y también las vaquerías.[17] Por otra parte, se envían religiosos para concertar la paz con los naturales tratando de apaciguar la situación en la frontera. En este sentido, el Consejo de Guerra de 1679 resuelve la entrada del padre franciscano fray Pedro de Córdova al Valle Calchaquí acompañado de cuatro indios amigos para ofrecer paz y reducción en un paraje a elección a situarlo entre el río Inispín y Santa Fe, solventando los gastos la ciudad y los vecinos.[18]

Otra reseña y lista general documentada es la del 5 de octubre de 1700 que se realiza en la plaza a la que concurren todas las compañías de caballería e infantería (Cervera, 1981: 243). La compañía de reformados está integrada por cuarenta y nueve hombres, los que se presentan con armas y

---

16 En una petición presentada por el capitán Cristóbal Domínguez de Sanabria al gobernador Andrés de Robles, solicitan que el teniente de gobernador y juez de residencia, general Antonio de Godoy, sea relevado de dichos oficios en razón de hallarse comprendido en la residencia por su desempeño como alcalde ordinario y teniente de gobernador durante el gobierno de José Martínez de Salazar; siendo además "persona poderosa" en la ciudad, y estar "emparentado con lo más de ella". Igual medida pide para el alcalde primero Alonso Ramírez Gaete, su sustituto. Expone que ello permite a los vecinos actuar libremente ante dicha comisión, pues de continuarla deber tomarle residencia, entre otros, a su suegro, el maestre de campo Antonio de Vera Mujica, en APSF, Actas Capitulares, Carpeta N° 7, fs. 14v a 18, 11-8-1674.

17 APSF, Actas Capitulares, Tomo IV, fs. 406 a 407, 9-6-1677.

18 APSF, Actas Capitulares, Tomo V, fs. 57 a 58, 29-8-1679.

caballos para sí y para los desmontados. Lo interesante aquí es la incorporación de reformados y el número de caballos que lleva cada uno. En este importante alarde se alistan 350 hombres con un total de 2.348 caballos, de los cuales 1.676 son para el uso personal de sus dueños y 672 para los desmontados. A los reformados se les incorporan una compañía a caballo, una de forasteros y otra de infantería, pero hasta estos últimos que pelean a pie necesitan caballos para las entradas al Valle Calchaquí por encontrarse a una distancia de más de veinte leguas de la ciudad.

En todos los alardes y campañas se constata que un requerimiento esencial es contar con los caballos suficientes para recambio, a lo que se agrega lo necesario para la propia subsistencia: ganado, yerba, tabaco, ropa, armas y municiones. ¿Cuál es la situación que según la declaración de los vecinos les impide acudir con caballos? Las órdenes en ese sentido se repiten así como la aplicación de penas, por lo visto esta reiteración está indicando que no se cumplen ni se aplican los castigos indicados. ¿Cuáles son las causas de este incumplimiento a más de la acreditada falta de recursos de muchos de ellos? Un precedente a tener en cuenta son las Ordenanzas de Ramírez de Velazco, promulgadas en Asunción en 1597 para los pueblos del Río de la Plata, que disponen entre otros articulados que los vecinos tengan un caballo para paseo de la ciudad donde vivan y dos para la guerra en algún sitio cercano al mismo tiempo que dispone limitaciones a la extracción de ganado caballar. Estas disposiciones responden a que son pocos los vecinos de los pueblos del Río de la Plata que acuden con caballo de guerra, siendo uno de los motivos la desorganización existente en su crianza y mantenimiento.

Hay que considerar además el reiterado cuatrerismo de mulas, caballos, bueyes y vacas. El Auto del 25 de setiembre de 1700 impone castigos para los que cometen este delito, diferenciando los aplicados al español -un año de destierro sin sueldo al presidio de Buenos Aires- respecto a los de inferior jerarquía -cien azotes- (Cervera, 1924:

252). En esos tiempos, el cuatrerismo es moneda corriente, opinando los mismos vecinos que no constituye un delito dada la abundancia del ganado que se encuentra suelto y mostrenco.

Otro recurso esencial son las armas. Careciendo la ciudad de ellas, el Cabildo solicita repetidamente su provisión al gobernador de Buenos Aires, como se evidencia en el pedido que el capitán Miguel Martín de la Rosa realiza con motivo de efectuar una salida dispuesta por el teniente gobernador de una partida de sesenta hombres y veinte indios amigos para defender la estancia de Francisco Romero Enciso atacada por los "chaguahasques" [chaguhayalique].[19] En este caso el gobernador Andrés de Robles informa en 1677 al Cabildo de Santa Fe que con el capitán Luis Romero de Pineda -poseedor de una merced de tierras en el Pago de los Arroyos- remite las armas, municiones y pólvora solicitadas con la obligación de resguardarlas en una habitación del Cabildo a cargo del tesorero de la ciudad. Expresa que por carencia no envía más pólvora y ordena que los vecinos posean una libra de ella y una docena de balas, para los tres alardes que obligatoriamente deben hacerse en el año.[20] Si no le remiten armas, el Cabildo acude a otros arbitrios, como en 1670 cuando es inquietante y numerosa la presencia de abipones, disponiendo retirar del Ramo de las Reales Alcabalas 1.500 pesos para ese objeto, por no haber cumplido oportunamente el corregidor con la Comisión de traer armas y municiones de Buenos Aires.[21] De todas maneras, la ayuda militar proveniente de Buenos Aires, capital de la Gobernación, siempre es limitada y demora en arribar.

En cuanto a la cantidad de efectivos estables, recién a principios del siglo XVIII y dadas las dificultades por la que atraviesa Santa Fe, por Real Cédula del 17 de enero de

---

19 APSF, Actas Capitulares, Tomo IV, fs. 117 a 118 v, 23-9-1662.
20 APSF, Actas Capitulares, Tomo IV, fs. 425 a 429, 5-1-1678.
21 APSF, Actas Capitulares, Tomo IV, fs. 241 v a 242, 7-6-1670.

1710 expedida a solicitud de esa ciudad, se dispone que se le proporcione en forma permanente una dotación paga de cincuenta soldados. Al no efectivizarse se la sustituye, de acuerdo con la Real Cédula del 17 de enero de 1717, por el derecho de sisa sobre romana y mojón concedido por cuatro años para satisfacer las necesidades de la defensa, franquicia que es renovada en distintas ocasiones. Mientras tanto el servicio de milicias afecta el desarrollo de las actividades productivas, siendo los convocados obligados a la prestación en contra de su voluntad, coadyuvando a la despoblación de sitios avanzados de la frontera como el Pago del Rincón, cuyos pobladores están obligados a acudir con sus armas y caballos a hacer guardia en el pago de Ascochinga, acusando de lo que se considera un abuso al capitán Antonio de Vera de Mendoza ante el Cabildo el 20 de febrero de 1713.[22]

Algunas consideraciones

El análisis realizado permite reconocer algunas de las dinámicas sociopolíticas ocultas tras los trajines de las milicias, que en definitiva terminan siendo una manifestación asociativa de una sociedad que se enfrenta permanentemente a la guerra. El fenómeno miliciano es en sí mismo una experiencia compartida por actores individuales que se transforman en soldados ocasionales identificados con un colectivo a través de su accionar y de sus vivencias comunes. Experiencias en el sentido de que el sujeto es conscientemente afectado por un acontecimiento o está vinculado con él a través de la memoria. Por consiguiente, así como esas campañas puede provocar cambios en los sujetos, también lo hacen en las fronteras conteniendo los avances de los pueblos autóctonos no sometidos, haciéndolos retroceder o

---

22 EC 20, 88. Vecinos y moradores del Pago del Rincón al Cabildo de Santa Fe, 20-02-1713, fs. 652 y ss.

asegurándolos con fortificaciones y poblados para los vecinos y todos aquellos -mercaderes, mercachifles, pasantes, visitantes- que recorren el territorio para arribar a la ciudad, punto nodal de la diagramación del espacio santafesino.

Es en este sentido que el interés del trabajo se centra no solo en el aspecto militar, por cierto importante y que proporciona el contexto de la situación, sino en la interactuación de los distintos actores entre sí y en común, y en la posibilidad que tienen de ganar prestigio y respeto social a partir de la participación en estos cuerpos armados. Esa convivencia y fraternidad ayuda a atenuar las diferencias estamentales impresas en la misma sociedad. Paradójicamente, dicha participación grava de manera importante la vida sobre todo de los sectores subalternos, pues deben procurar armarse con sus propios medios, concurrir a entrenamientos, alardes y campañas y cumplir tareas de guarnición y/o de escolta, la mayoría de las veces sin recibir paga u otro tipo de compensación. Al cumplir con la obligación de la milicia descuidan sus actividades laborales, siendo negativos sus efectos en la producción y en los quehaceres habituales. De todas maneras, muchos de ellos participan gracias a los aportes de los sectores pudientes y/o notables, quienes a su vez y a través de este mecanismo, fortalecen los lazos de dependencia. La organización, funcionamiento y dinámica de las milicias santafesinas induce a pensar en los lazos que unen a los individuos que las integran y participan en forma conjunta en acciones de guerra o, simplemente, en los preparativos, situaciones vinculares que potencian la generación de redes clientelares o el reforzamiento de las ya existentes.

La participación en las milicias llega a constituir un rasgo distintivo de los sectores español y criollo, o reconocidos como tales, una suerte de etiqueta étnica y, a su vez, de estatus en la medida que se los diferencia con la designación de rangos superiores, dependiendo de ellos la heterogénea tropa subalterna y auxiliar. Es significativo que los milicianos cuentan con la posibilidad de acogerse al fuero militar, posición social especial que les permite, por tanto, gozar de privilegios y exenciones como contraprestación de las obligaciones contraídas. En una sociedad regida por parámetros estamentales de tipo corporativo donde cada uno tiene definidos sus estatus jurídicos, sus privilegios y sus obligaciones, algunos de los súbditos gozan de favores mientras que otros no son merecedores del apoyo real, haciendo la aclaración de que en la etapa histórica que se analiza el ser miliciano puede ser tomado como un medio y no como un fin en sí mismo por no estar profesionalizada la actividad militar.

Dado el carácter de frontera de conflicto y de guerra, la función estratégica esencial de las milicias es entonces y desde un comienzo, actuar como una especie de guardia de defensa civil del territorio, siendo el Cabildo el que convoca a las armas a todos los vecinos y moradores, alistándolos según rango y prestigio. Los preparativos, la organización y las campañas implican una forma de militarizar a la sociedad santafesina, que es quien asume su propia defensa no contando de hecho con la participación y colaboración de otras ciudades del interior rioplatense.

En síntesis, al integrarse la experiencia bélica al ámbito cotidiano, todos los pobladores se ven involucrados en la defensa territorial. Son estos los que actuando bajo la autoridad del Cabildo, hasta principios del siglo XVIII pueden, a pesar de ciertas y constantes dificultades, hacerse cargo de la preservación del espacio ocupado. Hacia 1720, vecinos y moradores continúan comprometidos en personas y bienes rechazando incursiones de calchaquíes, abipones y mocovíes que llegan hasta las propias calles de la ciudad. Situación que, entre otros impactos negativos, interrumpe el tráfico de las carretas que unen Santa Fe con otras regiones del Virreinato peruano, afectando de manera global la economía que se basa en gran medida en esa actividad. A la guerra con los pobladores autóctonos se agregan las calamidades naturales, obligando a los habitantes a despoblar el área del río Salado y trasladar sus sementeras y estancias hacia el Sur, al Pago de los Arroyos que es resguardado con los fortines de Rincón de Gaboto, Guardia de la Esquina, Coronda, entre otros, pudiendo con dificultad mantener las conexiones con otras ciudades del interior rioplatense. Es en esa vasta extensión de fronteras en donde los milicianos santafesinos actúan, espacios coloniales cuya impronta está dada por ser abiertos, permeables y conflictivos.

Santa Fe, 1650-1720
Ciudad, pagos y pueblos originarios

Siglas

EC Expedientes Civiles, Departamento de Estudios Etnográficos y Coloniales de Santa Fe, Argentina.
EP Escrituras Públicas, Departamento de Estudios Etnográficos y Coloniales de Santa Fe, Argentina.
ACSF Actas Capitulares, Archivo General de la Provincia de Santa Fe, Argentina.
AGPSF Archivo General de la Provincia de Santa Fe, Argentina
AGN Archivo General de la Nación, Buenos Aires, Argentina.

Bibliografía

ANDÚJAR CASTILLO, Francisco (1999), *Ejércitos y militares en la Europa moderna*, Madrid, Editorial Síntesis.

ARECES, Nidia R. (2002), "Milicias y faccionalismo", *Revista de Indias*, vol. LXII, Nº 226, Madrid, pp. 585-614.

ARECES, Nidia R. (2004), "La Compañía de Jesús en Santa Fe, 1610-1767. Las tramas del poder", en SUÁREZ, Teresa y Nidia R. ARECES (comps.), *Estudios históricos y regionales en el espacio rioplatense*, Santa Fe, Universidad Nacional del Litoral, pp. 13-43.

BARAVALLE, María del Rosario, Darío BARRIERA, Nora PEÑALBA (1999), "Estrategas competentes. La incorporación de las estancias del Cululú al patrimonio del Colegio de la Compañía de Jesús", en ARECES, Nidia R., *Poder y sociedad. Santa Fe la Vieja, 1573-1660,* Rosario, Prohistoria-Escuela de Historia, U.N.R., pp. 89-105.

CALVO, Luis María (1993), *La Compañía de Jesús en Santa Fe. La ocupación del espacio urbano y rural durante el dominio hispánico*, Santa Fe-Argentina, Ediciones Culturales Santafesinas.

CERVERA, Manuel (1924), *Actas del Cabildo Colonial,* Santa Fe, Edición Oficial.

CERVERA, Manuel (1981), *Historia de la ciudad y provincial de Santa Fe, 1573-1853,* Tomo 1, Santa Fe, Universidad Nacional del Litoral, 2ª. ed.

CONTRERAS GAY, José (1992), "Las milicias en el Antiguo Régimen. Modelos, Características y significado histórico", *Chronica Nova,* Nº 20, Granada, pp. 75-103.

DAMIANOVICH, Alejandro A. (1986), "En torno a la antigüedad del privilegio santafesino de puerto preciso", *Junta Provincial de Estudios Históricos,* Revista Nº 56, Santa Fe, pp. 9-44.

HERZOG, Tamar (2000), "La vecindad: entre condición formal y negociación continua. Reflexiones en torno de las categorías sociales y personales", *Anuario del IEHS.* Tandil. Nº 15, pp. 123-131.

MARCHENA FERNÁNDEZ, Juan (1992), *Ejército y milicias en el mundo colonial americano.* Madrid, Mapfre.

MARTÍNEZ RUIZ, ENRIQUE (2008), *Los soldados del rey. Los ejércitos de la Monarquía Hispánica (1480-1700),* Madrid, Actas Editorial.

RUIZ IBÁNEZ, José J. (coord.) (2009), *Las milicias del rey de España. Sociedad, política e identidad en las monarquías ibéricas,* Madrid, Fondo de Cultura Económica.

TARRAGÓ, Griselda (2016), "Espacios de tensión, territorios en construcción. Santa Fe y Buenos Aires durante la primera etapa borbónica (1700-1745)", en BARRIERA, Darío y Raúl FRADKIN, *Gobierno, justicias y milicias: La frontera entre Buenos Aires y Santa Fe (1720-1839),* La Plata, Universidad Nacional de La Plata. Facultad de Humanidades y Ciencias de la Educación (Estudios/Investigaciones), pp. 41-70.

TORRE REVELLO, José (1961), "Sociedad colonial. Las clases sociales. La ciudad y la campaña", en *Historia de la Nación Argentina,* dirigida por Ricardo Levene, Vol. IV, 1ª Sección, 2ª. Parte, Buenos Aires, Librería "El Ateneo" Editorial.

TOURAINE, Alain (1987), *El regreso del actor*, Buenos Aires, Editorial Universitaria de Buenos Aires.

ZAPATA GOLLÁN, Agustín (1955), *El caballo en la vida de Santa Fe. Desde la conquista hasta la llegada de los gringos*, Santa Fe, El Litoral.

Las sociedades indígenas del Tucumán colonial

Una breve historia en larga duración. Siglos XVI a XIX

Gabriela Sica

En memoria de Ana Lorandi, cuya "alma colmenera" seguirá presente en el Tucumán colonial.

Hace casi 30 años, los estudios pioneros de Ana María Lorandi describían a la región del Tucumán por su múltiple condición de "frontera" tanto bajo dominio del Tawantinsuyu, como en el proceso de ocupación española (Lorandi, 1988). Como frontera prehispánica, sus sociedades indígenas sufrieron la expansión incaica, a excepción de la actual Córdoba. La conquista del Tawantinsuyu tuvo diversas modalidades, desde la negociación a la imposición violenta con el traslado y asentamiento de poblaciones de "mitimaes" en enclaves estratégicas para controlar y consolidar el proceso de dominación. Las formas que asumió la dominación incaica en cada región y la relación del incario con los grupos locales moldearon muchas de las prácticas que luego se utilizaron frente a la invasión europea.

Con los inicios de la conquista española, el Tucumán resignificó su situación de "frontera", debido a su posición marginal, en relación con los Andes centrales, y lo tardío de la conquista, por ello, la implantación del sistema colonial en la región se caracterizó por el fuerte protagonismo de los intereses privados debido a las complicaciones para consolidar el dominio efectivo sobre grupos indígenas rebeldes o de difícil sujeción (Lorandi, 1988). En una zona con escasas riquezas mineras, el atractivo de los conquistadores se basó en las posibilidades de obtener como recompensas mercedes de tierras o encomiendas, como premios a quienes habían arriesgado vida y fortuna en la empresa conquistadora. Así en la futura Gobernación de Tucumán, la encomienda[1] jugará un papel relevante en el desarrollo de la conquista, ya que constituyó el principal medio de sustento para los conquistadores, al tiempo que fue un factor esencial en la configuración de su futura sociedad colonial. Para Lorandi, en el largo plazo los efectos de la dominación colonial fueron devastadores, provocando la imposibilidad de la perduración de las sociedades indígenas en el Tucumán colonial debido al traumatismo combinado de la conquista, la explotación y los desarraigos. Para ella, el destino final de los indígenas del Tucumán era la inexorable pérdida cultural y el rápido mestizaje desde el siglo XVII (Lorandi, 1988).

A pesar de este sombrío panorama como marco general, una importante cantidad de estudios de casos o microrregionales han ido modificando, complejizando o matizando esta visión para mostrar la conformación, transformación y pervivencia de las sociedades indígenas coloniales del Tucumán hasta el siglo XIX, cuando la destrucción o supresión de algunos elementos vitales de su preservación, los cambios de su estatus jurídico y los procesos de "invisibilización" parecieron dar cuenta de ellas.

Este trabajo intenta realizar una apretada síntesis de esa compleja historia poniendo énfasis en dos elementos centrales del proceso de dominación colonial: las formas de tributación y los procesos de reducción de la población sometida junto con las posibilidades de acceso a tierras y

1 La encomienda era una merced real que implicaba beneficios para el que la recibía –especialmente el derecho a cobrar el tributo indígena- y como contraparte, debía hacerse cargo de una serie de exigencias como la evangelización, la protección de sus encomendados y el cumplimiento de obligaciones militares.

recursos propios. Somos conscientes de que dicha síntesis solo es posible gracias a una importantísima y extensa producción historiográfica que reúne los ineludibles aportes de una gran cantidad de colegas.[2]

Conquista y sociedad. Los actores sociales en los inicios de la dominación

Desde los primeros momentos, la naciente sociedad se definió en término de dos grupos: "indios y españoles", que se constituyeron en dos categorías opuestas y relacionales. Las mismas reproducían la dicotomía entre conquistados y conquistadores y fueron el fundamento de la sociedad estamental colonial que separaba a las "república de indios" de la de los "españoles". Segmentación construida bajo criterios étnicos, pero que separaba quienes pagaban tributos de los que no lo hacían y además clasificaba, también, a los recientemente incorporados a la religión católica.

La invasión europea supuso una brutal alteración del estatus político, social, económico, religioso y fiscal de los antiguos habitantes convertidos en "indios coloniales". La transformación de las sociedades precolombinas del actual Noroeste Argentino en "indios" suponía la unificación de la diversidad y de las diferencias prehispánicas en una nueva categoría colonial homogeneizadora, pero al mismo tiempo, este proceso iba acompañado por la desintegración de

---

2 Son insoslayables los trabajos de Ana María Lorandi, Gastón Doucet, Silvia Palomeque, Guillermo Madrazo, Roxana Boixadós, Judith Farberman, Isabel Castro Olañeta, Sonia Tell, Cristina López, Estela Noli, Carlos Zanolli, Laura Quiroga, Lorena Rodríguez, Raquel Gil Montero, Mariette Albeck, Sandra Sánchez, Rodolfo Cruz, Constanza García Navarro, Leticia Carmagnani, Lucas Borrastero, Magdalena Schilibi, Paula Ferrero, Virginia Zelada, Ana Inés Punta, Josefina Piana, Beatriz Bixio, Cecilia Fandos, Ana Teruel, Sara Mata, entre otros. Cada uno de ellos tiene una amplia producción que por razones de espacio me veo impedida de citar en su totalidad y exhaustivamente.

grupos prehispánicos más extensos, que en muchos casos fueron fragmentados por la concesión de las encomiendas en la región. Todo esto se daba sobre sociedades que estaban viviendo profundos cambios que abarcaban casi todos los aspectos de su vida, desde los sistemas productivos y el aprovechamiento del medio ambiente, los comportamientos demográficos, las estructuras sociales y familiares, los sistemas de autoridades, las relaciones de poder, hasta la cosmovisión y las creencias. Los grupos que habitaban los contrafuertes orientales y el Chaco también fueron comprendidos bajo la categoría de "indios" aunque quedaron fuera del dominio colonial directo.

Dentro de la sociedad indígena existió también una marcada diferencia en la respuesta que cada grupo asumió frente a la conquista europea, mientras que algunos fueron sometidos rápidamente en las últimas décadas del siglo XVI, otros resistieron creando dos fronteras de guerras. Las fronteras de guerras de los valles Calchaquíes y del Chaco fueron, aunque con características muy diferentes, un obstáculo para la ocupación definitiva del territorio.

El conjunto de los "españoles", recién llegados, no necesariamente involucraba a quienes habían nacido en España, sino que nominaba a un conjunto más amplio conformado por individuos de origen europeo o sus descendientes. Este grupo, que en los primeros momentos formaba parte de las huestes conquistadoras, se fue ampliando con la consolidación territorial de la conquista. La mayoría de los primeros conquistadores aspiraban a obtener una encomienda y mercedes de tierras que les permitieran establecerse en algunas de las nuevas ciudades que se fueron fundando en los diferentes espacios de la Gobernación de Tucumán. Según Palomeque,

> una de las causas que permitió el triunfo de esas huestes españolas, que a veces se enfrentaban entre sí, fue su experiencia previa de conquistadores en las tierras andinas del norte y su

> relación con los incas que facilitó este tipo de invasión cuya etapa inicial estaba orientada a utilizar los conflictos entre los grupos indígenas y la consecuente generación de alianzas transitorias y oportunistas con algunos de ellos, esto fue posible por la existencia previa de múltiples cacicazgos que solo controlaban cortos grupos de población que mantenían constantes enfrentamientos con sus vecinos por los recursos, y donde la mayoría de ellos venía de una reciente intervención incaica que había provocado el conjunto de conflictos sobre los cuales se superpondrían las políticas de alianzas de los españoles (Palomeque, 2009: 182).

Sin embargo, más allá de las campañas militares, la implementación y consolidación del Estado colonial en el Tucumán fue un proceso gradual y complejo, plagado de conflictos y tensiones que iban desde las superposiciones de encomiendas, las pugnas jurisdiccionales y territoriales, las competencias por la mano de obra indígena entre particulares e instituciones, los diferentes proyectos políticos y los intereses particulares o grupales de encomenderos, funcionarios, miembros de la Iglesia, autoridades étnicas y comunidades indígenas. Silvia Palomeque ha señalado la existencia de varios elementos a tomar en cuenta a fin de entender los diferenciados procesos regionales de dominación. Entre ellos encontramos: el medio ambiente, los recursos y el acceso a ellos, la estructura política de las sociedades prehispánicas, las formas que asumió la dominación incaica y la historia de la conquista europea en la región (Palomeque, 2000: 117). Así es posible entender la Gobernación de Tucumán como un conjunto de situaciones de gran complejidad y especificidad, que difiere de zona en zona.

Las etapas de conquista del Tucumán. De la rápida subordinación a la larga resistencia

La conquista general del Tucumán tuvo distintos momentos y varias etapas. Una primera que se abre con las primeras entradas al territorio y se relacionaba con la "descarga de la tierra" a causa de las guerras civiles en los Andes centrales. Entre 1550 a fines de la década del 90, con muchas dificultades se fueron fundando una serie de ciudades: Santiago del Estero, San Miguel de Tucumán, Córdoba de la Nueva Andalucía, San Felipe de Lerma en el Valle de Salta, Todos los Santos de la Nueva Rioja, San Salvador de Jujuy, quedando en el camino muchas fundaciones frustradas.[3] Todas ellas rodeaban a los valles Calchaquíes, que se mantenían como un importante foco de rebelión tras varias campañas militares de los gobernadores Abreu y Ramírez de Velazco (Lorandi, 2000: 291).

Todas las ciudades estaban localizadas en la zona llana, del piedemonte o en los primeros valles que permiten el acceso a la amplia zona de las tierras altas sin ciudades, donde primero encontramos las montañas y sus valles longitudinales (Quebrada de Humahuaca y Valles Calchaquí y Yocavil) y luego la meseta de la Puna (Palomeque, 2009: 181). Cada una de las fundaciones que sobrevivía se transformaba en un importante mecanismo de control territorial, desde donde se buscaba afirmar la ocupación territorial, el dominio político y jurisdiccional y asegurar la circulación de bienes y personas entre el Perú, el Río de La Plata y Chile. Tras varias disputas por el dominio político del territorio, en 1563 la región fue convertida en la Gobernación de Tucumán bajo la dependencia jurisdiccional de la Audiencia de Charcas.

---

3 Como las de Barco, Córdoba de Calchaquí, San Clemente de Calchaquí, San Francisco de Alava y Nuestra Señora de Nieva, Nuestra Señora de Talavera, San Juan Bautista de la Ribera, entre otras.

Desde las primeras entradas europeas, los Valles Calchaquíes se constituyeron en una verdadera zona de frontera, fuera del dominio de los españoles y controlada por las sociedades indígenas. Ellas solo pudieron ser integradas escasamente al sistema colonial, ya que en su mayoría no tributaban regularmente a los españoles y su evangelización era casi nula, pese a la presencia de algunos encomenderos y evangelizadores.

La larga resistencia de los Valles Calchaquíes durante gran parte del siglo XVII atentaba contra la necesidad y deseo de gobernadores y virreyes de conseguir el dominio definitivo del territorio y acabar con la situación de guerra. A pesar de ello, la población del valle vivió a lo largo de 130 años un proceso en el que alternaban períodos de cierta calma y estallidos de rebeldía y violencia. Este proceso tuvo varias coyunturas en las que la rebelión se extendió y generalizó por diferentes zonas del Valle. La primera tuvo lugar durante el siglo XVI (1534-1565) y fue liderada por Juan Calchaquí. Durante la misma, el foco rebelde estuvo concentrado en el sector central del Valle. Esta coyuntura se cerró con la violenta represión de las campañas militares que clausuraron los largos años de resistencia. A comienzos de 1630, bajo el mando del cacique Chalemín se inició un nuevo estallido conocido como el "gran alzamiento", que desde el centro de la región se expandió hacia La Rioja y Londres y solo pudo ser dominado violentamente varios años después. La llegada al Tucumán del español Pedro Bohórquez, quien se presentó ante los grupos más importantes del Valle como el último descendiente de los incas, desató un nuevo levantamiento general. El mismo comenzó en 1656 y concluyó con la conquista definitiva en1666. Al finalizar la campaña, el gobernador Mercado de Villacorta ordenó vaciar todo el Valle como parte de su política de "desnaturalizaciones" que involucraba el traslado compulsivo de los indígenas a diversos lugares dispersando su población a fin de recompensar la colaboración prestada por cada jurisdicción (Lorandi, 1988, 2000; Boixadós, 1997, entre otros). La población fue trasladada compulsivamente en diferentes situaciones, como grupos, familias o "piezas sueltas" a las jurisdicciones de San Miguel de Tucumán, Salta, La Rioja, Córdoba, Jujuy, Santa Fe, llegando incluso hasta el lejano puerto de Buenos Aires. Estos repartos tuvieron el objetivo de desarticular grupos étnicos rebeldes, y además suministrar un porcentaje estable de mano de obra indígena a las diferentes jurisdicciones beneficiadas.

Los Valles Calchaquíes tras las guerras fueron repoblados, desde finales del siglo XVII. En muchos casos, y por la necesidad de mano de obra, lentamente los antiguos pobladores del Valle fueron volviendo a sus tierras de origen. Estos retornos se hacían en diferentes situaciones, a veces por propia voluntad, otras por imposición de sus encomenderos y hacendados, contraviniendo las prohibiciones de las autoridades (Rodríguez, 2008).

Las poblaciones indígena de otras zonas (como las de la jurisdicción de Santiago del Estero, Córdoba, la que habitaba el Valle de Lerma, la Puna de Jujuy, la Quebrada de Humahuaca, el Valle de Jujuy, las tierras bajas y del piedemonte tucumano o el valle de Sanagasta en La Rioja) fueron conquistadas en las últimas décadas del siglo XVI. En su gran mayoría esta población fue repartida en las primeras encomiendas y con su trabajo se consolidaron las incipientes ciudades y se pusieron en marcha diversas explotaciones económicas cuyos productos se volcaron a los nacientes mercados coloniales.

Elementos de la dominación en el Tucumán colonial. Encomienda y tributación

Desde los primeros años, la encomienda articuló la relación entre españoles e indígenas. En un principio fue el incentivo para la participación en las empresas militares, y posteriormente se convirtió en la más importante fuente de provisión de mano de obra para poner en marcha diferentes empresas económicas por parte los conquistadores. Recordemos que, para Lorandi, la situación de "frontera" del Tucumán permitió la fuerte presencia del poder de los encomenderos y en consecuencia el sistema de encomienda y la tributación presentaron características específicas, como por ejemplo la continuidad del servicio personal y de las encomiendas privadas hasta siglo XVIII (Lorandi, 1988).

El tributo requerido a las comunidades fue uno de los mecanismos centrales para la extracción de excedente organizado, desde los primeros tiempos, sobre la base de la encomienda y el servicio personal. Por las características de la conquista, la Corona delegaba a los particulares (encomenderos) el cobro del tributo indígena que en las primeras etapas era pagado en bienes o en trabajo. El mismo no estaba tasado, o sea que no existían límites de tiempos, ni del tipo de cargas laborales requeridas por el encomendero a los tributarios. La tasa establecía un valor monetario al tributo, aunque al momento de su pago este fuera cancelado en productos o servicios. Por lo tanto, cuando el tributo era tasado significaba una limitación establecida, por la Corona, respecto a lo que podían exigir los encomenderos en cada repartimiento. Esta tasa no fue uniforme para todo el virreinato, sino que variaba de región en región.

Así, en los primeros años, la falta de tasación de los tributos permitió que los vecinos encomenderos acapararan la mayor parte de la fuerza de trabajo indígena existente en cada jurisdicción. Estos aprovechaban la ventaja que les daba el servicio personal para cubrir sus necesidades de pastores, agricultores, tejedores, servidores y arrieros para sus casas, haciendas, estancias, obrajes y negocios. En algunas jurisdicciones como Córdoba, Santiago del Estero y La Rioja uno de los trabajos más requeridos fue el textil. El mismo comprendía la obtención y el lavado de las fibras, su hilado y tejido tanto en obrajes rurales como en espacios urbanos, actividades en las que se aplicaban habilidades y conocimientos previos de las sociedades prehispánicas e implicaban el trabajo de toda la unidad doméstica encomendada (Doucet, 1980; Castro Olañeta, 2006; Quiroga, 2012; Borrastero, 2015). Otras de las ocupaciones principales a las cuales se volcaba el servicio personal era el transporte y la arriería, aunque en las primeras encomiendas existía una diversidad productiva que incluía labores agrícolas, ganaderas, manufactureras y de recolección de recursos silvestres.

Desde mediados del siglo XVI y paralelo al desarrollo de la conquista del Tucumán, la Corona buscó suprimir esta práctica de "servicio personal" a través de una legislación destinada a reemplazarlo por la tasación de los tributos indígenas en concordancia con las políticas y reglamentaciones que se estaban imponiendo en el resto del virreinato del Perú.

Uno de los primeros intentos en la Gobernación de Tucumán fueron las ordenanzas del gobernador Abreu dictadas en 1576. Este cuerpo legal trataba de limitar los abusos del "servicio personal" diferenciando entre las cargas laborales orientadas al beneficio del encomendero y las actividades productivas destinadas a la subsistencia y reproducción de las unidades domésticas indígenas, aunque estas ordenanzas no lograron fijar la tasa en productos o dinero, ni separar a los tributarios de la sujeción de los encomenderos. Las limitaciones al uso de la mano de obra, por parte de las autoridades, provocaban una gran resistencia entre los encomenderos. Por esa razón, como sostiene Palomeque, el texto de las ordenanzas fue producto de una negociación entre las autoridades coloniales y el poder privado para organizar el trabajo en las encomiendas de la región, delimitando temporalmente el uso de la mano de obra. Las disposiciones de Abreu representaron una primera injerencia de las autoridades coloniales a fin de tener algún control sobre la situación de sobrexplotación indígena e intentar evitar la desestructuración y permitir la evangelización (Palomeque, 2000: 114).

A inicios del siglo XVII, debido a una gran cantidad de denuncias sobre la declinación de la población indígena de la Gobernación, la Corona ordenó a la Real Audiencia de Charcas instrumentar una visita a las encomiendas de Tucumán, Paraguay y Río de la Plata a fin de eliminar el servicio personal y tasar los tributos. Entre 1611 y 1612, el oidor Alfaro recorrió las diferentes encomiendas del Tucumán y Paraguay. Tras la visita, las nuevas ordenanzas tasaron el tributo. El mismo debía ser pagado por los varones entre los 18 y 50 años de manera individual y preferentemente en dinero. Sin embargo, Alfaro reconociendo las diversas situaciones de hecho que imperaban en la Gobernación, contempló la posibilidad de que en algunas jurisdicciones la tasa fuese cancelada en bienes o en servicios, pero en estos casos los mismos estaban medidos en dinero o en un tiempo acotado de trabajo. El monto del tributo fue fijado en cinco pesos, disposición que provocó una fuerte resistencia entre los encomenderos. Tras negociaciones con el oidor Alfaro, lograron mantener una tasa original de diez pesos que solo sería reducida, a la mitad, cuando cada encomienda quedara vacante en tercera vida (Palomeque, 2000: 121). Con estos cambios los encomenderos seguían teniendo acceso a la mano de obra indígena, pero pagando su trabajo aparte, diferencia que era denominada –en algunas zonas– como "demasía de tasa" (Boixadós, 2002: 39).

Desde la promulgación de las ordenanzas de Alfaro, la recepción del tributo dejó de garantizar el acceso directo a la mano de obra por parte del encomendero, en tanto los indios quedaban en libertad para organizar la producción en sus tierras, negociar las mismas o vender su trabajo a terceros (Palomeque 2000: 126).

El cumplimiento de las ordenanzas fue un campo de disputa y tensiones entre encomenderos, funcionarios e indígenas en muchos casos, y variaba de región en región. El visitador ordenó a las autoridades locales la realización de visitas periódicas para controlar el nuevo sistema de tasación y especialmente el acatamiento de la prohibición sobre el servicio personal (Castro Olañeta, 2010: 107-8). A pesar de ello, la encomienda de servicio personal siguió en vigencia, en la mayor parte de la Gobernación (Lorandi, 1988; Palomeque, 2000: 134-5; Farberman y Boixadós, 2006: 619-621; Castro Olañeta, 2010: 123-4; Boixadós y Farberman, 2009-10; Quiroga, 2012, entre otros). Sin embargo, había matices regionales, como por ejemplo las encomiendas de Jujuy, en las cuales puede constatarse la existencia de un sistema mixto con tributarios que trabajaban para el encomendero a cambio de la tasa, junto a otros que optaban por pagarla en dinero (Zanolli-Lorandi, 1995; Zanolli, 2005:184, Sica, 2006, entre otros). Estas diferencias regionales se relacionaban con las coyunturas y trayectorias de cada jurisdicción en las que se entrelazaban factores que iban desde las características del proceso de dominación, la capacidad negociadora de las autoridades indígenas, los requerimientos de mano de obra de los encomenderos, la competencia entre vecinos y encomenderos, el acceso y control de ciertos recursos (como tierras, ganado etc.) por parte de las comunidades indígenas hasta su participación en los circuitos mercantiles y mercados coloniales.

A lo largo del siglo XVII, los gobernadores de Tucumán trataron de limitar los abusos de la permanencia del servicio personal o al menos controlar que se retribuyera el trabajo extra una vez pagada la tasa. Esta presión variaba con las diferentes coyunturas políticas, militares y económicas en tanto había gobernadores y circunstancias en los cuales el control podía ser más rígido o más laxo (Castro Olañeta, 2010).

A finales del siglo XVII, se ordenó una nueva visita a todas las encomiendas del Tucumán con el propósito de realizar un "desagravio de los naturales", ya que de acuerdo con diversos informes no se respetaba la normativa alfariana. Entre 1692 y 1694 el oidor don Antonio Martínez Luján de Vargas recorrió las diferentes encomiendas de la Gobernación empadronando, verificando el cumplimiento de las ordenanzas, receptando denuncias indígenas y multando a los encomenderos.[4] Los largos expedientes de la visita retratan las diferentes realidades y situaciones en las que vivía la población indígena -bajo régimen de encomienda- en cada una de las jurisdicciones que componían la Gobernación a fines del siglo XVII. En los interrogatorios del oidor se evidencia un abanico de situaciones desde las encomiendas en las que perdura el servicio personal sin límite de tiempo de trabajo (sobre todo en las encomiendas conformadas por población "desnaturalizados" de la guerra de Calchaquí), hasta algunas en que era posible el pago de la tasa en dinero (especialmente en la jurisdicción de Jujuy). Sin embargo, predominaba la situación intermedia en la que el tributo se seguía pagando bajo la forma de prestación en trabajo, aunque la tasación limitaba en parte el acceso a los encomenderos a la mano de obra indígena, modalidad que prevalecía sobre todo en las encomiendas más antiguas y en los llamados "pueblos de indios" (Farberman y Boixadós, 2006: 618).

Las situaciones de mayor persistencia del servicio personal se hallaban en Catamarca y La Rioja, que eran las jurisdicciones que se encontraban más aisladas de los circuitos comerciales. Al contrario, en las que existían considerables posibilidades de acceso a los mercados y rutas mercantiles, los tributarios disponían de diversas oportunidades de obtener dinero, ya sea vendiendo la propia producción agrícola, ganadera, dedicándose al trabajo artesanal o conchabándose para terceros. En Santiago del Estero y San Miguel de Tucumán, los indios podían trabajar para otros vecinos a cambio de jornales más altos que los

4 La visita de Luján de Vargas ha generado una multiplicidad de trabajos desde los pioneros realizados por Doucet (1980), ya sea para estudios comparativos generales de la jurisdicción (Farberman y Boixadós, 2006) o el análisis de las situaciones de las diferentes jurisdicciones (Farberman, 2002; Boixadós, 2002; Noli, 2003; Castro Olañeta, 2007, 2015; Bixio, 2007; González Navarro, 2009; Zelada, 2015, entre otros). La importancia de esta fuente radicaba en la posibilidad de establecer estudios de tipo comparativo dado que involucraba a las encomiendas de las diferentes jurisdicciones del Tucumán, durante los años 1692-1694.

ofrecidos por sus encomenderos (Farberman y Boixadós, 2009-2010). En estos casos, la competencia por la mano de obra entre los encomenderos y los vecinos que no lo eran limitaba el poder coercitivo de los encomenderos para exigir "servicios personales". Este proceso se evidencia claramente en Jujuy, en donde los indígenas participaban activamente del mercado colonial al cual se habían incorporado muy tempranamente, disputando el negocio de los tambos y aprovechando la posesión de rebaños de camélidos y su larga experiencia en el tráfico caravanero prehispánico. Por otra parte, las demandas de los cercanos mercados mineros de Chichas, Lipez, Potosí y la Puna de Jujuy estimularon la necesidad de mano de obra para la producción agrícola, ganadera y el transporte, y provocaron una intensa competencia por la mano de obra entre los vecinos (que no disponían de encomiendas) y el sector de los encomenderos. Durante la segunda mitad del siglo XVII, uno de los efectos de esta competencia fue la pérdida de la importancia económica de las encomiendas como acceso privilegiado a la mano de obra, a excepción de las de la Puna (Sica 2006: 324).[5]

El sistema de tributación del Tucumán se mantuvo en parte del siglo XVIII y se fue modificando a medida que las encomiendas fueron desapareciendo y el tributo pasó a ser cobrado directamente por la Corona. Sin embargo, las reformas borbónicas trajeron otros cambios. Uno de ellos fue la incorporación de una importante cantidad de población indígena "forastera" a la obligación de tributar.

Los "forasteros" provenían de los movimientos de población que se habían dado en gran parte de los Andes desde fines del siglo XVI. Las causas de estos desplazamien-

5 Dentro de la jurisdicción de Jujuy, la Puna mantenía una situación particular por diferentes razones. En la visita de Luján de Vargas es posible ver que los tributarios de la encomienda de Casabindo y Cochinoca pedían pagar su tributo en dinero y se quejaron de que eran obligados por el encomendero a pagar trabajando compulsivamente en las matanzas de ganado (Boixadós y Zanolli, 2003: 295-8).

tos eran diversas, desde la huida para no pagar el tributo o escapar del trabajo obligatorio de la "mita",[6] la búsqueda de trabajo y nuevas condiciones de vida hasta la posibilidad de acceder a determinados recursos. En los Andes centrales y desde el siglo XVII ser forastero se fue convirtiendo, también, en una categoría fiscal, ya representaba a aquellos tributarios que por no vivir en su lugar de origen podían no pagar tributo, ni mitaban pero por su ausentismo habían perdido sus derechos a las tierras de la comunidad. En la práctica la foresterización de antiguos originarios implicaba procesos de diferenciación social, económicos e inclusive étnicos que superaban la propia condición fiscal (Castro Olañeta y Palomeque, 2016).

Las migraciones podían darse entre regiones de una misma jurisdicción dentro de la Gobernación o a más larga distancia. Durante el siglo XVII y la primera mitad del XVIII, no son matriculados en los padrones de encomienda o en las visitas generales ya que estas fuentes solo reconocieron a los indios originarios obligados a tributar la tasa establecida por Alfaro, que durante ese periodo coincidió con la población indígena que se mantenía bajo el régimen de encomienda (Castro Olañeta y Palomeque, 2016: 63).

Los forasteros comenzaron a ser identificados recién en las revisitas borbónicas de 1785-1786, 1791-1792 y 1805-1806. Como muestran Castro Olañeta y Palomeque, en estos registros supusieron una novedad radical ya que no solo establecían la diferencia entre originarios y forasteros, entre tributarios con y sin tierras, sino que implicaban la aplicación de la nueva exigencia para los forasteros de tributar a las Reales Cajas. En Tucumán, la obligación por

---

6 La mita era un sistema de trabajo compulsivo indígena orientado a la minería, la agricultura, la ganadería o la construcción a cambio de un salario. La más conocida por la cantidad de tributarios que movilizaba y por su importancia económica era la mita potosina, creada por el virrey Toledo en el siglo XVI. En la Gobernación de Tucumán, las ciudades cabeceras mantenían un sistema similar denominado "mita de plaza", generalmente regulado y administrado por los cabildos.

tributario eran cinco pesos, y esta carga se extendió por igual a originarios y forasteros con o sin tierra (Castro Olañeta y Palomeque, 2016: 63).

El tributo indígena fue formalmente derogado en mayo de 1811 por la Junta de Buenos Aires. En el ideario de los miembros de la Junta, el tributo indígena era considerado como una pesada carga que contradecía los principios liberales de la igualdad jurídica pero su abolición respondió, también, a un propósito práctico: captar para su causa a la numerosa población indígena del Alto Perú. Esta medida fue reiterada por la asamblea del año XIII. En septiembre de 1811 la Junta Provincial Gubernativa de Salta decretó, también, la abolición del tributo en su territorio, tratando de estimular la participación indígena en los ejércitos. Sin embargo, las autoridades de las Intendencias del Tucumán vislumbraron que su derogación suponía un cambio más profundo ya que, para la legislación colonial, los naturales constituían una entidad social, política y económica diferenciada ("la república de indios") y la supresión de uno de sus elementos centrales debía, necesariamente, transformar el resto de estas entidades (Doucet, 1993: 151). Uno de los puntos críticos de esa transformación recaía en la propiedad de las tierras, cuestión que más adelante se volverá problemática para algunos Estados provinciales, pero que en el contexto de las guerras fue dejada de lado temporalmente (Doucet, 1993: 157).

"Vivir en policía". Pueblos de indios, tierras en común y desnaturalizaciones. Siglo XVI al XIX

Otra de las políticas aplicadas desde la conquista consistió en obligar a la población prehispánica –que ya había perdido la posesión de sus antiguos territorios- a instalarse en pueblos, que copiaban el patrón arquitectónico y las instituciones españoles. La creación de estos pueblos obedeció a diferentes motivos: la articulación económica, la catequización, la separación estamental entre indios y blancos, y el control fiscal y de la mano de obra. Este proceso, visto desde el lado indígena, constituía una de las más substanciales transformaciones.

El masivo proceso de urbanización forzada fue impuesto, en los Andes centrales, por el Virrey Toledo y dio origen a una serie de pueblos organizados por las autoridades y conocidos como las "reducciones toledanas". En la Gobernación de Tucumán, la práctica era que las fundaciones se concretaran como iniciativa de los encomenderos con escasa injerencia estatal.

Una parte de la población indígena del Tucumán fue asentada en los llamados "pueblos de indios". Como sostiene Castro Olañeta, los mismos suponían la existencia de una unidad social, tributaria y territorial con características distintivas: el usufructo en común de la tierra; un conjunto de autoridades propias y la carga tributaria para quienes revestían la condición de originarios (Castro Olañeta 2006: 40). Las tierras en común y el tributo creaban un "pacto colonial" (Platt, 1982) por el cual se establecía una relación complementaria entre la obligación del pago del tributo y el derecho al acceso y usufructo a las tierras en común del pueblo de indios (Tell y Castro Olañeta, 2016: 211).

En el otorgamiento de tierras comunales para los pueblos de indios fue producto principalmente de varias coyunturas y momentos. En general, los encomenderos fueron reacios a cumplir con este requerimiento y en muchos casos trataban de asentar en sus propiedades particulares a sus encomendados, a fin de aprovechar más directamente su mano de obra para sus emprendimientos productivos. Fue la visita de Alfaro la que regularizó muchas de estas situaciones. Por su intermedio se llevó adelante un importante proceso de reducción de los indios de encomienda, reconociéndoles el derecho a tierras para la reproducción económica de las comunidades (Tell y Castro Olañeta, 2016: 211).

Para ello, Alfaro intentó que los indígenas se mantuvieran en los lugares donde habían sido visitados. Las medidas implementadas en sus ordenanzas buscaron "solucionar" las distintas situaciones vigentes al momento de su visita: indios trasladados de otras jurisdicciones, pueblos enteros que habían quedado al interior de las tierras privadas de sus encomenderos. En este último caso, el visitador trataba de señalarles las tierras que correspondían (Palomeque, 2000).

En las primeras décadas del siglo XVII se consolidaron algunos de los pueblos que conservaban, al menos en parte, su localización original, como los de Santiago del Estero ubicados en los ríos Dulce y Salado, los de Ramada y Marapa en la jurisdicción de San Miguel de Tucumán; los pueblos de Quilino, Soto y Salsacate en Córdoba, Famatina en La Rioja o los de Casabindo, Cochinoca, Tilcara y Omaguaca en Jujuy (Farberman y Boixadós, 2006: 609; Albeck y Palomeque, 2009: 189; Tell y Castro Olañeta, 2016: 212; Zanolli, 2005: 175; Sica, 2016: 174). Solo unos pocos de estos pueblos habían obtenido tierras antes de 1612, generalmente como resultado de procesos de negociación y/o algún tipo de colaboración al momento de la conquista.[7]

Otro grupo de reducciones fue creado en momentos posteriores a los levantamientos de los Valles Calchaquíes. Como consecuencia de las políticas de desnaturalizaciones fueron fundados pueblos de diversa naturaleza, con frecuencia multiétnica, surgidos a partir de la deportación y fragmentación de las comunidades rebeldes (Farberman y Boixadós, 2006).

---

7 Entre las excepciones estaban los pueblos de la Quebrada de Humahuaca en la jurisdicción de Jujuy, ellos reciben tierras confirmadas en algunos casos a través de mercedes reales, varios años antes de la llegada del oidor Alfaro. Esta temprana adquisición estaría relacionada con la negociación que llevan adelante los caciques de la Quebrada con el fundador de la ciudad de Jujuy. Inclusive los integrantes de la encomienda de Purmamarca obtuvieron sus tierras varias décadas antes de la propia fundación de su pueblo (Sica, 2016).

Como producto del gran alzamiento diaguita (1630-1643), se efectuaron las primeras desnaturalizaciones de los rebeldes, quienes fueron establecidos en pueblos de indios, algunos de reciente creación. En La Rioja, estos grupos fueron reducidos en pueblos y propiedades privadas dentro del valle de Famatina, otros fueron bajados a las proximidades de fuertes de importancia estratégica durante la rebelión (como los pueblos de San Blas de los Sauces y Machigastas) o en zonas más bajas pero cercanas a sus antiguos asentamientos de la sierra de Velazco o en los llanos (Boixadós, 2002: 26). En Tucumán, después de la rebelión diaguita fueron trasladados pueblos procedentes de la ladera occidental de la sierra del Aconquija, a quienes redujeron en zonas contiguas al oeste de la ciudad de San Miguel (Noli, 2003: 332).

Los mayores contingentes de "desnaturalizados" fueron trasladados a partir de la derrota definitiva de los alzamientos y el vaciamiento del Valle Calchaquí. El "Auto General de Mercedes de Encomiendas" de 1666 permitía el reparto por familias o por piezas para premiar la colaboración de vecinos y encomenderos en las últimas campañas de pacificación. Muchas de estas familias fueron instaladas en propiedades privadas o en pueblos de composición mixta con cautivos procedentes de la frontera del Chaco u otros grupos desnaturalizados. En las jurisdicciones de Tucumán, La Rioja, Catamarca, Salta y Córdoba, además de la entrega de piezas sueltas, se crearon nuevos pueblos que reunían a diferentes grupos del Calchaquí, y a partir de la década de 1670 -fecha en que se iniciaron algunas ofensivas importantes en la frontera con el Chaco- indígenas tobas y mocovíes pasaron a integrar encomiendas de desnaturalizados en igual condición jurídica que los de Calchaquí (Boixadós, 2002: 29). Las zonas más favorecidas con estos traslados fueron primero las de San Miguel de Tucumán y Salta, y en segunda instancia las de La Rioja y el valle de Catamarca. La consecuencia más evidente de este tipo de repartos fue el quiebre de la tradicional unidad entre la encomienda, el grupo nativo y el pueblo como sitio de reducción (Farberman y Boixadós, 2009-10).

En Tucumán, las comunidades derrotadas fueron asentadas en los tres curatos rurales que conformaban la jurisdicción de la ciudad. Desde comienzos de la década de 1660 se instalaron grupos serranos en la llanura y en el piedemonte, como los tafíes en Santa Lucía. Otros grupos como tolombones, colalaos y chuchagastas fueron encomendados y trasladados al valle de Choromoros –actual departamento de Trancas, provincia de Tucumán–, desde donde tenían acceso a sus antiguas tierras en el Valle a través de una serie de pasos y abras que los comunicaban con ellas. La cercanía de los reasentamientos y la relativa frecuencia de los retornos a los antiguos fueron parte de nuevas formas de resistencia generadas luego del traslado compulsivo (Noli, 2003: 331). En el caso de colalaos, tolombones y chuchagastas recibieron tierras en la ladera oriental del Aconquija, a la que sumaron una importante estancia que compraron en 1679. El dinero para la transacción se los adelantó el gobernador Mercado y Villacorta y la deuda fue saldada con el trabajo realizado en forma de mita en la ciudad de Santiago del Estero (López de Albornoz y Bascary 1998).

En los curatos de Marapa y Chiquiligasta de once encomiendas de indios calchaquíes solo cuatro llegaron a tener pueblos y tierras: Tafí, Amaicha, Famaillao y Anchacpa (Noli,2003: 347). De ellos, la situación de los pueblos de Amaicha y Tafí parece haber sido la más favorable ya que tenían constituidos, en la llanura, pueblos de indios con iglesia, chacras y corrales, al mismo tiempo que fueron obteniendo tierras en el Valle (Noli, 2003: 352).

En La Rioja, una gran mayoría de familias desterradas fueron localizadas en las chacras de los encomenderos dentro del ejido urbano o muy próximas a él. En dos o tres casos los encomenderos llevaron a estas familias y piezas "sueltas" a pueblos de sus encomiendas, para los cuales su llegada significó un nuevo aporte demográfico y una renovación étnica (Farberman y Boixadós, 2006: 613).

La ciudad de Catamarca recibió importantes conjuntos de encomiendas, aunque cada una de ellas se componía de muy pocos integrantes, entregados a españoles pobres que habían actuado como soldados en las campañas militares. Muchas de ellas agrupaban a indios calchaquíes y chaqueños, que fueron instalados en las propiedades de sus encomenderos. Los pocos pueblos que se crearon en territorio catamarqueño se ubicaron en la zona del fuerte de Andalgalá (Farberman y Boixadós, 2006: 612).

Gran parte de los desnaturalizados llevados a Salta -con excepción de los de Luracatao- fueron situados en dos territorios diferentes, dos grandes reducciones o macro-reducciones denominadas Pulares y Guachipas, colindantes entre sí, cuyos habitantes estaban encomendados a diferentes vecinos de la jurisdicción (Castro Olañeta, 2007). Los pulares sacados del Valle fueron instalados entre 1662-1669 en la quebrada de Escoipe, en más de diez pueblos o reducciones. Las tierras donde ellos se fundaron fueron adquiridas por los caciques. El dinero les fue adelantado por los encomenderos, y los pulares pagaron este anticipo en forma de servicio personal a su encomendero. Durante el siglo XVIII, los pulares debieron mantener el control de sus tierras y la pervivencia de sus pueblos apelando en varias oportunidades a la justicia colonial, frenando de este modo las apetencias y presiones de vecinos y religiosos sobre sus tierras (Quintian, 2008).

Los encomenderos de Córdoba obtuvieron un significativo contingente de "desnaturalizados" proveniente de la derrota calchaquí que, en general, fueron instalados en las estancias y propiedades privadas. Ellos se sumaron a los ya establecidos en su territorio desde comienzos del siglo XVII. Sin embargo, como ha demostrado Castro Olañeta, los pueblos de indios cordobeses tenían disímiles condiciones producto de su historia y de diferentes coyunturas.

En la jurisdicción era posible encontrar desde pueblos de indios con tierras y autoridades étnicas hasta encomiendas sin indios o piezas sueltas en guarda de un vecino. Entre estos dos extremos existía un gradiente de situaciones que matizaban y complejizaban el panorama general, como la existencia de pueblos de indios en proceso de abandono en los cuales una parte de sus habitantes había migrado definitivamente o trabajaban estacionalmente en las estancias vecinas. También había tributarios o desnaturalizados asentados en tierras privadas de sus encomenderos que convivían con indios encomendados en otras jurisdicciones, pero trasladados a estancias de sus encomenderos en Córdoba; a los que se sumaban los asentados en tierras privadas, pero con tierras asignadas –no legalmente- por sus encomenderos, llegando al caso particular de los indios de la Boca Toma que se encontraban bajo la administración del Cabildo de la ciudad (Castro Olañeta, 2015: 88).

En diferente situación se encontraban las jurisdicciones de Jujuy y Santiago del Estero, cuyos vecinos habían tenido una menor participación en las campañas militares contra los alzamientos. Santiago del Estero quedó prácticamente al margen de los repartos de población desnaturalizados (Farberman, 2008). En tanto que en Jujuy solo se estableció una reducción de Luracataos y Taquigastas, trasladados por el gobernador Mercado de Villacorta y asentados en la estancia de su nuevo encomendero; a ella se sumaba una de tobas en las cercanías de la ciudad, que eran producto de las entradas punitivas ordenadas por el Cabildo o de campañas militares de los gobernadores a la frontera del Chaco (Sica, 2006).

Este complejo panorama quedó retratado en la visita del oidor Luján de Vargas. Uno de los aspectos a los que el visitador daba especial importancia fue el hecho de que cada grupo encomendado tuviera pueblo constituido con capilla y las tierras que le correspondían. En algunas jurisdicciones como el caso de Córdoba, la presencia y las disposiciones de Luján tuvieron un importante efecto en la consolidación de los derechos a las tierras en los pueblos de indios de la jurisdicción. Según Tell y Castro Olañeta, Luján a lo largo de su visita fue sentenciando y condenando a los encomenderos que no cumplían con sus obligaciones y, en estas sentencias, fue particularmente cuidadoso en lo referido a devolver, ampliar u otorgar nuevas tierras que por derecho les correspondían a los encomendados. Lo importante es que, para el caso de Córdoba, la visita no se limitó a sentenciar a los encomenderos, sino que Luján de Vargas le otorgó una comisión especial al alguacil mayor de la ciudad para que ejecutara las sentencias. Es decir, los encomenderos que habían asentado indios en sus estancias se vieron apremiados a restituirlos a sus reducciones, en el caso de que estos pueblos de indios existieran previamente y hubiesen sido abandonados. Este procedimiento reafirmaba y consolidaba derechos a la tierra de pueblos que estaban en proceso de desaparición por el abandono de las tierras de comunidad, pero también los jueces reconocieron, deslindaron y asignaron tierras para nuevas reducciones, varias de ellas compuestas por desnaturalizados (Tell y Castro Olañeta, 2016: 213).

Durante el siglo XVIII, algunos pueblos de indios se desarticularon y agonizaron mientras que otros pervivieron con mayor vitalidad. Los diferentes estudios muestran que la existencia de estrategias comunitarias, autoridades y la posesión de tierras los situaba en las mejores condiciones para su conservación. Entre los que fueron desapareciendo encontramos aquellos en los que su población fue dispersándose cuando una buena parte de los tributarios dejó de estar sujeta al régimen de encomiendas. Otros se desarticularon por la pérdida de sus tierras o de sus habitantes, presionados muchas veces por las propiedades privadas colindantes, o la apetencia de diferentes grupos sobre sus recursos. También estuvieron los que se fusionaron por el poco caudal demográfico o por la imposición e intereses de encomenderos o autoridades.

Algunos de los que sobrevivieron, como en La Rioja o Santiago del Estero, comenzaron a ser poblados en el siglo XVIII por nuevos habitantes: los agregados, posiblemente indios libres, que se instalaban como arrenderos de tierras comunitarias, y los soldados, mestizos o indígenas que se habían ubicado en los contornos de los pueblos de indios y en muchos casos se relacionaban a través de lazos de parentesco con los originarios. Para Farberman su presencia contribuyó a la perduración de los antiguos pueblos de indios ya que posibilitaban su crecimiento demográfico y una mayor recaudación de ingresos en concepto de arrendamientos de tierras. Los pueblos así constituidos subsistieron hasta comienzos del siglo XIX (Farberman, 2008; Boixadós y Farberman, 2009-2010).

¿Quiénes eran los llamados "indios libres"? Según Boixadós y Farberman procedían de familias e individuos migrantes que habían olvidado tanto su origen como su pertenencia a la casta tributaria. Para ellos, la contracara de no pagar tributo era la pérdida del acceso a tierras y aguadas que los pueblos de indios podían garantizar a sus miembros (Boixadós y Farberman, 2009-2010). El origen de estas migraciones podía estar tanto en las diferentes jurisdicciones del Tucumán como en regiones más lejanas. Esta población se fue estableciendo en ciudades, pueblos de indios y zonas rurales posiblemente desde el siglo XVII,[8] especialmente en aquellos espacios que ofrecían nuevas oportunidades de asentarse, de trabajar, recuperar el

8 Aunque es difícil de cuantificar este fenómeno, en Jujuy, a partir de 1620, se registraron forasteros indígenas que se contrataban al servicio de diferentes vecinos. Su existencia no pasaba desapercibida en la ciudad y su entorno. En 1631, el Cabildo se quejaba de la presencia de los muchos indios forasteros que vivían en Jujuy, en la queja los capitulares destacaban que los mismos estaban ganando plata sin pagar tasa a nadie. Ellos procedían de diversos lugares que iban desde Santa Fe a Perú, predominando los migrantes de Córdoba, Santiago del Estero, La Rioja y Salta y algunos indígenas de Paraguay. La huida de sus pueblos y encomiendas de origen, la sostenida demanda de su trabajo, y el pago en tejidos o en metálico parecen ser algunas de las razones de su permanencia en la jurisdicción (Sica, 2006).

acceso a recursos perdidos o simplemente de escapar de la coerción de encomenderos o de las obligaciones fiscales y laborales coloniales. Áreas mineras, distritos de reciente despoblación, nichos ecológicos particulares o de zonas de explotaciones que requerían mano de obra fueron las más elegidas o preferidas. Los registros borbónicos comenzaron a distinguir entre los originarios y los forasteros, y estos últimos fueron registrados de acuerdo con su acceso a la tierra como forasteros con tierras o sin tierra, siendo estos últimos la mayoría (Castro y Palomeque, 2016: 67).

Las dos Intendencias del Tucumán,[9] según Castro Olañeta y Palomeque, se convirtieron en espacios receptores de migrantes, aunque ellos no se distribuyeron de una manera uniforme entre las Intendencias y sus partidos. Mientras que en la de Salta del Tucumán los forasteros sin tierras sumaban casi 53% de la población tributaria presente, en la de Córdoba solo alcanzaban el 22% de la población indígena. Dentro de la Intendencia de Salta, los partidos de Jujuy, Salta y en menor medida Catamarca fueron aquellos en donde la gran mayoría de la población provenía de otros lugares y no tenía derecho a tierras de comunidad, en tanto que en Santiago del Estero y Tucumán no se registró ninguno. Entre los forasteros de estas zonas aparecen dos situaciones de registros diferenciadas: una parte de ellos que fueron anotados junto con su lugar de origen, posiblemente eran aquellos cuya migración era relativamente reciente y representaban el 17% del total de los forasteros sin tierras. Al contrario, un 71,50% no tenía asentado su lugar de origen o fueron anotados como naturales del lugar. Su presencia era muy importante en el partido de Jujuy (Castro Olañeta y Palomeque, 2016: 70-1).

---

9 Las reformas borbónicas habían dividido la antigua Gobernación del Tucumán en dos Gobernaciones Intendencia. Una era la de Córdoba del Tucumán, que comprendía las antiguas jurisdicciones de Córdoba, La Rioja y Cuyo. La de Salta del Tucumán abarcaba los territorios de Salta, Jujuy, Santiago del Estero, Tucumán, Catamarca y Tarija.

Estos nuevos inmigrantes procedían, en orden de importancia, de Chichas, Atacama, Tarija y Cinti y una parte menor era de otras zonas de Tucumán. De acuerdo con los lugares de recepción pueden dividirse en dos grupos: uno, que se distribuyó hacia las tierras altas andinas (Catamarca, Jujuy y el sector de Valles Calchaquíes de Salta), y otro que se estableció en los valles fértiles del piedemonte o tierras bajas de Salta, y donde solo los atacamas se orientaron hacia un solo espacio ambiental (los valles alto-andinos), mientras que el resto se instaló en distintos lugares, buscando todo tipo de empresa agrícola o ganadera, a las cuales llegaban en carácter de arrenderos o agregados (Castro Olañeta y Palomeque, 2016: 66-7). Si miramos el espacio más reducido de la Quebrada de Humahuaca en el partido de Jujuy encontramos que los indígenas registrados como forasteros sin tierras -y sin origen consignado- fueron parte de movimientos migratorios de larga profundidad temporal, aunque las fuentes solo permiten rastrearlos hasta, por lo menos, las primeras décadas del siglo XVIII. Los registros parroquiales dan cuenta de la trayectoria de estas familias forasteras que se fueron asentando en las propiedades privadas de la zona y paulatinamente luego de una o dos generaciones se fueron transformando en "naturales" de su lugar de residencia. A pesar de que la Quebrada de Humahuaca era un área con importante presencia de pueblos de indios con extensas tierras comunales, la mayor parte de los forasteros se establecieron en las haciendas y estancias de propietarios españoles, y solo unos pocos estaban instalados en los pueblos de indios, ya sea casados con originarios o como arrenderos de sus tierras.

En la otra Intendencia, el partido de Córdoba presentaba grandes diferencias con las situaciones de Salta ya que dentro del conjunto de tributarios sin tierras fueron incorporados indios forasteros, más otros grupos como mestizos, negros o mulatos que residían en los "pueblos de indios", dado que en esta región se adoptó el criterio de empadronar solo a los residentes de los pueblos y no incluir a los que vivían en otros sitios (Castro Olañeta y Palomeque, 2016: 65). La revisita de 1785 registró entre un 50% y un 87% de población originaria y forastera sin tierra, sin embargo, ellos tendieron a ser considerados originarios y forasteros con tierras en los registros posteriores (Tell y Castro Olañeta, 2016: 216). En estos pueblos, las revisitas y las nuevas formas de control borbónicas permitieron la consolidación de los derechos a las tierras de aquellos que quedaron registrados y tributando (Palomeque, 2000: 140). En otros casos, como en La Rioja, los registros borbónicos fueron utilizados para dar muestras del abandono de los pueblos y la caída en la percepción del tributo; panorama desolador que habilitaba la discusión de diversas propuestas tras las cuales se entretejían las apetencias de los vecinos sobre las tierras y el acceso al agua de los pueblos de indios (Boixadós, 2016).

Los procesos de desnaturalización, la presencia de cautivos de los pueblos del Chaco y de Calchaquí, los movimientos de la población, el establecimiento de forasteros y las convivencias elegidas o forzadas con otros grupos de diferentes orígenes o étnicos fueron complejizando y desvaneciendo los límites de quienes eran los indios en el Tucumán más allá de lo que señalaban las categorías fiscales.

El final de los pueblos de indios de Tucumán. Apropiaciones, deslindes, ventas y enfiteusis. Siglo XIX

Con los inicios del siglo XIX, el complejo derrotero de los pueblos de indios del Tucumán y sus tierras ingresó en su etapa final. La disolución de los pueblos como entidades y la desamortización de las tierras comunales fue un largo proceso que, en algunas regiones, abarcó casi todo el siglo.

La asamblea del año XIII suprimió la encomienda, el servicio personal, la mita y el tributo proclamando, y al menos en un plano teórico, la transformación de los antiguos tributarios en ciudadanos libres. Sin embargo, en el contexto de guerras e inestabilidad no se plantearon políticas generales que comprendieran a la población indígena en su conjunto. Los nuevos Estados provinciales del noroeste, surgidos de las antiguas jurisdicciones coloniales, debieron discutir e implantar diferentes políticas y medidas frente a lo que se suponía el "problema" de la propiedad comunal indígena. Las disposiciones legislativas y los procedimientos que se ensayaron estuvieron en relación tanto con las realidades específicas de cada provincia, la cantidad de tierras y población indígena como también con la necesidad de recursos para sostener las nuevas provincias. Dichas medidas se sustentaban en un discurso que condenaba la existencia de instituciones corporativas y justificaba la apropiación de sus tierras en aras de la primacía del individuo y la propiedad privada. Este discurso fue utilizado tanto en las discusiones y los fundamentos de las medidas legislativas, como en los litigios y pleitos entre los intereses privados y las comunidades.

En Santiago del Estero, según Farberman, los avances sobre las corporaciones indígenas vinieron tempranamente de la mano del Cabildo. Así pues, en 1811, luego de suspendido el tributo indígena, desde el Cabildo local se procuró compensar aquel ingreso cobrando a los agregados que vivían en los pueblos de indios del partido. Nuevos avances tuvieron lugar en 1816, fecha en la que se dispuso cobrar arriendo a los integrantes del pueblo de indios, exceptuando a los antiguos tributarios indígenas. Esto era un golpe para la supervivencia de los pueblos al afectar los ingresos que percibían de arrenderos y agregados. Para la autora, esta pudo haber sido una de las razones por las que se produjo la desarticulación post independentista de los pueblos de indios de Santiago del Estero (Farberman, 2008).

En Tucumán, como muestra López, en el siglo XIX, el nuevo orden jurídico fue dejando paulatinamente a las comunidades indígenas en un estado de indefensión, entre otras cosas, porque se eliminó el tributo que garantizaba el acceso a las tierras comunales. A partir de la década de 1820, la apetencia por dichas tierras se hizo más evidente y fue común que las autoridades políticas entregaran a particulares terrenos que se consideraban vacíos o baldíos; perdiendo los antiguos pueblos de indios sus territorios o parte de ellos (López, 2006).

Sin embargo, algunas comunidades perduraron a pesar de esta práctica. Los casos paradigmáticos fueron los de las comunidades de Colalao y Tolombón y la de Amaicha, en las que sus integrantes mantuvieron la propiedad comunal amparados en sus títulos coloniales, aunque recibiendo una fuerte presión de los propietarios particulares. En las primeras, su disolución no partió de leyes o medidas políticas provinciales sino de un proceso de privatización en el que entraron en juego las presiones externas e internas, en tanto sus propios miembros dejaron de ofrecer un frente común de intereses. Durante la década de 1870 se regularizó la privatización bajo el imperio del Código Civil, trasmutando la "propiedad comunal" en "condominio" (Fandos, 2007; López y Bascary, 1998). En el caso de Amaicha, la comunidad utilizó el título de una merced del siglo XVIII, contra los intentos de avanzar sobre la propiedad de sus tierras en el Valle desde fines del siglo XVIII. El conflicto por las tierras continuó vigente durante prácticamente todo el siglo XIX, hasta que en el año 1892 la comunidad logró la protocolización del testimonio de la Cédula Real de 1716. Este acto permitió que las mismas tomaran entidad legal ante el Estado provincial. La copia de este documento protocolizado, junto con la utilización exitosa de la justicia republicana, y el contexto que ofrecía la falta de una ley específica sobre el destino de la tierra indígena en la provincia de Tucumán, le permitieron a la comunidad de Amaicha su continuidad hasta el siglo XX (Rodríguez, 2010).

En otras provincias, el "problema" de las tierras indígenas fue una cuestión de Estado y se ensayaron diversas soluciones legales que, aunque con parecidos fundamentos, buscaron y pusieron en práctica diferentes modalidades de acuerdo con cada realidad provincial.

En Jujuy, región que concentraba mayor cantidad de población indígena, fue recién con el proceso de su autonomía política de Salta que, en la nueva legislatura, se planteó el debate para promulgar una legislación que suprimiera las comunidades indígenas y redefiniera los derechos de propiedad de sus tierras. En 1835, la Quebrada de Humahuaca era el único lugar del territorio jujeño donde se conservaban tierras comunales. En la Puna, rápidamente habían pasado a ser consideradas propiedad privada de la antigua familia encomendera[10] (Madrazo, 1982). Esto fue posible porque desde el siglo XVII, las tierras de estos pueblos habían sido amparadas en su usufructo, pero no en su propiedad, por la Audiencia de Charcas (Albeck y Palomeque, 2009: 203). De los pueblos restantes, ubicados en el valle de Jujuy, solo el pueblo de San Ildefonso de Ocloya había comenzado el siglo XIX, manteniendo extensas tierras de comunidad.[11] Sin embargo, las perdieron en el contexto de las guerras de Independencia. En 1818 fueron privatizadas de hecho por el gobernador Güemes y entregadas a uno de sus más fieles seguidores como recompensa a su participación política y militar (Sica, 2016).

---

10 Sin embargo, la cuestión de su propiedad quedó latente para resurgir violentamente en la segunda mitad del siglo XIX. En 1872, los arrenderos de las fincas de Casabindo y Cochinoca en manos de la familia Campero (descendientes de los antiguos encomenderos) denunciaron a los propietarios por no tener títulos coloniales de propiedad. La provincia les dio la razón y traspasó, por medio de un decreto, las propiedades como tierras fiscales. Tras algunos retrocesos, la Corte Suprema convalidó la cesión de derechos a la provincia en 1877. Este proceso fue acompañado por importantes movilizaciones de los arrenderos de la Puna y las tierras altas, las que culminaron reprimidas en la batalla de Quera (Paz, 2009).

11 Los integrantes del pueblo de San Ildefonso Ocloya se mantuvieron bajo régimen de encomienda hasta 1810.

En marzo de 1838, fue promulgada la ley que establecía que las tierras de los pueblos de Humahuaca, Tilcara y Purmamarca fueran entregadas en enfiteusis. Esta figura jurídica significaba que el dominio correspondía al Estado y el usufructo se entregaría a perpetuidad con el pago de un canon fijado en un 3% de su tasación. La ley establecía, además, que los indígenas originarios tendrían derecho preferencial al solicitar la concesión de los terrenos que antes ocupaban. Como muestran Fandos y Teruel, la dirigencia local terminó sentando posición sobre la naturaleza jurídica de estas tierras de comunidad, a las que categóricamente descalificó de "propiedad" de las comunidades en la etapa de la Colonia, para definir su tenencia como un mero derecho de usufructo o posesión. Ello suponía descartar como posibilidad su reparto a título de propiedad privada. La enfiteusis y su implementación se presentó como una salida alternativa para evitar la expropiación absoluta de las comunidades, al permitirles mantener, a sus antiguos propietarios, el dominio útil y su transferencia en venta y herencia igualitaria, a tono con el espíritu desamortizador (Fandos y Teruel, 2012).

En Córdoba es tardío el desconocimiento de la tenencia comunal y de la "personería en comunidad" de los antiguos pueblos de indios, y se concretó a fines del siglo XIX en virtud de la ley provincial de expropiación de 1881 y una modificatoria de 1885, aunque las operaciones de mensura y deslinde, subdivisión, reparto y venta de lotes comenzaron más tardíamente en la mayoría de los casos, y se extendieron durante varios años. En esos años se terminaron por dividir y vender algunos de los pueblos que habían sido institucionalizados con Alfaro, como los de Soto y Quilino junto con los de La Toma, San Marco/San Jacinto, Pichana, Cosquín, que habían surgido como producto de la ejecución de sentencias realizadas a partir de la visita de Luján de Vargas (Tell y Castro Olañeta, 2016: 216). De entre todas las medidas que se habían tomado en otras provincias, la Legislatura de Córdoba optó por no declarar estas tierras como fiscales sino por reconocer los derechos de los comuneros, pero, al mismo tiempo, recortarlos significativamente (Tell, 2014).

Consideraciones finales

A casi 30 años de las pioneras reflexiones de Ana María Lorandi sobre el Tucumán y su caracterización como una verdadera "frontera" con el predominio de los intereses privados y el escaso control del Estado colonial, ha ido dejando un cuadro muchísimo más complejo que ha pintado de matices y claroscuros aquel proceso lineal de desestructuración y mestizaje que mostraba su trabajo. Es indudable que la existencia de una frontera de guerra interna en los Valles Calchaquíes durante casi un siglo condicionó muchos aspectos de la implementación del dominio colonial y los intentos de preeminencia de los intereses privados en constante tensión con los proyectos políticos y tentativas de regulaciones de gobernadores y funcionarios. Un elemento lo constituyó el predominio del servicio personal en la tributación de la población encomendada. Durante las primeras etapas de la conquista del territorio el uso extendido, indiscriminado y abusivo permitió a los conquistadores obtener mano de obra que les permitió establecerse, poner en producción tierras, criar ganado, obtener bienes y servicios. Ante las situaciones de abuso no tardaron las autoridades en intentar algunas medidas de control. Como resultado de estos intentos se promulgaron las primeras reglamentaciones del gobernador Abreu. Este ordenamiento, que surgió de procesos de negociación con el sector encomendero que veía en ellas un freno a su necesidad de mano de obra, fue el primer intento de limitar el poder particular y frenar sus abusos en un momento en que se empezaban a fundar las ciudades que iban a cerrar el cerco sobre los Valles Calchaquíes, y asegurar la circulación entre el Perú, el Río de La Plata y Chile.

Recién con la llegada de Alfaro se concretaron estos primeros intentos de tasar el tributo como forma de limitar el servicio personal. El visitador se vio, nuevamente, obligado a negociar con los encomenderos algunas de sus imposiciones, como mantener temporariamente un tributo mucho más alto que el originalmente previsto. Alfaro también contempló algunas situaciones particulares dejando espacios para un posible pago en trabajo pero limitado en tiempo. La otra gran acción de Alfaro intentaba, siguiendo el modelo toledano, que la población encomendada fuera instalada en pueblos y tuviera acceso a tierras propias que permitieran su autorreproducción. Como producto de su visita, se fundaron, consolidaron o recibieron tierras algunos de los pueblos de indios más antiguos de las jurisdicciones de Santiago del Estero, Tucumán, Córdoba, La Rioja y Jujuy. Casi todos ellos se crearon por iniciativas de sus encomenderos tras tomar posesión de sus encomiendas, aunque no todos eran pueblos formales o tenían tierras propias.

El cumplimiento de las ordenanzas fue un campo de disputa y tensiones entre encomenderos, funcionarios e indígenas en muchos casos y variaba de región en región. Alfaro dejó previsto algunos mecanismos para controlar el cumplimiento de la prohibición del servicio personal. Uno de ellos fue la instauración de visitas periódicas a cargo de nuevos funcionarios, aunque solo actuaron en la jurisdicción de Córdoba por un corto período. En otras jurisdicciones, el control fue más laxo posiblemente por la necesidad de que sus vecinos encomenderos participaran en las campañas militares que trataban de contener los levantamientos en los Valles Calchaquíes. Tras la represión del "gran alzamiento", algunas jurisdicciones como La Rioja y Tucumán recibieron los primeros contingentes y encomiendas de desnaturalizados que fueron establecidos en propiedades privadas, en pueblos de indios ya establecidos o en nuevas reducciones. La necesidad de controlar y escarmentar a estas poblaciones recientemente dominadas pudo sostener la práctica del servicio personal, más allá de las prohibiciones legales. Situación que se repetirá en la década de 1660 cuando la campaña final contra la resistencia calchaquí termine por despoblar el valle y desnaturalizar a su población en forma de encomiendas, familias o piezas sueltas repartidas entre los vecinos que habían participado de la campaña.

Con la llegada de un nuevo visitador a finales del siglo XVII, existía un universo diferenciado de pueblos y encomiendas de desnaturalizados en cada una de las distintas jurisdicciones. En un extremo estaban las de Santiago del Estero y Jujuy, en donde su presencia e impacto había resultado casi nulo, y en el otro la de Catamarca, cuya población indígena encomendada provenía de las desnaturalizaciones y se hallaba asentada en escasos pueblos de indios, y mayormente el resto, que consistía en familias y "piezas sueltas", habitaba las propiedades de sus encomenderos. En el medio, las jurisdicciones de La Rioja, Salta, Tucumán y Córdoba habían recibido importantes contingentes de desnaturalizados, que en algunos casos se habían aumentado con cautivos que procedían de la frontera del Chaco. Era mucho más frecuente que los integrantes de estas encomiendas se vieran obligados a cancelar su tributo bajo la forma del servicio personal, mientras que la tributación mixta o los pagos de "demasía de tasa" fueran más frecuentes en los más antiguos y consolidados pueblos de indios. Sin embargo, este problema no solo estaba relacionado con el origen de la encomienda. Los tributarios que vivían en jurisdicciones con mayor inserción en los circuitos mercantiles aumentaban sus posibilidades de obtenerlo por la venta de sus productos o de su trabajo. En algunas regiones, la competencia por la mano de obra permitía la obtención de salarios más altos fuera de la órbita de la encomienda, y por lo tanto podía reducir la posible coacción que ejerciera el encomendero. Esto se veía favorecido en los casos en que los pueblos mantenían tierras, animales propios o podían producir algún bien que se insertara con alguna demanda en los circuitos y mercados. El caso más "exitoso" eran los pueblos de indios de las tierras altas de Jujuy, que vendían una parte de su producción y participaban del negocio de la arriería. Pero también, aunque en otra escala, los tributarios de Santiago y Tucumán tuvieron mayores posibilidades de obtener dinero que los de las jurisdicciones más aisladas como Catamarca.

La visita de Luján de Vargas, además de multar a los encomenderos que habían contravenido las ordenanzas, intentó controlar la existencia de pueblos con tierras. En el caso de la jurisdicción de Córdoba fue una coyuntura importante porque la visita permitió la consolidación de los antiguos pueblos y la creación de nuevos. En la mayoría de estos casos, el visitador señaló u obligó a los encomenderos a dotar de tierras a sus encomendados.

A pesar del ideal de Alfaro de que la población indígena del Tucumán quedara contenida en los pueblos de indios, fue inevitable su movilidad, ya sea escapando de la presión de los encomenderos, buscando mejores condiciones de vida o tratando de recuperar el acceso a tierras y recursos perdidos. Estos movimientos fueron creando un conjunto de individuos y familias que dejaron de pagar tributo o mitar, pero al mismo tiempo fueron perdiendo derechos a tierras o aguadas en su lugar de origen. Dependiendo de las regiones, esto indios libres se instalaban en los pueblos de indios como arrenderos o agregados. En estos casos permitieron la pervivencia de algunos pueblos al aumentar su caudal demográfico y sus ingresos, como sucedió en los pueblos de Santiago. En otras zonas, muchos migrantes venidos sobre todo de Charcas y Tarija se fueron estableciendo en los establecimientos productivos, especialmente en las tierras altas de Jujuy, Salta y Catamarca. Esta población recién fue detectada por los registros borbónicos, y a partir de allí fueron obligados a tributar en las mismas condiciones que los antiguos originarios.

Durante el siglo XVIII, a lo largo de todo el Tucumán una parte de los antiguos pueblos de indios fue desapareciendo. Ya sea por despoblamiento, fusión o al no poder resistir la presión y apetencia sobre sus tierras y recursos por parte de los vecinos hispano-criollos. Pero también porque las profundas transformaciones sociales, económicas e inclusive étnicas habían alterado la propia categoría de indio más allá de la condición fiscal.

A pesar de las transformaciones, no fue tan reducido el número de pueblos que persistía a comienzos del siglo XIX. Los diferentes estudios muestran que la existencia de estrategias comunitarias, autoridades y la posesión de tierras los situaba en las mejores condiciones para su conservación.

En el nuevo contexto político que inauguraron los procesos de emancipación, la asamblea del año XIII suprimió la encomienda, el servicio personal, la mita y el tributo proclamando, al menos en un plano teórico, la transformación de los antiguos tributarios en ciudadanos libres. Sin embargo, en el contexto de guerras e inestabilidad no se plantearon políticas generales que comprendieran a la población indígena en su conjunto. Los nuevos Estados provinciales del noroeste, surgidos de las antiguas jurisdicciones coloniales, debieron discutir e implantar diferentes políticas y medidas frente a lo que se suponía el "problema" de la propiedad comunal indígena. Las disposiciones legislativas y los procedimientos que se ensayaron estuvieron en relación tanto con las realidades específicas de cada provincia, la cantidad de tierras y población indígena como también con la necesidad de recursos para sostener las nuevas provincias. Dichas medidas se sustentaban en un discurso que condenaba la existencia de instituciones corporativas y justificaba la apropiación de sus tierras en aras de la primacía del individuo y la propiedad privada. Sin embargo, en la práctica los procesos de disolución y desamortización de las comunidades indígenas fue un largo proceso que en algunas provincias duro hasta el siglo XX o al menos la segunda mitad del siglo XIX.

En algunas provincias, esto se dio de hecho y en otras como Jujuy y Córdoba fue producto de la acción legislativa. En cada una de ellas también se diferenció la figura jurídica bajo la cual se iniciaron los procesos desamortizadores. Mientras que la Legislatura de Córdoba consideró que las antiguas tierras de los pueblos de indios habían sido propiedad de los antiguos comuneros, los legisladores de Jujuy decidieron que las comunidades coloniales solo habían tenido el derecho de usufructo durante la etapa colonial. Por ello, Córdoba la dividió entre los "comuneros" y Jujuy solo entregó su dominio útil bajo la figura de la enfiteusis. La única excepción en este panorama fue la comunidad de Amaicha que, a través de la protocolarización de la copia de sus títulos coloniales, logró ser reconocida por la provincia.

Finalmente, con la ruptura del antiguo pacto "colonial" y con las transformaciones que trajo el siglo XIX se terminó por cerrar el último capítulo de la larga, conflictiva y compleja historia de las sociedades indígenas coloniales del Tucumán, que la conquista de la región había inaugurado en el siglo XVI.

Bibliografía

ALBECK, María E. y PALOMEQUE, Silvia (2009), "Ocupación española de las tierras indígenas de la puna y 'raya del Tucumán' durante el temprano período colonial", *Memoria Americana* N° 17-2, Buenos Aires, ICA, FFyL, UBA, pp. 173-212.

BIXIO, B. (dir.); GONZÁLEZ NAVARRO, C.; GRANA, R.; IARZA, V. (2009), *Visita a las encomiendas de indios de Córdoba: transcripción y estudios sobre la visita de Antonio Martines Luxan de Vargas*, CEH/Editorial Brujas, Córdoba, 2 tomos.

BOIXADÓS, Roxana (1997), "Indios rebeldes – indios leales. El pueblo de Famatina en la sociedad colonial (La Rioja, siglo XVII)", en Lorandi, Ana María (comp.), *El Tucumán colonial y Charcas,* Tomo I, Buenos Aires, Facultad de Filosofía y Letras, UBA, pp. 341-367.

BOIXADÓS, Roxana (2002), "Los pueblos de indios de La Rioja colonial. Tierra, trabajo y tributo a fines del siglo XVII", en Farberman, J. y Gil Montero, R. (comps.), *Pervivencia y desestructuración de los pueblos de indios del Tucumán colonial,* Bernal, UNJu/UNQ, pp. 15-57.

BOIXADÓS, Roxana (2016), "Últimos 'planes para La Rioja colonial'. Relocalizaciones y remates de Pueblos de Indios a fines del siglo XVIII", *Revista del Museo de Antropología,* v. 9, N° 2, pp. 199-208. Disponible en: https://goo.gl/PRmUJe (consulta 29/12/2016).

BOIXADÓS, R. y FARBERMAN, J. (2009-10), "Una cartografía del cambio en los pueblos de indios coloniales del Tucumán. Autoridades étnicas, territorialidad y agregadurías en los siglos XVII a XIX", *Revista Histórica* XLIV, Lima, Perú, PUCP, pp. 113-146.

BOIXADÓS, R. y ZANOLLI, C. (edit.) (2003), *La visita de Luján de Vargas a las encomiendas de La Rioja y Jujuy (16693-1694). Estudios preliminares y fuentes,* Buenos Aires, Editorial Universidad Nacional de Quilmes.

BORRASTERO, Lucas (2015), "Las sociedades indígenas y su incorporación al proceso de producción de textiles en el período colonial temprano (Córdoba, 1573-1620)", *Revista Estudios del ISHiR,* n° 5, ISHIR, Rosario, pp. 54-81, disponible en https://goo.gl/I8UTWQ (última consulta: 22/09/2016).

CASTRO OLAÑETA, Isabel (2006), "Pueblos de indios en el espacio del Tucumán colonial", en Mata, S. y N. Areces (comps.), *Historia regional. Estudios de casos y reflexiones teóricas,* Salta, CEPIHA-EDUNSa, pp. 37-49.

CASTRO OLAÑETA, Isabel (2007), "Indios encomendados, indios registrados, indios omitidos por el visitador Luján de Vargas. Salta, Gobernación de Tucumán, siglo

XVII", en *Actas de las XI Jornadas Interescuelas y Departamentos de Historia.* San Miguel de Tucumán, Universidad Nacional de Tucumán. (Edición en CD).

CASTRO OLAÑETA, Isabel (2010), "Servicio personal, tributo y conciertos en Córdoba a principios del siglo XVII. La visita del gobernador Luis de Quiñones Osorio y la aplicación de las Ordenanzas de Francisco de Alfaro", *Memoria Americana,* 18, Buenos Aires, UBA, pp. 105-131.

CASTRO OLAÑETA, Isabel (2015), "El oidor de Charcas, Antonio Martínez Luján de Vargas, y la nueva coyuntura a fines de siglo XVII en Tucumán: A propósito de los derechos a la tierra de los pueblos de indios", *Memoria americana* n° 23-1, Buenos Aires, ICA, UBA, pp. 39-67.

CASTRO OLAÑETA, Isabel y PALOMEQUE, Silvia (2016), "Originarios y forasteros del sur andino en el período colonial", *América Latina en la Historia Económica,* n° 23, vol. 3, México, Instituto Mora, pp. 37-79. https://goo.gl/ZpJwzX (última consulta: 23/01/2017.

DOUCET, Gastón (1980), "Introducción al estudio de la visita del Oidor Don Antonio Martínez Luján de Vargas a las encomiendas de indios del Tucumán", *Boletín del Instituto de Historia Argentina y Americana,* n° 26, Buenos Aires, UBA, pp. 205-46.

DOUCET, Gastón (1993), "La abolición del tributo indígena en las provincias del Río de la Plata: indagaciones en torno a un tema mal conocido", *Revista Historia del Derecho,* n° 21, Buenos Aires, pp. 133-207.

FARBERMAN, Judith (2002), "Feudatarios y tributarios a fines del siglo XVII. Tierra, tributo y servicio personal en la visita de Luján de Vargas a Santiago del Estero (1693)", en Farberman, J. y R. Gil Montero (comp.), *Los pueblos de indios del Tucumán colonial: pervivencia y desestructuración,* Bernal, UNJu y UNQ, pp. 59-90.

FARBERMAN, Judith (2008), "Santiago del Estero y sus pueblos de indios: De las ordenanzas de Alfaro (1612) a las guerras de Independencia", Revista *Andes*, n° 19, Salta, CEPIHA, pp. 225-250.

FARBERMAN, Judith y BOIXADÓS, Roxana (2006), "Sociedades indígenas y encomienda en el Tucumán Colonial. Un análisis comparado de la visita de Luján de Vargas", *Revista de Indias*, LXVI, 38, Madrid, pp. 601-628.

FANDOS, Cecilia (2007), "Estructura y transferencia de la propiedad comunal de Colalao y Tolombón (provincia de Tucumán) en la segunda mitad del siglo XIX", Mundo Agrario, La Plata, vol. 7, n° 14. https://goo.gl/xiocLM (última consulta: 11 de abril de 2008).

FANDOS, C. y TERUEL, A. (2012), "Cómo quitarles esas tierras en un día después de 200 años de posesión? Enfiteusis, legislación y práctica en la Quebrada de Humahuaca (Argentina)", *Bulletin de l'Institut Francais d'Études Andines* 41 (2), Lima, IFEA, pp. 209-239.

GONZÁLEZ NAVARRO, Constanza (2009), "La incorporación de los indios desnaturalizados del Valle Calchaquí y de la región del Chaco a la jurisdicción de Córdoba del Tucumán. Una mirada desde la visita del oidor Antonio Martines Luxan de Vargas, 1692-1693", *Jahrbuchfur Geschichte Lateinamerikas*, 46, Alemania, pp. 231-259.

LÓPEZ DE ALBORNOZ, C. y BASCARY, A. M. (1998), "Pueblos indios de Colalao y Tolombón: identidad colectiva y articulación étnica y social (siglos XVII-XIX)", *Revista* Humanitas n° 27, Tucumán, Facultad de Filosofía y Letras, pp. 71-112.

LÓPEZ, Cristina (2006), "Tierras comunales, tierras fiscales: el tránsito del orden colonial a la revolución", *Revista Andina*, N° 43, Cuzco, Centro Bartolomé de las Casas, pp. 215-238.

LORANDI, Ana María (1988), "El servicio personal como agente de desestructuración del Tucumán colonial", *Revista Andina* n° 6, Cuzco, Perú, CBC, pp. 135-173.

LORANDI, Ana María (2000), "Las rebeliones indígenas", en Tandeter, E. (dir.), *Nueva Historia Argentina. La sociedad colonial,* (Tomo II), Buenos Aires: Editorial Sudamericana, pp. 285-330.

NOLI, Estela (2003), "Pueblos de indios, indios sin pueblos: los calchaquíes en la visita de Luján de Vargas de 1693 a San Miguel de Tucumán", *Anales Nueva Época* N° 6, Suecia, Universidad de Göteborg, pp. 329-363.

PALOMEQUE, Silvia (2000), "El mundo indígena. Siglos XVI-XVIII", en Tandeter, E. (dir.), *Nueva Historia Argentina. La sociedad colonial* (Tomo II), Buenos Aires: Editorial Sudamericana, pp. 87-143.

PALOMEQUE, Silvia (2009), "El Tucumán durante los siglos XVI y XVII. La destrucción de las 'tierras bajas' en aras de la conquista de las 'tierras altas'", en Martini, Y.; Pérez Zavala, G. y Aguilar, Y. (comp.), *Las sociedades de los paisajes semiáridos y áridos del centro-oeste argentino. VII Jornadas de Investigadores en Arqueología y Etnohistoria del centro-oeste del país,* Río Cuarto, Córdoba, UNRC, pp. 173-206.

PAZ, Gustavo (2009), "El 'comunismo' en Jujuy: ideología y acción de los campesinos indígenas de la puna en la segunda mitad del siglo XIX", *Nuevo Mundo Mundos* Nuevos, disponible en https://goo.gl/FMslC3 (última consulta: 12/12/16).

QUINTIAN, Juan Ignacio (2008), "Articulación política y etnogénesis en los Valles Calchaquíes: Los Pulares durante los siglos XVII y XVIII", *Revista Andes,* 19, Salta, CEPIHA, pp. 299-325.

QUIROGA, Laura (2012), "Las granjerías de la tierra: actores y escenarios del conflicto colonial en el valle de Londres (Gobernación del Tucumán, 1607-1611)", *Surandino Monográfico,* I, 2, Buenos Aires, disponible en https://goo.gl/lmq9oO.

RODRÍGUEZ, Lorena (2008), *Después de las desnaturalizaciones. Transformaciones socioeconómicas y étnicas al sur del valle Calchaquí*. Buenos Aires, Editorial Antropofagia.

SICA, Gabriela (2006), *Del Pucara al pueblo de indios. La sociedad indígena colonial en Jujuy. Siglo XVII*. Tesis doctoral inédita, Facultad de Geografía e Historia, Departamento de Antropología Social, Universidad de Sevilla.

SICA, Gabriela (2016), "Procesos comunes y trayectorias diferentes en torno a las tierras de los Pueblos de Indios de Jujuy. Siglo XVI al XIX", *Revista del Museo de Antropología*, 9, n° 2, Córdoba pp. 171-186, disponible en https://goo.gl/StPNUj (última consulta: 29/12/2016).

TELL, Sonia (2014), "¿Quiénes son los comuneros? Formación de padrones y división de tierras de las 'comunidades indígenas' de Córdoba, Argentina (1880-1900)", *Estudios Sociales del NOA. Nueva Serie*, n° 14, Tilcara, IIT, UBA, pp. 87-108.

TELL, Sonia; CASTRO OLAÑETA, Isabel (2016), "Los Pueblos de Indios de Córdoba del Tucumán y el pacto colonial (siglos XVII a XIX)", *Revista del Museo de Antropología*, v. 9, n. 2, Córdoba, pp. 209-220, disponible en https://goo.gl/ctbgDo (última consulta: 29/12/2016).

ZANOLLI, Carlos y LORANDI, Ana María (1995), "Tributo y servicio personal en el Tucumán Colonial", *Memoria Americana* n° 4, Buenos Aires, Sección Etnohistoria, ICA, Facultad de Filosofía y Letras, Universidad de Buenos Aires, pp. 91-104.

ZANOLLI, Carlos (2005), *Tierra, encomienda e identidad: Humahuaca (1540-1638)*, Argentina, Sociedad Argentina de Antropología: Buenos Aires.

ZELADA, Virginia (2015), "Desnaturalizados Calchaquíes en Córdoba a fines del siglo XVII", *Revista Estudios del ISHiR* n° 5, vol. 12, Rosario, ISHIR, pp. 105-132, disponible en https://goo.gl/DT7gyg (última consulta: 07/01/2017).

Res non verba, religión, patriotismo, trabajo y regeneración

El reglamento franciscano de 1914 para la protección de indígenas del Gran Chaco

GABRIELA DALLA-CORTE CABALLERO

Introducción

En las últimas décadas un buen número de investigadores e investigadoras se ha volcado a la reconstrucción de la historia de las poblaciones indígenas de los países que reparten sus tierras en el Gran Chaco iberoamericano. En ese marco ha prevalecido una mayor producción historiográfica dedicada al estudio del control de las tierras, la instalación de empresas y la situación de los aborígenes en las zonas más utilizadas a nivel productivo. El espacio chaqueño se integró tardíamente al proyecto laboral e industrial, en virtud de su también tardía incorporación a los Estados nacionales en construcción. Hablamos de Argentina, Paraguay, Bolivia y Brasil, que han ido incluyendo los espacios chaqueños y su población originaria de una manera dispar, con diferencias que han afectado hasta el día de hoy las relaciones de la población indígena en los espacios de frontera.

La organización de conflictos bélicos acompañó este proceso. Me refiero a la Guerra de la Triple Alianza contra el Paraguay entre los años 1865 y 1870 (Brezzo, 2004; Capdevila, 2010; Whigham, 2011), país que fue ocupado por esas fuerzas aliadas hasta 1876 (Caballero Campos, 2013); a la Guerra del Pacífico desatada entre Chile, Perú y Bolivia entre 1879 y 1883 (Scavone Yegro, 2004); y que dejó al país boliviano sin salida al mar, dando comienzo así a los debates entre la República del Paraguay y la de Bolivia sobre la pertenencia del espacio chaqueño (Scavone Yegro, 2010; Scavone Yegro y Brezzo, 2010); y a la guerra sostenida entre los ejércitos de los últimos dos países mencionados que se produjo precisamente en la zona del Gran Chaco entre 1932 y 1935 (Dalla-Corte Caballero, 2010).

En el proceso de incorporación de las desconocidas tierras chaqueñas, la Orden de Frailes Menores (Ordo Fratrum Minorum, OFM) contribuyó con misiones y misioneros franciscanos que acompañaron este proceso de construcción de los Estados nacionales. En el caso del territorio argentino, tanto las misiones como sus propagadores se instalaros en espacios recientemente adquiridos por el Estado. Pero a la hora de registrar a la población indígena originaria integrada a las misiones, fue identificada por los franciscanos como procedentes del Paraguay. Como veremos en este texto, fray Pedro Iturralde –el misionero más destacado en el área jurídica, y creador de las misiones que empezaron a funcionar en la zona chaqueña argentina en el año 1901–, se vio obligado a afrontar las diversas imposiciones administrativas nacionales iniciadas en el año 1904. En 1912, fray Iturralde, en calidad de prefecto de Misiones, elaboró un reglamento sobre la función que debían ejercer los misioneros franciscanos en el Gran Chaco argentino, es decir, en el Territorio Nacional del Chaco a través de la Misión Indígenas de Nueva Pompeya, y en el de Formosa, donde funcionaban las misiones de Laishí y Tacaaglé. Las tres misiones agrupaban a familias pilagás, qom (tobas) y wichí.

Fray Iturralde redactó el texto llamado *Religión, Patriotismo, Trabajo y Regeneración: protección al indígena, Res non verba, Reglamento de la Misión Indígena de Nuestro Padre San Francisco de Asís del Laishí en la Gobernación de Formosa, Chaco Central, República Argentina, y demás Misiones Franciscanas de Indígenas del Norte en la República Argentina (mayo de 1913), decretado por el Superior Gobierno de la Nación Argentina, con fecha 24 de agosto de 1914.*

Por entonces, fray Iturralde se desempeñaba como comisario general de la Comisaría General de la Orden de Frailes Menores, San Francisco. Su texto dedicado a la protección indígena chaqueña se encuentra hoy día en la caja número 33 de la Biblioteca y Archivo Históricos de la Provincia Franciscana de San Miguel, Museo Conventual San Carlos Borromeo (en adelante BACSC), de la ciudad de San Lorenzo, provincia de Santa Fe. Dicho documento nos permite analizar el resultado de los debates suscitados ante las autoridades nacionales; el funcionamiento de las gobernaciones de Formosa y Chaco; el lugar ejercido por el Obispado de la Diócesis de Santa Fe; y en particular la defensa gestada por los misioneros franciscanos para sostener el proyecto misional de la OFM en el Gran Chaco argentino.

Por ello, el primer apartado se ocupa de las cartas que fray Iturralde presentó ante las autoridades nacionales y ante el Obispado de Santa Fe, las cuales demostraron la oposición religiosa y política contra la presencia de la OFM en los Territorios Nacionales de Chaco y Formosa. El segundo apartado se vuelca al contenido del *Res non verba*, en particular a las palabas del mencionado fraile sobre el valor de la entrega de tierras a los indígenas, el tipo de producción y de consumo, el trabajo de las familias, y el sostenimiento de sus descendientes. Finalmente, el tercer apartado aborda la tarea asumida por las escuelas que se fueron organizando en las misiones de los dos territorios para cumplir así con los fundamentos establecidos por *Res non verba*. Como veremos, la educación formó parte de la defensa franciscana ante las empresas y las autoridades que requerían indígenas convertidos en simples trabajadores. Indígenas que los misioneros franciscanos reconocían como originarios del Paraguay (Pastore, 1989).

Fray Pedro Iturralde y las misiones franciscanas del Gran Chaco argentino

Como sabemos, el decreto del presidente argentino Domingo Faustino Sarmiento legalizó el 31 de enero de 1872 el Territorio Nacional del Gran Chaco como resultado del terrible conflicto bélico sufrido por la República del Paraguay ante la invasión organizada por Argentina, Brasil y Uruguay (1865-1870). Al año siguiente, en 1873, el Congreso Nacional argentino ratificó el mencionado decreto, pero sin establecer los límites con Paraguay y Bolivia ya que no estaban todavía prefijados. Hubo que esperar la Ley Nº 1.532 de 1884 llamada "Organización de los Territorios Nacionales" (Favaro, 2007), para dividir ese Gran Chaco argentino limitado por el río Pilcomayo en dos gobernaciones: la de Formosa de la zona central, con su capital en la ciudad del mismo nombre; y la del Chaco de la zona austral, en la que se reconoció como capital a la localidad de Resistencia.

Es en estos espacios en construcción donde las investigaciones también han demorado un tiempo en florecer, pero han consolidado una importante producción historiográfica sobre el espacio chaqueño. Mencionamos en particular los trabajos de Marcelo Lagos acerca de la integración del aborigen chaqueño al mercado de trabajo (Lagos, 1998, 2000); Ana Teruel, interesada en la incorporación de indígenas matacos en los espacios fronterizos de los Territorios Nacionales (Teruel, 2000, 2003, 2011); Mariana Giordano, volcada al estudio de colecciones fotográficas como instrumento de análisis imprescindible a la hora de analizar las sociedades indígenas chaqueñas (Giordano, 2004, 2012); los aportes de Delia Pereira sobre la construcción de la ciudadanía formoseña (Pereira, 2008); o los de Lidia Nacuzzi sobre el valor de los cacicazgos en espacios de frontera (Nacuzzi, 2011); así como las originales contribuciones de

Noemí Girbal-Blacha acerca del control territorial chaqueño y la imposición de la economía agrícola (Girbal-Blacha, 1995, 2004, 2011).

A estos trabajos se suman los textos volcados a la descripción de los "pioneros" establecidos en la frontera norte argentina, en particular la fundación de la Colonia Formosa y su desarrollo urbano (Maeder y Gutiérrez, 2003); el rol ejercido por las campañas militares a la hora de imponer el dominio estatal (Prieto, 1990); el resultado de los escritos que hicieron exploradores y científicos, tanto nacionales como extranjeros, que acompañaron a la corriente de penetración en el territorio formoseño, como el francés Jules Crevaux, el español Juan Amadeo de Baldrich, Claf F. Storm, Ramón Lista, Luis Jorge Fontana, Enrique Ibarreta y José Montero, entre otros. También el tipo de economía y la colonización privada en manos de "colonos blancos" (Beck, 1994), como por ejemplo la Colonia Bouvier (Borrini, 1986); los análisis de Hugo Trinchero sobre la ocupación de las tierras formoseñas en el marco del debate sobre civilización y barbarie (Trinchero, 2000); o los trabajos más bien antropológicos de Gastón Gordillo sobre la vida toba en los espacios fronterizos con Paraguay (Gordillo, 2005). En todos estos casos, se ha privilegiado un análisis social, económico y geográfico, incluyendo interesantes aportes acerca de los efectos de la inmigración y del tejido de relaciones sociales, que fueron gestadas con las poblaciones originarias a partir de la estructuración de los Territorios Nacionales (Iuorno y Crespo, 2008).

Fue en este contexto de imposición de los mencionados territorios chaqueños cuando en el año 1897 las autoridades eclesiásticas dirigidas por el primer obispo, monseñor Juan Agustín Boneo, unieron los Territorios Nacionales del Chaco y de Formosa con el de la provincia de Santa Fe, dando cuerpo a la Diócesis de Santa Fe de la Vera Cruz desde su Iglesia Todos los Santos. El Papa León XIII había formalizado este proyecto religioso y territorial con la bula *In Petri Cathedra* del 15 de febrero de 1897. Tres años después, el mencionado obispo adjudicó a la OFM el espacio formoseño y chaqueño para instalar solo dos misiones, exigiéndole al mismo tiempo la nacionalización, la civilización y la educación para el trabajo de la población indígena de los antiguos Llanos del Manso. En esos dos Territorios Nacionales chaqueños se produjo la fundación e inauguración de tres misiones, una de ellas llamada Misión Nueva Pompeya, de indígenas mataco (wichí) que quedó ubicada en la antigua zona del Fortín Pérez Millán, hoy día municipio del Departamento General Güemes de la provincia del Chaco, mientras que las otras dos quedaron en el espacio formoseño del Chaco Central. En este caso hablamos de la Misión Nuestro Padre San Francisco de Asís del Laishí,[1] que actualmente es cabecera del Departamento Laishí donde son mayoría los indígenas tobas; y de la Misión San Francisco Solano de Tacaaglé, que quedó ubicada en el Departamento Pilagás de los aborígenes pilagás, bajo la dirección de los franciscanos del Convento y Colegio de la Merced de la provincia de Corrientes.

El mapa de la Diócesis del año 1905, que es conservado en la BACSC, indica que los misioneros marcaron a mano la ubicación del Convento San Carlos Borromeo de San Lorenzo, así como la Misión Nueva Pompeya en el Territorio Nacional del Chaco, y en el Territorio Nacional de Formosa, la inauguración de dos misiones, la de Laishí que hoy día está vigente, y la de San Francisco Solano de Tacaaglé, por entonces instalada en el Riacho Porteño de la zona del Río Pilcomayo, a 25° 18′ 5″, 58° 18′ W (Dalla-Corte Caballero, 2013). Ese mapa del año 1905 incluye también la extensión de la Diócesis de Santa Fe; sus límites ya legales con las provincias de Buenos Aires, Córdoba, Entre Ríos, Corrientes y Salta; la ubicación de los

---

1 Biblioteca y Archivo Históricos de la Provincia Franciscana de San Miguel, Museo Conventual San Carlos Borromeo (BACSC), caja 2: "Decreto comunicado, publicado e insertado en el Registro Nacional, firmado por Julio Argentino Roca, Felipe Yofre, Amancio Alcorta, Osvaldo Magnasco, Luis M. Campo, Martín Rivadavia, Buenos Aires, 10 de abril de 1900".

ríos Paraná, Pilcomayo y Bermejo; y en particular las repúblicas de Paraguay y Bolivia para las cuales no fue definida la extensión de las propiedades de cada nación en las tierras del Gran Chaco sudamericano. Es importante señalar que esta diócesis santafesina se desmembró tardíamente: la ciudad de Rosario lo hizo en 1934; los Territorios de Chaco y Formosa en 1939; Reconquista en 1957; y Rafaela en 1961 (Stoffel, 2011). Fueron momentos que generaron también el crecimiento de misiones evangélicas que competirían con la Iglesia católica (Ceriani Cernadas y Lavazza, 2013), y por su proximidad en la zona, también con las misiones franciscanas.

La Misión del cacique Laishí apareció siempre en los textos de los misioneros franciscanos como el mejor ejemplo de la labor de la OFM y de los misioneros franciscanos del Convento y Colegio de San Carlos Borromeo de la provincia de Santa Fe, lugar en el que fray Iturralde redactó su *Res non verba*. En el año 1907, este misionero abandonó el espacio chaqueño, y se estableció en el Convento de San Lorenzo, asumiendo la condición de prefecto de Misiones. Su texto elaborado en 1912, entregado en 1913, y aceptado al año siguiente, fue publicado en 1926 por el gran misionero fray Buenaventura Giuliani. El nombre definitivo del *Res non verba* fue *Reglamento Oficial de las Misiones Franciscanas Indígenas del Norte en la República Argentina. Decretado por el Superior Gobierno de la Nación Argentina con fecha 24 de agosto de 1914.* La documentación señalada es conservada hoy día en el Convento de San Lorenzo.

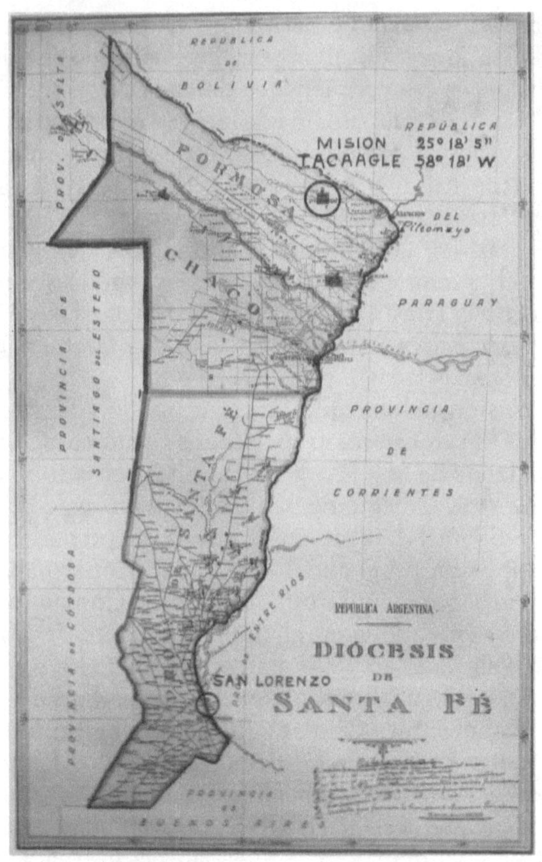

Mapa con las marcas del año 1905 de la Diócesis de Santa Fe

REGLAMENTO OFICIAL
DE LAS
MISIONES FRANCISCANAS
DE
INDÍGENAS DEL NORTE
EN LA
REPÚBLICA ARGENTINA

Decretado por el Superior Gobierno de la Nación Argentina
con fecha 24 de Agosto de 1914

***

IMPRENTA TOURNEAMINE Y ANCHEA
1926

Res non verba. Buenos Aires: Imprenta Tourneamine y Anchea, 1926

Desde el primer día, fray Iturralde se dedicó a contrarrestar el proyecto del Obispado de Santa Fe que pretendía disminuir el poder de los misioneros franciscanos establecidos en los territorios chaqueños, junto a las propuestas políticas de desplazarlos de sus funciones. La mejor solución que encontró fray Iturralde fue, como veremos, unir las tres misiones chaqueñas a través del aumento de las gestiones del prefecto de Misiones. Esta propuesta de fray Iturralde tomó como base su propia Misión de Laishí, ejemplo que, según él, se debía aplicar en el resto de las misiones franciscanas de los Territorios Nacionales del Chaco y de Formosa, es decir, en Tacaaglé y en Nueva Pompeya. Pero siempre basando las reflexiones en los hechos, en las acciones, y en los resultados conseguidos por el modelo misionero franciscano.

Las cartas e informes elaborados por fray Iturralde aumentaron numéricamente en el año 1909, y llegaron al internuncio, al padre general de la OFM, y a fray Rafael Gobelli, que se encontraba en Alessandria, la ciudad de la región de Piamonte en Italia. Fray Iturralde le solicitó a Gobelli que viajase a la Santa Sede para impulsar alguna transformación al modelo que había sido implementado para los tres colegios y conventos que dirigían las tres misiones franciscanas creadas a inicios del siglo XX en Chaco y Formosa. Su diversificado funcionamiento, según él, podía llegar a su fin, y era urgente unir las misiones en cuanto a su organización interna.

La petición que hizo fray Iturralde fue acompañada especialmente por la acreditación que hizo el Papa León XIII a monseñor Antonio Sabatucci como nuncio inter apostólico ante el gobierno argentino. Sabatucci había propuesto crear un vicariato apostólico, otorgando al obispo la condición de vicario apostólico. Iturralde incluyó en sus cartas la idea de que si el obispo asumía también la condición de vicario, difícilmente se le podría remover en el caso de que resultase inepto para el cargo. El creciente poder de la Santa Sede solo podía frenarse, según el franciscano Iturralde, a través de un modelo de organización de misiones que llegase desde Italia, y cumpliendo con las propuestas que él mismo venía presentando desde hacía más de un año. Conocedor de la situación de las misiones franciscanas chaqueña y formoseña, la única solución era establecer un prefecto apostólico sin carácter episcopal, eludiendo así la presencia de un vicario apostólico que dependiese directamente del Obispado de Santa Fe de la Vera Cruz. Fray Iturralde decidió imponer también su posible condición de vicario foráneo en las misiones, tarea que le había otorgado y reconocido el Obispado en 1897, asumiendo así una función más amplia sobre los misioneros y sobre la administración de las parroquias. En contrapartida, se le había otorgado una nueva función que le permitía visitar las parroquias de las ciudades de Resistencia y Formosa, pero que no alcanzaba a cubrir su propio deseo de unir a las tres misiones franciscanas del Gran Chaco argentino. Fray Pedro Iturralde agregó que, como en los territorios del Chaco y de Formosa no había seminarios, no había necesidad de que el prelado fuese el propio obispo Monseñor Juan Agustín Boneo.

Siguiendo la lectura de los textos escritos por fray Iturralde, es posible observar su afirmación de que para ejercer el ministerio y garantizar el funcionamiento de las misiones, los misioneros franciscanos necesitaban una jurisdicción que no podía imponer la OFM, y que se encontraba en situación de riesgo por el aumento del poderío de los obispos a nivel nacional. Según él, fuese cual fuese la forma adoptada, era indispensable que las leyes, reglamentos o constituciones establecidas para las tres misiones franciscanas dedicadas a los indígenas infieles tuviesen sanción pontificia. En la carta enviada a fray Rafael Gobelli afirmó que era peligroso continuar con el actual modelo de organización, ya que cualquier obispo desafecto a la OFM, o que llegase a tener desagrados y resentimientos con los misioneros franciscanos, o con alguno de ellos en concreto, podía llamar a otros religiosos o a diversas instituciones que anhelaban desplazar a los misioneros franciscanos en los Territorios Nacionales de Chaco y Formosa. Llegado ese caso, afirmó fray Iturralde, los religiosos y las instituciones podían sustituirlos en todo, obligando a los misioneros a retirarse del campo de acción que habían adoptado desde hacía muchos años. Para este inteligente franciscano, esos misioneros eran los únicos que podían llevar adelante la nacionalización de las poblaciones locales, así como la civilización de los indígenas de esos Territorios Nacionales, una tarea que debían ejecutar durante muchos años más.

Sin embargo, eran los propios obispos los que no otorgaban facultades amplias a la OFM para llevar adelante la integración de la sociedad formoseña al Estado nacional argentino. En su carta señaló que solía darse el caso de que uno de los misioneros del Territorio Nacional de Formosa se encontrara ante una pareja "de fieles" que estaba "casada solo civilmente". El misionero carecía de facultades otorgadas por el obispo, y de ahí procedían las discusiones locales generadas entre los misioneros y la población formoseña. A esto se sumaba, según afirmara fray Iturralde en la carta que envió a fray Rafael Gobelli, la incertidumbre en la que vivían los franciscanos, una incertidumbre que esterilizaba el trabajo asumido por los misioneros, tanto en las misiones indígenas, como ante el pueblo cristiano formoseño. El problema era la gran distancia, ya que un misionero debía recorrer unos 1.000 kilómetros utilizando aproximadamente un mes durante una penosa marcha que lo condujese a la ciudad de Formosa, capital de la Gobernación.

Organizar la presencia de los misioneros en esos Territorios Nacionales fue precisamente el tema central elegido por fray Iturralde en esa carta enviada a Alessandria en 1909. Era urgente, según él, legitimar la unidad de gobierno de las tres misiones a través de un vicario o de un prefecto general. Pero lo más importante era superar las dificultades que se generaban en la práctica a través del reconocimiento de la jurisdicción propia de los misioneros franciscanos para poder desempeñar, y con fruto, su ministerio. Finalmente señaló en la carta que no había duda alguna de que el misionero tenía que hacerlo todo, tanto en el orden espiritual como en el temporal. Que para evangelizar a los indígenas, debía reunirlos, radicarlos, enseñarles a trabajar. También tenía que proveerlos de todo lo necesario para la vida y el trabajo, proporcionándoles alimentos, vestidos, animales y útiles de trabajo. Y que por todo esto era urgente y necesario que el misionero tuviese facultad de manejar dinero. La característica principal de un misionero era "hacerlo todo", y era hora de resolver esta situación que, según fray Iturralde, era mucho más difícil de lo que parecía. En particular por la oposición del internuncio de otorgar mayor poder a los misioneros franciscanos por considerar que unos eran poco escrupulosos mientras que otros eran demasiado rígidos, todas características singulares de esos misioneros que habían ocasionado hasta entonces una gran dificultad entre la OFM y la Santa Sede. La práctica demostraba que los misioneros no tenían tiempo para dedicarse a lo espiritual, ya que todo su tiempo servía para el cuidado y la educación de los indígenas, con el objetivo de que pudiesen trabajar en las misiones formoseñas, no en empresas extranjeras.

Y de ahí venía el pedido de los misioneros de aumentar su jurisdicción: si esto no ocurría, solo quedaba la posibilidad de dejar de atender lo temporal para dedicarse exclusivamente a lo espiritual, y de retirarse a los conventos. Así, los propios indígenas abandonarían las misiones al no contar con medios de vida y con un trabajo digno y diario. La única opción, repetimos, era otorgar jurisdicción a los misioneros franciscanos, y conservar el *Breve* de Pio IX que otorgaba poder a la OFM:

> Nosotros, en virtud de nuestra profesión religiosa, estaríamos inhabilitados para continuar manejando los asuntos económicos de las misiones, pues no podríamos alegar necesidad; ya que esa necesidad no sería nuestra, ni colectiva ni individualmente. Es decir, no sería una necesidad de la Orden, ni de los religiosos, sino una necesidad de las misiones y de los indios; la cual podría ser remediada por otros religiosos, sin que nosotros violentásemos nuestra conciencia

> y nuestras leyes. Me dirá que esto sería destruir, no solo nuestras misiones, sino aun nuestra Orden en la Argentina. Es verdad. Yo también veo esa consecuencia funesta.[2]

Como vemos, el riesgo seguía siendo que los misioneros pudiesen gobernar exclusivamente bajo las Constituciones Generales de la Orden, ya que dicha documentación no legislaba sobre el accionar de los misioneros, sino solo, y en términos generales e insuficientes, sobre el funcionamiento interno de las misiones. Para fray Iturralde el problema más importante era la falta de misioneros. Su presencia podía frenar la decadencia de las misiones, en particular la de Tacaaglé y la de Nueva Pompeya. Por ello solicitó a fray Rafael Gobelli que acudiese ante el padre general para darle a conocer la situación de los tres colegios franciscanos y de sus tres misiones establecidas en el Gran Chaco. Según él, había fallado el método y el rumbo del accionar, y la única Misión franciscana que parecía florecer en el territorio chaqueño era la del Laishí, por él creada y dirigida:

> ... en la que con los mismos recursos que en las otras, se han logrado resultados satisfactorios, como son más de 150 familias radicadas, todas ellas trabajando, en terreno propio por su cuenta, más de treinta bautizados, que cumplen con exactitud sus deberes religiosos; y la mayoría de los demás ya bastante instruidos en la doctrina, y con deseos de ser bautizados. Creo que V.R. sabrá por el Padre Massa, que en aquel tiempo era Comisario, que desde que iniciamos la fundación de las nuevas misiones, trabajé para que todas marchasen bajo un mismo sistema. Pero ni el P. Bernabé, en Nueva Pompeya, ni el P. Marcucci, en el Pilcomayo, siguieron mis indicaciones, y el resultado ha sido tan distinto, en las tres misiones, como lo demuestra la experiencia. La verdad es que hay entre nosotros muchos que opinan que las misiones, no dan ni darán resultados satisfactorios; pero opinan así, porque no

2 BACSC, caja 28: Carta enviada por fray Pedro Iturralde, comisario general, Buenos Aires, a fray Rafael Gobelli, Alessandria, Italia, 13 de octubre de 1909.

> se han tomado el trabajo de examinar las causas que han influido, para que no todas progresasen con el mismo éxito. Es tiempo ya de que corrijamos el error, y entremos por el único camino que la práctica nos enseña como más adecuado para que nuestros trabajos sean provechosos para las almas, confiadas a nuestra solicitud.[3]

El reglamento *Res non verba*

En el año 1912 se dio a conocer el censo de la población de los Territorios Nacionales de la República Argentina (Censo de Población, 1912). Y de ahí vino precisamente la urgencia de fray Iturralde de completar la escritura del reglamento de la Misión de Laishí, documento aplicable al resto de misiones del Gran Chaco Argentino, respetando así el gran nombre que le puso fray Iturralde por su condición de comisario general: *Religión, Patriotismo, Trabajo y Regeneración: protección al indígena, Res non verba, Reglamento de la Misión Indígena de Nuestro Padre San Francisco de Asís del Laishí en la Gobernación de Formosa, Chaco Central, República Argentina, y demás Misiones Franciscanas de Indígenas del Norte en la República Argentina (mayo de 1913), decretado por el Superior Gobierno de la Nación Argentina, con fecha 24 de agosto de 1914.*

De acuerdo con el mencionado reglamento, la Misión debía ser considerada persona moral y jurídica, o colectividad constituida por los indios, quedando su dirección en manos de los padres misioneros. Las interesantes condiciones administrativas mencionadas se ligaron al tipo de admisión de la población indígena, la base del funcionamiento de la propia Misión cuyos fines únicos y exclusivos eran los siguientes: civilizar a los indios, incorporarlos a la vida social de la Nación Argentina, someterlos a sus leyes, procurar su conversión al catolicismo, conforme al artículo 67

3 Ibídem.

inciso 15 de la Constitución Nacional, enseñarles a trabajar, hacerlos propietarios a través de la adjudicación de chacras, siguiendo el acuerdo de la fundación de la Misión de Lashí fechada el 10 de abril de 1900,[4] y procurarles los medios y elementos de vida y de trabajo.

Para la consecución de estos fines, los indios debían instalarse en la Misión, informar al director de la misma, el padre superior, dentro de las 24 horas de su ingreso, y expresar su voluntad de radicarse y trabajar. El superior otorgaría recursos disponibles a los indígenas que quisiesen incorporarse, en particular raciones de alimentos, vestidos y educación, pero cumpliendo con el compromiso de permanecer en la Misión y de obedecer las obligaciones establecidas en el Reglamento. Los indígenas que tuviesen compromisos contraídos con algún patrón no serían aceptados, a no ser que el empresario se lo permitiera por escrito. En caso contrario, las autoridades judiciales resolverían el caso.

Los indios y las indias no debían salir de la Misión para trabajar temporalmente en otra parte, ni a pescar, ni a pasear, sin previa autorización por escrito del padre superior. En el caso de que abandonasen definitivamente la Misión para radicarse o trabajar en otra parte, debían manifestar su voluntad al padre superior, quien podía autorizar por escrito su salida, declarándolos eximidos del compromiso que hubiesen asumido, pero exigiéndoles la devolución de las herramientas y útiles de labor ya que eran propiedad de la Misión. A su llegada a la Misión, los indígenas debían comunicar sus verdaderos nombres y apellidos, y de acuerdo con el Reglamento, podían utilizar su nombre y apellido toba. El apellido de sus hijos y de sus hijas podía ser tanto el paterno como el materno.

El Reglamento *Res non verba* incluyó también un buen número de disposiciones generales. Desde su incorporación a la Misión, los hombres debían dedicarse al trabajo,

---

4 BACSC, caja 25: *Decreto de fundación de la Misión Indígena Nuestro Padre San Francisco de Asís del Laishí, 1900.*

mientras que las mujeres debían ocuparse de los quehaceres domésticos. Los niños y las niñas debían asistir a la escuela. Todos ellos debían asistir a la misa de los días festivos, así como a las reuniones de instrucción religiosa, moral, cívica y social convocadas por el padre superior. Solo podían ausentarse los enfermos o los que justificasen ante el padre las razones por las cuales no podían concurrir a las instrucciones.

El Reglamento prohibió el juego de azar, naipes y dados, por los cuales a veces los indígenas perdían ropa, dinero y herramientas; las diversiones y juegos calificados de "bárbaros y salvajes", en particular los que eran peligrosos para la salud e integridad del cuerpo; y los cantos individuales y colectivos que se hiciesen en el pueblo y en la chacra desde el toque de silencio por la noche hasta el primer toque del pito o de la campana por la mañana. El padre superior, sin embargo, podía tolerar los bailes organizados por los indígenas "paisanos", pero solo los sábados, y los días festivos a la noche, hasta el toque de silencio. Su tarea era establecer el lugar del baile.

A esto se sumó la prohibición de ejercer la medicina a los indígenas curanderos, médicos y brujos. De acuerdo con el reglamento, todos ellos explotaban la ignorancia y las supersticiones de los indios, y solían llevarse a los enfermos al "centro" del Territorio Nacional, fuera de la Misión, para curarlos. En contrapartida, la Misión tomó el compromiso de proveer de medicamentos a los enfermos que los aceptasen voluntariamente. Al mismo tiempo, los aborígenes no debían recibir en su casa y en su chacra a huéspedes y agregados, tanto indígenas como cristianos, salvo que obtuviesen el permiso del padre superior y con la condición de no "inducir y extraer" a los indígenas de la Misión. Las familias establecidas en la Misión debían informar el número de personas visitantes, de dónde venían, y en especial, hacia dónde iban. Ante cualquier conflicto, el padre superior de la Misión solo reconocía como autoridad civil a las emanadas del Excelentísimo Gobierno de la Nación, y por ende no podía aceptar el ingreso de "caciques, caciquillos, médicos, brujos, dioses", a quienes se les prohibía "ejercer su pretendida autoridad en el territorio de la Misión, y se les considerará como perturbadores de la paz y del orden".

El castigo podía utilizarse en la Misión para la corrección de los contraventores, pero como recurso extremo y cuando fuesen insuficientes la persuasión y el consejo. El padre superior, encargado de la administración y gobierno, podía imponer los siguientes castigos y penas: en primer lugar, la privación o disminución del racionamiento cuando los indígenas faltasen al trabajo sin causa justificada, no enviasen a sus hijos e hijas a la escuela, o actuasen en contra de las disposiciones del Reglamento sobre bailes, cantos y demás disposiciones generales. En segundo lugar, la imposición del trabajo en la plaza, calles y caminos públicos durante una semana como máximo si los indios introducían armas, municiones y bebidas alcohólicas, ejercían el curanderismo, provocaban desórdenes, riñas o peleas, cometían robos o estafas de menor cuantía, jugaban o dañaban las chacras y las haciendas. En tercer lugar, la expulsión de los indígenas de la Misión cuando reincidían y eran llamados "incorregibles". Finalmente, en cuarto lugar, la Policía de la Misión debía asumir los delitos, contravenciones o crímenes penados por las leyes de la República Argentina, elaborar un sumario, y remitir a los indígenas a la Jefatura del Territorio Nacional de Formosa.

Los empleados de la Misión dependían del padre superior, y podían ser despedidos si alteraran la paz y el orden, incitaran a los indígenas a la rebelión y al abandono de sus propiedades, o facilitaran armas y municiones a los indios, incumpliendo así con el orden y moralidad de costumbres. Se sumaban los dueños de animales que ocasionasen perjuicios en las chacras de los indios, y ante quienes el sargento de Policía de la Misión podía aplicar las penas establecidas en el Código Rural de los Territorios Nacionales, verificando así el daño producido por el robo de animales de los indígenas. Esta medida de vigilancia se sostuvo en el acuerdo firmado por la OFM el 10 de abril de 1900, y por la resolución del Ministerio del Interior fechada el 15 de abril de 1903. Ambos documentos exigían a la Policía de la Misión su actuación en el marco del Reglamento, la aceptación de las decisiones del padre superior, la cooperación con la Policía del Territorio Nacional cuando esta última lo exigiese, y en especial la obligación de acatar y cumplir las órdenes recibidas de la Gobernación de Formosa.

El Reglamento formalizó la prohibición de la propaganda de doctrinas anárquicas o subversivas del orden y perturbadoras de la paz, y las contrarias a las doctrinas católicas y a las instituciones del país. También la introducción a la Misión de armas y municiones, así como la de bebidas alcohólicas. Solo el padre superior podía facilitar a los indios que cultivaban sus chacras alguna escopeta, pólvora y munición menuda que fuese utilizada para la caza, para defender sus sembradíos de los loros, de las palomas, de las perdices y demás pájaros que perjudicaban la producción de alimentos. Estaba prohibido regalar o prestar esas armas de caza a otros indígenas.

A esto se sumaba la presión ejercida por los dueños de los obrajes del norte argentino, que reclamaban la salida de indígenas de la Misión para trabajar en sus fábricas. Solo el padre superior podía decidir si los dejaba salir de la Misión, comenzando por los que no tenían chacras y por los que voluntariamente querían irse. En ese caso, el padre debía convenir el salario que se les pagaría, y lo más importante: de acuerdo con el artículo 23 del Reglamento redactado por fray Iturralde, el responsable de la Misión tenía el derecho de presenciar el pago, por sí mismo o por intermedio de otra persona de su confianza, ya que los indígenas no estaban preparados aún para afrontar la vida social, incluyendo la vida laboral. Y, sobre todo, no estaban preparados para darse cuenta de las trampas y engaños de los patrones y empleadores.

La falta de preparación social, según Iturralde, se evidenciaba especialmente entre los "infieles" que habían constituido una familia sin contraer matrimonio. Se trataba de indios solteros de la Misión que todavía mantenían los tradicionales "usos y costumbres", es decir que estaban acompañados por una mujer y por sus hijos e hijas. Este tipo de familia podía incorporarse a la Misión, pero también podía conformarse dentro de la misma. Si bien el mandato fue tolerar por un tiempo prudencial esas tradiciones indígenas, la realidad fue otra: los artículos 25 y 26 obligaron a este tipo de familia a presentarse ante el padre superior, regulando así su inscripción en un registro especial como "familias naturales" para recibir el racionamiento de alimentos y ropa, y en especial su chacra para trabajar.

Si observamos el contenido de este mandato, los indios solteros y sin familia carecían entonces de chacra en la Misión franciscana, comenzando por la de Laishí; mientras que las indígenas mujeres que se habían hecho cargo de sus hijos e hijas no aparecen mencionadas. Los artículos 27 a 29 del Reglamento prohibieron el abandono de un hombre a una mujer, y de una mujer a un hombre, mientras permanecieran en la Misión. Dentro de la Misión, la mujer abandonada por su pareja debía acudir al padre superior dentro de las 24 horas de los hechos. El hombre abandonado por su mujer debía hacer lo propio, pero sin límite de horas. Paralelamente, a esos indígenas varones se les quitó el derecho a castigar y maltratar a la mujer. A las indígenas mujeres les tocó la prohibición de dar comida a extraños, romper, vender o regalar la ropa propia y de la familia, y deshacerse de los enseres y utensilios domésticos o que utilizaban en la chacra. Como vemos, la función doméstica ya había sido atribuida a las indígenas mujeres, un tema que en la historiografía tradicional no ha ocupado ningún lugar a la hora de analizar la aplicación de reglamentos del tipo que analizamos para este trabajo.

El Reglamento incluyó también mandatos y prohibiciones referidos al trabajo (artículos 30 a 52), a la administración de la Misión (artículos 53 a 60), a los bienes de los indígenas (artículos 61 a 67), a los castigos y a las penas (artículos 68 a 74), y en especial al funcionamiento y objetivos de las escuelas que ya funcionaban o que fuesen construidas en el futuro en las misiones del Chaco y de Formosa (artículos 75 a 86). Para regular el trabajo como espacio de formación de los indígenas incorporados a la Misión, el Reglamento estableció que durante los primeros seis meses se ocuparan en trabajos de utilidad y beneficio común.

En las chacras destinadas para la instrucción, los indios varones debían aprender sobre el cultivo de la tierra. La remuneración consistía en alimentos, vestidos, medicina y enseres domésticos, mientras que el padre superior podía reducir los meses de prueba si observaba en el indio varón su buena conducta, su laboriosidad y su preparación para el trabajo en la chacra. Esos indios también podían formarse a través de trabajos de "utilidad y beneficio común", es decir, "trabajos productivos para la Misión", en particular en los talleres y en el corte y aserrado de maderas para su venta. En este caso el Reglamento estableció un especial derecho de los indígenas: los que se volcaban al aprendizaje de trabajos productivos para la Misión (y no para sí mismos o para su familia en las chacras de instrucción) recibirían una retribución similar a la del resto de indígenas trabajadores.

El padre superior tenía el derecho de juzgar las condiciones de trabajo de los indígenas durante los mencionados seis meses de prueba. A partir de ahí, también el derecho de entregarles en propiedad una chacra de 25 hectáreas, y facilitarles bueyes, arados y rastras para el cultivo. Estos objetos podían ser un simple préstamo que los indígenas debían devolver en buen estado a la Misión al terminar las faenas. Pero también una propiedad adjudicada a los mejores indígenas a través de una libreta en la que constaran los productos de la cosecha elaborada en la chacra, y la amortización de la deuda que hicieran ante el padre superior.

Ahora bien, llegado el caso de que los indígenas no tuviesen que trabajar en sus chacras, estaban obligados a hacerlo en los talleres señalados por el padre superior y por sus encargados. De estos últimos no hubo referencia alguna, pero podemos afirmar que el término "encargados" hacía referencia a los propios indígenas tobas que ya se habían integrado previamente a la Misión. Al toque de la campana o del pito de cada mañana, y siguiendo el contenido de los artículos 38 y 39 del Reglamento, los que no tenían ocupaciones propias podían desayunar en la Misión y cumplir con el trabajo señalado, y los que solo trabajaban la mitad del día en su chacra, el resto de la jornada debían asumir las actividades que les señalara el superior.

En general, los trabajos eran remunerados a través del jornal establecido por el padre y registrado diariamente en un diario, distinguiendo semanalmente el tipo de trabajo asumido. Pero ese trabajo era pagado a través de vales que llevasen el nombre personal del interesado. De acuerdo con el texto del Reglamento que venimos analizando, redactado por fray Iturralde y reconocido por el Poder Ejecutivo del Estado nacional, si el objetivo era prevenir el robo, el juego y la holgazanería, entre otros tantos inconvenientes laborales, el resultado debía ser la confección de un vale intransferible que los indígenas debían recibir en la administración de la Misión. Ese vale que quedaba en propiedad del indio servía como especie de pago de cualquier artículo o mercadería que adquiriese. De acuerdo con el artículo 42 del Reglamento, el "propietario" del vale, o de los vales, podía utilizarlo fuera de la Misión para hacer compras y pagos, pero para ello debía convertir ese vale en "moneda nacional". Y era el padre superior el que tenía derecho a aceptar las propuestas de los indígenas de la Misión y gestionar el cambio del vale por cheques a través de órdenes sobre casas de comercio de la ciudad de Formosa, y contra la sucursal del Banco de la Nación Argentina.

Reglamentar la educación franciscana para la población indígena

Como vemos, los indígenas varones y jefes de familia no solo fueron educados para cultivar las tierras y trabajar en los talleres de la Misión, sino también para hacer frente al sistema bancario y financiero argentino. Hablamos de cómo llevar adelante este modelo de compra-venta en pleno siglo XX. Los artículos 43 y 44 del Reglamento regularon también que el varón indígena, llamado "dueño del vale", podía otorgar derecho a su madre, a su mujer, a sus parientes, y a personas extrañas, para despacharlo y pedir su transformación a "moneda nacional" ante el padre superior, comprobando este último si el importe de los vales había sido falsificado, raspado o alterado, declarándolos nulos y retirándolos del uso de la Misión. Los indígenas podían entregar sus vales a las empresas de la zona para adquirir materiales, objetos y recursos que utilizaban en sus chacras, pero no para un indígena que se dedicara a curar a los enfermos, o lo que ganaban en el juego. En el dorso de esos vales se debía anotar el dinero gastado para que el dueño del vale y el padre superior pudiesen controlar los gastos.

La Misión se encargó de racionar gratuitamente los alimentos, y de entregarlos a quienes trabajaban, a los impedidos por enfermedad, vejez u otra causa justificada y permanente. Recibían 400 gramos de carne, un kilogramo de maíz y 60 gramos de yerba para que pudiesen vivir con holgura.

Los menores de doce años recibían la mitad del racionamiento. Un día de la semana, los indígenas debían retribuir este racionamiento a través de actividades de utilidad común, como por ejemplo arreglar calles, caminos y alambrados. Podían utilizar los carros y los elementos que eran propiedad de la Misión, y colaborar en la conservación de los potreros. Dicha Misión era propietaria de las subvenciones, subsidios y asignaciones que recibiese el propio gobierno que la maniobraba. También era propietaria del producto de la venta de las maderas extraídas de los bosques; de las utilidades provenientes del intercambio de mercaderías y de productos agrícolas e industriales que fabricaban los indios de la Misión; y en especial de las donaciones que hacían las "personas bienhechoras" por su interés en mantener, fomentar y conservarla. También tenía derecho al usufructo de las tierras arrendadas a personas extrañas por el contenido del artículo 7 del decreto de 10 de abril de 1900, que había permitido fundar misiones en los Territorios Nacionales del Chaco y de Formosa, y que había establecido la responsabilidad de la administración en manos de los misioneros, pero bajo la dirección de un padre prefecto de misiones.

El Reglamento sirvió para que los propios misioneros franciscanos pudiesen conocer hasta dónde llegaba su obligación de cuidar los "bienes de menores", es decir, de los indígenas de las misiones. Esos misioneros debían gestionar las compras y las ventas para obtener el mayor provecho posible, siempre en beneficio y utilidad de la misión a su cargo, pero también de sus "neófitos", sinónimo de inexpertos y principiantes. Esos misioneros franciscanos, además, no podían disponer de ninguna suma de dinero, ni de los productos industriales o agrícolas de la Misión, en beneficio suyo propio o de la OFM, sea como asignación, salario, subsidio o bajo cualquier otro concepto, y mucho menos en beneficio de personas extrañas, fuera de los alimentos, vestidos, medicinas y demás necesario a la vida para los misioneros, y de los enfermos que recobrasen la salud.

Res non verba estableció pautas concretas de comportamiento y de manejo de situaciones prácticas de la vida cotidiana en las misiones. Sus páginas permiten apreciar las necesidades educativas emergentes de los procesos de incorporación a las formas culturales que tanto los misioneros como las autoridades gubernamentales sostenían como las más adecuadas para la vida cívica, laboral y religiosa de los indígenas. La acción y las funciones asumidas por los misioneros quedaron bajo la vigilancia del padre prefecto que debía hacer visitas frecuentes. Los misioneros debían dar cuenta documentada de la inversión de todas las sumas otorgadas por el Ministerio del Interior, para que el padre prefecto de Misiones pudiese elaborar anualmente el informe sobre progreso, estado, condiciones y necesidades, además del dinero obtenido por la venta de maderas y del usufructo de las tierras de la Misión. Esos libros anuales de administración podían ser examinados por el padre guardián y discretorio del Colegio, por el M.R. (misionero rector) comisario general de Misiones, y por los inspectores que nombrase el Ministerio del Interior. En este último caso, la exigencia era que esos inspectores llevasen consigo la autorización firmada por el ministro para visitar e inspeccionar el estado de la civilización de los indios y la Misión. Los resultados de esas visitas realizadas por los inspectores debían llegar a las manos del prefecto.

En el documento histórico que venimos analizando, se reconoció que a los tobas les faltaba un mercado al cual trasladar sus productos y practicar la venta a "personas extrañas". Por ello el padre superior debía comprarles las cosechas y administrarlas. El gasto de fletes se deducía del pago que recibían los indígenas. Si había alguien que adquiriese la cosecha, no podía darle al indio ni armas, ni municiones, ni bebidas alcohólicas. Los misioneros también debían asumir la responsabilidad de cuidar los bienes de los indígenas que consistían en objetos que habían llevado al incorporarse a la Misión, a excepción de los recursos obtenidos por medios dudosos; los que recibieron para su uso personal y doméstico en el momento de llegar; animales y herramientas adquiridas en la Misión; los jornales que hubiesen ganado; los productos de sus chacras; los productos naturales de la casa y de la pesca; las chacras concedidas, con sus casas, corrales, alambrados y plantaciones, que no podían ser enajenadas; así como bueyes, caballos, vacas, carros, arados y demás elementos de trabajo que tenían prohibido vender o permutar, a excepción de que el padre superior lo aceptara, pero con conciencia de que esos indígenas no eran explotados. La compra y venta de los bienes de la Misión debía beneficiar exclusivamente a esta última.

Desde el inicio del funcionamiento de las misiones de Laishí y Tacaaglé, se fundaron las escuelas "San Francisco de Asís de Laishí", de carácter mixto, que se dedicaría posteriormente a varones tobas, y "San Francisco Solano de Tacaaglé" destinada a niños y niñas pilagás. La "Escuela-Hogar y Asilo Santa Clara" de la Misión de Laishí se dedicó desde su origen a la educación de niñas tobas, y quedó bajo la dirección de las Hermanas Franciscanas Educacionistas. La mayor información sobre las escuelas se produjo en el año 1912 de la mano del misionero fray Buenaventura Giuliani, quien fue responsable de los indígenas tobas de Laishí entre los años 1908 y 1928, sumando a sus funciones en ese año de 1912 la obligación de controlar la administración y el funcionamiento de la Misión de Tacaaglé.

El reglamento incorporó también un apartado dedicado a las mencionadas escuelas, en el que se estableció que los niños y las niñas indígenas en edad escolar, que vivían en la Misión o en las chacras cercanas, estaban obligados a asistir durante el día a la escuela central a la que los franciscanos llamaron "San Francisco de Asís". Los niños, fuera de las horas de clase, podían aprender a trabajar en el taller y a cultivar las chacras, y si demostraban conocimiento de economía y ahorro, eran premiados por el padre superior. La enseñanza era de carácter primario, adaptada, como consta en el reglamento analizado, a la "inteligencia de los alumnos", y se daba exclusivamente en castellano. Los demás niños y niñas que vivían lejos, en las chacras, podían asistir a las escuelas que fuesen establecidas en las diversas secciones, pero a medida que la población se fuese diseminando. Los jóvenes varones que trabajaban en los talleres o que vivían en el pueblo, y que habían pasado los 12 años de edad, podían asistir a la escuela nocturna y a la de música.

El Reglamento *Res non verba* fue presentado ante las autoridades nacionales por el prefecto de Misiones Franciscanas fray J. Enrique Guernacini, y corregido por la Dirección General de Territorios Nacionales de la República Argentina. El ministro del Interior resolvió aprobar ese proyecto el 24 de agosto de 1914, cumpliendo con la disposición del artículo 15 del Acuerdo del 10 de abril de 1900 que había regularizado la apertura de la principal misión indígena del Gran Chaco argentino, precisamente la Misión de Laishí. La educación de niñas indígenas se sumó a través de la creación de la "Escuela-Hogar y Asilo Santa Clara de Asís", que fue construida y dirigida en Laishí por las Hermanas Franciscanas Educacionistas. Las fotografías de estas escuelas son conservadas en cajas por la BACSC.

Patio y torre de la Misión Nueva Pompeya

Escuela San Francisco Solano de Tacaaglé

Escuela San Francisco de Asís del Laishí

Escuela Santa Clara de Asís del Laishí

Reflexiones

El texto definitivo de fray Iturralde fue publicado en el número 1 del Boletín de la Dirección General de Territorios Nacionales de septiembre de 1914, y archivado en la Misión Indígena de Laishí gracias al entonces prefecto de las dos misiones indígenas de Formosa, fray Buenaventura Giuliani. Este misionero continuaría el modelo implementado por fray Iturralde en esa Misión formoseña de Laishí, destinada a los indígenas tobas, un modelo de acción sobre el que años después haría referencia su sobrino, fray Avelino Juan Giuliani (Giuliani, 2006). Años después, el prefecto de Misiones fray Buenaventura Giuliani, ya establecido en el Convento San Carlos Borromeo, conservó en la caja 25 la publicación del *Reglamento Oficial de las Misiones Franciscanas Indígenas del Norte en la República Argentina, Decretado por el Superior Gobierno de la Nación Argentina con fecha 24 de agosto de 1914*, que fue publicado por la Imprenta Tourneamine y Anchea de Buenos Aires en el año 1926. Su esperanza era conservar no solo la presencia franciscana en el Gran Chaco argentino, sino también a la población indígena chaqueña (Dalla-Corte Caballero, 2012).

Reproducimos la portada de *Res non verba.* Si bien este folleto fue enviado a los misioneros en 1912 para ser aceptado dos años después, en 1914, fue editado en Buenos Aires recién en 1926 por la Imprenta Tourneamine y Anchea. Los indígenas de las misiones franciscanas no tuvieron nunca conocimiento de las disposiciones de este Reglamento y de tantos otros decretos y acuerdos institucionales, pero el análisis de las palabras que dejó fray Iturralde permite comprender algunas de las prácticas ejercidas por los misioneros franciscanos entre las familias qom, pilagás y wichí, en discusión formal, contra las autoridades locales y nacionales, las diversas empresas instaladas en la zona chaqueña, y el Obispado de Santa Fe.

Si el reglamento *Res non verba* fue pensado en honor a la Misión de Laishí, su contenido también tuvo como objetivo aplicarse al resto de misiones chaqueñas, es decir, a Nueva Pompeya y a Tacaaglé. El debate que nos interesa es el gestado en torno al significado que le dieron los franciscanos a *Res non verba,* el principio que rigió la organización de las obligaciones, deberes y derechos de la población originaria en torno a la protección ejercida por los franciscanos. El texto se dirigió no solo a las familias indígenas de Laishí, sino especialmente a las autoridades locales, como la Gobernación de Formosa, cumpliendo así con su deseo de reforzar la religión, el patriotismo, el trabajo y la regeneración de los tobas. La fundación de las misiones mencionadas se debió al impulso otorgado por los misioneros franciscanos a la evangelización de los indígenas, y formó parte de la presencia nacional en los Territorios Nacionales del norte argentino. En este marco, estaba claro que el país comenzaba a cambiar de forma acelerada, y que ese cambio se estaba llevando a cabo de forma desigual, con fuertes contrastes en la zona rural y en los Territorios Nacionales. Por ello los misioneros franciscanos llevaron adelante un gran proyecto social y educativo para frenar la incorporación de sus indígenas a las fábricas extranjeras instaladas en las tierras formoseñas.

El análisis de documentación relacionada con la educación para el trabajo bajo la consigna franciscana *Res non verba* (hechos, no palabras), nos ha permitido indagar acerca de las diferentes formas de encarar la cuestión de la incorporación indígena al gran proyecto nacional argentino. Incorporación lenta y dificultosa, debido por un lado a las características étnico-culturales de los grupos aborígenes, y por otro lado a las urgencias a veces poco virtuosas de políticos y empresarios que veían en esos grupos humanos una mano de obra de bajo costo, a la que no valía la pena educar demasiado ni invertir dinero del Estado para mejorar sus condiciones de vida. Es posible que debido a esa urgencia se considerase como resultados negativos los logros franciscanos, vistos en ocasiones como escasos o poco relevantes. De allí que las autoridades eclesiásticas, ante el riesgo de ser excluidas del proyecto civilizador, demandasen a los misioneros, y en especial a la OFM, un accionar más efectivo y visible. En el marco de esas exigencias, el reglamento abordado se constituía en un instrumento claro de cuáles eran las atribuciones otorgadas a los franciscanos, cuáles eran los derechos y los deberes de los indígenas, y sobre todo, la importancia otorgada a la educación para alcanzar los objetivos de transformación cultural y religiosa. Las estrategias franciscanas se unieron a las exigencias de las autoridades locales y nacionales, y del Obispado de Santa Fe. La educación podía garantizar así el trabajo y la supervivencia de la población indígena chaqueña a través de "hechos, no palabras" (Dalla-Corte Caballero, 2014).

Bibliografía

BECK, Hugo Humberto (1994), *Relaciones entre blancos e indios en los territorios nacionales de Chaco y Formosa: 1885-1950,* Resistencia, Chaco: Cuadernos de Geohistoria Regional.

BORRINI, Héctor (1986), *Colonia Bouvier: un ejemplo de la colonización privada a fines del siglo XIX en el Territorio Nacional de Formosa.* Resistencia, Chaco: Instituto de Investigaciones Geohistóricas.

BREZZO, Liliana M. (2004), "La guerra de la Triple Alianza en los límites de la ortodoxia: mitos y tabúes", *Revista Universum,* N° 19, vol. 1, Universidad de Talca, pp. 10-27.

CABALLERO CAMPOS, Herib (2013), *El país ocupado,* Asunción: Editorial el Lector.

CAPDEVILA, Luc (2010), *Una Guerra total: Paraguay, 1864-1870. Ensayo de Historia del Tiempo Presente,* Buenos Aires: SB.

CENSO DE POBLACIÓN DE LOS TERRITORIOS NACIONALES DE LA REPÚBLICA ARGENTINA (1912), *Dirección General de Territorios Nacionales, Ministerio del Interior.* Buenos Aires: Imp. Guillermo Kraft.

CERIANI CERNADAS, César y LAVAZZA, Hugo (2013), "Fronteras, espacios y peligros en una Misión Evangélica Indígena en el Chaco Argentino (1935-1962)", *Boletín Americanista,* LXIII. 2, núm. 67, pp. 143-162.

DALLA-CORTE CABALLERO, Gabriela (2013), "La Misión indígena San Francisco Solano de Tacaaglé en las tierras fiscales de Formosa (1900-1950)", *Corpus, Archivos virtuales de la alteridad americana,* Vol. 3, N° 1, pp. 1-17.

DALLA-CORTE CABALLERO, Gabriela (2010), *La Guerra del Chaco. Ciudadanía, Estado y Nación en el siglo XX. La crónica fotográfica de Carlos de Sanctis,* Rosario: Prohistoria Ediciones (reeditado por Editorial Intercontinental, Asunción del Paraguay, 2010).

DALLA-CORTE CABALLERO, Gabriela (2012), *Mocovíes, franciscanos y colonos de la zona chaqueña de Santa Fe (1850-2011). El liderazgo de la mocoví Dora Salteño en Colonia Dolores*, Rosario: Prohistoria Ediciones.

DALLA-CORTE CABALLERO, Gabriela (2014), *San Francisco de Asís del Laishí. Sensibilidades tobas y franciscanas en una misión indígena (Formosa, 1900-1955)*, Rosario: Prohistoria Ediciones.

FAVARO, Orietta (2007), "Transitando la especificidad de los territorios nacionales: espacios centralizados y de ciudadanía restringida", en Martha Ruffini y Ricardo Masera (coord.), *Horizontes en perspectiva. Contribuciones a la Historia de Río Negro, 1884-1955*, Río Negro: Fundación Ameghino-Legislatura de Río Negro.

GIORDANO, Mariana (2004), "Itinerario de imágenes del indígena chaqueño. Del Territorio Indio del Norte al Territorio Nacional y Provincia del Chaco", *Anuario de Estudios Americanos*, Tomo LXI, núm. 2, pp. 517-550.

GIORDANO, Mariana (2012), *Indígenas en la Argentina. Fotografías 1860-1970*, Buenos Aires: Artenauta.

GIRBAL-BLACHA, Noemí María (2004), "Opciones para la economía agraria del Gran Chaco Argentino: el algodón en tiempos del Estado intervencionista", en Guido Galafassi (comp.), *El campo diverso: enfoques y perspectivas de la Argentina agraria del siglo XX*, Quilmes: UNQ, pp. 185-215.

GIRBAL-BLACHA, Noemí María (1995), "Reflexiones sobre la historia rural y la situación agraria de las economías extra-pampeanas: el caso del Gran Chaco Argentino y la explotación forestal (1895-1930)", en Mónica Bjerg y Andrea Reguera (comp.), *Problemas de la historia agraria: nuevos debates y perspectivas de investigación*, Tandil: IEHS, pp. 267-295.

GIRBAL-BLACHA, Noemí María (2011), *Vivir en los márgenes: Estado, políticas públicas y conflictos sociales: el Gran Chaco Argentino en la primera mitad del siglo XX*, Rosario: Prohistoria Ediciones.

GIULIANI, Avelino Juan Fray (2006), *El padre Ventura: Fray Buenaventura Giuliani, misionero franciscano*, Corrientes: Fundación Aguas de Corrientes.

GORDILLO, Gastón (2005), *Nosotros vamos a estar acá para siempre: historias tobas.* Buenos Aires: Biblos.

IUORNO, Graciela y CRESPO, Edda (coord.) (2008), *Nuevos Espacios, Nuevos Problemas. Los Territorios Nacionales.* Neuquén: Educo.

LAGOS, Marcelo (1998), "Problemática del aborigen chaqueño. El discurso de la 'integración', 1870-1920", en Ana Teruel y Oscar Jerez (comp.), *Pasado y presente de un mundo postergado: estudios de antropología, historia y arqueología del Chaco y Pedemonte Surandino*, Jujuy: Editorial UNJu, pp. 57-102.

LAGOS, Marcelo (2000), "Problemática del aborigen chaqueño. El discurso de la integración, 1870-1920", *Travesía,* núm. 3, pp. 69-98.

MAEDER, Ernesto J. A., y GUTIÉRREZ, Ramón (2003), *Atlas del desarrollo urbano del nordeste argentino*, Resistencia, Chaco: Instituto de Investigaciones Geohistóricas, CONICET, Universidad Nacional del Nordeste.

NACUZZI, Lidia (2011), "Los cacicazgos del siglo XVIII en ámbitos de frontera de Pampa-Patagonia y el Chaco", en Mónica Quijada (ed.), *De los cacicazgos a la ciudadanía. Sistemas políticos en la frontera, Río de la Plata, siglos XVIII-XX*, Berlín, Gebr. Mann Verlag, pp. 23-78.

PASTORE, Carlos (1989), *El Gran Chaco en la formación territorial del Paraguay*. Asunción: Criterio Ediciones.

PEREIRA, Delia Anastasia (2008), "La construcción de la ciudadanía en el Territorio Nacional de Formosa (1879-1955)", en Graciela Iuomo y Edda Crespo (coord.), *Nuevos Espacios. Nuevos problemas. Los territorios nacionales*, Neuquén, Educo, Universidad Nacional del Comahue, Universidad Nacional de la Patagonia, Cehepyc Editores, pp. 1-29.

PRIETO, Antonio Heraldo (1990), *Para comprender a Formosa, Una aproximación a la Historia Provincial* Formosa, Editorial El Docente.

SCAVONE YEGRO, Ricardo y BREZZO, Liliana María (2010), *Historia de las Relaciones Internacionales del Paraguay,* Asunción, El Lector, Colección La Gran Historia del Paraguay, número 19.

SCAVONE YEGRO, Ricardo (2010), "Guerra Internacional y confrontaciones políticas (1920-1954)", en Ignacio Telesca (coord.), *Historia del Paraguay,* Asunción, Taurus, pp. 225-264.

SCAVONE YEGRO, Ricardo (2004), *Las relaciones entre el Paraguay y Bolivia en el siglo XIX,* Asunción, Servilibro.

STOFFEL, Edgar Gabriel Presbítero (2011), *Monseñor Juan Agustín Boneo: la consolidación de su proyecto pastoral en Santa Fe, 1898-1910,* Santa Fe, Universidad Católica de Santa Fe.

TERUEL, Ana (2011), "Chez les Matacos du Chaco argentin. Hommes et femmes dans un processus de colonisation tardive", *Revista Clío, Histoire, Femmes, Sociétés,* núm. 33, vol. 1, pp. 193-209.

TERUEL, Ana (2000), "Cuestiones relativas a la incorporación de espacios fronterizos al Estado-Nación. Chaco occidental, 1862-1911", En Ana Teruel, Mónica Lacarrieu y Omar Jerez (comp.), *Fronteras, ciudades y Estados,* Córdoba, Jujuy, Universidad Nacional de Jujuy y Alción Editora, tomo I, pp.109-132.

TERUEL, Ana (2003), "Tierras de frontera: el Chaco occidental en el siglo XIX", *Estudios Sociales del NOA,* vol. 6, pp. 77-110.

TRINCHERO, Hugo. *Los dominios del demonio. Civilización y barbarie en las fronteras de la Nación. El Chaco Central,* Buenos Aires, Eudeba, 2000.

WHIGHAM, Thomas (2011), *La Guerra de la Triple Alianza. El triunfo de la violencia, el fracaso de la paz,* Asunción: Editorial Taurus, vol. II.

Los pueblos indígenas de Pampa y Nordpatagonia entre fines del siglo XVIII y la actualidad

Claudia Salomón Tarquini

Los procesos históricos que tuvieron por protagonistas a las poblaciones indígenas de Pampa y Patagonia a partir del siglo XVIII no pueden comprenderse sin mencionar su relación con lo sucedido en los territorios transcordilleranos, especialmente a lo largo de los siglos XVIII y XIX. De la misma manera, es necesario considerar la incidencia de las políticas fronterizas y los conflictos entre distintos segmentos de los hispanocriollos, que tuvieron fuerte impacto en las relaciones entre los diferentes grupos indígenas y en la relación con aquellos. Por ello, antes de adentrarnos en los procesos políticos, sociales y económicos de las sociedades indígenas, iniciaremos nuestro capítulo con una caracterización de la situación en Araucanía y proseguiremos con una descripción de las políticas fronterizas, focalizándonos en las que mejor conocemos, es decir las de provincia de Buenos Aires. En un tercer apartado presentaremos las principales características de estos procesos: movimientos poblacionales, especializaciones económicas, surgimiento de liderazgos y políticas de alianzas y conflictos. La cuarta sección se dedicará a las políticas que intentaron su sometimiento, especialmente por la vía militar entre 1878-1885 pero a través de las distintas instancias de integración subordinada a la sociedad nacional, y se explorarán las alternativas que los distintos grupos ensayaron en estos contextos adversos, hasta mediados del siglo XX. El quinto y último apartado presentará las instancias de organización colectiva a partir de la década de 1970 y la creciente reemergencia étnica de fines del siglo XX e inicios del XXI. Desde luego, la complejidad de tales procesos no puede agotarse en estas breves líneas, por lo que el lector encontrará en las notas a pie distintas referencias para profundizar en diferentes aspectos y períodos.

La situación de la Araucanía en el siglo XVIII y el inicio de los movimientos de población indígena hacia el este

Durante el período colonial, la Araucanía fue el escenario de lo que el historiador chileno Leonardo León Solís (1994) identifica como dos guerras. La primera, que llama guerra territorial, era la que libraron en distintas instancias habitantes indígenas de la región contra los españoles para preservar su autonomía. La segunda, que asumió el carácter de una guerra social, la libraron contra sus propios líderes para preservar su libertad. De la primera quedaron los relatos épicos recuperados por una historia fronteriza más preocupada por caracterizar a los conquistadores que por comprender la dinámica de las sociedades indígenas. La historiografía –tanto chilena como argentina- de inicios de la década de 1990 se ocuparía más de la segunda, y contribuiría a comprender un panorama complejo que involucraba a sociedades que iban del Pacífico al Atlántico, entrelazadas por vínculos económicos, políticos y sociales (Bechis, 2011 [1984]; Palermo, 1991; Pinto Rodríguez, 1996; Villar y Jiménez, 2003). Detengámonos entonces brevemente en esta "guerra social".

Desde un principio, la política de los españoles en la región de Araucanía fue pactar con determinados líderes en detrimento de otros, a través de una entrega sistemática de regalos y alianzas militares. Mientras que algunos linajes continuaban defendiendo su derecho a la independencia total con respecto al imperio español, otros se convirtieron en aliados leales de España, porque buscaban en esta alianza apoyo para combatir a sus propios enemigos, asegurar sus ganancias territoriales o impedir nuevas pérdidas. Esta política llevó a la acumulación de poder por parte de algunos líderes y al surgimiento de nuevos tipos de liderazgos que se les enfrentaron. Ahora bien, la sociedad mapuche de la segunda mitad del siglo XVIII se representaba a sí misma como una sociedad igualitaria. La jerarquía política, militar y social era entregada voluntariamente por el resto de la sociedad a los hombres que la merecían por razones de sabiduría, ecuanimidad, prestigio, inteligencia, generosidad o habilidad militar, de manera que eran líderes (llamados *lonkos* entre los mapuche) que surgían con el reconocimiento de la sociedad. Una excesiva acumulación de poder era considerada un quiebre del consenso político de una sociedad así concebida.

En ese contexto, en el seno de las sociedades indígenas coexistieron en la segunda mitad del siglo XVIII dos formas diferentes de construir, incrementar, conservar, ejercer y transmitir el poder.

Una de estas formas era la de los *ulmenes*, líderes que recombinaban las formas tradicionales del prestigio tribal y la acumulación de diferentes capitales como el económico (generado a partir del malón y de los intercambios fronterizos), el político (enfatizado y robustecido por la importancia adquirida como interlocutor de las autoridades coloniales en parlamentos generales), el bélico (constituido por la disposición de un buen número de mocetones), y el poder informacional, derivado de que el líder se convertía en nodo principal de un campo de poder integrado por grandes redes de alianzas parentales, económicas y políticas. A esto se agregaba el conocimiento de la cultura *wingka* (término para designar –por lo general despectivamente– a los españoles o cristianos). La otra forma de construcción de poder era la de los *aukas* (rebeldes).

Esta forma de concentración de poder (originada en el interior de un linaje y de una familia determinada, detentado por un conjunto limitado y pequeño de personas) fue motivo de insatisfacción para muchos otros que no contaban con la posibilidad de estas ventajas. Su disconformidad los llevó a buscar caminos alternativos para llegar a obtenerlas. Por ello, el Mamil Mapu (el País del Monte –la zona del caldenar pampeano–), un dilatado espacio alejado de las fronteras coloniales y por lo tanto menos controlado, y escasamente habitado por otros indígenas, se convirtió hacia mediados del siglo XVIII en una válvula de escape, cuando comenzaron procesos migratorios hacia el este con el propósito de instalar bases en el País del Monte, y desde allí acceder a las áreas fronterizas que lo bordeaban y sus dependencias: desde Mendoza pasando por San Luis, Córdoba hasta la campaña bonaerense, rica en ganados y otros bienes. El capital de partida más significativo para estos caciques *aukas* era justamente la fuerza bélica y por lo tanto en la medida en que sus actividades eran colmadas con éxito, se incrementaban las incorporaciones de mocetones (hombres adultos en capacidad de portar armas, llamados *konas* en su lengua) dispuestos a escapar del control más rígido establecido por los *ulmenes* (Villar y Jiménez 2000).

Las políticas fronterizas entre fines del siglo XVIII y la década de 1850

A fines del siglo XVIII, una política colonial que se pretendía unificada estaba orientada a convertir a los indígenas en vasallos de los sucesivos reyes, pero estas iniciativas tuvieron escaso éxito en el área bonaerense, sin perjuicio de lo cual eran considerados como una *nación* soberana con capacidad para negociar con otra nación.

Entre 1810 y 1820, los revolucionarios criollos, frente a la gran cantidad de frentes bélicos que debían atender, buscaron mantener una relación pacífica. Las expansiones espontáneas que se observan en este período fueron negociadas con los indígenas. La política filoindigenista de los revolucionarios de Mayo buscaba integrar a los indígenas como hermanos y compatriotas. De esta forma, se pretendía captar su apoyo para las tropas independentistas o al menos evitar su adhesión a las realistas. De todas maneras, esta política amistosa hacia los indígenas no fue homogénea en todo el territorio de lo que constituiría décadas más adelante la Argentina, y en este período persistió la noción –predominante en el período colonial– de los grupos indígenas como naciones autónomas.

A partir de la década de 1820 el gobierno de la provincia de Buenos Aires mostró una política mucho más agresiva de avance sobre tierras indígenas. Era el momento de la expansión ganadera, de la reorientación por parte de las elites rioplatenses en sus actividades económicas, en las que comenzaba a tener cada vez más preponderancia la captura y cría de ganado vacuno, y por lo tanto, el aumento de la apetencia por las tierras que se extendían más allá del río Salado. Quienes se ocupaban de la "cuestión indígena" comenzaron a delinear, y muy en particular el por entonces comandante de fronteras, Juan Manuel de Rosas a lo largo de la década de 1820, la política de "negocio pacífico de indios", basada en dos principios: por un lado se sostenía que era imposible considerar a los grupos indígenas como una "nación soberana", ya que según él, esta calidad solo se aplicaba a "naciones civilizadas". Por otro lado, se comenzó diferenciar a los grupos según fueran indios amigos, aliados, o enemigos: a) los *indios enemigos* –por lo general buena parte de los ranqueles– eran aquellos con los que, de acuerdo con la visión de la política rosista, era imposible pacto alguno; b) los *indios aliados* eran grupos que, asentados en territorio bajo control indígena, obtenían raciones y *regalos* por parte del gobierno de manera esporádica, y se mantenía con ellos mayor o menor grado de contacto. Para el período rosista, los principales grupos de indios amigos eran los de los caciques Llanquelén (en el Fuerte Federación-Junín), de Venancio Coihuepán (en Fortaleza Protectora Argentina-Bahía Blanca), de Caneullán y Guayquil (Fuerte Mayo), y de los caciques pampas Catriel y Cachul, en Tapalqué; c) los *indios amigos* se instalaban de manera permanente, mediante acuerdos con el gobierno bonaerense, en territorio bajo control hispanocriollo, con el fin de defender sus fronteras, recibiendo a cambio raciones periódicas, además de obsequios a los principales jefes. Desde el período colonial y durante las primeras décadas del período independiente, esta categoría hacía referencia a una situación amplia que implicaba el compromiso por parte de los indígenas de no atacar a los hispanocriollos, pero incluía una diversidad de situaciones entre las que se contaban los indios reducidos en los pueblos, los evangelizados, o los exentos de encomienda. Esta política no fue de ninguna manera estática: la historiadora Silvia Ratto distingue diversas etapas y una progresiva eliminación de la ambigua situación de los aliados, hacia una clara diferenciación entre amigos/enemigos a partir de la década de 1830 (Ratto, 2012).

El incremento de la conflictividad intra e interétnica implicó que Rosas perdiera varios de estos apoyos sobre fines de la década de 1830, en favor de un mejor posicionamiento de Calfucurá, que comenzaba a instalarse en Salinas sobre inicios de la década de 1840. En efecto, en los años previos se habían desarticulado los grupos de aliados o amigos como Rondeau y Melín (en 1834), de Coihuepán (en 1836), de Pancho Sosa (que falleció accidentalmente en 1836), y del cacique Santiago Llanquelén (que fue degollado por los ranqueles en 1838).

No obstante, esta política se mantuvo tanto durante el resto del gobierno de Rosas como en los posteriores, y siguieron sosteniéndose grupos de indios amigos con funciones militares hasta inicios de la década de 1880. Así, se sumaron Melinao y Railef en Bragado (en 1846), Maicá en Villa Fidelidad, Azul (en 1856), Coliqueo en Tapera de Díaz (en 1860), Chipitruz y Manuel Grande en Tapalqué (en 1864), Quentriel en Blanca Grande (en 1866), Raninqueo en Bolívar y Ramon Tripailao en La Verde (ambos a mediados de la década de 1860), entre otros.

A partir de la caída de Rosas y hasta fines de la década de 1870, en que el gobierno nacional logró ofrecer un frente ofensivo relativamente homogéneo, la política de los sucesivos gobiernos –nacionales y provinciales–, consistiría en tratar de fracturar las alianzas que trabajosamente tejían líderes importantes surgidos a partir de la década de 1840 y 1850, como Calfucurá, Mariano Rosas y Valentín Sayhueque, entre otros.

Para comprender en medio de qué procesos surgen estos liderazgos, volveremos a remontarnos al siglo XVIII

Movimientos poblacionales, economía y política indígena en Pampa y Patagonia entre los siglos XVIII y XIX

Una caracterización tradicional de estos procesos solía reducirse a la explicación por la "araucanización", que ha sido fuertemente criticada por la historiografía de las últimas décadas. Esta teoría sostenía la existencia de una *expansión araucana,* que consistía en migraciones de indígenas transcordilleranos (identificados como *invasores/extranjeros*) a expensas de los grupos locales, en un proceso a través del cual los araucanos habrían alterado sus pautas agrícolas originales, convirtiéndose en cazadores/recolectores y saqueadores de las estancias bonaerenses.

Esta visión estereotipada tuvo sus orígenes como discurso académico a fines del siglo XIX –en particular con la obra de Zeballos– y sirvió como justificación ideológica de las campañas militares de la época. Se afianzó en los círculos académicos a partir de la década de 1930, momento de auge del nacionalismo argentino y del desembarco de la escuela histórico-cultural en la academia antropológica, con la presencia de José Imbelloni, Salvador Canals Frau, y –luego de la Segunda Guerra Mundial– Marcelo Bórmida, y Oswald Menghin.

En las últimas décadas –y a pesar de que incluso hasta la actualidad algunas organizaciones indígenas sostienen esta visión estereotipada– el concepto de *araucanización* ha recibido duros cuestionamientos (Boschín y Llamazares, 1986; Mandrini y Ortelli, 1995; Lazzari y Lenton, 2000). Su utilización se ha matizado. Se sostiene que se han ubicado bajo un mismo rótulo dos procesos que estaban estrechamente vinculados, pero que no deben confundirse. Estos son, por un lado, la incorporación de elementos culturales de indígenas transcordilleranos por parte de las poblaciones de la región (la lengua –el *mapudungum*–, las técnicas textiles, la platería, y las prácticas agrícolas), que se dieron como parte de una compleja transformación interna que estaba produciéndose en la sociedad indígena regional. Por otro, el asentamiento en ella de grupos provenientes del oeste de la Cordillera de los Andes. Asimismo, cabe aclarar que los contactos con la Araucanía, reflejados en la presencia de elementos culturales de origen transcordillerano en el área pampeana pueden remontarse a tiempos prehispánicos (Berón, 2006).

Sintéticamente, puede decirse que a partir de la segunda década del siglo XIX importantes contingentes de indígenas del oeste de la Cordillera se establecieron en la región, empujados por la guerra de Independencia que tras la batalla de Maipú (1818) se había trasladado al sur de Chile. Para fortalecer sus posiciones, tanto los jefes que respondían a la Corona española (que en adelante denominaremos *realistas*) como los revolucionarios, procuraron atraer a los grupos de la zona de Araucanía, incorporando contingentes indígenas a sus tropas. Se inició así la llamada "guerra a muerte" que se extendió por tres años. Algunos caciques neutrales emigraron hacia las pampas para escapar a las destrucciones y también lo hicieron algunos grupos vencidos para escapar a las represalias.

Pero otros grupos instalados en la región pampeana, y a quienes las fuentes de la época denominan "indios comarcanos", intentaron resistir esta hegemonía y preservar el control de su territorio, enclavado en la llanura herbácea –hoy bonaerense– (nicho ecológico por excelencia de todas las especies de ganado), también apetecida por los terratenientes ganaderos de la provincia de Buenos Aires. En este contexto de conflictividad, fueron los comarcanos quienes se vieron desfavorecidos por los acontecimientos, ya que Rosas se mostraba menos interesado en apoyarlos militarmente, y sí se mostraba en cambio más dispuesto a pactar con los boroganos y otros grupos para aislar a los ranqueles –sus enemigos declarados–.

En este contexto, el nivel de conflictividad intertribal, incentivada por la política estatal de negocio pacífico de indios, condujo a la desaparición de grupos indígenas locales y al arrinconamiento de otros, que quedaron aprisionados política, económica y espacialmente entre los Estados provinciales y los contingentes transcordilleranos que iban llegando. Esta pampa "culturalmente araucana" no excluyó los conflictos intertribales ni tampoco facilitó el asentamiento de los recién llegados, al menos para la primera mitad del siglo XIX. Por el contrario, pareciera que la instalación de contingentes provenientes del oeste de la cordillera dio lugar a intensos conflictos intertribales que terminaron con la desaparición física de indígenas locales e incluso de transcordilleranos asentados con anterioridad (Villar y Jiménez, 2003).

La competencia por los ricos recursos de las llanuras herbáceas fue clave en este escenario, pero la economía de los grupos indígenas era mucho más compleja que la simple captura de ganado, y entre los siglos XVII y XIX abarcaba un amplio espectro de actividades, como la caza, la recolección, el cultivo, la cría de animales, combinables en diferentes grados y formas, lo que le otorgaba una excepcional adaptabilidad. Entre los cultivos se encontraban no solamente plantas americanas, sino también foráneas: trigo, cebada, legumbres, sandía, zapallo, melón, cebollas, alfalfa (Mandrini, 1986; Palermo, 1988) y se domesticaban animales tales como ganado vacuno, equino, porcino, perros, gatos, gallinas, entre otros. Los animales cazados incluían los guanacos, ciervos, vizcachas, armadillos. La recolección abarcaba productos vegetales como la semilla del algarrobo, miel, y –en particular en la zona cordillerana del sur de Mendoza y Neuquén– del pehuén, fruto de la araucaria (*Araucaria araucana*), entre otros recursos.

Estas poblaciones no estaban aisladas y habían desarrollado extensas redes de intercambio, lo que explica que algunos observadores notaran la presencia de textiles "chilenos" en el este de la actual provincia de Buenos Aires desde épocas tempranas.

En el siglo XVIII estaba organizado el gran circuito económico que partía en la Pampa Húmeda y culminaba en Chile. Pehuenches y huilliches al norte y sur del río Agrio controlaban los pasos cordilleranos neuquinos, cumpliendo una función de intermediarios. Luego de recorrer grandes distancias atravesando la llanura bonaerense y pampeana, los arreos se estacionaban en los valles neuquinos, fértiles y abrigados, para iniciar un proceso de engorde, antes de pasar el ganado al mercado chileno. Los pehuenches no solo recibían el ganado que llegaba sino que también organizaban expediciones propias en busca de hacienda. El arreo de animales probablemente se realizaba en otoño, invernaban en la región neuquina durante el invierno, y en el verano, con la apertura de los pasos, se comercializaba en Chile. Los grupos asentados en el área pampeana llevaban sus ganados hasta el territorio de estas parcialidades y realizaban con ellas el intercambio de ganado por tejidos y tinturas, entre otros bienes (Varela y Biset, 1992).

Las parcialidades ubicadas en el suroeste bonaerense contaban con rodeos cuidados y controlados cerca de las tolderías y a los que trataban de poner a salvo ante cualquier amenaza de ataque de los hispanocriollos arreándolos hacia el interior del territorio, a zonas que consideraban seguras. Por ende, en esta área interserrana bonaerense, la movilidad estaba determinada por la necesidad de agua y pastos. La riqueza ganadera de la región mantenía una población relativamente numerosa y alimentaba un activo intercambio que llevó a la consolidación de un vasto circuito comercial que conectaba a la región con el mercado chileno, comercio que se consolidó en el siglo XVIII. Una de las rutas más utilizadas correspondía a la llamada más tarde "rastrillada de los chilenos", con conexión hacia el curso superior del Colorado y del río Neuquén. Estos grupos también mantenían un activo comercio con Buenos Aires y luego con Carmen de Patagones para proveerse de artículos de origen europeo, sumado a la introducción de mercachifles en las tolderías.

Si bien no desconocían la práctica de la agricultura, estas sociedades habrían atravesado un proceso de mayor especialización económica al volcarse a la ganadería comercial, optando por una especialización pastoril. Esta actividad era más rentable al estar vinculada especialmente al mercado chileno, cuya demanda de ganado era constante. Esta posición acerca de las numerosas cabezas de ganado *robadas* destinadas al mercado chileno está siendo revisada en la actualidad, en virtud de que los datos que avalan tal suposición son escasos y en general se han utilizado como uno de los motivos por los cuales era necesario confrontar y eliminar las sociedades indígenas. Es muy posible que la mayor parte del mismo fuera consumido por la misma sociedad indígena. Además, es necesario no interpretar de manera lineal los testimonios. En muchos casos, la apropiación de ganado por parte de los grupos indígenas era de ganado cimarrón o salvaje.

Por otra parte, durante las últimas décadas del siglo XVIII y principios del XIX los grupos de Mamüll Mapu tenían una cercanía con los *campos de castas* (una zona que se extendía en torno a los ángulos nordeste de la actual provincia de La Pampa, noroeste de la de Buenos Aires, y sur de las de Santa Fé y Córdoba). Las castas eran yeguarizos alzados, que se alejaban de las estancias bonaerenses en busca de las reservas de agua retenidas en los médanos que se extendían en estos campos, donde se reproducían a altísimas tasas. Allí eran fácilmente capturados por los ranqueles, e intercambiados por textiles que entregaban los Pehuenches y Llanistas, y estos textiles a su vez eran trocados en las fronteras de Córdoba, en un comercio sumamente activo (Jiménez y Villar, 2004).

Como sosteníamos previamente, con estos movimientos poblacionales de grupos en disputa, tuvo lugar una gran cantidad de enfrentamientos bélicos, desarrollados entre 1780 y 1840, que alcanzaron escalas importantes y que han sido sintetizados en cuatro grandes ciclos bélicos: en primer lugar, el que enfrentó a los pehuenches y a los huilliches en torno al control de los pasos cordilleranos, las luchas generadas por grupos aliados a realistas o independentistas en el marco de la Guerra de Muerte en Chile (1818-1821), el enfrentamiento entre indios *comarcanos* y sus aliados extracomarcanos contra la vanguardia de Pincheira, y la desarticulación de los boroganos e instalación de Juan Calfucurá en Salinas Grandes (Villar y Jiménez, 2003).

Luego de estos ciclos bélicos, tras la dificultosa pero a la vez exitosa recuperación de los ranqueles tras las campañas militares de Rosas en 1833 (Jiménez y Alioto, 2007) y desaparecidos los grupos de aliados o amigos de Rondeau y Melín (en 1834), de Coihuepán (en 1836), de Pancho Sosa (que falleció accidentalmente en 1836), y del cacique Santiago Llanquelén (que fue degollado por los ranqueles en 1838), se perdían los principales apoyos de Rosas como fuerzas de choque contra quienes quedaban Tierra Adentro.

Sobre principios de la década de 1840, el equilibrio de fuerzas comenzaba a volcarse en favor de los ranqueles, y de Calfucurá -instalado firmemente en Salinas Grandes- y los grupos de indígenas transcordilleranos que venían a estas tierras tras la posibilidad de obtener grandes cantidades de ganados y otros bienes en las estancias bonaerenses. A partir de aquí, los múltiples frentes que debió atender Rosas en medio de la mayor crisis de su régimen (fines de la década de 1830), y la posición estratégica de Salinas como paso a la llanura bonaerense, posicionaron a Calfucurá como interlocutor privilegiado en las negociaciones futuras con Rosas, ahora con capacidad de imponer algunas condiciones.[1]

Más al sur, el liderazgo de Valentín Saygüeque se fue plasmando hacia la década de 1860 en la llamada "Gobernación Indígena de las Manzanas", un proyecto inacabado por controlar los territorios y recursos desde la cuenca de los ríos Limay y Negro hasta el Chubut. Aquí también se osciló entre trabajosas alianzas e intentos de subordinar a otros parientes y jefes que como Inacayal y Foyel, que se mantuvieron más autónomos, y otros como Chingoleo, Guircaleufo, Chagallo, Reuque, Nahuelquir o Ñancucheo (Vezub, 2009).

Comenzaba en la segunda mitad del siglo XIX el período de las "grandes jefaturas" indígenas en la región pampeana y patagónica. No conviene, sin embargo, exagerar la capacidad de acción y el poder de estos líderes, que hicieron considerables esfuerzos diplomáticos que les evitaron enfrentamientos innecesarios, como demuestra la correspondencia de muchos de ellos (ver especialmente Vezub, 2009).

En ese contexto, tras la caída de Rosas, los sucesivos gobiernos entre 1852 y hasta inicios de la década de 1870 procuraron debilitar las alianzas que tejieron líderes como

1 Sobre el surgimiento y condiciones del liderazgo de Calfucurá véase Villar y Jiménez (2011) y de Jong (2009).

Sayhueque, Calfucurá o Mariano Rosas (Vezub, 2009; De Jong, 2009 y Pérez Zavala, 2014), con diferentes grados de éxito según los casos.

La constitución del Estado nacional y las ofensivas sobre territorios indígenas: subalternización y reorganización

En el marco de construcción del Estado nacional, la inserción de Argentina en el mercado capitalista mundial a fines del siglo XIX como productora de productos primarios exigía en medidas crecientes ocupar las tierras bajo control indígena. Pero las autoridades de la época también consideraban necesario desarticular estas sociedades, como forma de desactivar toda posible amenaza a las nuevas actividades económicas que se pretendían desarrollar en sus territorios. La preocupación por parte de sus autoridades de avanzar sobre las tierras ocupadas por grupos indígenas fue un problema central. Así, en agosto de 1867, el Congreso Nacional aprobó la Ley Nº 215, de traslado de la frontera sur hasta los ríos Negro y Neuquén. Sin embargo, las propias dificultades de un Estado en consolidación -con sus intentos por controlar a los Estados provinciales- sumado a la Guerra del Paraguay, demoraron la ejecución de los proyectos, y no fue sino hasta 1875 cuando se encaró una política sistemática de avance sobre estas tierras.

Luego de la Guerra del Paraguay, el traslado de las tropas al sur de la frontera de Córdoba provocó un debilitamiento en la capacidad de negociación de los ranqueles ya desde principios de la década de 1870.[2] A partir de aquí se inician desmembramientos importantes con la pérdida de

2 Sobre la situación de los ranqueles en la segunda mitad del siglo XIX véase Pérez Zavala 2014.

autonomía e instalación en el sur de Córdoba y San Luis de grupos de esta parcialidad (Tamagnini y Pérez Zavala, 2007; Pérez Zavala, 2014).

En agosto de 1875, se aprobó el plan de Adolfo Alsina -por entonces ministro de Guerra y Marina-, para extender más hacia el oeste de la provincia de Buenos Aires la línea de fortines. La ocupación se haría mediante una serie de operaciones militares contra los grupos indígenas que quedaran instalados en dicha zona, mejorando las caballadas del ejército y extendiendo la línea de telégrafo, y cavando una zanja -conocida como la Zanja de Alsina- que impidiera importantes arreos de ganados. Las operaciones militares se concretaron durante los primeros meses de 1876: se levantaron entre estos puntos (Puán, Carhué, Guaminí, Trenque Lauquen e Italó) más de cien fortines, todos ellos dotados de cañones, y con una zanja por delante, de la cual se construyeron alrededor de 374 km (de los 610 km proyectados), y comenzaron una serie de ataques del Ejército nacional a las tierras cercanas a los nuevos puestos, ataques a partir de los cuales se mataron y capturaron integrantes de los grupos de Catriel y Pincén a lo largo de noviembre de 1877. De esta manera, las medidas defensivas planificadas por Alsina, sumadas a las incursiones del Ejército nacional a las tierras adyacentes, que formaban parte del mismo plan, habían comenzado a minar seriamente la capacidad de resistencia indígena.

El plan de ocupación de Alsina -ampliamente divulgado y discutido en la prensa y conocido por los diarios que llegaban a las tolderías indígenas- fue resistido por varios grupos indígenas a través de una serie de malones, mientras que otros contingentes huyeron hacia el sur. Con las presiones de una serie de derrotas, la imposibilidad de conseguir ganado y de obtener campos para hacer pastar los pocos animales que les quedaban, los fantasmas del hambre y la viruela presionaban cada vez más. En este contexto, algunos grupos optaron por entregarse, como los de Juan

José Catriel en mayo de 1877, y los caciques Manuel Grande y Ramón Tripailao, en julio del mismo año, o Ramón Cabral hacia el norte.

Tras la muerte de Alsina a fines de 1877, su sucesor en el Ministerio, Julio Argentino Roca, dio un viraje ofensivo, ordenando un hostigamiento permanente contra los indígenas de Tierra Adentro, conocido como "Campaña al Desierto", que tuvo dos etapas: la primera, que abarcó entre 1878 y 1879 y consiguió desplazar y capturar los grupos ubicados en la provincia de Buenos Aires y hasta el curso medio del río Negro, y una segunda fase, entre 1881 y 1885, ya con Roca como presidente, que perseguiría a los ubicados en los territorios que actualmente comprenden las provincias de Neuquén, Río Negro y Chubut. Desde el curso superior del río Negro, las tropas nacionales avanzaron sobre el territorio que corresponde a la actual provincia de Neuquén y oeste de Río Negro, con las campañas al lago Nahuel Huapi en 1881 y las destinadas al sur del Neuquén en 1882 y 1883 para controlar la cuenca del río Limay y la meseta rionegrina y cortar el escape hacia los pasos cordilleranos. Algunos de los principales líderes capturados con su gente fueron Inacayal y Foyel -que se entregaron en julio de 1884- y Sayhueque, que lo hizo en enero de 1885. La Expedición de los Rifleros de 1885 contribuyó a asegurar el oeste de Chubut para las fuerzas nacionales, mientras que el resto de los territorios del sur (Santa Cruz y Tierra del Fuego) fueron anexados por grupos paramilitares y mercenarios contratados por los estancieros y grandes compañías, perpetrando literales "cacerías de hombres" que se combinaban con misiones salesianas (Casali, 2013).

En este contexto, y a pesar de las escandalizadas denuncias de algunos medios de prensa, una serie de dispositivos concurrieron a exterminar importantes porciones de la población, desarticular los grupos, y asegurar la invisibilización de los sobrevivientes de los diferentes grupos étnicos (no solo en la región pampeana sino en el resto de la recién constituida nación).[3] Los principales fueron:[4] 1) el exterminio físico, no solo en las campañas militares, sino a raíz de las condiciones de hambre, frío, enfermedades y marchas a pie forzadas; 2) la separación de los niños de sus padres, que fue habitual tanto en el marco de las campañas como luego en los campos de concentración; 3) la desestructuración de las redes sociales previas, mediante una serie de mecanismos entre los cuales se destacan el confinamiento en campos de concentración y cárceles, su deportación como mano de obra a las distantes zafras azucarera, yerbatera y algodonera, o su incorporación a la policía, el ejército y la marina, y la afectación de niños y mujeres al servicio doméstico urbano; 4) un discurso desvalorizador de las prácticas culturales de los vencidos, frente a las cuales se subrayó el carácter positivo de las que portarían los inmigrantes extranjeros; 5) un énfasis en el número de las víctimas de "guerra", con el objeto de encubrir la numerosa cantidad de personas fallecidas a causa de enfermedades -en particular la viruela- o por hambre, o por ejecuciones sumarias, ya sea sobre el territorio o en las instituciones donde fueron confinados los sobrevivientes; 6) la supresión de los nombres indígenas y la clasificación de los nativos como argentinos en dos ocasiones de fundamental importancia: al bautizarlos, imponiéndoles un apelativo distinto en sustitución del original (normalmente, por parte de aquellas familias acomodadas que recibían mujeres con destino al servicio doméstico urbano, sobre todo en la Ciudad

3 Por este motivo, algunos autores se han referido a estas como prácticas genocidas (Delrio *et al.*, 2010). Para una discusión sobre la utilización del concepto de genocidio, puede consultarse el debate coordinado por Diana Lenton, con la participación de distintos investigadores del ámbito académico argentino (Lenton, 2011).

4 Resumimos aquí solo algunas de las alternativas señaladas en varios trabajos: acerca de las políticas en general hacia los indígenas de esta región hacia fines del siglo XIX, Villar (1993), Mases (2002), Delrio (2005) y Argeri (2005). Sobre su confinamiento en campos de concentración puede consultarse Pérez (2016). En relación con las memorias de los pueblos indígenas sobre estos procesos véase Ramos (2010).

de Buenos Aires); y en los recuentos censales, considerándolos incluidos dentro la categoría argentino nativo; 7) la expropiación de sus tierras y la denegación sistemática a entregarles otras, como forma de desconocer los liderazgos previos, y a la vez impedir que esta población se asentara en forma concentrada en determinados lugares.

Detrás del discurso del "progreso" y de la Argentina como "granero del mundo" estaban los exterminios, las familias desmembradas, los grupos dispersados, y la construcción de una imagen de *desierto* (despojado de recursos y de personas y -fundamentalmente- "no civilizado"), abierto a la recepción de los "pioneros", preferentemente extranjeros en la visión de la época, que vendrían a trabajar la tierra virgen.

En ese contexto, algunos indígenas lograron reagruparse y solicitar, con cierto éxito, extensiones de tierras, aunque en zonas periféricas y de baja productividad o con difícil acceso a los recursos. Como señalan Briones y Delrio (2001), el otorgamiento de tierras no estuvo necesariamente vinculado con la anterior calidad de indios *amigos* o ex prisioneros de las campañas, sino más bien con la percepción por parte de las autoridades acerca de la posibilidad de su "incorporación a la civilización". De esta forma, luego de una etapa de "largos peregrinajes" entre 1885 y 1900, en que los contingentes liberados procuraron reencontrarse (Delrio, 2005), varias familias obtuvieron tierras ya sea a título personal en forma privada o bien en el marco de colonias pastoriles.[5]

---

5 Por ejemplo la Colonia Pastoril Emilio Mitre (noroeste del Territorio Nacional de La Pampa, donde se radicaron ranqueles), la Colonia Pastoril Los Puelches (suroeste del mismo territorio), Colonia Pastoril Cabral, Colonia Pastoril Nahuel Huapi, Colonia Pastoril Maipu, Colonia Pastoril Barcalá (las cuatro en Neuquén), Colonia Pastoril Sarmiento y Colonia Pastoril General San Martín, Colonia Pastoril Cushamen (las tres en Chubut), Colonia Pastoril Catriel y Colonia Pastoril Valcheta (ambas en Río Negro). Véanse más detalles en Briones y Delrio (2001).

Las limitaciones de estas colonias -que respondían en buena medida a las reticencias por parte de las instituciones estatales de evitar la concentración de población indígena en espacios aún escasamente controlados- dieron por resultado con el paso de los años, el desmembramiento progresivo de estas poblaciones. Pero a lo largo de las primeras décadas del siglo XX, lograron subsistir con una relativa autonomía sin tener que ingresar de manera permanente al mercado de trabajo regional.[6] Aunque no hay trabajos para otros contextos, el de pobladores indígenas de La Pampa (Salomón Tarquini, 2010), que reseñaremos a continuación, permite ver algunas de las estrategias ensayadas por estos.

Allí, dentro y en inmediaciones de las colonias, se combinaron formas de obtención de recursos tales como la cría de lanares y algunos animales domésticos como gallinas y pavos, la recolección de frutos (en particular del piquillín, chañar y algarrobo), y huevos de ñandú o patos, y la caza de avestruces, vizcachas, piches, zorros, "y cualquier carne que viniera", como recuerdan algunos pobladores. Estas actividades se desarrollaban en los *puestos*, es decir, una zona que incluía el espacio doméstico, peridoméstico, y un área para pastaje de animales. El puesto constituía -y constituye hasta la actualidad en la provincia de La Pampa- el espacio de producción y consumo. La cría de chivos permitía obtener carne para consumo propio, leche (para tomar, para mezclar con maíz pisado, para elaborar quesos, y para cuajar como alimento para gallinas y pavos) y para la venta a los *chivateros*. Las ovejas, además de carne, proporcionaban lana, que (hilada y teñida con pigmentos de plantas de la zona) servía para tejer matras, ponchos, fajas y peleros, que eran vendidos a los *mercachifles* o vendedores ambulantes. Por lo general, los textiles eran intercambiados por caballos

6 E incluso alcanzaron un cierto bienestar económico, como el caso de familias puntuales analizadas en Cañuqueo *et al.* (2008) y Abbona (2013). De todos modos, no cabe idealizar las condiciones de esa inserción en un contexto de fuerte control y tensiones con diferentes actores sociales de la región (Pérez, 2016).

o yeguas, que eran utilizados para consumo propio o como animales de trabajo. Por otro lado, la caza de piches, liebres y vizcachas tenía como destino el consumo de carne, pero también la venta de los cueros de estas últimas. Se cazaban además zorros, zorrinos, y sus cueros eran vendidos, así como las plumas de avestruces (cuya carne se consumía). Este ingreso de dinero permitía obtener alimentos como fideos, arroz, harina, sal, azúcar, trigo y maíz, mientras que las verduras y frutas eran sumamente escasas en las dietas de los habitantes de la zona. En los contados casos en que la tierra y la disponibilidad de agua lo permitían, se sembraban zapallos y sandías. Con el dinero obtenido se adquirían también algunas prendas de vestir y calzado, ya sea en los *boliches* (almacenes de ramos generales) o de los vendedores ambulantes que recorrían la zona periódicamente. La caza de avestruces con boleadoras y perros era un ingreso que -en combinación con otras estrategias- permitía la autonomía y evitaba tener que ofrecer su fuerza de trabajo en las ciudades. Seguramente en este sentido pueden ser interpretadas las reiteradas prohibiciones por parte de las autoridades de las *boleadas* de avestruces.

Una segunda opción para obtener dinero era el trabajo asalariado por temporadas, de los cuales el más conocido era la formación de *comparsas* de esquiladores/as. Todos los testimonios coinciden en afirmar que las mujeres esquilaban junto con los hombres, y así, grupos de mujeres, hombres y niños (los más pequeños quedaban al cuidado de sus abuelos en los puestos) recorrían los establecimientos rurales, que funcionaban a la vez como ámbitos de sociabilidad para el encuentro periódico de parientes que integraban diferentes comparsas. Estas comparsas hacían sus recorridos cada seis meses (en marzo y en octubre), y volvían con dinero para adquirir la mercadería que se consumiría durante los meses intermedios.[7] Otras formas de trabajo asalariado estaban constituidas por el trabajo como jornaleros en los establecimientos rurales, o como hacheros, en los obrajes madereros del centro del Territorio, tarea que se desarrollaba en condiciones laborales sumamente peligrosas. Las mujeres eran empleadas (como lavanderas o niñeras) en el servicio doméstico, abandonando los puestos en que habían habitado, ya sea en forma periódica o definitiva, si bien se trataba por lo general de una actividad que se desarrollaba entre los 10 años y el momento del matrimonio. Si se trataba de mujeres casadas, los hijos menores quedaban en los puestos al cuidado de sus abuelos, a un nivel mínimo de subsistencia, como recuerdan varios pobladores.

Hacia mediados del siglo XX el control de las tierras por parte de sus propietarios legales se hizo cada vez más detallado, y se les impidió no solo la permanencia en los puestos que habían habitado durante años, sino el acceso a un recurso estratégico como la leña. Sumado a ello, y como parte de un proceso general de urbanización, buena parte de esta población migró hacia las principales ciudades de las noveles provincias, en porcentajes difíciles de estimar aún, ya que no se cuenta con estudios de caso suficientes (Radovich, 2004 y Salomón Tarquini, 2010).

Serían los jóvenes criados en las ciudades de la región, hijos de migrantes de medios rurales a urbanos, los que en las décadas siguientes comenzarían a conformar distintas organizaciones políticas basadas en una identidad indígena.

---

[7] Estas formas de trabajo asalariado temporales también se verifican entre poblaciones indígenas de norpatagonia, donde además de las comparsas de esquiladores, gran parte de la fuerza de trabajo estacional se destina a la cosecha de frutas (de peras y manzanas en el Alto Valle del Río Negro y Neuquén) especialmente a partir de 1948-1950 (Radovich, 2004).

Luchas y reemergencias desde fines del siglo XX hasta la actualidad

A partir de fines de la década de 1960 surgieron las primeras organizaciones indígenas en la región, de la mano de conflictos territoriales puntuales que los distintos gobiernos desarrollistas administraron de distintas formas en las provincias.[8]

En Neuquén, el "Cursillo para líderes indígenas del Neuquén" realizado en junio de 1970 por sectores de la Iglesia ligados a Jaime De Nevares concluyó con la decisión de los *paisanos* asistentes en la organización de la Confederación Indígena Neuquina (CIN). En 1971 se realizaron en Buenos Aires reuniones preparatorias para el Primer Parlamento Indígena Nacional, "en el que predominarían las voces de las organizaciones de militancia indígena de mayor proyección regional, que para ese momento se hallaban en Buenos Aires (Los Toldos), Capital Federal, Chaco, Formosa y Neuquén" (Lenton, 2015: 133). La coyuntura de la recién creada CIN se vinculó con la aparición de una organización de alcance nacional que contribuyó a la realización de este primer parlamento, la CCIRA: la Comisión Coordinadora de Instituciones Indígenas de la República Argentina, fundada en Buenos Aires en 1970, recuperaba el trabajo de armado de redes que Jerónimo Maliqueo había realizado entre 1953 y 1955, durante su rol como director, en el gobierno peronista, de director de Protección del Aborigen (Lenton, 2015). Así, el Primer Parlamento Nacional

---

8 En Neuquén, el Movimiento Popular Neuquino, fundado en 1961, regularizó a partir de 1964 una parte considerable de tierras, y estableció agrupaciones que pretendían basarse en una estructura ancestral de los mapuche pero desconocía los procesos políticos específicos de las comunidades en cuestión (Lenton, 2015). En La Pampa, la disputa en torno a tierras de Emilio Mitre iniciada en 1965 fue resuelta con el "Operativo Mitre", que pretendió diagnosticar los problemas sanitarios, educativos, territoriales y de infraestructura de la población, y finalizó en un gobierno posterior con la masiva escrituración de los lotes a favor de las poblaciones indígenas (Roca y Abbona, 2013).

Indígena Futa Traun tuvo lugar en abril de 1972 en Neuquén, mientras que el segundo, realizado en Buenos Aires en 1973, no pudo escapar a los intentos de capitalización del justicialismo y a las tensiones internas del PJ, que atravesaron a varios miembros del CCIIRA, que se disolvió poco después de este parlamento.

De este cisma surgió la creación en abril de 1975 de la Asociación Indígena de la República Argentina (AIRA), de la que participaban miembros de comunidades de Neuquén. No obstante, a partir de las presiones de las Fuerzas Armadas y ya especialmente desde fines de 1975 e inicios de 1976, la AIRA sufrió una autodepuración de sus líderes más radicalizados, mientras que en Neuquén se perdieron varios apoyos del CIN (especialmente de miembros de la Iglesia acusados de "subversivos" y "tercermundistas"), y aunque se prosiguió con un perfil bajo, la "causa indígena" quedó relacionada con las luchas de resistencia contra la dictadura y la lucha por los Derechos Humanos (Lenton, 2015: 145-146). Años más tarde, sobre los 2000, surgirá en Neuquén la Confederación Mapuche Neuquina, menos ligada a la Iglesia y al MPN.

En Río Negro, desde mediados de la década de 1980 se constituye por un lado el CAI (Consejo Asesor Indígena) y los Centros Mapuches de ciudades como Bariloche, Ingeniero Jacobaci y El Bolsón. El CAI surgió en 1984, y fue consolidándose en articulación con organizaciones cooperativas, juntas vecinales y luego Centros Mapuches, a partir de una estrategia de lucha que articula con sectores campesinos, sea que se identifiquen o no como indígenas. Por otra parte, en Neuquén se forman también Nehuen Mapu, en 1982, cuyos integrantes contaban con experiencias de actividad sindical, militancia barrial y en partidos políticos.

A principios de los 90, el contexto nacional e internacional resultó más propicio para la visibilización de las demandas indígenas: se desplegó el proceso de transnacionalización en tanto "re-territorialización de prácticas económicas, políticas y culturales, que, reconfigurando el 'orden inter-nacional', resultan en el aumento y la diversificación de los flujos de población, productos, información" (Briones, 2005: 12). Para los indígenas, esto significaba la internacionalización de la retórica de la diversidad como derecho humano y valor positivo, la multiplicación de agencias y arenas relacionadas con gestión de diversidad y la posibilidad de entramar alianzas supra-nacionales entre pueblos indígenas. En ese contexto, la gubernamentalidad neoliberal implicaba una retirada del Estado de los servicios sociales clave, una privatización de estas responsabilidades estatales a través de la tercerización, y una tendencia a autorresponsabilizar a los ciudadanos de su propio futuro (Briones, 2005). En correlación, los contrafestejos de los 500 años de la conquista española de América dieron lugar a la visibilización de numerosas organizaciones surgidas entre la década de 1980 e inicios de la siguiente. En 1993 se constituyó la COM (Coordinadora de Organizaciones Mapuche), integrada por la CIN, la Asociación Newen Mapu y el Centro de Educación Mapuche Norgvbamtuleayiñ. En Chubut surgió la Organización de Comunidades Mapuche Tehuelche 11 de octubre. Desde entonces la cantidad de comunidades y organizaciones que las nuclean ha ido creciendo y se han producido desplazamientos relacionados no solo con la provincialización de las demandas en los años 1990, sino también con rearticulaciones durante los años de gobiernos kirchneristas.

En ese contexto, las demandas se rearticulan en tres tendencias.[9] En primer lugar, se crean instancias de representatividad nacional como la ONPIA (Organización Nacional de Pueblos Indígenas Argentinos), de la que formarán parte la CPMRN (Coordinadora del Parlamento Mapuche de Río Negro). En segundo término, surgen espacios de negociación directa entre dirigentes indígenas y

9 Para un detalle sobre estos últimos años pueden consultarse Valverde (2005), Kropff (2005), Lazzari (2011), Tozzini (2014) y Trentini (2016), entre otros.

organismos multilaterales como el BID (Banco Interamericano de Desarrollo) o el Banco Mundial, sin que medie negociación de agencias estatales. Y en último lugar, surgen prácticas de alianzas de ciertas organizaciones con movimientos sociales, sindicatos, partidos políticos, por ejemplo, en Chubut, donde se unen a organizaciones piqueteras y sindicales, mientras que el CAI se acerca a posiciones más campesinistas, ligadas a Vía Campesina.

A lo largo de este texto, hemos repasado brevemente las políticas de alianzas, resistencia y estrategias por parte de los pueblos indígenas en la región pampeana y nordpatagónica entre los siglos XVIII y la actualidad. Los últimos años han sido testigos de una fuerte reorganización, no exenta de tensiones entre las distintas comunidades y con distintos segmentos de los poderes estatales históricamente construidos a lo largo de estos años.

Bibliografía

ABBONA, Anabela (2013), "El hombre a todo se amolda": territorio y trayectorias de incorporación subordinada de indígenas en La Pampa. El caso de José Gregorio Yankamil, 1900-1980", *Memoria Americana*, Vol. 21, N° 1, pp.11-38.

ARGERI, María E. (2005), *De guerreros a delincuentes: La desarticulación de las jefaturas indígenas y el Poder Judicial. Norpatagonia, 1880-1930.* Madrid, Consejo Superior de Investigaciones Científicas.

BECHIS, Martha (2011) [1984], *Interethnic relations during the Period of Nation-State formation in Chile and Argentina: from Sovereign to Ethnic*, Ann Arbor, MI, University Microfilms International. Disponible en *Corpus. Archivos virtuales de la alteridad americana*, Vol.1 N° 2, julio-diciembre: https://goo.gl/CmIE8l

BERON, Mónica A. (2006), "Relaciones interétnicas e identidad social en el registro arqueológico", Genero y Etnicidad en la Arqueología Sudamericana, Serie Teórica Nº 4, pp. 119-138, Incuapa, FACSO, Olavarría.

BOSCHÍN, Ma. Teresa y LLAMAZARES, Ana María (1986), "La escuela histórico-cultural como factor retardatario del desarrollo científico de la arqueología argentina", *Etnia,* Nº 32, pp. 101-156.

BRIONES, Claudia (ed.) (2005), *Cartografías argentinas: políticas indígenas y formaciones provinciales de alteridad,* Buenos Aires: Antropofagia.

BRIONES, Claudia y DELRIO, Walter (2002), "Patria sí, colonias también. Estrategias diferenciadas de radicación de indígenas en Pampa y Patagonia", en Teruel, Ana; Lacarrieu, Mónica y Jerez, Omar (comps.), *Fronteras, ciudades y Estados,* Córdoba, Alción Editora, pp. 45-78.

CAÑUQUEO, L.; KROPFF, L. y PÉREZ, P. (2008), "Un 'ulmenche' en el territorio patagónico del siglo XX: el caso de Mariano Epulef", en 3ras Jornadas de Historia de la Patagonia, Bariloche, 6 al 8 de noviembre de 2008.

CASALI, Romina (2013), *Conquistando el fin del mundo: la Misión La Candelaria y la salud de la población Selk'nam, Tierra del Fuego, 1895-1931,* Rosario, Prohistoria.

DE JONG, Ingrid (2009), "Armado y desarmado de una confederación: el liderazgo de Calfucurá durante el período de la organización nacional", *Quinto Sol,* Nº 13, pp. 11-45.

DELRIO, Walter (2005), *Memorias de Expropiación. Sometimiento e incorporación indígena en la Patagonia, 1872-1943,* Bernal, Universidad Nacional de Quilmes.

DELRIO, Walter; LENTON, Diana; MUSANTE, Marcelo; NAGY, Mariano; PAPAZIAN, Alexis y PEREZ, Pilar (2010), "Discussing indigenous Genocide in Argentina: Past, Present, and Consequences of Argentinean State Policies toward Native Peoples", *Genocide Studies and Prevention,* Vol. 5 Nº 2, pp. 138-159.

JIMÉNEZ, Juan Francisco; ALIOTO, Sebastián (2007), "*Que ningún desgraciado muera de hambre*: agricultura, reciprocidad y reelaboración de identidades entre los ranqueles en la década de 1840", *Mundo Agrario*, vol. 8, Nº 15, segundo semestre de 2007, disponible en https://goo.gl/ffNWBB.

JIMÉNEZ, Juan Francisco y VILLAR, Daniel (2004), "Intercambio de Castas y Textiles entre los Indígenas de las Pampas y Araucanía (Río de la Plata y Chile, 1770-1806)". *Estudios Trasandinos* N° 10-11, pp. 179-210.

KROPFF, Laura (2005), "Activismo mapuche en Argentina: trayectoria histórica y nuevas propuestas", en *Pueblos indígenas, Estado y democracia*, Buenos Aires, CLACSO, Consejo Latinoamericano de Ciencias Sociales Editorial, disponible en https://goo.gl/UeCXbJ

LAZZARI, Axel (2011), *Autonomy in Apparitions: Phantom Indian, Selves, and Freedom (on the Rankülche in Argentina)*, Ann Arbor, ProQuest Dissertations and Theses.

LAZZARI, Axel y Lenton, Diana (2000), "Etnología y Nación: facetas del concepto de Araucanización", *Avá*, Vol. 1, N° 1, pp.125-140.

LENTON, Diana (2011), "Genocidio y política indigenista: debates sobre la potencia explicativa de una categoría polémica", *Corpus. Archivos virtuales de la alteridad americana*, Vol. 1, Nº 2, dic. 2011, disponible en https://goo.gl/dXeKvC.

LENTON, Diana (2015), "Notas para una recuperación de la memoria de las organizaciones de militancia indígena", *Identidades*, 8, pp. 117-154.

LEÓN SOLÍS, Leonardo (1994), "Guerra y lucha faccional en la Araucanía (1764-1777)" *Proposiciones*, Nº 24, Santiago de Chile, pp. 190-200.

MANDRINI, Raúl J. (1986), "La agricultura de la región pampeana y sus adyacencias (siglos XVIII y XIX)", *Anuario IEHS*, N° 1, pp. 11-43.

MANDRINI, Raúl J. y ORTELLI, Sara (1995), "Repensando los viejos problemas: observaciones sobre la araucanización de las pampas", *RUNA*, Vol. XXII, pp. 135-150.

MASES, Enrique (2002), *Estado y cuestión indígena. El destino final de los indios sometidos en el sur del territorio (1878-1910)*, Buenos Aires, Prometeo Libros/Entrepasados.

PALERMO, Miguel Ángel (1988). "Innovación agropecuaria entre los indígenas pampeano-patagónicos. Génesis y procesos", *Anuario del IEHS*, N° III, pp. 43-90.

PALERMO, Miguel Ángel (1991), "La compleja integración hispano-indígena del sur argentino y chileno durante el período colonial", *América Indígena*, Vol. LI N° 1, pp. 153-192.

PÉREZ, Pilar (2016), *Archivos del silencio. Estados, indígenas y violencia en Patagonia Central, 1878-1941*, Buenos Aires, Prometeo.

PÉREZ ZAVALA, Graciana (2014), *Tratados de paz en las Pampas. Los ranqueles y su devenir político, 1850-1880*, Buenos Aires, ASPHA Ediciones.

PINTO RODRÍGUEZ, Jorge (1996), "Redes indígenas y redes capitalistas. La Araucanía y las Pampas en el siglo XIX", en Bonilla, H. y A. Guerrero Rincón (eds.), *Los pueblos campesinos de las Américas. Etnicidad, Cultura e Historia en el siglo XIX.* Escuela de Historia de la Universidad Industrial de Santander, pp. 144-151.

RADOVICH, J. C. (2004). Procesos migratorios en comunidades mapuches de la Patagonia Argentina, en *II Congreso Internacional de Investigacao e Desenvolvimento Sócio-cultural*, 28 a 30 de octubre de 2004.

RAMOS, Ana Margarita (2010), *Los pliegues del linaje. Memorias y políticas mapuches-tehuelches en contextos de desplazamiento*, Buenos Aires, Eudeba.

RATTO, Silvia (2012) [2004], *Estado, vecinos e indígenas en la conformación del espacio fronterizo: Buenos Aires, 1810-1852*, Tesis doctoral, Disponible en *Corpus*, Vol. 2, N° 2: https://goo.gl/1TepaA.

ROCA, Ignacio y ABBONA, Anabela (2013), "El 'Operativo Mitre': Desarrollismo y pueblos indígenas en la provincia de La Pampa durante la dictadura de Onganía", *Atek Na*, N° 3, pp. 167-207.

SALOMÓN TARQUINI, Claudia (2010), *Largas noches en La Pampa. Itinerarios y resistencias de la población indígena (1878-1976)*, Buenos Aires, Prometeo.

TAMAGNINI, Marcela y PÉREZ ZAVALA, Graciana (2007), "Caminos inversos: indios reducidos y refugiados políticos en la Frontera Sur", en Primeras Jornadas de Historia Social, La Falda, Córdoba, 30 y 31 de mayo y 1 de junio de 2007.

TOZZINI, Alma (2014), *Pudiendo ser mapuche. Reclamos territoriales, procesos identitarios y Estado en Lago Puelo, Provincia de Chubut*, San Carlos de Bariloche, IIDyPCa – Instituto de Investigaciones en Diversidad Cultural y Procesos de Cambio.

TRENTINI, Florencia (2016), "Procesos de construcción de la diferencia cultural en el co-manejo del Parque Nacional Nahuel Huapi", *Rev. Estudios Sociales*, N° 55, enero-marzo, pp. 32-44: https://goo.gl/rM6ClV.

VALVERDE, Sebastián (2005), "La historia de las organizaciones etnopolíticas del pueblo mapuche", *Revista de Historia*, N°10, pp. 167-184.

VARELA, Gladys y BISET, Ana M. (1992), "Los Pehuenche en el mercado colonial", *Revista de Historia*, N° 3, pp.149-157.

VEZUB, Julio (2009), *Valentín Saygüeque y la 'Gobernación Indígena de las Manzanas'. Poder y etnicidad en la patagonia noroccidental (1860-1881)*, Buenos Aires, Prometeo.

VILLAR, Daniel y JIMÉNEZ, Juan Francisco (2000), "Botín, materialización ideológica y guerra en las Pampas, durante la segunda mitad del siglo XVIII. El caso de Llanketruz", *Revista de Indias*, Vol. LX N° 220, pp. 687-707.

VILLAR, Daniel y JIMÉNEZ, Juan Francisco (2003), "La tempestad de la guerra: Conflictos indígenas y circuitos de intercambio. Elementos para una periodización (Araucanía y Pampas, 1780-1840)", en Mandrini, Raúl J. y Paz, Carlos D. (comp.), *Las fronteras hispanocriollas del mundo indígena latinoamericano en los siglos XVIII y XIX. Un estudio comparativo*, Tandil, UNCPBA (IEHS), UNComahue (CEHiR)- UNSur.

VILLAR, Daniel y JIMÉNEZ, Juan Francisco (eds.) (2011), *Amigos, hermanos y parientes. Líderes y liderados en las sociedades indígenas de la Pampa Oriental (S.XIX)*, Bahía Blanca, Centro de Documentación Patagónica, Departamento de Humanidades, Universidad Nacional del Sur.

Circuitos mercantiles y redes relacionales

Una economía regional en el espacio peruano[1]

Circuitos, producción y participación de indígenas y campesinos en los mercados (Córdoba, período colonial)

SONIA TELL

La transición hacia una *formación económica y social de tipo colonial* en los territorios americanos sujetos a dominio español, entendida como aquel proceso que disuelve o subordina formas indígenas preexistentes a relaciones mercantiles (Assadourian, 1981) y cuya arquitectura política reposa en el supuesto de superioridad cultural de los europeos sobre los pueblos originarios de América; las formas en que este orden se reprodujo o contuvo otras maneras –persistentes o nuevas- de conocimiento y organización, otras temporalidades, movimientos, intercambios..., son problemas sobresalientes que plantea la historia del período colonial.

En la perspectiva más estricta de historia económica y social que aquí recuperamos, se retiene el adjetivo de *colonial* para referirse al desarrollo de una economía cuyo objetivo fue hacer de las "Indias" una fuente de renta para la Corona española. Una política tal de *utilidad económica* se encaminó decididamente durante el reinado de Felipe II, desde fines de la década de 1560, cuando se dio impulso a la minería de plata, se aceleró la transferencia del "sistema

1 Agradezco a Silvia Palomeque su atenta revisión de este texto.

productivo europeo" a los Virreinatos de Nueva España y del Perú, y se discutió cómo acrecentar las remesas de metales preciosos a España, por las vías del monopolio comercial y las cargas fiscales (Assadourian, 1994 a y b).

Además de la enorme incidencia que tuvo la entrada del oro y la plata americanos en los flujos de metales preciosos "globales" (Hausberger e Ibarra, 2014), la minería de plata tuvo una gravitación decisiva en la conformación de un vasto *espacio económico* y de un complejo *mercado interno* en el Virreinato peruano. El Cerro Rico de Potosí, "descubierto" en 1545, y la ciudad de Lima (capital del virreinato y único puerto legalmente habilitado para el comercio hasta el siglo XVIII) actuaron como *polos de crecimiento* iniciales.[2] La aglomeración demográfica con su consecuente demanda de medios de subsistencia en ambos casos, la variedad y amplitud de la demanda de medios de producción en Potosí (sobre todo desde la década de 1570 con la introducción del beneficio por azogue y la organización de los flujos de mitayos), estimularon de manera directa o indirecta especializaciones productivas regionales e intercambios en múltiples direcciones, que llegaron a dotar al espacio peruano de un alto grado de "autosuficiencia económica". Con la red inca de caminos como soporte y la circulación de la plata dando cohesión al conjunto antes de ser drenada al exterior, se fue estructurando una red de circulación de productos en el interior del espacio peruano (Assadourian, 1982 [1973], 1979), cuya complejidad y dinamismo llegaron a ser notables en el siglo XVIII (Garavaglia y Marchena, 2005, cap. 3).

En el espacio peruano, la transformación de la producción agraria que acompañó la formación de economías regionales fue precedida y acompañada por la apropiación de tierras –en gran escala-por los invasores españoles

---

2 A lo largo del período colonial irían surgiendo otros: ciudades, minas u otros centros productivos especializados.

devenidos colonos[3] (tierras en parte abandonadas por la catástrofe demográfica pero también liberadas por la *reducción* de las poblaciones indígenas en "pueblos de indios"), y conllevó también el despliegue de mecanismos coactivos indirectos para lograr una circulación estacional de trabajadores a las empresas españolas (Assadourian, 1979).

En los territorios de la Gobernación del Tucumán, tardíamente incorporados al Virreinato del Perú y controlados recién al cabo de 130 años de actividad militar española contra las sociedades indígenas,[4] que progresó desde las tierras bajas hacia las insumisas tierras altas,[5] esta transición tomó características peculiares. Percibida por los españoles como una zona marginal, "pobre" en metales preciosos, distante de los centros de poder virreinal, tomaría sin embargo un lugar estratégico como *camino* al ponerse en marcha el proyecto del oidor Matienzo de comunicar la Audiencia de Charcas y su Cerro Rico de Potosí con España, a través de una cadena de ciudades en el Tucumán y el puerto de Buenos Aires con salida al Atlántico (Lorandi, 1988; Palomeque, 2005 y 2009). En los entornos de las ciudades del Tucumán que jalonaron este camino y en el discontinuo territorio controlado por sus cabildos, desde el siglo XVI se desarrollarían economías regionales cuya inclusión en la geografía mercantil del espacio peruano respondió a la gravitación de la demanda de Potosí y otros centros mineros, así como de

3 Recuperamos de John V. Murra el uso de la palabra "invasión" española en lugar de "conquista".

4 Desde la primera entrada española a la Puna y Valles Calchaquíes alrededor de 1535 hasta la derrota militar de la rebelión en los Valles en 1664.

5 La resistencia de las complejas sociedades indígenas de las tierras altas andinas de la Puna, Quebrada de Humahuaca y Valles Calchaquíes, que antes integraban el Tawantinsuyu, forzaron a las huestes españolas a retraerse y fundar las primeras "ciudades" (aldeas fortificadas) en los piedemontes y tierras bajas de las futuras jurisdicciones de Salta, Santiago del Estero, Tucumán y más tarde Córdoba, donde el control del Tawantinsuyu había sido laxo o nulo como en este último caso. Recién después de varios años de ofensivas militares los españoles lograron derrotar a los pueblos de la Puna y Quebrada de Humahuaca hacia 1590 y a los de Valles Calchaquíes en la década de 1660 (Lorandi, 2000; Palomeque, 2000 y 2009).

los mercados de Chile y la costa sudamericana del Pacífico, Cuyo, Paraguay, Río de la Plata y –en los primeros tiempos– Brasil, mientras pausadamente se desarrolló en su interior la circulación de productos de áreas ecológicas y productivas complementarias (Assadourian y Palomeque, 2010; Palomeque, 2013; Dainotto, 2016). Transitaremos este proceso a partir de una síntesis de las investigaciones sobre Córdoba, quizá la economía regional mejor estudiada desde la circulación mercantil a lo largo del período colonial, recuperando particularmente el papel de los pueblos originarios de la región y de la sociedad campesina.

La formación de una economía regional y su integración en circuitos mercantiles (1573-1610)

Los primeros años de la aldea-fuerte de Córdoba, fundada en 1573 y trasladada a su nueva planta en 1577, de inestable asentamiento español, estuvieron definidos por una economía sin mercado, dominada por transacciones internas y uso de *monedas de la tierra*,[6] sin producción de excedentes. Apenas consolidado ese asentamiento, mientras continuaban con las "entradas a la tierra" para someter a los pueblos nativos y conseguir alimentos,[7] las huestes de españoles devenidos colonos-encomenderos comenzaron a apropiarse de tierras, que pusieron en producción con el trabajo de los indígenas ya sometidos. Entre 1585/90 y

---

6 Especies usadas como moneda con equivalencias fijadas por el Cabildo, a conveniencia de los encomenderos para sus transacciones locales, tales como lana, cabras, caballos, etc. A fines del siglo XVI se generalizó el uso de la vara de lienzo como moneda de la tierra, una vez que se consolidó su producción en obrajes.

7 En estos primeros tiempos, las huestes se autootorgaron muchas encomiendas *por noticia* –esto es, sobre grupos que habitaban territorios fuera del control español, que no habían sido visitados ni censados. Los beneficiarios de estas encomiendas organizaban "entradas a la tierra" para someterlos mediante la fuerza militar (Piana, 1992).

1610/20, Córdoba transitó hacia la formación de una economía regional productora de excedentes exportables (agrícolas, ganaderos y textiles) que se integró en los circuitos mercantiles del emergente mercado interno colonial. A la par, la ciudad asumió el rol de centro de una "red de tráficos mercantiles múltiples", que comunicaba Potosí, Brasil, Cuyo, Chile, Paraguay, Río de la Plata y otras cabeceras de la Gobernación del Tucumán (Garzón Maceda, 1968; Assadourian, 1982 [1968]; Palomeque, 2005).

Potosí y Brasil compartieron el carácter de mercados principales en esta etapa, sin ser todavía uno de ellos dominante. Desde Brasil, vía puerto de Buenos Aires, los mercaderes de Córdoba y sus socios introducían esclavos de origen africano y otros efectos (hierro, acero, aceite, vino, azúcar y ropa) para abastecer la demanda local y para reexportar a Potosí, junto con la producción local de ganado vacuno en pie, sebo y tejidos de lana. En retorno, obtenían plata amonedada, en barras o labrada. A Brasil, además de los pagos en plata, se enviaba la producción local de harina de trigo y de derivados del ganado (sebo, cecina y cueros). Esos *trazos comerciales gruesos* –como los definiera Assadourian- se componían con flujos más pequeños de venta o intercambio de la producción local y redistribución de efectos importados, en la Gobernación del Tucumán, Río de la Plata, Chile y Paraguay (Garzón Maceda, 1968; Assadourian, 1982 [1968]; Piana, 1992; Palomeque, 2005).

La red de agentes que sostenía estos circuitos se configuró a partir de la asociación de encomenderos-comerciantes cordobeses con mercaderes portugueses y altoperuanos, algunos de los cuales incluso llegaron a instalarse en la ciudad. En los siglos XVI y XVII, los encomenderos y mercaderes de Córdoba concentraron el acceso a la plata y obtuvieron altas tasas de ganancia en sus transacciones en moneda metálica en circuitos de larga distancia, mientras conservaban pagos en especies en los tratos locales. El desarrollo de estas relaciones y la circulación de la plata en la región extendieron paulatinamente lo que

Garzón Maceda denominó *economía monetaria*, si bien esta coexistió con la *economía natural* (trueque o intercambios y pagos en especies monetizadas) durante todo el período colonial (Garzón Maceda, 1968). Por la propia lógica de funcionamiento del *sistema de la economía colonial*, que se orientaba al drenaje de la plata fuera de su espacio productor, este sufría una crónica escasez de moneda circulante, que además se concentraba en ciertos lugares (ciudades, centros mineros) y sectores sociales (comerciantes, instituciones eclesiásticas), mientras que el resto de los grupos y espacios tenían escaso o nulo acceso (Assadourian, 1982 [1973]; Assadourian y Palomeque, 2010).

El tránsito hacia una formación económica y social colonial: organización de la producción agraria y explotación del trabajo indígena (siglos XVI y XVII)

La matriz que inicialmente reguló la producción agraria local fue la *encomienda*, al igual que en los espacios de América más tempranamente colonizados.[8] Encomiendas de indios y mercedes de tierras otorgadas por la Corona a los miembros de las huestes en resarcimiento por su inversión en la "conquista" constituyeron el capital inicial de las empresas agrarias y la acumulación de riqueza de las primeras generaciones de encomenderos en la Gobernación del Tucumán.

La apropiación privada de tierras que comenzó con las primeras mercedes dio lugar a posteriores compraventas por un sector social que se fue ampliando desde el grupo

---

8 En Córdoba, la encomienda de indios perduró hasta el siglo XVIII, cuando el gobernador Urizar de Arespacochaga entregó las últimas "encomiendas cortas" y la institución entró en un período de declinación, hasta desaparecer las últimas encomiendas privadas en la década de 1760 (Arcondo, 1992). En otras jurisdicciones de la Gobernación del Tucumán, hubo encomiendas que perduraron hasta 1810.

inicial de vecinos feudatarios, para incluir a otros vecinos (no encomenderos) y "moradores" (residentes que no eran vecinos). La ocupación efectiva de tierras por los colonos, desde 1573 hasta principios del siglo XVIII, progresó desde la ciudad y sus alrededores hacia las sierras cercanas a la ciudad de Córdoba (principalmente el valle de Punilla), la ruta al norte, las riberas de los actuales ríos Primero y Segundo, luego hacia el resto de las sierras, el piedemonte y las riberas de los actuales ríos Tercero y Cuarto (Ferrero y Nicolini, 2002). En este proceso se formaron distintos tipos de unidades productivas: inicialmente "chacaras" y "estancias" convivieron con los pocos pueblos de indios que habían sido reducidos en tierras separadas de las españolas (González Navarro, 2005). Avanzando el siglo XVII, las grandes unidades territoriales se multiplicaron y tuvieron una fuerte participación en los circuitos mercantiles (sobre todo ganaderos). Dentro de ese conjunto, tomaron especial importancia las estancias jesuíticas dependientes del Colegio Máximo de Córdoba, integradas en una geografía de producción y circulación que atravesaba jurisdicciones dentro de la vasta provincia jesuítica del Paraguay (Cushner, 1983).

En paralelo, la encomienda de indios y sus formas de explotación del trabajo indígena se fueron transformando en el curso de los siglos XVI y XVII. La forma inicial que la encomienda tomó en el Tucumán fue la de *encomienda privada de servicio personal*, cuya renta era entregada en trabajo o "servicios personales" a los encomenderos por todos los miembros de la unidad doméstica indígena, bajo un régimen apenas regulado por las Ordenanzas del gobernador Gonzalo de Abreu (1576), que dejaba prácticamente librada la exacción del máximo de tiempo de trabajo excedente a la voluntad y al trato despiadado del encomendero. La producción local de excedentes mercantiles derivó en los primeros tiempos de esta forma de renta: se obtenía mediante la entrega de servicios personales de los indios e indias encomendados en las chacaras, estancias, obrajes textiles, casas urbanas y *trajines* de sus encomenderos (Lorandi, 1988; Palomeque, 2000; Piana, 1992).

Una colonización de estas características produjo severos procesos de desarticulación de las sociedades originarias de la región de Córdoba. Se conjugaron para ello la menor complejidad sociopolítica de estas sociedades en comparación con las andinas,[9] su patrón de asentamiento disperso, el impacto de las epidemias, el pequeño tamaño de las encomiendas, sus frecuentes transferencias de un encomendero a otro (que se hacían a pesar de que la venta de encomiendas estaba prohibida), el "alquiler" de indios entre los encomenderos, la captura de indígenas en las "entradas a la tierra", las *sacas* de indígenas que eran reguladas por el Cabildo español durante las primeras décadas coloniales. Las distintas modalidades de traslado forzado desfavorecían la reproducción familiar y comunitaria en cuanto los hombres eran mayormente destinados a trajines y estancias rurales, mientras que las mujeres quedaban en el servicio doméstico urbano (Assadourian, 1972; Piana, 1992). Las

9 Los grupos que habitaban las sierras centrales de las actuales provincias de Córdoba y San Luis al momento de la invasión española se organizaban en entidades políticas autónomas o semiautónomas (unidades mayores -"aldeas autónomas"- y menores -"segmentos de linajes definidos por residencia"-), no estaban integradas en estructuras políticas centralizadas y tenían una organización basada en dos rangos de liderazgo: un líder principal y uno o más líderes subordinados, con relaciones laxas entre ellos, sustentadas en amistad o parentesco. La subsistencia de estas sociedades de agroalfareros se basaba "en una estrategia de explotación mixta del ambiente, combinando agricultura con caza, pesca y recolección". Entre estos segmentos o aldeas se conformaban alianzas pacíficas, que incluían "juntas" para fiestas, recolección o caza, "el reconocimiento mutuo de derechos de distintos pueblos sobre los mismos recursos o áreas de aprovisionamiento" y uniones temporarias para la guerra, que se habría producido principalmente por el control territorial (Laguens y Bonnin, 2009: 259, 344-345, 356, 370). Los españoles fundieron estas unidades políticas en dos grupos: "comechingones" y "sanavirones", denominaciones cuyo origen y pertinencia son aún discutidos por los arqueólogos, pero que han sido apropiadas y resignificadas en los últimos años por los pueblos originarios de Córdoba, como parte de su proceso de reetnización y comunalización.

consecuencias disgregadoras de unidades familiares y étnicas de estas prácticas serían creativamente enfrentadas en el marco de nuevos agrupamientos sociales en los pueblos de indios y en la sociedad campesina.

Un principio más firme de intervención de la Corona en toda la Gobernación provino de las Ordenanzas del oidor Francisco de Alfaro (1612), en las que ordenó reducir a los indios de encomienda en pueblos con tierras separadas de las de sus encomenderos,[10] restringir el cobro de tributo a los varones de 18 a 50 años y tasarlo en moneda. No obstante, de su negociación con los encomenderos resultó que se admitiera el pago del tributo en productos o su conmutación por cierto número de días de trabajo (Palomeque, 2000). Asimismo, admitió que los hombres se contrataran voluntariamente como jornaleros, mediante "conciertos de trabajo", a cambio de un salario normado, abriendo una modalidad alternativa de provisión de mano de obra indígena ya no gratuita, aunque sí posiblemente subvaluada (Castro Olañeta, 2010). Así, indios de encomienda, indios conciertos, indios forasteros, esclavos de origen africano (concentrados en las grandes estancias y en la ciudad), mestizos, castas y blancos pobres que se contrataban como trabajadores libres, proveyeron la mano de obra disponible en el período colonial.

En suma, el proceso de colonización española originó "nuevas condiciones objetivas de producción en el interior de la comunidad indígena" (Assadourian, 1972: 92) que alteraron sus patrones de tenencia de la tierra, movilidad y acceso a los recursos, sin suprimirlos necesariamente. La introducción de especies, cultivos, técnicas y ritmos de trabajo europeos fue un vehículo de hispanización, junto con la evangelización. Al principio, bajo la dirección de

10 En el caso de Córdoba la reducción y asignación de tierras se cumplió en pocos casos y, de ellos, hubo muchos que las recibieron recién a fines del siglo XVII (Castro Olañeta, 2015), al cabo de un siglo en que la población indígena había sido diezmada.

"pobleros"[11] en las unidades productivas rurales y de las esposas de los encomenderos en las casas de la ciudad, los indios "sacados" y sirvientes personales eran instruidos en la religión católica y en los saberes y técnicas traídos por sus conquistadores. La hegemonía del conocimiento europeo subordinó, pero no suprimió, toda forma de *conocimiento local*. Aun en un contexto tan adverso como el descripto, sabemos que el trabajo textil urbano –en particular la compleja tarea de "acabado" de las piezas textiles delicadas- implicó un intercambio más complejo, que propició la incorporación de *destrezas* preexistentes de las mujeres indígenas. Este proceso fue más intenso en los espacios domésticos urbanos –en el espacio femenino donde el trabajo de las mujeres indígenas era organizado por las mujeres de los encomenderos- que en las unidades productivas rurales, donde hombres y mujeres trabajaban bajo la supervisión de los pobleros. Al menos en el caso de la producción textil, puede hablarse de un

> reconocimiento y adaptación de las formas de trabajo y habilidades (materias primas, técnicas, formas de organización, etc.) existentes previamente en cada una de esas sociedades [...] y no una implantación total de nuevas formas de producción resultantes del adiestramiento compulsivo impuesto por los grupos dominantes (Borrastero, 2016: 178).

---

11 Los pobleros o sayapayas eran administradores designados por los encomenderos para atender la encomienda cuando se ausentaban; eran intermediarios que organizaban y dirigían el trabajo de los indios. Su presencia en los pueblos de indios fue prohibida en las Ordenanzas de Alfaro debido al trato despiadado que ejercían contra ellos (Castro Olañeta, 2006). En otras unidades de producción, capataces y mayordomos eran los encargados de dirigir el proceso de trabajo y se mantuvieron en todo el período colonial.

Una economía ganadera integrada en el espacio peruano (1610-1810)

El amplio espacio de integración mercantil de las ciudades de la Gobernación del Tucumán y el rol de Córdoba como articuladora de tráficos interregionales se descompondría con las políticas metropolitanas protectoras del monopolio limeño que prohibieron la comunicación de Charcas y sus centros mineros y de la Gobernación del Tucumán con el Atlántico, dejándola como privilegio exclusivo de la Gobernación del Paraguay y Río de La Plata, para garantizar su continuidad y subsanar la "pobreza de la tierra". Por estas medidas, se instaló una aduana seca en Córdoba (1622), se interrumpieron las múltiples vinculaciones e intercambios mercantiles legales de Charcas y el Tucumán con el Atlántico, y tanto Córdoba como el Tucumán quedaron dependiendo de la demanda altoperuana. En Córdoba, simultáneamente, por la competencia de la producción textil de otras regiones en Potosí y el desplome de la población indígena que hizo inviable la continuidad de producciones con intenso uso de mano de obra, desaparecieron las exportaciones de tejidos confeccionados en los obrajes. Los envíos de textiles no reaparecerían hasta la década de 1740, pero ya transformados en una producción doméstica rural (Assadourian, 1978; Punta, 1992; Palomeque, 2005).

En ese contexto, entre 1610 y 1630 Córdoba terminó conformándose como una región especializada en la cría e invernada de mulas y otros ganados destinados principalmente a abastecer la demanda del centro minero potosino primero y luego de los otros centros de demanda localizados en el espacio andino.[12] Hasta 1810 la exportación de mulas hacia los centros mineros estuvo en la base de

12 Las mulas criadas en Córdoba y en las praderas del Litoral y Buenos Aires eran invernadas en Córdoba y exportadas hacia el norte cuando eran animales adultos. Sus principales puntos de destino fueron variando a lo largo del siglo XVII: entre 1630 y 1660 el principal destino fue Potosí seguido por

todas las relaciones mercantiles de Córdoba, porque desde allí provenían los únicos retornos monetarios de la región, que permitían pagar las importaciones de efectos de Castilla o ultramarinos y de productos procedentes de otras regiones del espacio colonial, que hasta 1780 se traían legalmente desde Charcas por intermediación de los comerciantes monopolistas limeños y desde el reglamento de libre comercio en 1778 comenzaron a importarse por Buenos Aires, aunque ya venían entrando productos por ese puerto vía contrabando desde mucho tiempo antes (Arcondo, 1992; Assadourian y Palomeque, 2010).

Los ciclos de la economía regional siguieron de cerca las tendencias de la producción minera de Charcas y las transformaciones de sus mercados consumidores. En Córdoba, a un primer período de "sacas reducidas" y de altos precios cercano a la década de 1620, siguió uno de intenso crecimiento de la cantidad y estabilización de los precios de las mulas exportadas, hasta 1660. Desde entonces hasta 1700, mientras ocurría una retracción paulatina y constante de los precios de las mulas en los centros mineros, se incrementó la cantidad de animales exportados desde Córdoba hasta el momento en que el precio de venta no cubrió los costos y se suspendieron las exportaciones en la década de 1710. Este proceso de retracción del sector exportador regional se revirtió ya avanzada la década de 1740, cuando se inició un nuevo ciclo de alza del comercio de mulas en el que confluyó el aumento de la producción minera andina que reactivó la demanda con el ascenso del precio unitario de las mulas en el mercado minero (Assadourian, 1982 [1968]; Palomeque, 1989; Arcondo, 1992; Punta, 1997; Assadourian y Palomeque, 2003). Posiblemente incidieran

---

Oruro; de 1660 a 1680 fue Oruro seguido de Potosí y Lima, desde 1685 a 1695 pasó a ser Jauja, acompañado por Cusco y Oruro (Assadourian, 1982 [1968]).

también la expansión de los trajines de todo tipo en el espacio peruano y de los repartos de mercancías efectuados por los corregidores andinos, que incluían mulas del Tucumán.

A la vinculación principal con Charcas se sumó la intensificación de las relaciones con otras regiones. Desde 1760 el puerto y la jurisdicción de Buenos Aires se constituyeron en el segundo mercado consumidor de los productos cordobeses: principalmente tejidos de lana y cueros, pero también artesanías de cuero y algunos derivados de la producción agrícola. A partir de la década de 1770 Córdoba también desarrolló un activo tráfico de ganado vacuno en pie hacia Chile, por donde venían las importaciones de efectos regionales procedentes del litoral pacífico. Asimismo, reactivó sus relaciones con la economía paraguaya, que a principios del siglo XIX era el segundo mercado para sus tejidos de lana después de Buenos Aires y el Litoral. Mientras tanto, mantuvo intensos intercambios con otras economías regionales de la Gobernación del Tucumán (Assadourian, 1978; Palomeque, 1989 y 2007; Garavaglia y Wentzel, 1989; Punta, 1997).

Este conjunto de producciones involucraba no solo a las grandes unidades productivas sino también a un nutrido sector de pequeños y medianos productores, que participaban en la cría de mulas y ganado vacuno, la provisión de cueros vacunos, las artesanías de cuero de cabra y los tejidos de lana –estos dos últimos efectos íntegramente producidos en las unidades domésticas rurales- (Tell, 2008).

Durante este ciclo de expansión del sector mercantil, la economía regional logró una balanza comercial equilibrada o positiva. Como dijimos, los retornos monetarios del comercio de mulas y otros ganados permitieron saldar con creces las importaciones de efectos de Castilla[13] y las más modestas de artículos procedentes de otras provincias (vino riojano, aguardiente sanjuanino, algodón catamarqueño) o

13 Paulatinamente se incrementaron los productos del mercado ultramarino introducidos vía Buenos Aires y tendieron a bajar sus precios.

de otras regiones del espacio colonial introducidas a través de Chile (azúcar peruana y añil guatemalteco) o del puerto de Santa Fe (yerba y tabaco paraguayos). Todas ellas se mantuvieron en constante alza, a la par del crecimiento demográfico (Assadourian y Palomeque, 2003).

Las transformaciones del paisaje agrario. Pueblos de indios y campesinos

La primera mitad del siglo XVIII fue, en cierto sentido, un período de transición, al cabo del cual se volvieron más visibles procesos de profunda transformación social que atravesarían todo el período colonial. La población indígena había sido diezmada por el complejo de guerras, epidemias y sobreexplotación laboral en el siglo y medio precedente. Sus sobrevivientes se habían trasladado en gran número a estancias españolas y a la ciudad, o reducido en pueblos de indios, o se habían desprendido de estos agrupamientos para integrarse a una sociedad campesina en pausada formación, donde tejían relaciones personas y grupos empobrecidos o desfavorecidos socialmente, de ascendencia indígena, africana y europea.

Promediando el siglo se revirtió el estancamiento demográfico de las décadas previas y la población de Córdoba comenzó a crecer a ritmo moderado pero constante (Arcondo, 1992). Assadourian planteó como hipótesis que durante la larga crisis del sector mercantil de la primera mitad del siglo XVIII los "grupos subalternos" fueron relativamente beneficiados por el predominio de la economía de subsistencia y por la liberación de tiempo de ocio. En sus palabras, esta "crisis" pudo haber definido "un conjunto de condiciones favorables para la dinámica demográfica de la población indígena y de castas" (Assadourian, 1982 [1968]: 55).

Para entonces, el paisaje agrario se había transformado: hacia 1780, entre las unidades productivas de mayor envergadura se destacaba un conjunto de grandes estancias en la zona serrana (en territorio de los antiguos partidos de Punilla, Calamuchita, sur de Tulumba –hoy departamentos Totoral y Colón- e Ischilín).[14] En todas ellas, en la ciudad y en sus cercanías se concentraba la población esclava. Las unidades de producción medianas sobresalían en las llanuras del este y sur (sobre los actuales ríos Tercero y Cuarto). Las unidades domésticas campesinas se habían convertido en una presencia destacada, incluso predominante en muchas áreas de las sierras. Quienes las integraban ejercían control directo sobre el proceso de producción, cualquiera fuera la situación de sus tierras (generalmente ocupaban tierras sin título y a veces se asentaban en tierras privadas con previo acuerdo de su propietario), su reproducción se basaba en la labor de la familia nuclear o extendida, organizada según una división sexual y etaria del trabajo agrícola, ganadero y artesanal, aunque en momentos críticos de demanda de energía (generalmente al principio y al final del ciclo vital de la familia) era frecuente que incorporaran "agregados" (parientes biológicos o no), formando unidades domésticas más numerosas. No se trataba de un campesinado homogéneo, sino internamente diferenciado. Sus integrantes eran caracterizados en los censos como "indios", "mestizos", "mulatos", "negros" o "pardos", categorías que no necesariamente dan cuenta de sus autoadscripciones y sentidos de membresía, si bien eran habitualmente empleadas por la administración colonial en esa época (Tell, 2008).

14 Muchas de ellas habían pertenecido a la Compañía de Jesús hasta 1767 y entre 1771 y 1775 fueron vendidas por la Junta de Temporalidades, casi sin excepción, a propietarios laicos.

Los pueblos de indios reconocidos eran alrededor de diez y su población fue creciendo a lo largo del siglo.[15] En su mayoría estaban localizados en las sierras y se distinguían por tener derecho de usufructo de tierras comunales concedidas por la Corona y control interno de su distribución y uso. A las condiciones generales favorables para la recuperación demográfica que hemos señalado, en estos pueblos debemos añadir circunstancias y prácticas específicas que contribuyeron a su pervivencia, principalmente su capacidad para integrar foráneos, la consolidación de sus curacas y cabildos y las estrategias de tributación puestas en juego durante la transición de encomiendas vacantes a pueblos "en cabeza de la Corona", que significó comenzar a pagar el tributo directamente a los agentes de la Real Hacienda y reactualizar el *pacto tributario* con la Corona española (Tell y Castro Olañeta, 2016).

Crisis y reacomodamiento. La orientación decisiva hacia el Atlántico (1810-1830)

El ciclo de expansión mercantil iniciado hacia 1740 fue bruscamente interrumpido en la década de 1810 por la ruptura del vínculo colonial, que implicó la disrupción de "la articulación dominante durante más de dos siglos" con Charcas y la desaparición del "principal sector de la economía de exportación", el comercio de mulas, cuya desestructuración tuvo el efecto de una "crisis social de masas", dada la magnitud de los sectores involucrados en la producción y comercialización del ganado mular (Assadourian, 1978: 65). La abrupta desaparición de los retornos monetarios desde los mercados mineros, al combinarse con un continuo

15 Algunos fueron desapareciendo del registro documental oficial en el curso del siglo XVIII, a veces como resultado de su disgregación y otras porque dejaron de ser reconocidos por las autoridades coloniales como pueblos de indios tributarios (Tell y Castro Olañeta, 2016).

incremento de las importaciones de efectos ultramarinos y a pesar de la tendencia a la baja del precio de la mayoría de los productos importados, dio origen a un desequilibrio prolongado de la balanza comercial cordobesa y a una situación de desmonetización severa y aun más dilatada. Estos problemas fueron más acuciantes entre 1810 y 1817, porque al cierre del mercado altoperuano para las mulas y al incremento de las importaciones ultramarinas se sumaron los efectos del cierre del mercado paraguayo y la drástica reducción de la demanda porteña de los textiles, la interrupción de las exportaciones de ganado en pie a Chile entre 1814 y 1817 y los fuertes gastos militares ocasionados por la participación de Córdoba en las guerras de Independencia. Fueron años donde las únicas exportaciones que mantenían su volumen y precios eran los cueros, apenas despuntaba el comercio de lana lavada y aún no aparecían nuevas alternativas de exportación como la cerda. Desde 1818 y hasta el comienzo de la guerra civil en 1829, los problemas económicos continuaron, pero el desequilibrio de la balanza comercial fue mitigado por las exportaciones ganaderas a Chile y la disminución de los gastos militares que trajeron la relativa paz y estabilidad política de los años de gobierno de Juan Bautista Bustos (1821-1829) (Assadourian, 1978; Assadourian y Palomeque, 2003; Palomeque, 2007).

Para Assadourian, "por lo menos hasta 1830 lo decisivo en los cambios y coyuntura de la economía regional proviene de los desbarajustes y reacomodamientos de aquellos elementos que componían el viejo mercado interno colonial" (Assadourian, 1978: 94). Entre 1810 y 1830-1835 puede hablarse de una etapa de contracción mercantil y de reacomodamiento del sector exportador regional, durante la cual las producciones principales de Córdoba corrieron con distinta suerte dependiendo de los mercados consumidores. Desde la perspectiva de las posibilidades de desarrollo de las economías regionales del espacio económico colonial en desestructuración, los cambios que implicó este reacomodamiento no fueron favorables, en la medida que reprodujeron, intensificado, el mecanismo de intercambio de importaciones europeas por plata americana que había permitido el continuo drenaje de metálico durante todo el período colonial, además de propiciar la desarticulación de una serie de relaciones muy importantes desde el punto de vista de la integración de las economías regionales, como las articulaciones mercantiles con el circuito peruano-chileno y con el mercado paraguayo (Assadourian y Palomeque, 2003). Hacia 1830-1835, luego del declive del flujo de ganado en pie hacia Chile por la crisis de las existencias locales de vacuno, se observa un vuelco definitivo del sector exportador provincial hacia el Atlántico, que volverá al sector exportador de Córdoba fuertemente dependiente de los vaivenes de la demanda y de la política arancelaria de Buenos Aires (Assadourian, 1978).

Participación de campesinos y pueblos de indios en el mercado (1750-1810). Circulación y usos del tiempo

El avance de las relaciones mercantiles encontró una gama compleja y diversificada de respuestas entre la población indígena y campesina y no invalidó otras lógicas económicas. Dentro del dinámico mapa de circuitos que hemos trazado, en la segunda mitad del siglo XVIII es posible distinguir dos tipos de flujos de circulación de productos donde intervenían los campesinos y pueblos de indios: los circuitos mercantiles controlados por los mercaderes de campaña y organizados en su beneficio, y las formas de comercio e intercambio directo entre campesinos e indígenas de distintas regiones.

Los primeros se sostuvieron en un numeroso grupo de importantes comerciantes, que no solo estaban asentados en la ciudad, sino que se habían organizado para llegar con sus redes a todos los rincones de la campaña. Creemos que la mayor parte de los efectos con demanda mercantil producidos por los campesinos fue captada por esta red de acopiadores. Entre los circuitos que ellos dominaban, uno de los más tempranos consistió en la compra de las mulas de un año criadas por campesinos y por dependientes libres de las grandes explotaciones, por parte de los grandes invernadores y comerciantes que controlaban el tráfico de mulas a las tabladas de Salta y Jujuy, desde donde eran redistribuidas a los mercados andinos (Assadourian, 1978). Este circuito se organizó en el siglo XVII y persistió hasta la desestructuración de este tráfico.[16]

En la segunda mitad del siglo XVIII, iniciado el ciclo de expansión y diversificación de las exportaciones regionales y con el aumento de las importaciones de efectos de Castilla, los grandes comerciantes de la ciudad y los mercaderes de campaña que les compraban a crédito desarrollaron un mecanismo eficaz de extracción de los excedentes de producción campesina, que consistió en abastecer a las unidades domésticas –a través del intercambio no equivalente, acompañado o no de endeudamiento- de los escasos efectos necesarios para la producción, la alimentación o el consumo individual de sus integrantes, que estas unidades no producían y debían conseguir en el mercado.[17]

Por su semejanza con el reparto de mercancías tal como se practicaba en el Perú y Charcas, tanto en la forma y en "la no equivalencia del intercambio" como en la existencia de un marco legal que permitía la actuación de las autoridades judiciales para ejecutar las deudas, este sistema fue calificado por el deán Gregorio Funes como "otro reparto peruano: no tan campanudo en el nombre, pero sí tan desolador en sus efectos". El mecanismo consistía en

---

16 Según Assadourian (1970) en las fuentes de fines del siglo XVII abundan las constancias de ventas menudas hechas por indios y referencias de que en las grandes estancias se permitía a mayordomos y peones tener su propia manada.

17 De hecho, entre las provincias del Tucumán y Cuyo, Córdoba era una de las jurisdicciones con más alto nivel de consumo de importaciones per cápita, junto con Mendoza y Salta (Palomeque, 1989 y 2007).

anticipar a las tejedoras efectos importados a precios sobrevaluados a cambio de un número de piezas de lana que esas artesanas debían entregar en un determinado plazo y por las cuales el comerciante les pagaba un precio mucho menor del que luego obtenía de su venta en el mercado. De este modo, los comerciantes obtenían una alta tasa de ganancia al término del negocio, que a principios del siglo XIX podía llegar al 62% (Assadourian, 1978: 80).

Los efectos adelantados a las tejedoras consistían en telas europeas de alta calidad, cintas y adornos, insumos para la producción como alumbre y grana y otros artículos de consumo como tabaco, yerba y azúcar. Los expedientes judiciales donde aparecen las mujeres "empeñando" los ponchos de lana que ellas mismas confeccionaban por polleras de bayeta de Castilla, mantas de bayetilla negra con cintas, varas de ruan, piezas de Bretaña..., permiten advertir el interés de las mujeres por acceder a este tipo de textiles importados y el hecho de que en estas compras no mediaba la moneda sino una forma de intercambio no equivalente por tejidos domésticos.[18] Seguramente en las unidades domésticas el circulante –si acaso lo había- estaba en manos de los hombres, y las mujeres no disponían de efectivo para comprar efectos personales o de consumo familiar, característica que, precisamente, debió hacer efectivo este tipo de intercambio (Tell, 2008).

Esta forma de endeudamiento permitió a los mercaderes, entre 1750 y 1810, abastecer el incremento constante de la demanda mercantil de tejidos de lana de Buenos Aires, el Litoral y Paraguay. Considerando que a medida que aumentaban los volúmenes exportados los precios de mercado fueron bajando (según indican los aforos fiscales), se estima que estas exportaciones se realizaron a costa de

---

18 El radio de acción de los mercaderes itinerantes de Córdoba llegaba hasta San Luis, donde también recogían tejidos de lana en pago de "efectos cambalachados" (Tell, 2008).

una creciente autoexplotación de las campesinas y una caída de la remuneración de su trabajo (Assadourian, 1978; Punta, 1992).

En su origen, entendemos que este sistema fue organizado por los mercaderes para incentivar la producción doméstica femenina de excedentes de efectos que comenzaron a tener demanda mercantil externa, aunque pensamos que la consolidación y difusión de este tipo de intercambio en la segunda mitad del siglo XVIII también permitió ampliar el consumo y con ello la circulación de mercancías en la zona rural, mediante una suerte de pedagogía del consumo desplegada por los mismos mercaderes itinerantes. El mecanismo terminó de ser perfeccionado por las autoridades provinciales en 1805, mediante la promulgación de una providencia del gobernador Victorino Rodríguez, que daba comisión a los jueces pedáneos para cobrar las deudas contraídas con los comerciantes por adelantos de efectos, si era necesario mediante el embargo de bienes, sin dar lugar a nuevos recursos (Assadourian, 1978; Tell, 2008).

Fuentes más tardías, de 1820-1840, muestran también que una parte de los cueros vacunos eran acopiados por los mercaderes itinerantes en el campo (en este caso no hay indicios de que se utilizara el endeudamiento), mientras que otra era llevada por los propios productores directamente a la ciudad. Posiblemente estas prácticas comenzaran con el auge de las exportaciones de cueros en el siglo anterior (Assadourian, 1978; Tell, 2008).

De manera paralela e independiente a las formas de participación mercantil controladas por los mercaderes, los campesinos y tributarios desarrollaron formas de comercio e intercambio de corta y media distancia. Entre ellas se cuentan la venta de alimentos al menudeo en las cercanías de las rutas y "postas" y el abastecimiento del mercado de la ciudad de Córdoba por los productores de las "quintas" de los suburbios de la ciudad, que vendían su cosecha en forma directa. En la ciudad también estaban las "regatonas", mujeres que vendían pan y otros productos al por menor en los lugares autorizados a tal fin –como las esquinas de las plazas-, y llegaban también "carreteros", hombres o mujeres procedentes de las llanuras cercanas, que iban con carretas cargadas de efectos y se instalaban en la plaza de la ciudad por varias semanas (Tell, 2008).

Junto al comercio directo realizado dentro de la provincia, existían circuitos de comercio directo e intercambio equivalente que vinculaban a los campesinos de Córdoba con otras jurisdicciones que tenían recursos complementarios. Reconocemos tres grandes áreas de trajines campesinos e indígenas dentro del Tucumán y Cuyo. La primera integraba las sierras y la zona de Traslasierra en Córdoba con San Juan, Mendoza, San Luis, los Llanos de La Rioja y Catamarca, espacio que pequeños, medianos y grandes productores cordobeses atravesaban llevando ganado vacuno y ovino, artesanías y subproductos ganaderos y retornaban a sus localidades con cortas cargas de aguardiente, efectos de Chile como el azúcar y algunos efectos de Castilla. Estos circuitos con predominio de economías campesinas abastecían el mercado sanjuanino y junto a ellos había otro, originado en la vertiente oriental de las sierras de Córdoba y en Río Cuarto, consistente en tropas de mayor envergadura destinadas a Mendoza y a Chile (Palomeque, 2007; Tell, 2008).

La segunda área vinculaba a los "vallistas" (habitantes del valle y sierra de Catamarca) con los tributarios de los pueblos de indios y campesinos de las sierras del noroeste de Córdoba. Estos llevaban a Catamarca vellones o tejidos de lana que intercambiaban por cargas de algodón. El comerciante era un productor o estaba directamente vinculado con los productores y el intercambio se regía por dos sistemas paralelos: los valores de mercado y una equivalencia oscilante entre la cantidad de lana y la de algodón (en 1806 era un vellón de lana a cambio de cuatro libras de algodón) (Tell, 2008).

En el comercio con Catamarca fue muy importante el papel de los pueblos de indios, en particular los de Nono, Pichana y Quilino, que eran frecuentemente denunciados por traficar ganado con los vallistas. Las familias de Pichana y Quilino establecidas en los parajes ubicados en la "puerta de la travesía" a Catamarca se dedicaban a criar algunas cabezas de ganado y cumplían la estratégica tarea de abastecer a los viajeros que transitaban esa ruta con víveres, ganado y agua de manantiales que mantenían libre de salitre mediante su trabajo de "desaguado" (Tell, 2008). Estos y otros pueblos de indios tenían una profunda historia colonial de movimientos y relocalizaciones forzadas y mantenían conexiones –posiblemente desde el período prehispánico- que trascendían las fronteras coloniales para formar nodos de movilidad entre Córdoba, La Rioja, Catamarca y Santiago del Estero (Ferrero, 2017).

La tercera área que relacionaba a los "labradores y demás gente de la campaña" de las llanuras de Córdoba con Santa Fe, donde los primeros intercambiaban productos agrícolas (caña, trigo y maíz) y extractivos (la sal obtenida en las salinas del noroeste y la cal extraída en las zonas cercanas a la ciudad de Córdoba) por tabaco y yerba procedentes de Paraguay, que así conseguían a menor precio y sin necesidad de pagar con moneda. A esta circulación de personas con sus cargas de productos se sumaban los caminos que seguían los trabajadores de Córdoba, junto con los de Santiago del Estero, Tucumán y Cuyo, hacia Buenos Aires y el Litoral para trabajar estacionalmente como asalariados y las redes de intercambio con los "indios amigos" en la frontera (Tell, 2008).

Considerando el calendario campesino de actividades, pautado por épocas de más intenso trabajo en arada, siembras, cosechas, recolección, yerra y esquila (entre septiembre y mayo), suponemos que estas actividades de comercio e intercambio directo tuvieron un carácter estacional, coincidente con el final del otoño, época en que aún había pasturas y aguadas en los caminos hacia San Juan y Catamarca.

Todo indica que la unidad doméstica era la responsable de las transacciones, aunque posiblemente en sus trajines los campesinos y tributarios llevaran efectos de parientes, compadres, vecinos o amigos para vender junto con los propios. Además, existía una especialización sexual en estas actividades: mientras que las ventas directas y menudas realizadas en las cercanías de los caminos o en las fiestas correspondían en muchos casos a las mujeres, los circuitos de larga distancia parecen haber sido transitados exclusivamente por los varones (Tell, 2008).

En suma, hubo canales de participación campesina en circuitos de larga distancia controlados por mercaderes rurales, pero no por ello podemos hablar de una participación mercantil inducida únicamente por ese tipo de mecanismos coactivos ni, por consiguiente, de un comportamiento campesino reacio al mercado o a la idea de ganancia.

La perspectiva propuesta por Platt (1987) de enfocar la intervención campesina en el mercado desde la propia lógica de los actores, como un "uso específico del tiempo" subordinado a un "conjunto mayor de estrategias reproductivas", nos resulta muy sugerente para entender la participación de los campesinos y tributarios de Córdoba en los circuitos de intercambio directo y/o equivalente que los relacionaban estacionalmente con productores de otras regiones, e incluso la venta directa de efectos en plazas locales o de otras jurisdicciones. Estas prácticas –que no respondían a las demandas puntuales de mercaderes rurales, sino que eran realizadas con independencia de estos- pueden ser interpretadas como "usos específicos del tiempo", coordinados con otras actividades del ciclo productivo dentro de un calendario anual e integrados en el conjunto más amplio de estrategias reproductivas de las unidades domésticas y comunidades. La existencia de intercambios donde mediaba una unidad de equivalencia fijada por los actores sobre la base de criterios propios, sugiere que no necesariamente la ganancia era la motivación principal, sino que existieron otras como la continuación de relaciones sociales y de intercambio de productos de larga data, que son más notorias en el caso de los pueblos de indios. Aun considerando esa diversidad de motivaciones, entendemos que esas formas de intervención en el mercado permitieron a campesinos e indios tributarios, básicamente, encontrar vías alternativas a la intermediación de los mercaderes de campaña para abastecerse de los productos necesarios para su subsistencia y, en ese sentido, marcan el límite de la subordinación de las unidades domésticas al sector mercantil. Quizá los mercaderes recurrieron al endeudamiento y el apoyo del gobierno para cobrar deudas precisamente para apropiarse de tiempos de trabajo que –de otra manera– se encaminaban de manera independiente al intercambio y al mercado.

Bibliografía

ARCONDO, Aníbal (1992), *El ocaso de una sociedad estamental. Córdoba entre 1700 y 1760*, Córdoba, Dirección General de Publicaciones de la Universidad Nacional de Córdoba.

ASSADOURIAN, Carlos S. (1970), *Conquista, sociedad y crecimiento económico en el espacio colonial argentino*, tesis de Doctorado en Historia inédita, Facultad de Filosofía y Humanidades - Universidad Nacional de Córdoba.

ASSADOURIAN, Carlos S. (1972), "La conquista", en Assadourian, Carlos S.; Beato, Guillermo y Chiaramonte, José Carlos: *Historia Argentina, de la Conquista a la Independencia*, Buenos Aires, Paidós, pp. 21-114.

ASSADOURIAN, Carlos S. (1978), "El sector exportador de una economía regional del interior argentino. Córdoba, 1800-1860 (esquema cuantitativo y formas de producción)", en *Nova Americana* n° 1, Torino, Giulio Einaudi, pp. 57-104.

ASSADOURIAN, Carlos S. (1979), "La producción de la mercancía dinero en la formación del mercado interno colonial: el caso del espacio peruano, siglo XVI", en Florescano, Enrique: *Ensayos sobre el desarrollo económico de México y América Latina (1500-1975)*, México, Fondo de Cultura Económica, pp. 223-292.

ASSADOURIAN, Carlos S. (1981), "El derrumbe de la población indígena y la formación del sistema de la economía colonial (examen de un modelo)", México, El Colegio de México, manuscrito inédito.

ASSADOURIAN, Carlos S. (1982 [1968]), "Economías regionales y mercado interno colonial. El caso de Córdoba en los siglos XVI y XVII", en *El sistema de la economía colonial. El mercado interior. Regiones y espacio económico*, Lima, Instituto de Estudios Peruanos, pp. 18-55.

ASSADOURIAN, Carlos S. (1982 [1973]), "Sobre un elemento de la economía colonial: producción y circulación de mercancías en el interior de un conjunto regional", en *El sistema de la economía colonial. El mercado interior. Regiones y espacio económico*, Lima, Instituto de Estudios Peruanos, pp. 135-221.

ASSADOURIAN, Carlos S. (1994a), *Transiciones hacia el sistema colonial andino*, México, El Colegio de México / Instituto de Estudios Peruanos.

ASSADOURIAN, Carlos S. (1994b), "La economía colonial: la transferencia del sistema productivo europeo en Nueva España y el Perú", en *Anuario del IEHS* n° 9, Tandil, Instituto de Estudios Histórico Sociales – Universidad Nacional del Centro, pp. 19-31.

ASSADOURIAN, Carlos S. y PALOMEQUE, Silvia (2010), "Los circuitos mercantiles del 'interior argentino' y sus transformaciones durante la guerra de la Independencia (1810-1825)", en Bandieri, Susana (coord.), *La Historia económica y los procesos de Independencia en la América Hispana*, Buenos Aires, Asociación Argentina de Historia Económica – Prometeo Libros, pp. 49-69.

BORRASTERO, Lucas (2016), *Las sociedades indígenas y su participación en la economía mercantil durante el período colonial temprano. ¿Un proceso de 'hispanización'? (Córdoba 1573-1620)*, tesis de Licenciatura, Facultad de Filosofía y Humanidades - Universidad Internacional de Córdoba.

CASTRO OLAÑETA, Isabel (2006), *Transformaciones y continuidades de sociedades indígenas bajo el dominio colonial. El caso del "pueblo de indios" de Quilino*, Córdoba, Alción Editora.

CASTRO OLAÑETA, Isabel (2010), "Servicio personal, tributo y conciertos en Córdoba a principios del siglo XVII. La visita del gobernador Luis de Quiñones Osorio y la aplicación de las ordenanzas de Francisco de Alfaro", en *Memoria Americana. Cuadernos de Etnohistoria* vol. 18, n° 1, Buenos Aires, Facultad de Filosofía y Letras - Universidad de Buenos Aires, pp. 101-127.

CASTRO OLAÑETA, Isabel (2015), "Encomiendas, pueblos de indios y tierras. Una revisión de la visita del oidor Luján de Vargas a Córdoba del Tucumán (fines siglo XVII)", en *Revista Estudios del ISHiR* año 5 nº 12, Rosario, Instituto de Investigaciones Socio-históricas Regionales, pp. 82-104.

CUSHNER, Nicholas (1983), *Jesuit Ranches and the Agrarian Development of Colonial Argentina, 1650-1767*, Albany, State University of New York Press.

DAINOTTO, Edgardo (2016), "La audiencia de Buenos Aires del siglo XVII: la respuesta castellana a la presencia de Portugal en el Atlántico (1655-1673)", ponencia presentada en *IX Jornadas de historia Moderna y Contemporánea*, Tucumán, Facultad de Filosofía y Letras - Universidad Nacional de Tucumán.

FERRERO, María Carolina y NICOLINI, Silvina (2002), *Transferencias en la propiedad de tierras rurales durante el ciclo exportador mular del siglo XVII (Córdoba)*, Tesis de Licenciatura, Facultad de Filosofía y Humanidades - Universidad Internacional de Córdoba.

FERRERO, Paula (2018), *Adaptación y resistencia en los pueblos de indios de Córdoba en las últimas décadas coloniales. Estructura interna, tributo y movilidad poblacional*, Buenos Aires, Prometeo Libros, en prensa.

GARAVAGLIA, Juan Carlos y WENTZEL, Claudia (1989), "Un nuevo aporte a la historia del textil colonial: los ponchos frente al mercado porteño", en *Anuario del IEHS* n° 4, Tandil, Instituto de Estudios Histórico Sociales - Universidad Nacional del Centro, pp. 211-241.

GARAVAGLIA, Juan Carlos y MARCHENA, Juan (2005), *América Latina de los orígenes a la Independencia*, Barcelona, Crítica.

GARZÓN MACEDA, Ceferino (1968), *Economía del Tucumán. Economía natural y economía monetaria. Siglos XVI-XVII-XVIII*, Córdoba, Dirección General de Publicaciones de la Universidad Nacional de Córdoba.

GONZÁLEZ NAVARRO, Constanza (2005), *Construcción social del espacio en las sierras y planicies cordobesas (1573-1673)*, tesis de Doctorado en Historia inédita, Facultad de Filosofía y Humanidades - Universidad Nacional de Córdoba.

HAUSBERGER, Bernd e IBARRA, Antonio (coord.) (2014), *Oro y plata en los inicios de la economía global: de las minas a la moneda*, México, El Colegio de México.

LAGUENS, Andrés y BONNIN, Mirta (2009), *Sociedades indígenas de las sierras centrales. Arqueología de Córdoba y San Luis*, Córdoba, Facultad de Filosofía y Humanidades, Universidad Nacional de Córdoba.

LORANDI, Ana María (1988), "El servicio personal como agente de desestructuración del Tucumán colonial", en *Revista Andina* n° 6, Cusco, Centro Bartolomé de las Casas, pp. 135-173.

LORANDI, Ana María (2000), "Las rebeliones indígenas", en TANDETER, Enrique (dir.), *Nueva Historia Argentina* T. II, Buenos Aires, Sudamericana, pp. 189-242.

PALOMEQUE, Silvia (1989), "La circulación mercantil en las provincias del interior argentino entre 1800 y 1810", en *Anuario del IEHS* n° 4, Tandil, Instituto de Estudios Histórico Sociales – Universidad Nacional del Centro, pp. 131-210.

PALOMEQUE, Silvia (2000), "El mundo indígena. Siglos XVI-XVIII", en Tandeter, Enrique (dir.), *Nueva Historia Argentina* T. II, Buenos Aires, Sudamericana, pp. 87-143.

PALOMEQUE, Silvia (2005), "Córdoba colonial, economía y sociedad", conferencia dictada en el Museo San Alberto, Córdoba.

PALOMEQUE, Silvia (2007), "Los circuitos mercantiles de San Juan y de las provincias cuyanas. Las relaciones con los mercados de Chile, del Pacífico y del 'interior argentino' (1800-1810)", en *Anuario del IEHS* nº 21, Tandil, Instituto de Estudios Histórico Sociales – Universidad Nacional del Centro, pp. 255-286.

PALOMEQUE, Silvia (2009), "El Tucumán durante los siglos XVI y XVII. La destrucción de las tierras bajas en aras de la conquista de las tierras altas", en Martini, Yoli *et al.* (comp.), *Las Sociedades de los paisajes áridos y semiáridos del centro oeste argentino*, Río Cuarto, Universidad Nacional de Río Cuarto, pp. 173-206.

PALOMEQUE, Silvia (2013), "Los caminos del sur de Charcas y de la Gobernación del Tucumán durante la expansión inca y la invasión española (siglos XV-XVII)", en Tedeschi Sonia *et al.*, *XIV Encuentro de Historia Regional Comparada. Siglos XVI a Mediados del XIX*, Santa Fe, Ediciones Universidad Nacional del Litoral.

PIANA, Josefina (1992), *Los indígenas de Córdoba bajo el régimen colonial 1570-1620*, Córdoba, Edición de la autora.

PUNTA, Ana Inés (1992), "La producción textil en Córdoba en la segunda mitad del siglo XVIII", en *Cuadernos de Historia Regional* vol. 5, n° 15, Luján, Universidad Nacional de Luján, pp. 47-66.

PUNTA, Ana Inés (1997), *Córdoba borbónica. Persistencias coloniales en tiempo de reformas (1750-1800)*, Córdoba, Dirección General de Publicaciones de la Universidad Nacional de Córdoba.

TELL, Sonia (2008), *Córdoba rural, una sociedad campesina (1750-1850)*, Buenos Aires, Prometeo Libros.

TELL, Sonia y CASTRO OLAÑETA, Isabel (2016), "Los pueblos de indios de Córdoba del Tucumán y el pacto colonial (siglos XVII a XIX)", en *Revista del Museo de Antropología* vol. 9, n° 2, Córdoba, Facultad de Filosofía y Humanidades - Universidad Nacional de Córdoba, pp. 209-220.

Circuitos mercantiles y redes de comerciantes del espacio surandino entre la Colonia y la Independencia

Viviana E. Conti

Tradicionalmente, la historiografía que aborda el siglo XIX acota sus análisis a los límites nacionales de las repúblicas emergentes de la disolución del orden colonial. Ese recorte espacial se sustenta en el supuesto de que la emergencia de países independientes es afín a la formación de fronteras políticas y, por tanto, a partir de los orígenes nacionales se convalidaron procesos políticos y económicos autónomos acordes a las nuevas divisiones políticas. La imposición de estos límites impidió visualizar, de manera concreta, el trajinar en los circuitos mercantiles y las consiguientes vinculaciones de agentes comerciales en mercados y espacios económicos diversos, más allá de las líneas políticas entre países.

La historiografía latinoamericana de los últimos tiempos reconoce dichas limitaciones y, por ende, la necesidad de emprender estudios a microescala que analicen las décadas precedentes y posteriores a la Independencia, observando las estrategias utilizadas por las diferentes regiones, sobre todo aquellas distantes de los grandes puertos, en el desarrollo de su mercado, así como de las opciones, alternativas y posibilidades de cada una de conectarse al mercado mundial. Entendemos que estos estudios deberían contener análisis que incluyeran elementos diacrónicos que observen los contextos anteriores y posteriores al proceso independentista y, al mismo tiempo, elementos sincrónicos que estudien distintos lugares desde una misma perspectiva.

A partir de estas reflexiones, este capítulo propone mostrar que, después de la Independencia y formación de las repúblicas, la frontera entre las provincias del Río de La Plata y la República de Bolivia –incluido su territorio en la costa del océano Pacífico-, lejos de definirse como una línea divisoria entre países, se comportó como un espacio de integración cultural, social y económica, alimentada por interacciones sociales e intercambios mercantiles, que involucraba a personas con relaciones familiares, conformando un espacio con lazos sociales y económicos, circuitos mercantiles que lo articulaban y acorde a las necesidades de las distintas zonas. Esta perspectiva de análisis nos permite arribar a una mejor comprensión del contexto, entendido como un elemento dinámico que interviene en el proceso histórico y que nos habilita a ir más allá de la tradicional ruptura entre período colonial y nacional.

Este estudio se enfoca en el espacio surandino, específicamente en la zona comprendida en el presente por las provincias del norte argentino, Bolivia, norte de Chile y sur de Perú, donde la circulación de bienes, como respuesta a la complementariedad entre distintos ambientes ecológicos, tuvo orígenes prehispánicos y perduró durante los siglos coloniales, adquiriendo nuevas características y gestándose, a la luz del mercado colonial, un espacio económico basado en los intercambios de las producciones locales, que era afín a la práctica andina de tráficos entre ambientes ecológicos. Ese espacio económico mercantil con fuertes lazos sociales sobrevivió a la división territorial decimonónica, con etapas de una marcada circulación de bienes y personas, especialmente en el siglo XIX, cuya continuidad en el tiempo se mantuvo hasta las primeras décadas del siglo XX. Desde entonces se perpetuó como un resabio del mercado colonial, aunque con características más específicas de un espacio social de intercambios campesinos. Solo la presencia de fuerzas de custodia y represión (Gendarmería, Ejército, Carabineros), ya bien entrado el siglo XX, fue delimitando la línea fronteriza, tal como se observa en la actualidad.

Aquí abordaremos el período republicano temprano, para lo cual observaremos los mecanismos de circulación y las redes sociales y mercantiles durante las últimas décadas coloniales, los efectos de la disolución del orden colonial, las continuidades y cambios acaecidos a la luz de nuevos contextos después de la Independencia, la emergencia de circuitos diferentes y el reordenamiento de los vínculos entre los agentes comerciales.[1]

Partimos del supuesto de que los vínculos trazados desde las exportaciones de bienes desde distintas zonas fueron aprovechados para reorganizar redes mercantiles en coyunturas diferentes, como las construidas para acceder al puerto de Cobija a través de las casas comerciales de Potosí o facilitar los pagos en metálico en Valparaíso de los bienes adquiridos, tanto en el puerto chileno como en el boliviano.

Este capítulo es un trabajo de síntesis de nuestra labor investigativa y, como tal, retoma temas ya abordados en trabajos previos. Las fuentes utilizadas son los libros y comprobantes de las aduanas, protocolos notariales, actas de bautismo y matrimonio, juicios y documentación epistolar.

En el lapso de tiempo que analizamos las fuentes aduaneras son homogéneas, pero no contemplan todos los años en análisis. Sin embargo, los datos existentes nos permitieron observar la composición, dirección y magnitud de los flujos en distintas épocas y períodos y analizar algunos años en profundidad, solo en aquellos donde converge, excepcionalmente, la documentación aduanera de todos los archivos. El análisis en profundidad de años aleatorios nos brinda una información minuciosa que nos facilita comprender el entrecruzamiento de las vinculaciones mercantiles entre los diferentes espacios (Conti, 2003 y 2016a).

---

1 Redes sociales incluyen las relaciones de parentesco, étnicas, de paisanaje, de amistad y las destinadas a obtener beneficios comunes. Al interior de estas relaciones, los vínculos familiares constituyen las fuentes primarias de confianza mutua, solidaridad y los principales canales de información.

Las fuentes notariales y judiciales son muy ricas en información y, a la vez, presentan los inconvenientes típicos de esta documentación, sobre todo en lo referente a las relaciones sociales armónicas que suelen traducirse en relaciones mercantiles no protocolarizadas, donde la palabra empeñada adquiere mayor relevancia que el documento escrito. En esos casos deben reemplazarse, en la medida de las posibilidades, por documentación epistolar, en la que suele hallarse información relacionada con la compra y venta de mercancías, convenios respecto a la forma de pago y del crédito, contactos con otros comerciantes que no forman parte de la red, precios de mercado en distintas localidades, forma de transporte, entre otros datos relevantes.

Circuitos mercantiles y redes de comerciantes entre la Colonia y la Independencia

Durante la Colonia, el norte rioplatense -región salto-jujeña- se insertó en el espacio peruano a partir de la provisión de mulas, ganado en pie, excedentes productivos locales y como intermediario de productos variados de las diversas regiones rioplatenses y andinas (Assadourian, 1983). El desarrollo de la minería altoperuana dio impulso a la economía local con una especialización productiva acorde a sus posibilidades y a las oportunidades que las coyunturas le fueron presentando.

En esos tiempos, cada zona poseía su propia especialización productiva dentro del espacio económico, lo que a su vez generaba las vinculaciones mercantiles entre ellas. La articulación de la zona salto-jujeña con el espacio surandino estaba relacionada con la provisión de alimentos e insumos propios y de otras regiones, ya que actuó como zona de tránsito de bienes y productos de diversas regiones y asociada a la exportación de los excedentes productivos y a la importación de bienes no producidos en la zona, para lo cual se forjaron circuitos mercantiles, ya muy afianzados para fines del siglo XVIII y primera década del XIX (Sánchez Albornoz, 1965a y 1965b; Assadourian, 1983; Palomeque, 1989; Mata, 1996). Dichos circuitos estaban surcados por mercaderes de distintas esferas comerciales, arrieros, viajeros y una diversidad de transeúntes.

En el norte rioplatense unas pocas producciones locales animaban el circuito entre el Atlántico y el Pacífico, entre ellos sobresalía la invernada de mulas destinadas a los centros mineros andinos, la producción de vacunos, jabón, sebo y algunas manufacturas del cuero, con igual destino, la exportación de cueros, pieles y lana de vicuña enviados al puerto de Buenos Aires y las actividades relacionadas con la crianza ganadera y el transporte de mercancías y de animales. Estas actividades eran relevantes para las economías locales, donde cobraban importancia, además, gracias a su emplazamiento en el camino donde comenzaba la trepada al Altiplano, lo que permitía brindar trabajo a un amplio sector de la población en las tareas relacionadas con la producción-reproducción y servicios, destacándose la conducción de animales (arreos) y de cargas (fletes) (Conti y Sica, 2011).

La ubicación geográfica salto-jujeña, en el corazón de los circuitos entre las pampas y el altiplano, la benefició en el comercio de intermediación de distintos artículos y productos provenientes desde diversas regiones americanas y ultramarinas, cuyos mercados de venta se encontraban bien en el Río de La Plata, bien en los mercados andinos y en la costa del Pacífico. El comercio de tránsito desarrolló recursos y servicios y proporcionó ganancias a la región, donde quedaban los excedentes monetarios de la comercialización, las recaudaciones impositivas correspondientes y dividendos por labores acordes al tránsito de bienes y personas.

Desde el puerto de Buenos Aires arribaban a Salta y Jujuy diversos bienes para el consumo dentro de la jurisdicción y, también, para la reexportación hacia otros mercados regionales y centros urbanos y mineros ubicados en el Alto Perú –en especial Potosí- y la costa del océano Pacífico. Los grandes comerciantes locales se dedicaban al comercio de importaciones y exportaciones desde su tienda o actuaban como representantes y comisionistas de otros comerciantes en Buenos Aires, Potosí, Lima o regiones intermedias. Se relacionaban con el mercado mundial a través del puerto atlántico, donde compraban los bienes provenientes del mercado mundial, la yerba del Paraguay y otros productos regionales, que pagaban con el metálico obtenido como retorno por sus exportaciones y reexportaciones hacia Alto y Bajo Perú. Este circuito tuvo un relativo auge con la habilitación del puerto de Buenos Aires, a fines del siglo XVIII, ya que era el circuito por el que viajaba el situado (Palomeque, 1989: 131-210; Tándeter, Milletich y Schmit, 1995 y Milletich, 2000: 225).

El tráfico de bienes dibujó nutridas redes de relaciones que atravesaban las barreras sociales y étnicas para incluir, no solo a los sectores mercantiles (grandes comerciantes, tratantes de ganado), sino también a los dedicados al transporte de mercancías (arrieros) y a un número abundante de pequeños comerciantes (pulperos, almaceneros, minoristas) y campesinos que realizaban sus tradicionales intercambios entre producciones de distintos ambientes ecológicos (Conti, 2017).

Estos circuitos continuaron vinculando el espacio surandino durante el siglo XIX, después del interregno de las guerras de la Independencia, como veremos más adelante. Por tanto, no se trata solo de circuitos coloniales, como se los suele definir, sino que eran circuitos de comercialización y vinculación entre distintas zonas que perduraron en el tiempo, más allá de los cambios y transformaciones que ocasionaron la apertura de nuevos centros comerciales republicanos.

Al estudiar los circuitos mercantiles que articulaban el sur altoperuano y el norte rioplatense, pudimos observar la racionalidad desarrollada por redes de parientes y amigos que vitalizaban la dinámica mercantil tardo-colonial. Así, a modo de ejemplo, reparamos en una red de amigos gestada en los negocios y el paisanaje en Potosí, formada por Domingo Manuel Sánchez de Bustamante, Ángel Antonio de la Bárcena, Josep de Alvarado, Manuel de Tezanos Pinto, José Domingo de Santibáñez y de Félix de Echavarría, todos migrantes de las montañas de Santander, vecinos y con negocios en Potosí y Jujuy a fines del siglo XVIII, quienes al mismo tiempo se desplazaban con distintas actividades entre Buenos Aires y Lima (Conti, 1997; 2008b y 2013).

Domingo Manuel Sánchez de Bustamante había nacido en Cabezón de la Sal, Montañas de Santander,[2] llegó a América en 1752 y se radicó en Potosí, donde estuvo establecido como comerciante de la Villa por más de una década; allí trabó amistad con otro montañés, Ángel Antonio de la Bárcena.[3] Ambos acogieron a jóvenes inmigrantes montañeses que llegaron a Potosí en los años siguientes, conformando un núcleo de amigos/ paisanos/socios en los negocios, cuyas relaciones se fueron fortaleciendo en el plano social y familiar.

En 1768 Sánchez de Bustamante se avecindó en Jujuy, pero continuó con negocios en Potosí.[4] Después de su casamiento con María Tomasa Gonzáles de Araujo y Ortiz de Zárate y su asentamiento definitivo en Jujuy, en la década de 1770, trabajaba como comisionado de Joseph de Endeyza, vecino y comerciante de Potosí, a quien proveía de mulas compradas en Jujuy y con Domingo de Santibáñez, a quien remitía esclavos para la venta en Potosí. Desde 1794 introdujo a su hijo Juan Manuel en sus negocios en Potosí y casó

---

2 Archivo Diocesano de Santander, Santillana del Mar, Libro de Bautizados de la Parroquia de San Martín, del lugar de Cabezón de la Sal, fechas 1717 a 1757, signatura 2864.

3 Archivo General de Indias (AGI), Contratación 5533, N2, R89.

4 Archivo Histórico de Potosí (AHP), PN. 166, 169, 176 y 180, escribano Plácido de Molina, Potosí. En 1800 trabó embargo a través del Consulado de Buenos Aires a Felipe Vizcarra de Mendoza, comerciante de Potosí, por Efectos de Castilla que le adeudaba, AHP, PN. 187, escribano Juan de Acevedo y Calero.

a sus hijas con los amigos/socios/paisanos que conociera durante su estadía en la Villa, Josep de Alvarado, Manuel de Tezanos Pinto y Félix de Echavarría.[5]

Por su parte Ángel Antonio de la Bárcena casó a su hija con José Domingo Santibáñez.[6] Los vínculos se fueron cerrando con lazos de padrinazgo y casamientos endogámicos en las próximas dos generaciones, fortaleciendo la red primaria familiar y consolidando la actividad mercantil común (Conti, 2013).

Josep de Alvarado migró a Potosí, llamado por su hermano Francisco,[7] donde formó parte del grupo de amigos montañeses y armó sus vínculos a partir de la mutua confianza depositada en los paisanos; hacia fines del siglo XVIII, sus lazos mercantiles estaban asentados en la venta de mulas desde Salta a Cuzco, con redes en Tarapacá. En 1780 contrajo matrimonio con Segunda Sánchez de Bustamante, y se estableció en Jujuy (Conti y Gutiérrez, 2009).

---

5 Domingo Manuel Sánchez de Bustamante casó a sus tres hijas mayores con los amigos y paisanos de Potosí: Segunda Sánchez de Bustamante contrajo matrimonio con José Alvarado, Tomasa Martina con Manuel de Tezanos Pinto y Catalina con Félix de Echavarría.

6 Su nombre era José Domingo de Santiváñez González, había nacido en Ruente, valle de Cabuérniga, montañas de Santander; llegó a Buenos Aires aproximadamente hacia 1780, a través de una red migratoria de la que había participado su tío Domingo Santibáñez. De Buenos Aires pasó a Potosí y luego a Jujuy, donde se instaló como comerciante. Contrajo matrimonio en 1786 con María Manuela de la Bárcena, hija de Ángel Antonio de la Bárcena. Desde entonces se radicó como comerciante en Jujuy, propició la emigración de otro hermano, Manuel de Santibáñez Gonzáles, quien contrajo matrimonio en Jujuy con Josefa Guerrero; mientras, el otro hermano, Francisco de Santibáñez Gonzáles, ocupó su puesto en la Villa Imperial. Archivo Histórico Provincial de Cádiz (AHPC), Protocolo 2207, escribano Fernando de la Parra, Testamento de don Domingo de Santibáñez y Mier, soltero, de 78 años de edad (nacido en 1706), vecino de Cádiz y natural de Ruente en el valle de Cabuérniga, montañas y Obispado de Santander, hijo legítimo de Domingo de Santibáñez y Magdalena Mier, donde lista a sus sobrinos y herederos.

7 AHPC, Diversos, Sec. 51, doc. 21 Pasajeros, L. 14, E. 1406 y AGI, Contratación 5458, N3, R. 19.

Manuel de Tezanos Pinto se radicó en Potosí como encargado de los negocios de su tío Joaquín Pinto en Buenos Aires; sus actividades comerciales en la Villa se basaban en la venta de efectos de Castilla ingresados al puerto, aunque incursionó en otro tipo de negocios con sus nuevos amigos, como reventa de yerba mate y sebo con Félix Ventura Echavarría y reventa de esclavos con Domingo de Santibáñez (Conti, 2013). Inferimos que la mayoría de las operaciones mercantiles entre los amigos no estaban protocolarizadas ya que se basaban en el valor de la "palabra" sinónimo de honorabilidad, sustentada en la confianza y respeto a las obligaciones (capital simbólico de las redes) cuyo valor era superior al documento escrito (Conti, 2010).

Esta red de relaciones de amistad generada en la Villa Imperial derivó en diversos emprendimientos mercantiles y propició el fortalecimiento de las relaciones a través de matrimonios y compadrazgos, que fueron ampliando las redes hacia otros sectores de la sociedad (la política local y la producción). Los lazos permitieron agilizar los negocios a través de asociaciones eventuales y también extender las redes sociales con vinculaciones secundarias al interior de las sociedades donde se movían, que incluyeron relaciones familiares y de amistad (Conti, 2008b, 2010 y 2013). Si bien todos establecieron sus familias en Jujuy, no abandonaron sus nexos con Potosí, donde ellos o sus hijos (segunda generación) regresaron después del extenso contexto de guerra de la Independencia que vivió la región.

La coyuntura de guerra de la Independencia en el espacio surandino trastornó la circulación de bienes y personas, lo cual provocó la perturbación de los enlaces de distintas redes de relaciones, ya que la guerra tuvo como escenario bélico a la región entre 1810 y 1825. Estos datos son de interés al momento de observar el funcionamiento mercantil y a los agentes económicos involucrados, pues durante quince años se interrumpió la circulación de bienes y las vinculaciones entre comerciantes. Las excepciones fueron los efímeros lapsos de los triunfos revolucionarios (1813 y

1815), que abrieron las comunicaciones mercantiles, reanudaron los negocios y actuaron a favor de las transacciones, liquidación de cuentas, mercantiles e impulsaron y fomentaron los vínculos sociales, familiares y de amigos (Conti, 2017). Las operaciones mercantiles se cortaron con la derrota de las fuerzas revolucionarias en Sipe-Sipe en 1816, y hasta 1825 no observamos movimientos comerciales con las características precedentes, mientras que los lazos entre los agentes económicos quedaron invisibilizados, aunque, como lo muestra el trabajo de Lofstrom, no se rompieron a causa de la guerra (Lofstrom 2012).

Redes y vinculaciones mercantiles en los inicios republicanos

La paz alcanzada en el espacio surandino a partir de la Independencia del Alto Perú en 1825 propició el regreso a los circuitos comerciales tradicionales y la redefinición de las redes sociales y comerciales previas, con el propósito de una integración mercantil regional necesaria para los desarrollos locales.[8] Veamos algunas consideraciones que pongan en perspectiva estas afirmaciones.

En el norte rioplatense, el sector productivo fue el más perjudicado por los años de guerra que mermaron los stocks ganaderos saqueados por los ejércitos beligerantes, quienes extrajeron animales de montura y ganado para alimento de las tropas durante los quince años de guerra (Lagos y Conti, 2010); de allí que las exportaciones de

---

8 Más allá de los modelos de desarrollo enunciados a lo largo del siglo XX, el concepto de "desarrollo" como "cambio" para mejorar la sociedad (el "bien social") siempre existió y fue variando en el tiempo y en el espacio acorde al contexto histórico. Los desarrollos locales, los entendemos como construcciones histórico-sociales que tienen en cuenta el rol de los actores locales y la capacidad de integrar las iniciativas empresariales a escala local y regional. En este sentido toma relevancia el estudio y observación de las redes de relaciones y las múltiples vinculaciones entre los actores sociales diversos.

ganado fuesen el rubro comercial que más tardó en reactivarse (Conti, 2011 y 2017), aunque una vez recuperado, fue el más perdurable y constante a lo largo del siglo XIX (Conti, 2001 y 2002).

La emergencia republicana presenció un nuevo auge mercantil en Potosí -ciudad codiciada desde la Independencia debido a un eventual resurgimiento minero- que fue erigiéndose en el centro comercial más importante del sur del espacio surandino (Langer, 2003 y Conti, 2008a y 2014), cuyo crecimiento como mercado importador y redistributivo de bienes de ultramar se maximizó con la apertura del puerto boliviano de Lamar al mercado mundial.

Los agentes mercantiles que observáramos en las últimas décadas coloniales reorganizaron sus lazos con comerciantes de Potosí, Chuquisaca, Cobija, afianzando los vínculos entre casas comerciales del sur surandino, de manera directa (instalando filiales) o actuando como intermediarios entre compañías comerciales del sur de Bolivia y de las provincias del interior rioplatenses. Así, los vínculos que se habían urdido antes de las guerras de la Independencia, como los que se fueron forjando por las exportaciones intervinieron en las redes del siglo XIX.

En los inicios republicanos encontramos que ya estaban actuando sociedades salteñas en el Alto Perú, como la formada por los hermanos Ortíz en Potosí (Platt, 1997) o la sociedad Uriburu-Beeche y Cía., formada por los empresarios salteños Dámaso de Uriburu (Lofstrom, 1982) y Gregorio Beeche,[9] con establecimientos en Chuquisaca desde

9 Gregorio Beeche, nacido en Salta, era hijo del dueño de la Imprenta que llevaba su apellido. Contrajo matrimonio con Evarista Arana, miembro de una importante familia de comerciantes de Sucre. Los vínculos sociales y comerciales se ampliaron con el matrimonio de Martín de Tezanos Pinto y Jacoba Beeche y la inclusión de Gregorio a la filial de Valparaíso de la casa Comercial Tezanos Pinto y Cía.

1818 y sucursales en Potosí vinculados al comerciante potosino Francisco de Achával y en Lamar a partir de 1831, donde se forjaron los lazos con José María Artola.[10]

En 1825, Manuel de Tezanos Pinto, a quien viéramos en la Villa Imperial como parte de los amigos/paisanos montañeses, regresó a Potosí, abrió una tienda que puso bajo la dirección de su hijo Martín y otro establecimiento en Chuquisaca, a cargo del yerno Pedro José del Portal, mientras retornó a Jujuy a dirigir la central de la firma Tezanos Pinto y Cía., luego radicada en Lamar en 1831. En los años siguientes, integrantes de la familia formaron una red de filiales ubicadas en puntos geográficos distantes dentro de los circuitos mercantiles, desde Tacna y La Paz hasta Valparaíso, Salta, Jujuy, Potosí y Chuquisaca. La casa comercial de Potosí, dirigida por Martín, se elevó a la categoría de las empresas comerciales mayoristas más importantes de la ciudad (Langer: 2003), vendía a comerciantes de distintas zonas de Bolivia, del norte de Argentina y, por supuesto, realizaba la consignaciones con todas las filiales de la Casa, a través de estrechos lazos con José María Artola en el puerto de Lamar;[11] la sociedad finalizó en 1854 (Conti, 2008b y 2013).

Andrés de Ugarriza, vecino de Salta ubicado entre los comerciantes importadores más relevantes, al igual que su suegro Francisco de Tejada (Conti, 2007), mantenía negocios en Potosí a través de relaciones con comerciantes tales como el potosino Santiago Portuondo y el porteño Joaquín

---

10 José María Artola, comerciante prominente del puerto de Lamar, había nacido en San Sebastián (España) y se radicó en Cobija en 1831. En 1841 compró la casa donde había funcionado la firma de Uriburu-Beeche en Cobija. Archivo Nacional de Chile (ANCH), Siglo XX, Volumen 54, Notarios de Valparaíso, 1840-1841, escribano Victorio Martínez.

11 Los fuertes lazos entre Artola y Tezanos Pinto los podemos observar a través de la permanencia de Jorge de Tezanos Pinto (el menor de los hermanos) como aprendiz y ayudante de Artola en el puerto de Lamar durante 1841, Archivo y Bibliotecas Nacionales de Bolivia (ABNB), Tribunal Nacional de Cuentas (TNC) 9347.

de Achával desde 1826[12] y con Lamar entre 1829 y 1840. Los negocios de Ugarriza habían girado en torno a la compra de efectos de ultramar en Buenos Aires y su venta en Potosí (a Santiago Portuondo con retorno de metálico), la venta de grana santiagueña y la compra de algunos efectos de ultramar a Tomás Garrón, quien era introductor desde Tacna.[13] Sus transacciones incluían la venta de mulas en Potosí, Atacama y Perú. A partir de 1829 sus negocios de efectos de ultramar los efectivizó desde Cobija (puerto de Lamar), convirtiéndose en un pionero de los comerciantes de Salta en privilegiar los lazos tejidos desde el sector exportador. Sus conexiones se extendían hacia la política local, por la amistad con los hermanos Manuel y Victorino Solá, Marcos Zorrilla y Facundo de Zuviría, entre otros, pero a quienes mencionamos debido a su exilio en Bolivia y su actividad en el urdido de nuevos lazos.

En las décadas siguientes, los emigrados salteños y jujeños contaron con el apoyo de los agentes comerciales ya establecidos en Bolivia. Un sector de los comerciantes de Jujuy y Salta, aquellos que formaban parte de las elites locales, tuvo una fuerte presencia en la formación de los gobiernos provinciales, sobre todo a partir de la década de 1820. Se trataba del mismo grupo que, enrolados en las filas de los unitarios, debieron emigrar después del triunfo de Quiroga en 1831 y, posteriormente, luego de la derrota de la Coalición del Norte a comienzos de la década de 1840; los exilados privilegiaron los lugares donde ya poseían vínculos estrechos y posibilidades de continuar con los negocios habituales.

Muchos de los exilados salto-jujeños se radicaron en Bolivia, país con el que tradicionalmente mantenían lazos comerciales, situación que contribuyó a reforzar y estrechar

12 ABNB, TNC.5119, 4779 y 12046. Archivo Histórico de Salta (AHS), PN.294, Carpeta 28, Expediente 80. Escribano Juan José de Palma. Cancelación de cuentas.

13 ABNB, TNC.2298.

aun más las relaciones que los unían. Otro grupo se radicó en Chile, especialmente en Santiago, Valparaíso y Copiapó. Las redes relacionales operaron como contención y solidaridad ante conflictos endógenos y exógenos, no solo en el plano mercantil, sino en diferentes contingencias sociales y avatares políticos. Todos los expatriados mantenían una asidua correspondencia entre ellos y con sus contactos en Jujuy y Salta, a través de la cual actualizaban las noticias acerca de la situación en la Confederación y la marcha de los acontecimientos políticos, además de permitirles arreglar sus transacciones y negocios.

Ejemplo de las redes armadas por exilados es la empresa comercial formada por los intelectuales y abogados Marcos Salomé Zorrilla y Facundo Zuviría,[14] establecida en Chuquisaca desde 1831, en asociación con Guillermo Lamothe, José Frías[15] y con el comerciante potosino, José Santiago Portuondo.[16] Ambos, Zorrilla y Zuviría, mantenían lazos con las autoridades políticas de Bolivia y con comerciantes de Salta, Jujuy, Chuquisaca, Potosí y Lamar. De los múltiples lazos de los emigrados en la década de 1840, seleccionamos, a modo de ejemplo, los negocios de Manuel Solá y su repartida familia (Conti, 2008a), como veremos más adelante.

Con la apertura al comercio mundial del puerto boliviano de Lamar, a fines del año 1827, se modificaron los circuitos comerciales tradicionales y se reordenaron los lazos

---

14 Marcos Salomé Zorrila tenía amistad con Facundo de Zuviría y con otros comerciantes y personajes importantes de Salta y la región, con quienes realizó negocios, entre los que destacamos a Manuel Solá; con todos mantenía correspondencia desde el exilio. Facundo Zuviría y Castellanos, abogado y comerciante de Salta, tenía estrechos lazos con Juan Ignacio Gorriti y José Ignacio Gorriti (también exilado en Bolivia y casado con la hermana de Facundo Zuviría), con Manuel de Tezanos Pinto, con Gregorio Beeche, así como con comerciantes de Salta y de Chuquisaca. Archivo Uriburu (AU) Catálogo IV, Sección "F" y ABNB, TNC.4779 y 5333.

15 Archivo Histórico de la Universidad San Francisco Xavier, Notaría de Dra. Marina Sánchez, Escribano Apolinar Higueras y ABNB, TNC.5333.

16 ABNB, TNC.4779.

entre comerciantes.[17] El papel de los puertos "menores" en la redefinición de los circuitos mercantiles está siendo estudiado para distintos puntos de América del Sur (Rosenblitt, 2014; Mazzeo, 2016). Ese fue el rol que cumplió el puerto boliviano de Lamar en la bahía de Cobija, al reorientar los negocios de importaciones y exportaciones del sur del espacio surandino hacia el Pacífico.

Ubicado en el desierto de Atacama y beneficiado por una legislación aduanera diferencial a la del resto de Bolivia[18] y por un sistema de postas y privilegios, fue por medio siglo el puerto oficial de la República de Bolivia y la conexión de vastas regiones del espacio surandino con el mercado mundial (Conti, 2014). Fue así como, en torno a Lamar se fue desarrollando una extensa red de arrieraje –con base en el oasis de Calama- heredera de la arriería indígena colonial (Sanhueza, 2011: 316-322), que cambió los circuitos tradicionales, encauzando hacia el Pacífico a comerciantes del norte argentino, especialmente de Salta, pero también, a través de las reventas, a agentes comerciales de Tucumán, Catamarca, La Rioja, Jujuy y, eventualmente, Santiago del Estero. En ello influyeron la supresión de los derechos de tránsito de todos los efectos ingresados al puerto de Lamar con destino a provincias argentinas, lo que contrastaba con los derechos de tránsito que se debía pagar en cada provincia de la Confederación Argentina y la inestabilidad en que se encontraban las provincias por las que transitaban las mercancías en el trayecto entre el puerto de Buenos Aires y su destino en el Norte; también contribuyó la Ley de

---

17 El Decreto de Simón Bolívar de diciembre de 1825 habilitó el puerto; sin embargo comenzó a funcionar como puerto de Bolivia en 1827 (Cajías, 1975: 45 y Lofstrom, 1991: 29).

18 ABNB, El Cóndor 1-3-1827. Establece los aranceles que se cobrarían en el Puerto boliviano, acorde a la Ley sancionada por el Congreso Constituyente el 9 de noviembre de 1826 y ratificada por el Poder Ejecutivo Nacional el 27 de febrero de 1827.

Derechos Aduaneros de 1840 que ratificaba que las mercancías que se internasen al puerto con destino a las provincias argentinas eran libres de todo derecho.[19]

Este circuito quedó en desuso durante la guerra entre la Confederación Argentina y la Confederación Peruano-Boliviana (1836-1839).[20] Sin embargo, tomó un nuevo impulso con el regreso a la paz en 1839 y, a lo largo de la década de 1840, se fue incrementando la cantidad de comerciantes procedentes del norte argentino que hacían las compras de mercancías en el puerto de Lamar. Salta se convirtió en el cuarto destino en importancia en el universo de las transacciones mercantiles realizadas en el puerto de Lamar (Conti 2016a). En la Aduana de Salta, para mediados de la década de 1840, las mercancías procedentes del puerto de Lamar representaban el 80% del total de las importaciones de bienes provenientes del mercado mundial (Conti, 2003, 2007, 2014 y 2016b).

Gracias a los Libros de la Aduana de Lamar, pudimos observar el funcionamiento de las redes hacia y desde el puerto boliviano, las vinculaciones comerciales con el norte de la Confederación Argentina, en especial con el sector mercantil de Salta, la redistribución de mercancías por las casas comerciales salteñas y las prácticas desarrolladas por y entre comerciantes.

Quizás debido a su emplazamiento (rodeado por el desierto de Atacama, a tres jornadas del oasis de Calama y con la cordillera de los Andes que lo separaba del interior del continente) el puerto de Lamar tenía una lógica de funcionamiento que exigía que los comerciantes importadores y exportadores se valieran de un intermediario y/o dependiente que vivía en el puerto y se encargaba de retirar las mercancías de la aduana, enfardarlas, colocarlas

---

19 ABNB, Ley de 13 de octubre de 1840, artículo 4, en *Colección Oficial de Leyes*, 1857.

20 Si bien la guerra fue declarada en 1837 (Decreto de Juan Manuel de Rosas), de hecho había dado inicio el año anterior con la invasión de tropas bolivianas al territorio salto-jujeño (Vergara, 1937: 7-8 y Basile, 1993, I: 74).

en recuas de mulas o burros y enviarlas a su destino en las ciudades donde se encontraban emplazadas las casas comerciales (Conti, 2016b).

Así, observamos a un grupo de comisionistas que vivían en el puerto y solo trabajan como intermediarios entre la Aduana de Lamar y las casas comerciales de otros puntos del interior surandino. A lo largo de las décadas de 1830 a 1850, esta labor fue desempeñada por José María Artola y Nicomedes García, a quienes se sumaron Luciano Durandeau desde fines de la década de 1840 y Quijano y Cía. desde 1856.

Además de los mencionados comisionistas, las casas comerciales más relevantes del interior surandino poseían su propio representante/dependiente/apoderado que vivía en el puerto de Lamar y quien estaba encargado de retirar las mercaderías para ellos o sus clientes (Conti, 2016a y 2016b).

También advertimos la presencia de comerciantes independientes con negocios en Bolivia, Argentina y Perú, que se dirigían hasta Cobija ocasionalmente y por su propia cuenta, a fin de comprar mercancías en el puerto de Lamar, para sus casas comerciales o para la reventa al mayoreo.

En la década de 1840 reparamos en la presencia de comerciantes salteños radicados en el puerto de Lamar, que actuaban como representantes de su casa comercial en Salta y como comisionistas para otros comerciantes del norte de la Confederación Argentina. Al mismo tiempo, observamos a mercaderes que iban personalmente a realizar sus negocios para sus propias tiendas y, simultáneamente, actuaban como comisionistas de otros importadores, contrataban los fletes y, en repetidas ocasiones, regresaban al mando de sus arrias y cargamentos a Salta. Un tercer grupo estaba formado por comerciantes mayoristas que encargan las compras a intermediarios especializados en retirar las mercancías de la Aduana de Lamar, entregarlas a los enfardadores y arrieros de Calama, y enviarlas a las casas comerciales de otros puntos del interior surandino (Conti 2016a).

Entre los comerciantes radicados en el puerto boliviano, es destacable la presencia de Manuel Solá –ex gobernador de Salta integrante de la Coalición del Norte-[21], quien llevaba los negocios familiares junto con sus hermanos Victorino –emigrado en Valparaíso- y Fortunato, residente en Salta (Conti 2008a). Cada hermano tenía una función dentro de la compañía familiar; así Manuel estaba encargado de recibir los cargamentos que le enviaba Victorino desde Valparaíso, adquirir otros artículos en el puerto de Lamar, enfardar las mercancías y enviarlas con sus arrieros a la tienda de Salta, donde eran recibidas por Fortunato,[22], quien a su vez giraba los pagos desde Salta a Valparaíso, para que Victorino saldara las cuentas.

Manuel Solá, cuya presencia en el puerto de Lamar está registrada entre 1843 y 1851, también actuó como intermediario y comisionista de comerciantes de Salta que depositaron en él su confianza. Entre sus clientes se encontraban comerciantes de Jujuy: Marcelino Sánchez de Bustamante, y de Salta: Benigno Frías, Fernando López, Silverio Chavarría Atanacio Ojeda y Tomás Arias; en 1845 trabó relación con Juan Gualberto Escalera, Ildefonso Álvarez Navarro y Juan Antonio Segura y desde entonces actuó como su intermediario en el puerto y los fue incorporando a sus vinculaciones mercantiles en Salta. En 1851 abandonó el puerto y sus comisiones pasaron a Artola y Cía. y Luciano Durandeau.

En el segundo grupo, formado por mercaderes que iban personalmente a realizar sus negocios de compra de mercancías al puerto de Lamar, tanto para sí mismos como para

---

21 Después de la derrota de la Coalición del Norte, Manuel Solá se exiló en Bolivia, para lo cual obtuvo la ayuda de los lazos tejidos por Marcos Zorrilla y Facundo Zuviría, quienes le allanaron el ingreso a Bolivia y le recomendaron su radicación en Lamar (Solá, 1926).

22 A lo largo de la década y hasta el regreso de Manuel a Salta –después de Caseros-, Fortunato era ayudado en el transporte de mercancías hasta Salta por los hijos mayores de Manuel (Victorino y Miguel) y por los cuñados de Manuel, Silverio y Eduardo Chavarría (ABNB, TNC 4573). Los jóvenes también trabajaban como conductores de sus arrieros, llevando personalmente los fletes de la familia y amigos desde Lamar a Salta.

otros comerciantes, encontramos una variedad de comerciantes, cuya presencia era más o menos regular. José Teodoro Correa y Natal Castro se encuentran registrados en la aduana de Lamar casi todos los años de la década de 1840 (posteriormente entraron en vinculación con José María Artola); otros comerciantes como Juan Bautista Bernachi, Eduardo Chavarría y Segundo Díaz de Bedoya iban ocasionalmente hasta 1851, luego se relacionaron a través de Artola y/o Durandeau. Es interesante observar los lazos de Gualberto Escalera, comerciante de Salta, y Emilio Palacios de Tucumán, con la casa comercial de Potosí "Hubert y Cía." y de Isidoro Sayus con la casa comercial "Lacaze y Cía." de Chuquisaca, quienes tenían su propio dependiente en el puerto (Conti, 2016b).

El tercer grupo, aquellos que utilizaban como intermediarios a comerciantes del puerto, comprende a la mayoría de los importadores y reexportadores de Salta, Jujuy y Tucumán, quienes a su vez revendían a otros comerciantes. El comerciante asentado en el puerto de Lamar con mayor cantidad de clientes en todo el espacio surandino era, en la década de 1840, José María Artola, quien en 1841 retiraba de la aduana el 44% de las mercancías (Conti, 2016a) y era a quien la mayoría de los comerciantes del norte argentino acudían; en segundo lugar se vinculaban con Nicomedes García. En la década de 1850 las empresas más importantes comenzaron a trabajar con Luciano Durandeau, aunque eran numéricamente inferiores a las que continuaron vinculándose a través de Artola.

Al listar a los comerciantes de la Confederación Argentina que figuraban como clientes de los comisionistas de Lamar en las décadas de 1840 y 1850, observamos la presencia de 40 comerciantes de Salta,[23] 3 de Jujuy[24] y 5 de Tucumán,[25] que mantenían cuentas con Artola, García, Solá, Durandeau, Hubert y Lacaze. En general se trata de los comerciantes que se conectaban con el puerto de Lamar a través de comisionistas y revendían al mayoreo a casas comerciales del Interior argentino; esta salvedad es importante a la hora de observar las reventas realizadas, especialmente en Salta, hacia Jujuy, Tucumán, Catamarca, La Rioja y Santiago del Estero (Conti, 2014 y 2016).

A modo de cierre

Hicimos el ensayo de relacionar circuitos mercantiles y redes de comerciantes del espacio surandino desde los últimos años coloniales y primeras décadas republicanas y observar los cambios y continuidades en circuitos y relaciones, centrándonos en los lazos tejidos entre los comerciantes y reparar en sus prácticas en los circuitos tradicionales y los emergentes de las primeras décadas republicanas.

Los agentes comerciales que actuaron en las últimas décadas coloniales moviéndose con sus negocios entre el Alto Perú y el Río de La Plata continuaron con prácticas similares a nivel personal o a través de sus herederos (hijos, yernos), para lo cual utilizaron los conocimientos sobre mercados, agentes, transportistas, intermediarios y todos los beneficios que brindaban las redes urdidas durante la Colonia; esos conocimientos pasaron como herencia del

---

23 Se trata de grandes comerciantes, la mayoría con casa comercial revendedora, pero también observamos a medianos comerciantes, con establecimientos de venta al público. Representan el 85% de los comerciantes matriculados en Salta (Conti, 2007).

24 Eran los comerciantes más relevantes de Jujuy, Mariano González, José Tello y, en la década de 1850, Luis del Portal junto a Tezanos Pinto y Cía., firma de la que formaba parte.

25 Se trata de Juan Lebas, Agustín de la Vega, Guillermo Hullenger, Francisco Colombres y Emilio Palacios.

negocio familiar, transformándose en un capital simbólico de gran valor en el momento de retomar los vínculos después de la Independencia.

A ellos se sumaron más comerciantes a partir del exilio forzoso producto de las guerras civiles republicanas, quienes aprovecharon los vínculos y extendieron sus lazos entre la comunidad mercantil de sus lugares de arribo y de sus zonas de emigración. La posibilidad de continuar sus actividades mercantiles conectándose con el mercado mundial a través de los puertos del Pacífico, impulsó nuevos negocios que se extendieron hacia el norte de la Confederación Argentina, teniendo como base las casas comerciales de Salta y sus vínculos hacia empresas mercantiles de Tucumán, Jujuy, Catamarca.

En ese contexto, el puerto boliviano de Lamar representó una alternativa viable para sus importaciones, ya sea a través de la compra directa o como puerto intermediario con Valparaíso, desplazando al de Buenos Aires. Cobija se convirtió en el polo de un subcircuito que comprendía el sur de Bolivia, con centro en Potosí y Chuquisaca, extendiéndose hacia el norte de la Confederación Argentina con centro en Salta.

Solo los lazos forjados entre comerciantes brindaron la oportunidad de ingresar en el esquema de funcionamiento del puerto boliviano, relacionarse con sus comisionistas y con las grandes casas comerciales de Potosí.

El panorama que surge del análisis no es el de una línea fronteriza, sino el de una zona dinámica, con fuertes vínculos y relaciones que iban más allá de lo estrictamente económico para involucrar –y crear nuevos- lazos sociales y familiares, que se extendían por el espacio surandino desde Perú hasta Chile, donde la emergencia de las repúblicas decimonónicas no lo fragmentó, sino que lo dinamizó.

Bibliografía

ASSADOURIAN, Carlos Sempat (1983), *El sistema de la economía colonial. El mercado interior, regiones y espacio económico*, México, Nueva Imagen.

BASILE, Clemente (1993), *Una guerra poco conocida*, Jujuy, Editorial de la Universidad Nacional de Jujuy, dos tomos.

CAJÍAS de la Vega, Fernando (1975), *La Provincia de Atacama, 1825-1842*, La Paz.

CHIARAMONTE, José Carlos (1996), "El federalismo argentino en la primera mitad del siglo XIX", en Marcelo Carmagnani (coord.), *Federalismos Latinoamericanos: México/Brasil/Argentina*, México, El Colegio de México-FCE.

CONTI, Viviana (1997), "De las montañas de Santander a los Andes del Sur: migraciones, comercio y elites", *Andes*, 8, Salta, CEPIHA.

CONTI, Viviana (2001), "Salta entre el Atlántico y el Pacífico. Vinculaciones mercantiles y producciones durante el siglo XIX", en Susana Bandieri (coord.), *Cruzando la Cordillera... la frontera argentino-chilena como espacio social*, Neuquén, Universidad Nacional del Comahue.

CONTI, Viviana (2002), "Entre la plata y el salitre. Los mercados del Pacífico para las producciones del Norte argentino (1830-1930)", en Viviana Conti y Marcelo Lagos (comp.), *Una tierra y tres naciones. El litoral salitrero entre 1830 y 1930*, Jujuy, Editorial de la Universidad Nacional de Jujuy.

CONTI, Viviana (2003), "Circuitos mercantiles, medios de pago y estrategias. Salta y Jujuy entre 1820 y 1852", en María Alejandra Irigoin y Roberto Schmit (ed.), *La desintegración de la economía colonial: Comercio y Moneda en el interior del espacio rioplatense (1800-1860)*, Buenos Aires, Editorial Biblos.

CONTI, Viviana (2007), *Articulaciones mercantiles del espacio salto-jujeño durante el período rosista,* en Memoria Académica, La Plata, UNLP, FACE, en línea https://goo.gl/cTuUBK.

CONTI, Viviana (2008a), "Circulación de mercancías y mercaderes por el espacio surandino (1820-1850)", en Teresa Pereira y Adolfo Ibáñez (editores), *La circulación en el mundo andino, 1760-1860,* Santiago de Chile, Fundación Mario Góngora, Alfabeta Impresores.

CONTI, Viviana (2008b), "Una empresa mercantil familiar en el espacio económico surandino. "Tezanos Pinto y Cía. 1794-1854", en Susana Bandieri, Graciela Blanco y Mónica Blanco (coord.), *Las escalas de la Historia Comparada,* Tomo II, Editorial Miño Dávila.

CONTI, Viviana y GUTIÉRREZ, Mirta (2009), "Empresarios de los Andes de la Colonia a la Independencia. Dos estudios de casos de Jujuy", *América Latina en la Historia Económica,* 32, México, Instituto Mora.

CONTI, Viviana (2010), "Familia, redes y negocios en Sudamérica (1790-1850)", en Giovanni Levi (coord.), *Familias, jerarquización y movilidad social,* Murcia, Universidad de Murcia.

CONTI, Viviana (2011), "Circuitos comerciales en la frontera argentino-boliviana durante la temprana república", en *Revista Si Somos Americanos, Revista de Estudios Transfronterizos,* Volumen 11, Nº 1, Iquique (Chile).

CONTI, Viviana y SICA, Gabriela (2011), "Arrieros andinos de la Colonia a la Independencia. El negocio de la arriería en Jujuy", en *Nuevos Mundos Mundo Nuevo,* en línea en https://goo.gl/Owc7c9.

CONTI, Viviana (2013), "Comercio y comerciantes en el espacio surandino de la Colonia a la república. Tezanos Pinto y Cía.", en *Anuario de Estudios Bolivianos, Archivísticos y Bibliográficos,* 19, Sucre, Archivo y Biblioteca Nacionales de Bolivia.

CONTI, Viviana (2014), "El puerto de La Mar en el Pacífico Sur. Vinculaciones con el interior del espacio surandino. Flujos y redes mercantiles 1827-1850", en *Anuario de Estudios Bolivianos, Archivísticos y bibliográficos*, 20, Sucre, Archivo y Biblioteca Nacionales de Bolivia.

CONTI, Viviana (2016a), "Comerciantes, redes y circuitos mercantiles desde el puerto de Cobija al interior del espacio surandino", ponencia presentada en XXV Jornadas de Historia Económica, Mesa 1 Comercio, comercialización y mercados, Asociación Argentina de Historia Económica- Universidad Nacional de Salta, 21-23 de septiembre 2016.

CONTI, Viviana (2016b), "Comerciantes y Redes desde el puerto boliviano de Cobija", en Viviana Conti y Cristina Mazzeo (coord. Dossier), Instituto Riva Agüero, Lima (en proceso de edición).

CONTI, Viviana (2017), "Connections and Circulation in the Southern Andes from Colony to Republic", en Cynthia Radding, Danna Levin Rojo, Susan M. Deeds y Cecilia Sheridan (eds.), *Borderlands of the Iberian World: Environments, Histories,* Cultures (chap. 10), Oxford University Press (en proceso de edición).

HALPERIN DONGHI, Tulio (1985), *Reforma y disolución de los imperios ibéricos, 1750-1850*, Madrid, Alianza.

LAGOS, Marcelo y CONTI, Viviana (2010), *Jujuy de la Revolución de Mayo a nuestros días. 1810-1910-2010*, Jujuy, EdiUNJu.

LANGER, Erick (2003), "Bajo la sombra del Cerro Rico. Redes comerciales y el fracaso del nacionalismo económico en el Potosí del siglo XIX", en *Revista Andina* N° 37, Cuzco, Centro Bartolomé de Las Casas.

LOFSTROM, William (1982), *Dámaso de Uriburu, un empresario minero de principios del siglo XIX en Bolivia*, La Paz, Biblioteca Minera Boliviana.

LOFSTROM, William (1991), *Cobija y el Litoral Boliviano visto por ojos extranjeros. 1825-1880*, La Paz, Editorial Quipus.

LOFSTROM, William (2012), *Redes y estrategias mercantiles; el giro de un comerciante potosino en tiempos de guerra.* Sucre, Tupak Katari.

MATA, Sara (1996), "El crédito mercantil. Salta a fines del siglo XVIII", *Anuario de Estudios Americanos,* LIII- 2 Sevilla, Escuela de Estudios Hispano-Americanos.

MAZZEO, Cristina (2016), "Conflictividad política, unidad económica, Arica y su importancia, durante la Confederación peruano boliviana 1836-1839", Instituto Riva Agüero, Lima (en proceso de edición).

MILLETICH, Vilma (2000,) "El Río de La Plata en la economía colonial", en Enrique Tándeter (dir.), *La sociedad Colonial,* Buenos Aires, Sudamericana, Historia Argentina, tomo II.

PALOMEQUE (1989), "La circulación mercantil en las provincias del Interior, 1800-1810", *Anuario del IEHS* IV, Tandil, Universidad del Centro de la Provincia de Buenos Aires.

PENTLAND, Joseph Barclay (1975), *Informe sobre Bolivia, 1826,* Potosí, reimpresión hecha en la Casa de la Moneda.

PLATT, Tristán (1997), "Historias unidas, memorias escindidas: las empresas mineras de los hermanos Ortiz y la formación de las elites nacionales, en Salta y Potosí, 1800-1880", *Andes* 7, Salta, CEPIHA.

ROSENBLITT, Jaime (2014), "De arrieros a mercaderes. Orígenes de los comerciantes de la región Tacna-Arica, 1776-1794", en *Revista de Indias,* vol. LXXIV, núm. 260, Madrid.

SÁNCHEZ ALBORNOZ, Nicolás (1965a), "La saca de mulas de Salta al Perú. 1778-1808", *Anuario* VIII, (1965): 261-310.

SÁNCHEZ ALBORNOZ, Nicolás (1965b), "La extracción de mulas de Jujuy al Perú. Fuentes, volumen y negociantes", *Estudios de Historia Social,* 1: 107-120.

SANHUEZA, Cecilia (2011), "Atacama y Lípez. Breve historia de una ruta: escenarios históricos, estrategias indígenas y ritualidad andina", en Núñez, Lautaro y Nielsen, Axel (eds.), *En ruta. Arqueología, historia y etnografía del tráfico surandino*, Córdoba, Grupo Encuentro Editor.

SOLA, Manuel (1898), *La Liga del Norte contra Rosas 1839-1849*, Salta, El Comercio.

SOLA, Miguel (1926), *Organización Nacional. Cartas de la emigración*, Buenos Aires, Talleres Gráficos Porter Hnos.

TÁNDETER, Enrique; MILLETICH, Vilma y SCHMIT, Roberto (1995), "Flujos mercantiles en el Potosí colonial tardío", en *Circuitos mercantiles y mercados en Latinoamérica. Siglos XVIII-XI*, comp. Jorge Silva Riquer, Juan Carlos Grosso y Carmen Yuste. México, Instituto de Investigaciones Dr. José María Luis Mora – Instituto de Investigaciones Históricas UNAM.

VERGARA, Miguel Ángel (1937), *La guerra contra el Mariscal Santa Cruz (1834-1839)*, Jujuy, Imprenta del Estado.

Transiciones regionales en los circuitos mercantiles rioplatenses durante la primera mitad del siglo XIX

ROBERTO SCHMIT

Introducción

En las últimas décadas numerosos estudios, sobre todo de enfoque regional, han aportado renovadas explicaciones sobre el conjunto de transformaciones que la crisis del orden colonial abrió durante el siglo XIX en Latinoamérica. De ellos, en una lectura global, resulta evidente que las principales variables que han influido de modo más decisivo en ese proceso han sido de carácter institucional y económico, tanto en los circuitos mercantiles como en sus entramados de relaciones sociales.

Asimismo en los enfoques globales se puede reconocer que hubo una larga transición temporal entre la crisis del orden colonial, la Independencia y la emergencia de las nuevas matrices nacionales. También se reconoce que el impacto de las mutaciones de aquellas novedades no fue homogéneo ni lineal para los distintos países ni tampoco dentro de ellos, por lo cual se afirma crecientemente que emergieron o que incluso se agudizaron las divergencias regionales entre y al interior de los nuevos regímenes de América Latina (Marichal y Llopis, 2009; Gelman, Llopis y Marichal, 2014).

De modo entonces que resulta muy significativo examinar con el mayor detalle posible las características más relevantes en las dinámicas históricas de las diversas regiones hispanoamericanas, así como especialmente dar cuenta de las peculiaridades de los casos, tomando para el análisis las múltiples variables sobre las transformaciones tanto en el corto como en el largo plazo. En ese contexto de examen presentamos en este texto un balance sobre las trayectorias mercantiles regionales del Río de la Plata, desde la crisis del orden colonial hasta mediados del siglo XIX, que nos permitirá visualizar algunos de los factores claves que esbozaron las situaciones poscoloniales.

El punto de partida ineludible: la tradición tardo-colonial

Tomar un punto de partida para comprender las interacciones regionales poscoloniales nos invita necesariamente a considerar el proceso desde los aportes seminales de Carlos Sempat Assadourian, quien nos ha proporcionado una matriz basal y global para explicar los alcances de las interacciones del espacio colonial sudamericano en el Río de la Plata (Assadourian, 1979 y 1982). Aquellos trabajos sin duda marcaron un hito estructural para avanzar en los estudios socio-económicos, a partir de los cuales se propuso un enfoque centrado en el examen de manera integral y articulada de la dinámica del espacio económico interno sudamericano y se postuló que, dentro del mismo, la minería de plata y la actividad de un conjunto regional fueron el motor fundamental de la creación de los consumos y los mercados, que como "polos de arrastre" impactaron en beneficio de un muy amplio conjunto de economías regionales articuladas. De modo entonces que aquel conjunto de economías locales como la rioplatense encontraron mercados abiertos y disponibilidad de plata para sostener y expandir un conjunto de producciones que, con cierta especialización, surgieron dentro del mismo y abastecieron al espacio económico interregional e incluso otro tanto que se exportaba a ultramar.

Asimismo, varios estudios posteriores enriquecieron el esquema del espacio económico expuesto por Assadourian. Al respecto, consideraron que las dinámicas de las actividades interregionales tuvieron mayores grados de autonomía entre la marcha de la minería y del comercio y la producción regional, y reconocieron el creciente peso que tuvieron los consumos urbanos. En igual sentido, comprendieron a los circuitos mercantiles vinculados con sus relaciones sociales al considerar que la circulación de los productos y el entramado de los grupos sociales implicados en los intercambios respondieron a una misma realidad relacionada con las diversas demandas creadas por la circulación mercantil múltiple con el Pacífico y el Atlántico, así como en la concreción de vínculos sociales cambiantes que alcanzaron dimensiones mucho más allá de los circuitos interiores del virreinato rioplatense.

También otros aportes sobre el Río de la Plata nos han mostrado la intensa complejidad interna que desde el siglo XVII sostuvieron las múltiples interacciones reconocibles dentro de la perspectiva regional. Así, por lo menos desde la década de 1620, se desarrollaría una intensa actividad mercantil legal vía Buenos Aires a partir de las licencias de registro autorizadas por la Corona española. Asimismo, en el marco de la ilegalidad, el comercio de esclavos ocuparía crecientemente un lugar esencial en el intercambio comercial que convirtió a Buenos Aires en un puerto esclavista con una importancia creciente. Al respecto de aquellas actividades de comercio ilegal y legal, acertadamente se ha demostrado que resulta artificial intentar distinguir entre un tipo de comercio y el otro, ya fuera por sus mecanismos o por sus circuitos, pues los hombres que los efectuaban y las mercancías que se traficaban, tanto en el comercio clandestino como en el autorizado, formaban parte de un mismo fenómeno y universo social (Moutoukias, 1988).

De manera entonces que, si bien desde temprana época la Corona española prohibía el intercambio comercial entre Buenos Aires y otras naciones, numerosos trabajos han destacado que emergió y creció una intensa comunicación mercantil con el Brasil, así como con los mercados esclavistas de Angola y de Nueva Guinea. De modo que, pese a las prohibiciones, por Buenos Aires ingresó un creciente comercio de esclavos que luego se traficaba hacia el Alto Perú a través de Córdoba, Tucumán y Salta, o bien tomaba la ruta por el oeste hacia Chile pasando por Mendoza. Asimismo, se ha mostrado que los circuitos ilegales de los porteños se sostenían con numerosas naciones europeas, preferentemente con buques provenientes de Holanda, Inglaterra y Francia. En esas relaciones se intercambiaron manufacturas y esclavos fundamentalmente a cambio de plata, pero también en cantidades menores se encontraban, entre otros bienes locales, los cueros, cereales y lanas.

En tanto, ya para el siglo XVIII, y sobre la base de aquellos antecedentes, Jumar ha resaltado la conformación espacial de un complejo mercantil portuario rioplatense. En el mismo, como primer nexo, plantea que el Río de la Plata se erigió y luego se consolidó con las Reformas Borbónicas en el espacio de contacto entre los mercados tanto americanos como ultramarinos. En segundo término, señala que debe considerarse que la población porteña también fue una significativa consumidora de bienes importados. Sobre todo considerando el creciente sector de peninsulares y sus descendientes, cuyas costumbres y modo de vida llevaron aparejada la demanda de manufacturas europeas. También, señala el autor, la región rioplatense fue ocupando un lugar central en los intercambios como productora de bienes agropecuarios con capacidad suficiente como para exportar y ubicar crecientemente sus frutos en los mercados tanto americanos como ultramarinos. Por último, la región fue proveedora de bienes y servicios necesarios para la existencia misma del tráfico del comercio marítimo y terrestre de corta, larga y muy larga distancia.

Entonces, por todo lo señalado, en el Río de la Plata se conjugó la concurrencia de al menos tres circuitos de relaciones fundamentales: en primer lugar, el que ponía en contacto la región con América del Norte, el Caribe, Brasil, África y Europa. En segundo lugar, los circuitos interregionales terrestres y fluviales destinados a introducir en los mercados regionales los bienes importados y exportar algunos bienes locales. El tercero, que conectaba los puertos con el Alto Perú, buscaba abastecer la minería y capturar los metales preciosos (Jumar, 2012). De esta manera, los circuitos mercantiles, tanto desde la mirada más global del espacio económico como desde los entramados interregionales y locales, han quedado formulados para la época tardocolonial con una renovada visión articulada y, al mismo tiempo, con dinámicas complejas sobre las diversas escalas y los tipos de circuitos de bienes y de relaciones sociales que operaban en el Río de la Plata.

Pero, además del análisis de las dinámicas de los circuitos mercantiles, es necesario reconocer que, en los enfoques históricos regionales, también crecientemente toman un lugar significativo los nuevos interrogantes abiertos por las tradiciones político-institucionales que examinan las relaciones mercantiles y sociales dentro de los dispositivos gubernamentales del Antiguo Régimen, identificando como clave la naturaleza jurisdiccional dentro de la monarquía católica hispanoamericana. En ellos, en contraste con los tradicionales postulados por los esquemas absolutistas, centralistas e intervencionistas, se plantea que el orden colonial en América estuvo compuesto y funcionó sobre la base de múltiples prácticas socio-económicas con diversos tipos de márgenes de negociación y cierta autonomía local-regional. De modo que, concomitante con las dinámicas de los circuitos mercantiles y de sus relaciones sociales regionales, es necesario considerar aquellas tradiciones para poder calibrar una comprensión específica sobre la naturaleza y el carácter del entramado de las relaciones del mundo rioplatense.

Siguiendo aquellas nuevas pautas de análisis, la historiografía colonial ha enfatizado que los vínculos socioeconómicos virreinales formaron parte de un imperio administrado por una "monarquía plural", lo cual implica concebir el papel del monarca como cabeza de la administración institucional que regía más bien como un mediador central y superior entre los intereses diversos de la sociedad colonial americana. Así, las formas y las prácticas sociales y la intervención institucional habrían estado en relación implícita con las negociaciones e intervenciones entre los intereses reales y los de las corporaciones, actores y redes de poder residentes en el complejo mundo regional y local americano.

De modo que, al examinar las relaciones sociales rioplatenses ligadas a los circuitos mercantiles y sus redes dentro del ámbito hispano rioplatense -a través de su contexto y sus prácticas-, resulta esencial considerar como nodal aquel marco jurídico político para la concreción de los intercambios y los negocios. En ese sentido, numerosos estudios han comenzado a iluminar la significación que tuvieron en el largo plazo los vínculos y las relaciones entre los intercambios, los actores y las instituciones.

Asimismo, a la hora de estudiar el universo de los circuitos mercantiles interregionales rioplatenses, es ineludible tomar en consideración a sus actores sociales, ya que en sus dinámicas estuvieron involucrados un conjunto de hombres de negocios provenientes de diferentes orígenes como eran las regiones gallegas, vasco-navarras, cantábricas, catalanas, o las propias tierras americanas, que se fueron integrando y adquiriendo un lugar central dentro de los intercambios en la economía colonial a escala imperial.

En la renovada tradición de estudios sobre los tráficos, los actores sociales y sus entramados, se destaca el vasto trabajo de Caula, quien nos ha mostrado un ejemplo relevante en la muy rica trayectoria de La Casa mercantil de los Beláustegui, desde el momento en que sus miembros salieron de su aldea natal en las provincias vascas para instalarse primero en Cádiz y luego pasar a establecerse en el Río de la Plata. En el estudio de esa trayectoria comercial se puede comprobar cómo ocurrió el proceso de inserción en la plaza mercantil porteña y la posterior estructuración de sus redes comerciales en torno al espacio regional dominado por el eje Buenos Aires-Potosí. Asimismo, se muestra el paso de los vínculos comerciales que fueron tendiendo alrededor de la América portuguesa, beneficiados por las diversas medidas de excepción y las sucesivas reformas de la Corona española en medio de las coyunturas bélicas de finales del siglo XVIII y principios del XIX. También, en esa larga trayectoria, la investigación aborda la crisis de la monarquía hispánica y las consecuencias del posterior proceso revolucionario, para arribar a nuevas instancias en que La Casa mercantil debió emprender un rediseño de sus estrategias y reorientar sus intereses para intentar adaptarlas al nuevo contexto del comercio atlántico posrevolucionario (Caula, 2014).

El estudio de la trayectoria de los Beláustegui muestra la importancia que tuvo la noción de La Casa, como un cuerpo social, con un régimen de gobierno propio a cargo de un *paterfamilias*, cuya pluralidad de funciones resultaban constitutivas y nodales para las vastas redes sociales que terminaban por conformar su carácter estructurante y exitoso en la sociedad. De manera que las alianzas matrimoniales, las relaciones de vecindad o gremiales, las de parentesco, de amistad o de patronazgo desde el epicentro de La Casa, fueron dando cuenta de un capital relacional fundamental como base esencial de la organización económica, social y política de esas familias, sostenidas durante varias generaciones. De ese modo, la dinámica relacional fue configurándose en torno al proceso de integración de La Casa de los Beláustegui a la sociedad regional rioplatense, lo cual implicó un estilo de vida con formas de sociabilidad doméstica, con los valores y contradicciones propios del orden familiar patriarcal, con participación activa en las instancias del gobierno de la ciudad como de la corporación de comercio.

De modo que, en la dinámica de los intercambios de los circuitos mercantiles, la célula que daba cuerpo al entramado social colonial tuvo su epicentro en La Casa, entendida como una parte micro del cuerpo social tradicional con un régimen de gobierno propio, a partir de la cual la empresa mercantil se proyectaba en las dimensiones sociales y culturales (en el rol del jefe de familia, en las pautas de comportamiento y en la acumulación de recursos relacionales), constituyéndose en el escenario de numerosos vínculos de diverso tipo (familiares, profesionales, de amistad, de interés, de clientelismo) y prácticas (estrategias, alianzas, mecanismos, recursos) como clave para sostener desde el mismo un entramado de redes sociales que favorecían la participación en los circuitos mercantiles interregionales y ultramarinos.

Pero aquella matriz socio-económica debió reformularse a partir de la crisis colonial y la emergencia del orden poscolonial. Para entonces, los comerciantes debieron ir adaptando sus prácticas e intereses a los contextos cambiantes mientras intentaban mantener La Casa comercial en pie.

Así, luego del proceso revolucionario, la nueva dimensión político-institucional fue prefigurando otros perfiles en los actores mercantiles, aquellos signados por la necesidad de tomar partido frente a la crisis monárquica y a la disolución del orden colonial, al tiempo que debían responder por las consecuencias de las decisiones asumidas por la Revolución y la guerra en el Río de la Plata. En aquel contexto, el estudio de Caula remarca la importancia del grupo contrarrevolucionario leal a Fernando VII en el Brasil y sus vinculaciones con Río de Janeiro y con la Casa de Braganza, cuya influencia había aumentado exponencialmente desde el arribo de la corte portuguesa en 1808. Pero ya, luego de 1810, el impacto de la revolución, la guerra y la Independencia en la corporación mercantil desencadenó una variedad de situaciones (decadencia, adaptación e incluso enriquecimiento), emergiendo diferentes estrategias (exilio, reorientación de circuitos, adhesión al nuevo orden) desplegadas por los comerciantes para ir adaptándose al nuevo y cambiante orden pos-colonial.

De modo que, como muestra el ejemplo aludido, el abordaje regional de los actores socio-económicos que sostenían los intercambios muestra la necesidad imperiosa de comprender el juego entre las escalas locales, regionales e imperiales, lo que nos permite asomarnos a la complejidad concreta de procesos que solo pueden comprenderse poniendo en relación diferentes enfoques y escalas analíticas.

Pero, más allá de la dinámica cambiante del orden tardo-colonial, es evidente que a fines del siglo XVIII y en vísperas de la Independencia, el esquema de articulación interna de las economías regionales sostenía aún su persistencia dentro de aquel amplio espacio económico.[1] Así, si centramos el examen sobre el Alto Perú, más concretamente en el principal centro minero de Potosí -como gran productor de plata y una plaza consumidora de preferencia- se ha demostrado que allí persistía en gran medida un conjunto de vínculos e interconexiones mercantiles-productivas entre el altiplano y su amplia región circundante e incluso con la más lejana del Río de la Plata-Buenos Aires.

De ese modo, por una parte, aquella evaluación muestra que continuaron vigentes parte de los lazos que conectaban al interior el espacio económico sudamericano. Pero, por otra parte, también era muy significativo para inicios del siglo XIX que ya existía una clara distinción en términos de conexiones macroeconómicas, pues había para entonces una intensidad cualitativa mucho mayor de relaciones entre el altiplano respecto de Charcas y su región cercana, que se diferenciaba en gran medida de la relación del área atlántica del Río de la Plata. Por ello en términos empíricos concretos

1 Dentro del total de importaciones que pagaban alcabala entre 1780 y 1810 la región de Charcas aportaba el 58,9%, Buenos Aires el 19,4%, las provincias rioplatenses el 6,5%, Arequipa el 6%, La Paz el 5,9% y Cuzco 3,2%.

el 76 por ciento del flujo comercial total llegado al mercado minero era aportado exclusivamente desde Charcas y su región del Bajo Perú y solamente el 24 por ciento restante de bienes se vinculaba con el espacio rioplatense (Tandeter, Milletich y Schmit, 1994).

De modo que la incidencia del comercio y la producción del atlántico rioplatense sobre los mercados interiores y sobre todo alto-peruanos resultaban bastante menores de lo que se imaginaría tras la ofensiva reformista y comercial borbónica. Asimismo desde una perspectiva más cualitativa se puede visualizar con mayor precisión el carácter diferencial que tenía la conexión mercantil-económica andina con el Río de la Plata, ya que los insumos que llegaban a Potosí y al interior desde el lejano Litoral y del puerto bonaerense eran básicamente los esenciales para sostener la actividad minera y sobre todo solamente la gama alta del mercado de consumo local. Ellos eran productos europeos como el mercurio, hierro y los efectos de Castilla, que solo por su alto valor unitario marcaban un peso de un cuarto del volumen global del intercambio. En cambio los productos que ligaban al Potosí con el área sur-andina eran esencialmente todos los productos de consumo extendido y popular (como por ejemplo la coca, el aguardiente, el ganado, la ropa de la tierra y el azúcar), inscritos en un conjunto de mercados de mucho menor poder adquisitivo pero muy voluminosos, dentro de los cuales el Litoral del Río de la Plata solo aportaba un producto como fue la yerba mate.

Por tanto, a la hora de examinar la trayectoria comercial y social tardo-colonial y su potencial supervivencia luego de la crisis colonial y de la Independencia, debemos tener muy en cuenta aquellas características fundamentales de los nexos presentes a fines del siglo XVIII, pues había un amplio y articulado "mercado interno" de larga tradición colonial, pero dentro del mismo ya se visualizaba claramente:

- Un conjunto de nexos muy sólidos que básicamente comprendían el altiplano y un amplio espacio más cercano, dentro del cual también estaban incluidas Salta, Jujuy y Tucumán. Aquel entramado de vínculos era basal pues se trataba de un carácter interregional articulado de manera múltiple: en lo social, productivo, comercial y cultural. Es decir que no solo se trataba de una relación espacial de alcance mercantil rápido, sino que respondía a un orden social profundo, que al mismo tiempo marcaba la vida cotidiana e integró las costumbres y los hábitos de estas poblaciones, dando cuerpo además para configurar un universo compartido de vínculos sociales, de pautas de producción y de consumo, así como de responsabilidades administrativas comunes y de fuertes enlaces familiares. En definitiva se trataba de un conjunto de relaciones sociales que iban mucho más allá de lo meramente comercial, pues eran lazos complejos que luego de la Independencia serían afectados pero se reestructurarían en forma renovada bajo otras condiciones político-institucionales.
- En tanto existió otro tipo de evolución en la relación de articulación entre el altiplano y la región litoraleña-atlántica del Río de la Plata, con eje en los puertos de Buenos Aires y Montevideo. Ellos sostenían un circuito de intercambios más distantes entre las economías regionales y con ultramar, una relación que sin duda evolucionaba sujeta a una mayor volatilidad coyuntural y a los cambios en la dinámica de las fuerzas institucionales y de la marcha de los mercados de ultramar. De modo que, si bien ella respondía también a un conjunto de la producción local-regional, en su espacialidad socio-económica habría sido mucho más dependiente de los cambios que se sucederían en la coyuntura ultramarina. Por lo cual, finalmente aquel espacio del Litoral rioplatense por su propia naturaleza de vínculos, de conexiones mercantiles y de carácter social más

inestable, sería la que mutaría más rápido y con mayor grado debido a los sucesos independentistas y a las novedades mercantiles y sociales que irían surgiendo a lo largo del siglo XIX.

Finalmente, otra matriz basal territorial del orden colonial que se quebraría con la crisis colonial, y sobre todo con las guerras de Independencia, fueron las finanzas coloniales, que desde un esquema estructural sostenían un amplio espacio administrativo e institucional virreinal a través de la movilización de recursos interregionales que permitían la administración real en el Río de la Plata.

En aquel sentido, en la historiografía también se ha remarcado el peso que tenían las prácticas de negociación en torno a la fiscalidad a la hora de intentar comprender la dinámica colonial como fruto de márgenes de relativa autonomía local y de negociación en las relaciones entre la Monarquía, la administración y los subsidios interregionales. El examen de esas prácticas puede ayudar a comprender las lógicas de las dinámicas puestas en marcha en las décadas de la Revolución y con la Independencia entre los nuevos poderes soberanos y los actores sociales locales, para analizar una transición que no supone la continuidad de la matriz colonial ni tampoco la rápida emergencia de una nueva matriz nacional (Marichal, 1999).

Las finanzas reales virreinales del Río de la Plata desde el siglo XVIII habían nacido bajo el signo de sostener la guerra imperial sobre la base de los subsidios fiscales entre Cajas reales, que tenían como tarea primordial proteger el frente atlántico sur del imperio español frente a las amenazas terrestres y marítimas-comerciales de Portugal e Inglaterra. Esa característica institucional le aseguró a la Real Caja Mayor de Buenos Aires un traspaso permanente de remesas en subsidios diversos para cubrir las necesidades de su administración y de control del puerto y del amplio territorio virreinal de frontera. Por ello la característica más relevante en el Río de la Plata fue que, hasta 1805, las remesas disponibles en la Caja Mayor de Buenos Aires fueran cercanas al 59% del total de los ingresos provenientes de transferencias desde otras tesorerías, en su mayor parte de Potosí.

De modo que, a inicios del siglo XIX, aquella tradición tardo-colonial enfrentó nuevos desafíos todavía dentro del contexto imperial que ya obligarían a introducir importantes novedades en el virreinato rioplatense. Así, luego de la batalla de Trafalgar en 1805, ya fue casi imposible para España mantener su comunicación naval con las Indias. Un año después, las guerras internacionales llegaron directamente al Río de la Plata con las invasiones inglesas a Buenos Aires, que posibilitaron la captura transitoria de la ciudad y el traslado de un importante botín de guerra -de 1.086.208 pesos plata- hacia Londres. Además, los británicos declararon durante su breve dominio del puerto el libre comercio, con muy bajas tasas aduaneras para el ingreso y egreso de productos. Un año después, durante la segunda invasión inglesa al Río de la Plata, la ciudad de Montevideo fue durante varios meses una base abierta para el comercio inglés, con el arribo a su puerto de una enorme flota de barcos mercantes europeos.

Un año más tarde, en 1808, la caída de la monarquía española y la guerra europea fueron una novedad aun más radical en el contexto internacional. La guerra y la vacancia real se transformaron en elementos formidables de disgregación de la unidad imperial española en América. En el caso del Río de la Plata, dentro de esa ya convulsionada situación política, hubo una rápida y amplia militarización y politización en Buenos Aires que alteraría decisivamente el equilibrio del poder local. Casi al mismo tiempo, desde 1809, los movimientos y conflictos en el Alto Perú cortaron en buena medida el flujo de metálico alto-peruano que alimentaba al mercado interno colonial y que además -en medio de la crisis mercantil metropolitana- también perjudicaba seriamente el arribo de las remesas destinadas a la fiscalidad rioplatense. En aquel contexto tan inestable, fue el propio virrey Cisneros quién visualizó la merma del situado y la necesidad de liberar el comercio ultramarino de Buenos Aires con franquicias especiales para tratos comerciales a través de un Reglamento Provisorio, que abriría las posibilidades de sostener la marcha de la economía virreinal y de menguar la enorme escasez de recursos del erario real.[2] Esta ya fue una medida -aun dentro del ámbito colonial- que comenzaría a afectar de manera diferencial al erario y al sistema comercial español del virreinato rioplatense.

Así entonces la crisis colonial, fruto de las mutaciones señaladas, alteró sensiblemente el panorama comercial y financiero rioplatense. El comercio se vio muy afectado por las guerras, y los ingresos de otras tesorerías a la Caja de Buenos Aires alcanzaron valores muy bajos, en tanto los gastos de guerra crecieron radicalmente.[3]

De modo que todos aquellos tópicos afectaron seriamente los vínculos y las articulaciones interregionales mercantiles y sociales, como parte de una misma realidad de la tradición tardo-colonial que sin duda es el punto de partida necesario para la comprensión de los senderos de cambio y continuidad que el antiguo virreinato del Río de la Plata emprendería durante el largo siglo XIX.

La Independencia y las divergencias regionales

La primera cuestión destacable sobre los cambios posteriores a la Independencia es reconocer que hubo una fragmentación del espacio económico-social colonial pero que no hubo una mutación radical ni homogénea a nivel interregional en la naturaleza de la inserción rioplatense dentro de la economía internacional. Aunque sí, sin duda,

---

2 Solo en el año 1809-1810 aquella medida llevó a un salto importante de los ingresos de aduana, que llegó a recaudar más de 1 millón de pesos plata.

3 Aquel gran crecimiento de los gastos sobre todo militares, desde 1806 alcanzó un promedio anual de unos 930 mil pesos.

comenzó a desarrollarse una dinámica nueva que potenció de un modo mucho más favorable a la dinámica mercantil y social-productiva, ya presente a fines de la Colonia, en las regiones mejor ligadas a los puertos ultramarinos, con importante disponibilidad de tierras en las fronteras rurales aptas para producir bienes primarios baratos y con capacidad de exportarlos al mercado atlántico. Cuestión que algunos autores han llamado el beneficio diferencial de esas regiones en la "lotería de bienes", relacionado con la creciente demanda internacional que sucedería durante la centuria decimonónica.

Pero, sin dejar de señalar lo significativo de la fragmentación interregional y de aquel diferencial potencial de algunas regiones respecto de otras, el Río de la Plata continuó siendo una economía mercantil importadora y reexportadora que articulaba un cambiante conjunto de mercados regionales del interior; pero con la novedad sustancial de que aquel entramado desde entonces sostuvo notables y crecientes desbalances de carácter socio-productivo, comercial, fiscal y monetario. Es decir que con la Independencia cambió el alcance espacial y el beneficio de las producciones regionales, en tanto emergieron algunas renovadas prácticas mercantiles y nuevos recursos fiscales y monetarios. No obstante, se mantuvo la racionalidad de intentar sostener y ampliar los tratos mercantiles interregionales de las importaciones, que para ser rentables continuaron siendo de ida y de vuelta entre los puertos y los mercados interiores.

También dentro de esas nuevas relaciones otra cuestión vital -como resultado de aquellas nuevas orientaciones comerciales y de intensidad diversa en las economías regionales- fue la desigual capacidad fiscal y de acumulación de la moneda metálica. Por lo cual la disponibilidad o la escasez de moneda metálica circulante y la emergencia de papel moneda en el Litoral fue otro clásico problema interregional de los cambios poscoloniales.

Asimismo otro factor externo, de suma importancia, que permite entender la nueva potencialidad en la dinámica mercantil de la etapa de la Independencia fue la merma muy grande del costo del transporte transoceánico, lo que junto con el libre comercio ayudó a acelerar la expansión mercantil de las zonas costeras y al mismo tiempo mejoró la rentabilidad de algunas de las economías primarias de exportación (Harley, 1988). De modo que las conexiones marítimas tuvieron un lugar de privilegio por el Atlántico a Río de Janeiro, Buenos Aires y Montevideo; en tanto que por el Pacífico el puerto de Valparaíso se ubicaría como lugar estratégico para organizar los nuevos nexos económicos entre ultramar y las regiones del interior.[4]

Entonces, por todos aquellos factores estructurales señalados para la etapa poscolonial resalta una pregunta central: ¿cómo se fueron adaptando a la nueva realidad mercantil, socio-económica e institucional las diversas regiones rioplatenses?

Indudablemente, frente a la crisis de la minería altoperuana, la guerra y la falta de metálico, en la franja atlántica se aceleró el eje socio-productivo y mercantil sobre la base de la hegemonía de un nuevo esquema productivo de expansión de la frontera pecuaria. Aquel esquema exportador más intenso de bienes ganaderos implicaba una interacción complementaria entre lo urbano y la inversión y ocupación de las fronteras rurales. Asimismo, el comercio libre en el Río de la Plata vía el puerto de Buenos Aires modificó en parte el elenco mercantil local e interregional, e introdujo a los ingleses no solo en la plaza porteña sino también en el interior del territorio. Con ellos también se renovaron en parte algunas de las prácticas del comercio a través de la venta de pequeños lotes en remate abierto y el uso de efectivo. No obstante, ello no significó una gran transformación en el universo socio-comercial sino

4 Hasta 1860, el costo del flete transoceánico entre Londres y Buenos Aires era todavía dos tercios del costo del transporte a las costas chilenas.

una nueva atapa de reformulación que aún debemos conocer mejor, en la cual hubo cambios en algunas prácticas de los actores pero también permanecieron las habilitaciones y las redes de relaciones primarias como fundamento de los intercambios.

En aquel contexto general de los tráficos decimonónicos, las investigaciones producidas en las últimas décadas han ampliado nuestra comprensión sobre las transformaciones económicas y los circuitos mercantiles que experimentaron las relaciones interregionales. La Independencia y los cambios mercantiles sucedidos en el Litoral del Atlántico y del Pacífico modificaron las relaciones que habían existido en el eje comercial del Río de la Plata y el Alto Perú. Desde entonces, como ya mencionamos, se fueron incrementando las relaciones con los mercados ultramarinos de un conjunto de economías que se fueron conectando con más fuerza dentro del nuevo esquema exportador e importador que dominaban los puertos de Buenos Aires y Valparaíso. Aquella relación funcionaba en torno a la colocación de productos primarios en ultramar, al tiempo que crecía la demanda de bienes importados en su mayor parte procedentes de las economías industriales de Europa y Estados Unidos.

En varios estudios hemos podido analizar cuál fue el ritmo y orientación de las actividades mercantiles de aquellas transacciones rioplatenses con ultramar. En ellas hemos señalado que las actividades mercantiles del Litoral y de Buenos Aires tuvieron un primer ciclo de retracción o estabilidad desde la Revolución hasta mitad de la década de 1810, un lento crecimiento entre la década de 1820-1830 y un lapso de intenso crecimiento, con oscilaciones coyunturales, en la década de 1840-1850.

Asimismo, dentro de aquel panorama general, también hemos mostrado que el aporte de las provincias fue muy diferente. El caso más notable de expansión fue, como sabemos, el de Buenos Aires, que aportaba la mayor parte de los bienes de exportación. Pero, junto a los porteños, también se destacó Entre Ríos, que se convirtió en la segunda economía pecuaria exportadora de la región; en tanto por detrás se incluyó el aporte de Córdoba (donde ya sobresalía la lana) junto a los bienes pecuarios de Corrientes y Santa Fe.

Una ponderación más ajustada sobre la dinámica de aquellas articulaciones socio-mercantiles se puede estimar a partir de los cálculos de las exportaciones per cápita que hemos realizado para la primera mitad del siglo XIX en Buenos Aires. Los datos nos indican claramente la situación, ya que durante la década de 1830 la economía bonaerense exportaba unos 19 cueros vacunos per cápita, mientras que las restantes provincias acumulaban cifras que alcanzaban apenas el 40% en Entre Ríos, menos de un cuarto (25%) en Santa Fe y apenas un poco más del 10% en Corrientes y Córdoba. Esos valores y porcentuales para el decenio siguiente cambiaron sustancialmente, pero nuevamente Buenos Aires creció más del doble sus exportaciones (48 cueros per cápita), seguida por Entre Ríos que triplicaba sus exportaciones, pero solo llegaba a representar el 50% de las porteñas, y muy de lejos por Santa Fe con el 21%, y Corrientes y Córdoba con un 12 y 5% (Schmit y Rosal, 1999).

De modo que aquellas estimaciones nos señalan claramente dos cuestiones de fondo, el crecimiento muy significativo de la economía ganadera de Buenos Aires (la cual creció sobre todo en la década de 1840 algo más del doble) y la de Entre Ríos (creció más del triple). Pero, al mismo tiempo, nos marcan las notables potencialidades y distancias que se incrementaron entre las provincias que durante la primera mitad del siglo XIX tuvieron la mayor dinámica de crecimiento productivo y mercantil de la época.

Mientras la economía litoraleña y los circuitos mercantiles atlánticos crecían articulados al mercado ultramarino, también ocurrió otra serie de readaptación en las relaciones productivas y socio-mercantiles regionales de las provincias del interior rioplatense.

En Tucumán y Córdoba la situación fue compleja, pues varios sectores de la economía local de esas provincias estuvieron muy ligados al mercado atlántico, pero sin resignar sus vínculos con los mercados internos chilenos y bolivianos (Assadourian y Palomeque, 2002). Los cordobeses integraron su producción y comercio de lanas y cueros de manera creciente con el mercado exportador ultramarino al tiempo que mantuvieron la industria textil local, en especial de ponchos, que llegaban a un amplio conjunto de plazas locales de diversos mercados interregionales sudamericanos. Los tucumanos, en tanto, continuaron introduciendo importaciones desde Buenos Aires para su reexportación, pero manteniendo transacciones significativas de interacción entre diversos puertos que se articulaban con los tratos del Pacífico durante las épocas de bloqueos comerciales en el Río de la Plata. Los nexos de esta zona solían tener cambios coyunturales permanentes en su orientación según las circunstancias de beneficios de corto plazo imperantes en las dinámicas de las diversas transacciones en las plazas ultramarinas.

En los casos del tráfico cuyano (Mendoza, San Juan y San Luis) y del Noroeste (Salta y Jujuy) tras la caída del orden colonial, no ocurrió una desestructuración de sus antiguos nexos económicos interiores con múltiples plazas chilenas y bolivianas. El comercio salto-jujeño solamente sufrió restricciones iniciales para conectarse con sus mercados tradicionales entre 1810-1825. Pero, desde entonces, incrementaron sus contactos con los puertos de Arica y Cobija, donde establecieron sus casas comerciales para organizar una extensa red social de negocios con los territorios chilenos, cuyanos y bolivianos. De modo que la introducción de bienes desde el Pacífico permitió al comercio salto-jujeño, desde Cobija, abastecer mercados como Potosí, Oruro, Tupiza y Atacama, mientras los productos introducidos desde Arica eran llevados a La Paz. También por ello los productos de la tierra del noroeste, como la cría y engorde de ganado, continuaron transitando de sur a norte hacia centros mineros y urbanos del sur de Bolivia, que tuvieron permanente requerimiento de ganado vacuno, mular y equino (Conti, 2005).

En aquel esquema comercial, la ruta mercantil del puerto de Cobija aceleraba el comercio que conectaba múltiples circuitos, relacionando también los puertos chilenos con Mendoza, San Juan, Atacama y Salta. De modo que, desde finales de los años 1830, los comerciantes salteños utilizaban el puerto de Valparaíso para los efectos de ultramar, a los que agregaban productos nativos como vinos y aguardientes cuyanos. Para el decenio siguiente se incrementaron las operaciones comerciales debido a la producción de plata boliviana que en varias zonas floreció en aquellos años. Para la mitad de siglo, las relaciones del noroeste con Chile y el altiplano boliviano estaban en plena actividad, aunque con mercados más dispersos y con menor envergadura que en los tiempos coloniales. En el caso cuyano, como ya mencionamos, los lazos mercantiles eran sólidos en relación con Chile y con el noroeste y, aun con altibajos, con la plaza de Buenos Aires. Allí se unía el tráfico de caldos cuyanos, de ganado en pie riojano con los tucuyos y los lienzos de algodón alto-peruanos (Bragoni, 2002).

Por lo señalado, resulta entonces evidente que, luego de la Independencia y durante la primera mitad del siglo XIX, hubo una situación diversa en los circuitos mercantiles: regiones con sólidas conexiones socio-económicas renovadas con ultramar, regiones que contaban con un registro más complejo de vínculos socio-mercantiles que articulaban tráficos tradicionales y renovados, y otras regiones que reestructuraron en buena medida sus patrones coloniales con los mercados mineros y locales del amplio espacio americano.

Por tanto, aquel universo complejo, lejos de ser un espacio territorial y socio-mercantil relativamente homogéneo de carácter nacional, más bien respondía a una realidad de una espacialidad diversa socio-mercantil regional, con frecuentes coyunturas de alteraciones y con un correlato de articulaciones sociales más bien tradicionales en sus instituciones, prácticas sociales y vínculos familiares, junto a otras de sociedades mercantiles de alcance interregional estructurado en torno a redes sociales que otorgaban sustento y resguardo a esa escala de los vínculos materiales (Fernández y Dalla Corte, 2002).

Asimismo, a nivel institucional, el espacio de los intercambios convivió con un orden administrativo, político, fiscal y jurídico de carácter provincial, en una época de transición con diversos tipos de escalas locales articuladas a través de un acuerdo de Confederación entre provincias, que en sus prácticas heterodoxas poscoloniales mantuvieron muchas de sus estructuras jurídicas antiguas, basadas en el uso y en la costumbre, junto a otras renovadas prácticas de negocios (Chiaramonte, 1993 y 2016).

Pero ¿qué tendencias se fueron plasmando en esos circuitos mercantiles sobre aquel universo económico-social? Sobre la base de los estudios disponibles podemos intentar un ejercicio para una estimación general sobre la intensidad del comercio exportador efectuado por dos de los circuitos más relevantes de la primera mitad del siglo XIX, como fueron el puerto de Buenos Aires y las aduanas salto-jujeñas en la región del noroeste.

Tomando las cifras oficiales de las aduanas, podemos observar que ambas plazas eran exportadoras de bienes de un conjunto interregional, en el caso de Buenos Aires sobre todo destacado por productos ganaderos del Litoral, Córdoba y su propia campaña. En el caso salto-jujeño por los productos de diversas regiones cercanas y lejanas provenientes de la ganadería mular, ganado vacuno, cueros y suelas, así como de azúcar, jabón y una gran cantidad de reexportaciones de yerba, tabaco, pelones, pasas, aguardiente y añil, todas ellas destinadas especialmente a los mercados del alto y bajo Perú.

En una estimación al inicio de la etapa de estabilización de los vínculos mercantiles, para el año 1829 las exportaciones salto-jujeñas eran alrededor de un 5% de las porteñas, que por entonces apenas superaban los 5 millones de pesos fuertes. En tanto que dos décadas después, para 1850-1851, las exportaciones salto-jujeñas llegaron a representar el 13% de las bonaerenses, creciendo mucho más rápido que aquellas pero, como es muy visible, sin llegar a representar un volumen significativo frente al gran potencial del tráfico ultramarino (Parish, 1958 y Conti, 2005).

Entendemos que esta estimación muy general nos brinda un indicio claro sobre la magnitud del potencial muy disímil de los dos principales circuitos rioplatenses de la primera mitad del siglo XIX. Así, en esa dinámica, si bien es notable que las exportaciones de las provincias del noroeste se habían logrado incrementar notablemente -en un 66% a mitad del siglo respecto de la década de 1820, en tanto las porteñas lo había hecho solo en un 12%- el volumen de demanda del mercado era incomparable y sustancialmente favorable a la continua ampliación de la plaza ultramarina frente a los mercados locales americanos.

De modo que una primera conclusión fundamental básica sobre los efectos socio-productivos y mercantiles de los circuitos en el largo plazo de la primera mitad del siglo XIX fue su desigual envergadura en la potencial articulación de las economías regionales rioplatenses. Así, por lo menos hasta la década de 1860-1870, convivieron las regiones exportadoras más especializadas y de mayor envergadura con el mercado atlántico a través de Buenos Aires, junto a otras constituidas por una multiplicidad de tratos mercantiles de reimportaciones y de productos locales tradicionales destinados a un conjunto complejo y cambiante de mercados locales y regionales que se vinculaban con los puertos del Pacífico y, sobre todo, con las plazas locales bolivianas y de las regiones de Cuyo y el Noroeste.

No obstante aquel perfil más o menos claro de los nexos comerciales, aún debemos conocer mucho mejor los tejidos sociales interregionales así como la capacidad y evolución del consumo de las importaciones al interior de aquellos territorios. Asimismo, es necesario destacar que entre aquellos espacios mercantiles también había interconexiones que apenas hemos podido estimar, considerando incluso que frente a las coyunturas bélicas pudieron modificarse circunstancialmente las relaciones, lo cual permitía que algunas plazas con fuerte perfil de intermediación, como Tucumán, San Juan o Córdoba, pudieran vincularse alternativamente con una diversidad de demandas distantes según las circunstancias lo hiciesen necesario. Finalmente, para comprender o ponderar mejor todas esas interacciones aún debemos avanzar en el estudio comparativo de la evolución de las balanzas mercantiles, el peso de los aranceles, el uso y las prácticas de medios de pagos y la evolución de los precios que fueron experimentando esas diversas regiones rioplatenses.

Pero, más allá de aquellos significativos interrogantes pendientes, ya disponemos de evidencia sobre la dinámica de aquel contexto interregional diferenciado que persistió hasta bien entrada la segunda mitad del siglo XIX. Así, según otras estimaciones recientes realizadas por Gelman, queda expresada una gran divergencia debido a un crecimiento diferencial muy fuerte en torno a la evolución de las economías, mostrando sustanciales distancias entre las regiones. Al analizar las últimas décadas tardo-coloniales, en un marco general de las producciones locales, el autor corrobora un desempeño relativamente homogéneo entre las mismas. Incluso llega a afirmar que, si se comparan más en detalle, los diferentes indicadores muestran que a fines del siglo XVIII las regiones interiores del territorio rioplatense habían crecido algo más que las de Buenos Aires y el Litoral. Pero, cinco décadas después de la Revolución, la situación general había cambiado notablemente, solo la provincia de Buenos Aires había pasado de representar un tercio (33%) del total de los bienes a fin de la Colonia, a sumar para 1864 dos tercios (66%) de toda la producción global rioplatense. Por ello, si se mide para mediados del siglo toda la riqueza productiva que tenían las provincias rioplatenses en conjunto, apenas llegaban a representar un poco más del 60% del total de la economía porteña (Gelman, 2008).

Consideraciones finales

A lo largo de este ensayo hemos resaltado la necesidad de partir desde la tradición de la matriz tardo-colonial para poder comprender cabalmente la persistencia y los cambios experimentados durante el siglo XIX en los múltiples nexos de los circuitos socio-mercantiles entre y dentro de los espacios regionales, así como en las diversas dinámicas desiguales que sostuvieron las economías locales rioplatenses. Hemos enfatizado la persistencia de un universo complejo, tanto para la transición poscolonial como para la posterior formación del territorio nacional, que aún requiere de una nueva periodización y visión general sobre las sucesivas "revoluciones" socio-económicas y territoriales que se desarrollaron en la "historia nacional" a lo largo de la centuria.

En nuestro balance hemos enfatizado la importancia de no subestimar aquel universo complejo poscolonial y de contar con nuevos y sólidos estudios regionales que den cuenta cabal de aquel largo proceso, al mismo tiempo que permitan un análisis más específico sobre sus circuitos mercantiles y, sobre todo, de sus vínculos y su carácter social. Pero, sin duda, con las estimaciones actuales podemos plantear como principal argumento que como resultado de la pos Independencia hubo un cambio muy decisivo en una evolución regional y local con crecientes desigualdades en favor de Buenos Aires y otras pocas plazas socioeconómicas durante las primeras seis décadas decimonónicas en el Río de la Plata.

Asimismo, sobre la base de aquel contexto general de la primera mitad del siglo XIX, se debe intentar comprender de un modo más histórico la posterior formación del espacio nacional, dejando de lado una visión automática sobre su conformación u homogeneidad en términos socioeconómicos y territoriales, para realizar un mayor número de estudios sobre las diferentes experiencias económico-sociales de las regiones frente al emergente mercado, sistema político y Estado nacional durante la segunda mitad de la era decimonónica.

Bibliografía

ASSADOURIAN, Carlos (1982), *El sistema de la economía colonial. Mercado Interior, regiones y espacio Económico*, Lima, Instituto de Estudios Peruanos.

ASSADOURIAN, Carlos (1979), "La producción de la mercancía dinero en la formación del mercado interno colonial. El caso del espacio peruano siglo XVI", en Florescano Enrique (comp.), *Ensayos sobre el desarrollo económico en México y América Latina (1500-1975)*, México, Fondo de Cultura Económica.

ASSADOURIAN, Carlos y PALOMEQUE, Silvia (2002), "Las relaciones mercantiles de Córdoba 1800-1830", en Irigoin y Schmit (ed.), *La desintegración de la economía Colonial. Comercio y moneda en el interior del espacio colonial 1800-1860*, Buenos Aires, Ed. Biblos.

BRAGONI, Beatriz (2002), "Condiciones y estímulos en la recuperación de una economía regional. Prácticas mercantiles e instituciones empresarias en Mendoza 1820-1880", en Irigoin y Schmit (ed.), *La desintegración de la economía Colonial. Comercio y moneda en el interior del espacio colonial 1800-1860*, Buenos Aires, Ed. Biblos.

CAULA, Elsa (2014), *Mercaderes de mar y tierra. Negocios, familia y poder de los vascos en el Río de la Plata*, Rosario, Humanidades y Artes Ediciones.

CHIARAMONTE, José Carlos (1993), "El federalismo argentino en la primera mitad del siglo XIX", en Carmagnani (coord.), *Federalismos Latinoamericanos*, México/ Brasil/ Argentina, México, El Colegio de México.

CHIARAMONTE, José Carlos (2016), *Raíces históricas del Federalismo Latinoamericano*, Buenos Aires, Ed. Sudamericana.

CONTI, Viviana (2005), *Articulaciones mercantiles del espacio salto-jujeño durante el período rosista*, tesis doctoral, La Plata, Universidad Nacional de La Plata.

FERNÁNDEZ Sandra y DALLA CORTE, Gabriela (2002), "Negocios sentimentales. Familia, corporación y red mercantil en la Argentina del siglo XIX", en *Anuario IEHS*, N. 16, Tandil, Universidad Nacional del Centro de la Provincia de Buenos Aires.

GELMAN, Jorge (2008), "La gran divergencia. Las economías regionales en la Argentina después de la Independencia", *XXI Jornadas de Historia Económica Argentina*.

GELMAN, Jorge; LLOPIS, Enrique; MARICHAL, Carlos (coords.) (2014), *Iberoamérica y España antes de las independencias, 1700-1820*, Madrid-México, Marcial Pons-Instituto Mora.

HARLEY, Knick (1998), "Ocean Freight Rates and Productivity, 1740-1913. The primacy of mechanical inventions reaffirmed", en *Journal of EconomicHistory*, N° 48, USA.

JUMAR, Fernando (2012), "La región Río de la Plata y su complejo portuario durante el Antiguo Régimen", en Fradkin. R (dir.), *Historia de la Provincia de Buenos Aires, Tomo II* Buenos Aires, Universidad Pedagógica de la Provincia de Buenos Aires, EDHASA.

LLOPIS, Enrique y MARICHAL, Carlos (coords.) (2009), *Latinoamérica y España, 1800-1850. Un crecimiento nada excepcional*, Madrid, Marcial Pons-Instituto Mora.

MARICHAL, Carlos (1999), *La bancarrota del virreinato, 1780-1810. La Nueva España y las finanzas del imperio español*, México, Fondo de Cultura Económica.

MOUTOUKIAS, Zacarias (1988), "Burocracia, contrabando y auto-transformación de las elites de Buenos Aires en el siglo XVII", en *Anuario IEHS*, N° 3, Tandil, Universidad Nacional del Centro de la Provincia de Buenos Aires.

PARISH, Woodbine (1958), *Buenos Aires y las Provincias del Río de la Plata*, Buenos Aires, Ed. Hachette.

ROSAL, Miguel y SCHMIT, Roberto (1999), "Del reformismo colonial borbónico al librecambio: las exportaciones pecuarias del Río de la Plata 1768-1854", en *Boletín del Instituto de Historia Argentina y Américana Dr. Ravignani* N° 20, Buenos Aires, FFyL, UBA.

TANDETER, Enrique; MILLETICH, Vilma y SCHMIT, Roberto (1994), "Flujos mercantiles del Potosí colonial tardío", en *Anuario IEHS* N° 9, Tandil, Universidad Nacional del Centro de la Provincia de Buenos Aires.

La supervivencia de las formas regionales de intercambio ganadero entre la Patagonia argentina y el sur chileno

SUSANA BANDIERI

A manera de introducción

La perspectiva histórica regional, en el caso de la Patagonia argentina, ha servido sin duda para posicionar de otra manera a un ámbito territorial que tradicionalmente se suponía exclusivamente ocupado, social y económicamente, desde el Atlántico, ya fuera por la necesidad de expandir la ganadería ovina en tierras marginales no pampeanas como por mostrar un Estado nacional extremadamente exitoso en su penetración sobre los espacios hasta entonces dominados por las sociedades indígenas. Estas y otras cuestiones son hoy revisadas por nuevas investigaciones que obligan a desviar la mirada hacia las áreas de frontera, tanto de la existente entre la sociedad criolla y la indígena como de aquella instituida como límite entre los Estados nacionales, Argentina y Chile, que a fines del siglo XIX se consolidaban como tales.[1]

En los inicios de la investigación regional, allá por mediados de la década de 1980, partíamos del convencimiento generalizado -transmitido por la lectura de la documentación oficial- de que la llegada del ferrocarril a la norpatagonia argentina sobre principios del siglo XX (1902

---

1 Para una versión completa de la historia patagónica, que incluye un amplio ensayo bibliográfico, puede verse Bandieri (2005).

a la zona de la confluencia de los ríos Neuquén y Limay, donde luego se trasladaría la capital del entonces Territorio Nacional de Neuquén, y 1913 a Zapala, localidad ubicada en el centro del mismo) había actuado definitivamente a favor de la reorientación atlántica de la economía regional, cortando las tendencias centrífugas que desde tiempos remotos caracterizaran el funcionamiento de la sociedad local, tradicional proveedora de ganados a Chile. En tal sentido, se actuaba también influenciado por la idea, muy instalada entonces en la historiografía argentina, de que el proceso de consolidación del Estado nacional había derivado necesariamente en la conformación definitiva de un mercado interno, infiriendo una relación directa entre la unificación política y económica del país.[2]

Aunque esta haya sido, efectivamente, la intención de las autoridades nacionales, preocupadas por la evidente falta de "argentinización" de la región y su natural conexión con el espacio chileno colindante, al momento de decidir en 1904 el traslado de la capital desde Chos Malal a Neuquén, en la nueva punta de rieles -tema este que también se relaciona con pingües negocios realizados por los propietarios de tierras en ese lugar-, la realidad parece correr por carriles que no necesariamente se ajustan a la decisión oficial de vincular más fuertemente al territorio con la nación.[3]

---

2 Tal enfoque resulta evidente en textos de la época: "La centralización política comenzada luego de la batalla de Pavón fue operando una simultánea unificación económica que progresivamente fue desvinculando a las provincias interiores respecto de sus tradicionales mercados periféricos trasandinos [...] El principal agente centralizador fue el ferrocarril. Su aparición durante los años 1860 significó una verdadera revolución en las comunicaciones" (Ossona, 1990: 104-105).

3 El entonces ministro del Interior del gobierno argentino, Joaquín V. González, justificaba de esta manera la medida: "... me ha traído al convencimiento de que la capital del Neuquén debe levantarse en el amplio valle que comienza al pasar el río. Si bien es cierto que esta posición no es materialmente central con respecto al territorio, es en cambio de alta significación económica y política, primero porque consulta los agentes más poderosos de civilización actual y segundo porque en vez de impulsar el comercio de adentro hacia afuera, como sucede hoy, lo incluirá fuertemente de afuera para aden-

El estudio más minucioso del desarrollo histórico de la ganadería extensiva regional, actividad predominante que aún hoy ocupa más del 70% de la superficie de la provincia de Neuquén y un número muy significativo de la población económicamente activa del interior rural -aunque su participación en el PBI haya disminuido considerablemente en los últimos años-, permitió observar un marcado predominio socioeconómico del área andina del territorio, zona que, por sus características fisiográficas, particularmente por su régimen de lluvias, permitía un desarrollo sostenido de la actividad. Hombres y ganados se concentraban por lo consiguiente en esa zona, mostrando la perdurabilidad de los circuitos mercantiles con el área del Pacífico, a la vez que marcando una diferencia sustancial con el despoblamiento característico de la meseta patagónica en el resto del territorio.

Un importante número de fuentes documentales permitió reconstruir las sólidas relaciones socioeconómicas que esta zona mantuvo hasta avanzado el siglo XX con las provincias del sur chileno, repitiendo formas heredadas de los grupos indígenas locales que hasta su definitivo sometimiento actuaron como eficientes intermediarios entre las sociedades capitalistas de ambos lados de la cordillera (Bandieri, 1996).

La perdurabilidad de esta situación, que parecía indiscutiblemente probada para fines del siglo XIX y primeras décadas del XX, había sido extendida en nuestras primeras investigaciones, aunque todavía con un grado importante de generalización, hasta los inicios de la década de 1930, en directa relación con la toma de medidas arancelarias por parte de ambos países para el comercio fronterizo, que habrían terminado por cortar definitivamente el

---

tro, siguiendo las corrientes centrípetas auxiliadas por vías férreas y fluviales que concurren al Atlántico con su gran puerto de Bahía Blanca..." (Archivo Histórico de la Provincia de Neuquén –en adelante AHPN-, Libro Copiador T/1904, Telegrama del Ministro del Interior al Gobernador Bouquet Roldán, 7-4-1904).

intercambio legal de ganado hacia mediados de la década de 1940. Una importante cantidad de fuentes, especialmente de carácter cualitativo -informes de funcionarios territoriales y estatales, periódicos locales, libros históricos de las escuelas, testimonios orales, etc.-, marcaban la importancia de una fuerte crisis sufrida por la ganadería regional alrededor de los años 1930, cuya definitiva recuperación no se habría producido en las etapas siguientes.

Esta particularidad del intercambio regional, común también en características y periodización a otras zonas andinas del país, derivó en la formulación de una nueva hipótesis de trabajo que intentaba probar la definitiva consolidación del mercado interno nacional como resultado de una preocupación manifiesta del modelo sustitutivo de importaciones, puesto en marcha en esos mismos años y acentuado en la década de 1940. Recién entonces, las áreas cordilleranas productoras de ganado, periféricas y marginales al modelo agroexportador argentino, con clara vocación atlántica, habrían abandonado definitivamente la orientación centrífuga de sus circuitos mercantiles tradicionales. Esta hipótesis de trabajo, sin duda sugerente, fue el centro de las producciones siguientes de la autora, donde el estudio de las relaciones fronterizas y su continuidad espacio-temporal permitieron incluso una aproximación conceptual a la posibilidad operativa de la construcción histórica regional, con un fuerte acento superador de los límites provinciales y nacionales (Bandieri, 2001a).

El convencimiento sobre la necesidad de profundizar esta línea de investigación para precisar algunos aspectos sustanciales, nos llevó oportunamente a trabajar nueva documentación en archivos argentinos y chilenos para analizar con mayor precisión las medidas arancelarias tomadas por ambos Estados en las décadas de 1920, 30 y 40, vinculadas tanto a la situación internacional como a la necesidad de definir más ajustadamente los espacios económicos nacionales, esto último con el fin de asegurar un mercado interno a la nueva producción industrial desarrollada como parte del proceso sustitutivo de importaciones con que se intentó enfrentar la crisis del modelo agroexportador. La periodización señalada resultaba también significativa por su coincidencia con el quiebre más importante producido alrededor del intercambio fronterizo en otros espacios andinos del país -Noroeste, San Juan, Sur de Mendoza, entre otros-, lo cual orientó la publicación de investigaciones en clave comparativa (Bandieri, 2001b).

En lo que hace a la norpatagonia, no cabían dudas de que la significativa actividad ganadera bovina desarrollada en las áreas andinas de Neuquén, Río Negro y norte de Chubut podía vincularse directamente con la demanda de los centros urbanos y portuarios del sur chileno, especialmente importante durante ese mismo período (Finkelstein y Novella, 2001). De esa manera, y en un claro ejemplo de economías complementarias, se cubrían con áreas de cría las necesidades de carne vacuna y otros derivados ganaderos cuya transformación se efectuaba en las curtiembres, saladeros y graserías establecidos en los centros urbanos de ultracordillera, a la vez que desde los importantes puertos chilenos sobre el Pacífico Sur, como Concepción, Valdivia y Puerto Montt, se exportaban cuero, tasajo y otros subproductos con destino al consumo europeo y sudamericano. Ello permitía explicar también la presencia de importantes inversiones de capitales trasandinos en tierras ganaderas de la región (Bandieri y Blanco, 1997). Asimismo, las distancias y los altos fletes de las mercancías ingresadas desde el Atlántico favorecían el consumo de bienes variados provenientes de las plazas chilenas, así como la circulación de moneda de ese origen. En consecuencia, prácticas culturales comunes caracterizaban a las poblaciones de ambas márgenes de la cordillera.

En este sentido, era posible realizar una comparación válida con el resto de los territorios patagónicos, al menos con sus zonas más australes, donde la geografía y el desarrollo de actividades económicas comunes permitiría tales contactos, atento a la existencia de trabajos que daban cuenta de un funcionamiento similar con relación a las vinculaciones socioeconómicos con las áreas del sur chileno, en este caso relacionadas con la producción ovina. El tema ha sido particularmente tratado para Santa Cruz en Argentina y para Magallanes en Chile por Elsa Mabel Barbería y Mateo Martinic B., respectivamente, en importantes trabajos sobre la influencia de la ciudad-puerto de Punta Arenas sobre todo el sur de la Patagonia (Barbería, 1992 y 1995; Martinic B., 1976 y 2001). Estos estudios históricos muestran, para el extremo más austral del continente, la conformación de una región que habría funcionado, en principio hasta 1920, con una dinámica propia, fuertemente integrada con el área del Pacífico. A la luz de estas investigaciones, y al menos hasta esos años, la significativa dependencia económica de los territorios del sur patagónico con el área de Magallanes y su capital Punta Arenas, parece indiscutible, al menos en lo que se refiere a la exportación de lanas y carnes ovinas con destino a la industria frigorífica.[4] Luego, factores de diversa índole habrían provocado la ruptura del funcionamiento autárquico de la región, generándose a partir de entonces una mayor inserción económica de la Patagonia austral en el espacio nacional argentino, visible, entre otras cosas, en la nacionalización de los más importantes capitales chilenos que lideraban tal funcionamiento, como es el caso del grupo empresario Braun-Menéndez Behety, propietario de

---

4 Al respecto, Barbería desarrolla en varios trabajos (1992 y 1995) la formación de esta región autárquica con centro en Punta Arenas, integrada por el sur de Chile, Santa Cruz y Tierra del Fuego, basada en la producción y exportación de lana, carne ovina y derivados a los mercados europeos y a otras repúblicas del Pacífico: "... Santa Cruz se constituyó -hasta 1920- en un área periférica del sur chileno [...] así como los capitales que dieron comienzo a la ocupación se originaron allí, también los ingresos que generaron se dirigieron a Punta Arenas..." (Barbería, 1995: 65). La posibilidad de comunicación directa con los mercados europeos a través del puerto chileno, facilitada por la eliminación de los impuestos aduaneros y la débil participación estatal en ambos países, favorecieron tal proceso de integración, al menos hasta los años 1920 (Barbería, 1995: 67).

importantes estancias y de la "Sociedad Anónima Importadora y Exportadora de la Patagonia" –más conocida como "La Anónima"- una de las firmas comerciales dominantes en la región (Bandieri, 2015). De todas maneras, la vinculación económica entre ambas áreas habría seguido siendo importante hasta los años 1930, cuando la hegemonía histórica de Punta Arenas comenzó a debilitarse, cortándose definitivamente en los primeros años de la década de 1940, al imponerse desde los respectivos Estados nacionales una serie de políticas que marcarían rumbos divergentes y a veces competitivos (Martinic B., 2001).

Sobre la base de conocimientos previos, importantes pero incompletos, nos propusimos entonces explicar con mayor precisión la continuidad y persistencia de las antiguas formas de contactos fronterizos entre la Patagonia argentina y el sur chileno, lo cual suponía además no desconocer la existencia de intercambios alternativos con otras regiones del país, así como dimensionar más acabadamente la gradualidad y efectos de la reorientación comercial desde el Pacífico hacia el Atlántico, cuyo punto decisivo parecía haberse producido recién sobre mediados de la década de 1940.

La frontera como espacio social

Para explicar la perdurabilidad de las antiguas formas de articulación socio-comercial, heredadas de las sociedades indígenas, cabe recordar que en la segunda mitad del siglo XIX, y a instancias de la creciente demanda de California y Australia primero y de Inglaterra después, la producción agrícola chilena llegó a cuadruplicarse siendo, junto con el cobre, uno de los rubros de exportación más favorecidos. Ello habría provocado un vuelco de las tierras regables del valle central chileno, antes destinadas a la ganadería extensiva, hacia la producción de cereales, impulsando la ocupación de las tierras de la Araucanía hacia la década de 1880. La especialización cerealera se extendería entonces a las regiones ubicadas al sur del Bío Bío, que hacia 1910 concentraban más del 50% de la superficie sembrada del país (Sepúlveda, 1956), aumentando en consecuencia la demanda de carne y derivados para el consumo interno y la exportación a otros países sudamericanos con costas sobre el Pacífico Sur, como Perú y Ecuador, cuyos trabajadores agrícolas, la mayoría de origen chino en estado semiservil, eran importantes consumidores de tasajo. Una importante cantidad de vacunos en pie fueron entonces requeridos como materia prima indispensable para distintas actividades de transformación (saladeros, curtiembres, graserías, fábricas de velas y jabón), ubicadas en el valle central chileno y en el área de Valdivia y Puerto Montt. Características físicas de singular importancia hacían de los valles del oriente cordillerano lugares dotados de excelentes condiciones para satisfacer tal demanda, particularmente facilitada en el norte de la Patagonia por la presencia de numerosos valles transversales que permiten el tránsito de un lado a otro de la cordillera durante la mayor parte del año.

Al mantenerse e incrementarse la demanda de carne, y una vez sometidos los grupos indígenas que la abastecían, las corrientes de población instaladas en las áreas limítrofes desarrollaron naturalmente la misma actividad. Esto también explica el hecho de que importantes comerciantes y hacendados trasandinos se preocuparan por invertir en la compra de grandes extensiones de tierras en la región.[5] De esa manera, estos importantes productores desahogaban sus campos en las provincias chilenas limítrofes, aptos para

---

5 Tal es el caso, entre otros, de la "Sociedad Comercial y Ganadera Chile y Argentina", iniciada por importantes accionistas del área de Puerto Montt, que llegó a concentrar en 1905 más de 400.000 hectáreas de tierras en propiedad en el sudoeste neuquino, importantes centros comerciales con base en San Carlos de Bariloche, molinos harineros en el oeste de Chubut y empresas de navegación lacustre para facilitar el tránsito entre ambos lados de la cordillera (Bandieri y Blanco, 1997).

la agricultura y de limitadas posibilidades para la crianza de ganado mayor. En una típica economía complementaria, los animales criados en el oriente cordillerano eran engordados con los residuos de las cosechas en los fundos chilenos.

A la llegada del ferrocarril a la capital neuquina en 1904 y su prolongación a Zapala en 1913, así como a Ing. Jacobacci en el territorio de Río Negro en 1917 –extendido luego a San Carlos de Bariloche en 1934-, se debe efectivamente la gradual orientación de la salida de lanas y cueros norpatagónicos con destino al puerto de Bahía Blanca y a los mercados del Atlántico. Sin embargo, restos muy importantes de las prácticas comerciales orientadas hacia el Pacífico se mantendrían en las zonas fronterizas, con mayor o menor intensidad, hasta épocas posteriores.

Debe tenerse en cuenta, asimismo, que durante largos períodos se aplicó la fórmula de "cordillera libre" para los intercambios ganaderos entre ambos países, con lo cual la única exigencia para el traslado de los animales era el trámite administrativo correspondiente en las receptorías de aduana, siempre escasas y no necesariamente ubicadas en las áreas fronterizas, lo cual facilitaba las transgresiones. Por otra parte, la característica trashumante[6] de la ganadería regional facilitaba los intercambios en los hitos fronterizos. De esa manera, en una frontera extensa, abierta y mal vigilada como la norpatagónica, no solo el "cuatrerismo" era posible sino también el comercio directo entre productores y compradores, grandes y pequeños, sin ninguna intervención del fisco.

La débil presencia institucional de ambos Estados en las áreas cordilleranas habría también facilitado la pervivencia de tales relaciones, convirtiendo a la frontera en un espacio social permeable y dinámico, de larga duración y funcionamiento característico. Si bien la conquista

---

6 Característica de la ganadería regional que implica el traslado estacional de los rebaños desde las áreas bajas de invernada a las tierras altas de veranada para un mejor aprovechamiento de las pasturas.

militar de los territorios indígenas actuó como primer elemento desestabilizador importante de tal funcionamiento fronterizo al imponer las formas capitalistas de producción, las tendencias mercantiles sobrevivieron, con nuevas reglas y otros actores, hasta avanzado el siglo XX. Fueron las políticas aplicadas por ambos Estados nacionales -particularmente el chileno, que más tempranamente fijó medidas arancelarias de protección-, unidas a la crisis internacional de los años 1929-1930 y a la profundización del modelo sustitutivo de importaciones en la segunda posguerra, las que reforzaron los controles económicos y policiales al tránsito cordillerano y terminaron por descomponer definitivamente las relaciones descriptas. Esto dio lugar a una fuerte crisis de la ganadería regional y provocó su paulatina y definitiva reorientación hacia los mercados del Atlántico, tema que hemos estudiado especialmente para el caso neuquino (Bandieri, 2010).

Los antecedentes

Cuando se pretende iniciar una aproximación superadora de la mera descripción histórica a la región sur del país, incorporada a la soberanía del Estado nacional argentino sobre la segunda mitad del siglo XIX, previo sometimiento armado de las sociedades indígenas, resulta importante destacar la imposibilidad de pensar al espacio patagónico como bloque uniforme y homogéneo. Si bien hay tendencias y procesos generalizables que permiten cierta "historia común", también hay características específicas importantes en cada uno de los subespacios que lo integran. En el caso de las áreas andinas, como ya se adelantara, las condiciones de mediterraneidad y aislamiento confirieron al territorio una particular singularidad. La Cordillera de los Andes, por su especial accesibilidad, particularmente en el norte y en el área más austral de la Patagonia, sirvió históricamente y desde las primeras etapas de ocupación indígena, de eje vertebrador de un espacio integrado socioeconómicamente con las provincias del sur chileno, que actuó y sobrevivió por encima de los límites políticos y administrativos impuestos al territorio a partir de su conquista militar.[7] Esto generó en tales áreas un proceso histórico con un grado importante de especialización regional, con su propio esquema de funcionamiento e intercambio y una organización socio-espacial acorde que admite un tratamiento diferencial. De hecho, no es posible pensar la historia de la región atendiendo solamente a sus límites territoriales, sin considerar la importancia de un área de frontera con existencia propia donde se habría definido históricamente un espacio social de particulares características.

En el caso de la norpatagonia, los estudios recientes han permitido ajustar viejos preconceptos sobre las formas de organización socioeconómica de las comunidades indígenas en la región. Se solía creer, con un alto grado de generalización, que las prácticas nómades de los pueblos aborígenes que habitaron el área, habitualmente definidos como recolectores y cazadores con una economía depredatoria basada casi exclusivamente en la práctica del malón -sustracción y arreo de los ganados pampeanos a Chile-, habían impedido la conformación de asentamientos fijos y estables que modificaran el estado natural del paisaje. Sin embargo, al estudiar las actividades productivas dominantes en etapas posteriores, particularmente la ganadería, es fácilmente comprobable la supervivencia de formas heredadas de esa primera organización social del territorio. Puede hoy considerarse, sin posibilidades de error, que las etapas iniciales en la ocupación del espacio regional se caracterizaron por una organización social impuesta

---

7 Compartimos, en este sentido, la idea de Jean Chesneaux cuando distingue la *frontera-zona* como área de aproximación y contactos económicos, sociales y culturales, en oposición a la *frontera-línea* como forma tradicional de tratar la frontera, o sea, como límite que demarca un territorio y divide poblaciones (Chesneaux, 1972: 180-191).

por las sociedades indígenas sobre la base de una actividad agrícolo-ganadera emplazada esencialmente en la faja de los faldeos cordilleranos. La primera, agrícola, mucho menos significativa y vinculada al consumo interno de la comunidad, y la segunda, ganadera, como elemento base de un activo intercambio comercial con las ciudades y puertos chilenos. Resulta entonces importante recalcar que el área occidental de los territorios norpatagónicos aparecía ya funcionando en esa etapa como región de esos centros (Chillán, Angol, Antuco) e *hinterland* de sus principales puertos sobre el Pacífico Sur (Concepción, Valdivia, Puerto Montt) (Varela y Bizet, 1993).

Sin duda que, aun con la persistencia de lagunas, la idea inicial sobre la organización económica de las sociedades indígenas de la región ha sufrido un cambio radical. No obstante ello, la inserción del espacio regional en las formas de producción capitalista generó cambios sustanciales derivados del hecho de que, hasta la conquista militar del espacio, la producción y los recursos eran de manejo comunitario; después de esta, la incorporación del espacio indígena como parte del territorio que se define como Nación Argentina trajo como correlato inmediato la apropiación privada de las tierras como recurso productivo. A partir de ese momento, los bienes de uso común se convirtieron en privados y la región se integró de otra manera -con mayor o menor grado de marginalidad- al sistema nacional e internacional vigente. De todas formas, conviene remarcar la necesidad de contar con esta base para reconocer en el espacio regional la persistencia de cierto tipo de relaciones en etapas posteriores, así como la perdurabilidad de las modalidades de uso de los recursos y del espacio social que toma como eje la Cordillera de los Andes, como características de la sociedad indígena que no se acaban con la mera ocupación blanca del espacio.

Durante la década de 1880 los ejércitos de ambos países lograron someter a las poblaciones indígenas de la región cortando la tradicional comunicación entre la Araucanía y las Pampas. El éxito de las operaciones militares permitió consolidar unidades territoriales nacionales "interrumpidas" hasta allí por la existencia de territorios indígenas. Expropiados estos a sus dueños originarios se impuso a la región una frontera, la Cordillera de los Andes, como límite geográfico y político. Sin embargo, la organización social de las áreas fronterizas continuó actuando casi inalteradamente, según ya adelantamos, por encima de la imposición de tales límites.

Los estudios fronterizos: los orígenes

> Al mundo fronterizo se le entiende hoy como un mundo complejo, capaz de generar situaciones muy singulares de convivencia social, violentas a veces, pero pacíficas también en otras. Un mundo en que el estilo de vida cobra una dimensión especial, obligando al investigador a penetrar en él con métodos y fuentes que, si bien no son del todo diferentes a los exigidos por otros temas del pasado, tienen un sesgo particular (Villalobos R. y Pinto R., 1985: 6).

Asociar el término "frontera" al concepto de "frontera militar" o "frontera administrativa" sería, al decir de los autores chilenos citados, mantenerse al margen de los progresos en las ciencias sociales. Justamente fueron los historiadores de ese origen los primeros en considerar que la intensa movilización comercial y las relaciones interétnicas eran características propias y distinguibles del funcionamiento fronterizo en la región que nos ocupa. De esta manera expresaban, en la historiografía chilena de la década de 1980, la necesidad de replantear los estudios del fenómeno fronterizo en el interés de trascender los análisis tradicionales, exclusivamente centrados en las cuestiones bélicas, y avanzar en la comprensión de la sociedad, la economía y la cultura del área de frontera (Villalobos R. y Pinto R., 1982 y 1985). Seguramente su condición de pioneros fue producto de haberse iniciado primero en Chile la consolidación de una situación fronteriza de intensos contactos hispano-indígenas.

Estos autores reconocían por entonces dos etapas bien diferenciadas en la vida fronteriza de la Araucanía chilena -región al sur de los ríos Maule y Bío Bío-, una de características estrictamente bélicas entre los años 1563 y 1655 y otra posterior de intenso contacto cultural y convivencia pacífica. A partir del siglo XVII la situación de paz se habría profundizado generando un importante avance de la integración, tanto económica como social, resultado de un activo tráfico comercial y de un elevado grado de mestizaje. Las autoridades españolas en Chile habrían generado distintas vías de adaptación a estas formas integradoras (parlamentos, paces, tratados, incorporación de indios al aparato burocrático-militar, etc.), preparando de algún modo el avance y conquista definitiva de la Araucanía hacia 1882. Esta especial situación habría incrementado notablemente la presencia de numerosos mercaderes que procedentes de distintas ciudades de Chile recorrían periódicamente las áreas cordilleranas en busca de ganado, ponchos y mantas, para conducirlos al importante mercado de consumo de la región central.

La cultura indígena mapuche, por su parte, habría sufrido a lo largo de más de trescientos años de contactos, con mayor o menor grado de inestabilidad social, política y militar, distintas formas de aculturación (mestizaje, incorporación del caballo, etc.), provocándose asimismo un acentuado proceso de vinculaciones entre el oriente y el occidente cordillerano con consecuencias muy significativas en las parcialidades locales. La magnitud del intercambio con lo hispano habría producido en los grupos indígenas el vuelco a la ganadería en desmedro de la agricultura, siendo también la intensa circulación cordillerana vía de difusión e incorporación de nuevos elementos culturales como el hierro y la plata, los cereales europeos, el uso del cuero de los animales domésticos, la importancia de la vida pastoril y la complejización de la organización política y militar.

Pero la preocupación de los autores chilenos por la región de la Araucanía se limitaba, básicamente, a la idea de frontera entre españoles e indios, marcando las diversas formas de contactos, bélicos o no, entre una sociedad dominante y una sociedad dominada, donde el predominio de una paz más o menos estable a partir de la segunda mitad del siglo XVII habría provocado el afianzamiento de las relaciones fronterizas. Sin embargo, según vimos, la consolidación de una situación de intensos contactos se extendió a través de la Cordillera de los Andes, conformando un área de frontera donde las especificidades de los distintos grupos indígenas comenzaron a perderse en función de un importante mestizaje y de una marcada homogeneización cultural, cuya mayor manifestación sería el uso generalizado de la lengua mapuche.

Ya en el siglo XVIII, y formando parte de esta "sociedad de frontera", los indígenas manejaban una vasta red de caminos y comercio que abarcaba un ancho corredor interregional entre el Río de la Plata y Chile, por el cual circulaban los ganados y bienes diversos del mercado colonial. El norte de la Patagonia argentina era parte sustancial de tal corredor y la isla de Choele Choel, en la actual provincia de Río Negro, era una parada obligada para el aprovisionamiento y el descanso de los animales. Los grupos cordilleranos oficiaban así de excelentes intermediarios entre los ganados de las pampas argentinas y la demanda chilena. Al respecto, las autoras Varela y Biset dedicaron un importante esfuerzo a reconstruir los procesos de cambio y transformación operados en los grupos del área de Neuquén a partir del contacto fronterizo, así como al rol de intermediación que ejercieron al controlar los pasos cordilleranos. Dicen al respecto: los indígenas, "cazadores y recolectores en la etapa prehispánica, pastores ecuestres y, finalmente, ganaderos y comerciantes, organizaron su patrón económico en función de la sociedad hispano criolla consumidora de sus productos" (Varela y Biset, 1993: 79-80). En efecto, esta sociedad requería de importantes cantidades de sal, carnes, cueros y sebo para su propio consumo y para su exportación al centro minero potosino y a otros asentamientos hispanos sobre el Pacífico Sur. En esas condiciones, los campos del área antecordillerana del norte patagónico resultaban excelentes para el acondicionamiento de los ganados antes de someterlos al esforzado cruce de los Andes.

Aunque la situación de conflicto estaba siempre presente, las relaciones fronterizas siguieron incrementándose durante todo el siglo XVIII, alcanzando niveles muy importantes de intercambio económico y social. En el siglo XIX los procesos independentistas de ambos países derivaron en mayores presiones territoriales hasta que, sobre la segunda mitad del siglo y mediante sendas campañas militares, se terminó por incorporar el espacio indígena a la soberanía de los respectivos Estados nacionales, resolviendo el secular conflicto a favor de los sectores dominantes.

Al exterminio, sumado a la expropiación y desafectación de los bienes de uso común a las poblaciones indígenas, le siguió la conformación de un marco político e institucional que asegurase el desenvolvimiento de la nueva organización social. El efecto inmediato de tales medidas en la Patagonia argentina fue el establecimiento de los límites administrativos de los nuevos Territorios Nacionales por Ley 1532 de 1884[8] y la fijación de una frontera política

---

8 Entre los años 1879 y 1885 el Estado nacional argentino encaró, de manera definitiva, la extensión de su soberanía a los territorios hasta entonces controlados por las sociedades indígenas -Chaco y Patagonia-. Un año antes, el 9 de octubre de 1978, se había sancionado la ley de creación de la Gobernación de la Patagonia con capital en Mercedes de Patagones, luego Viedma, cuyo primer gobernador fuera el militar Álvaro Barros. Con la sanción de la Ley nº 1532 del 16 de octubre de 1884 se crearon los Territorios Nacionales de Chaco, Formosa y Misiones en el norte, la Pampa en el área central del país y, en el sur, por división de la antes mencionada Gobernación de la Patagonia, los de Neuquén, Río Negro, Chubut, Santa Cruz y Tierra del Fuego, estableciendo sus superficies, límites, forma de gobierno y administra-

en la Cordillera de los Andes, que fue considerada, desde entonces, una barrera aislacionista, tal y como lo recogiera la historiografía nacional.

Sin embargo, como ya se dijera, la situación periférica de las zonas cordilleranas de la norpatagonia argentina le impuso a la región una posición de marginalidad respecto al modelo de inserción del país en el sistema internacional vigente, con clara orientación atlántica, motivando la supervivencia de los contactos socioeconómicos con el área del Pacífico por encima de la imposición de tales fronteras.

El marco de la inserción: la frontera interior

Ya en el siglo XIX, al tomar forma concreta la inserción de Argentina en el mercado internacional como país productor de bienes primarios, basada su economía en la ganadería extensiva y conformada la estancia como unidad productiva capitalista, la hacienda cimarrona -bien común de la nación indígena, base de su organización socioeconómica y producto fundamental del secular intercambio con Chile- comenzó a escasear y aun a desaparecer. Esto llevó a los grupos indígenas a la práctica del malón y lesionó en forma directa los intereses de los fuertes ganaderos bonaerenses en tanto sector dominante en el modelo de desarrollo vigente.

Extender y consolidar definitivamente la móvil frontera interior del país se convirtió entonces en la preocupación esencial de los distintos gobiernos y en objeto de políticas diversas durante toda la primera parte del siglo XIX. Una serie de conflictos internos a los que se había sumado la

---

ción. Hasta mediados de la década de 1950 en que se convirtieron en provincias -con la sola excepción de Tierra del Fuego que lo hizo en el año 1990-, los Territorios Nacionales fueron simples divisiones administrativas carentes de autonomía y absolutamente dependientes del gobierno central, que designaba a sus gobernantes y administraba sus rentas.

guerra con el Paraguay habían demorado y aun paralizado el avance de la frontera con el indio, pero la permanente amenaza sobre el sector productivo más fuerte del país, vinculado al comercio internacional, llevó a concreciones más definitivas subsidiadas por ese mismo sector. Sucesivas campañas militares, desarrolladas entre los años 1879 y 1885, completaron la ocupación total de la Patagonia con la rendición de los últimos caciques y la incorporación del espacio indígena a la soberanía del Estado nacional.

El dominio de los territorios fronterizos del sur del país tuvo en esos momentos una clara legitimación ideológica a través de la explicitada necesidad de superar "la barbarie" para asegurar "la civilización y el progreso".[9] Pero tuvo además, según venimos diciendo, un objetivo práctico que devino de intereses concretos de los sectores socioeconómicos dominantes, seriamente afectados por los malones indios y el permanente fluir de sus haciendas a Chile. Este objetivo se vio asimismo fortalecido hacia 1880 por la expansión económica del país, hasta ese momento predominantemente pecuaria, que exigía la incorporación de nuevas tierras que aliviaran la presión pastoril sobre las llanuras bonaerenses, a la vez que permitieran el incremento de los volúmenes de producción para una correcta respuesta a la demanda europea de lanas y carnes. El problema de la "frontera interna" se había convertido en la principal traba a la expansión de estos sectores, vinculados comercial y financieramente a las principales potencias económicas del momento, particularmente Inglaterra, que marcaban el perfil de la inserción argentina en el sistema mundial cuando todavía las economías europeas no podían subsidiar la producción primaria.

---

9 Las sucesivas expediciones militares mencionadas, particularmente la de Roca, se denominaron "Campañas al Desierto". En ese sentido, debe entenderse el término "desierto" con un eminente significado social más que físico, es decir, como sinónimo de "barbarie" o, lo que es lo mismo, como "vacío de civilización", tal y como lo entendían los sectores dirigentes en la segunda mitad del siglo XIX.

Hacia la década de 1870, las superficies de la pampa húmeda se encontraban ya sobrepastoreadas por vacunos y ovinos con una carga mayor que la que su receptividad natural admitía, por ello la necesidad de canalizar el excedente ganadero a nuevas tierras marginales. Por otra parte, la etapa de predominio lanar iniciada en el país alrededor de 1850, y favorecida por el incremento del precio internacional del producto, había provocado un aparente desplazamiento del vacuno de su lugar de preeminencia en la producción ganadera argentina. El surgimiento de la industria frigorífica y la utilización del sistema del congelado hacia 1880 valorizaron la carne ovina y produjeron una reorientación productiva en la búsqueda de razas de mejores aptitudes carniceras. El proceso de "desmerinizacion" así iniciado se expandió rápidamente en las tierras del sur bonaerense cuyos campos húmedos, bajos y más cercanos a los frigoríficos, admitían animales más exigentes en la alimentación. Esto provocó la necesidad de iniciar el desplazamiento del ovino hacia tierras marginales de los territorios patagónicos con condiciones aptas para la producción de lana.

Por consiguiente, la necesidad de incorporación de suelos menos favorecidos para la expansión de la ganadería extensiva en sus distintos rubros, más la inversión especulativa en tierras -muy importante en esos años-, son el macro nivel de análisis en el que debe necesariamente inscribirse el modelo de expansión territorial con escaso poblamiento que caracterizó la ocupación de los territorios patagónicos.

Es en este modelo de expansión que la Cordillera de los Andes se veía como "la llaga de la República" por la cual drenaban vacunos y ganancias. Por eso, desde la campaña de Roca en adelante, las sucesivas etapas en que se planeó el definitivo sometimiento del indio en Patagonia tuvieron como escenario de la fase final al territorio del Neuquén -o territorio del "triángulo", como se lo denominaba en la época-, cuya especial topografía le confería condiciones de aislamiento favorables a los últimos reductos indígenas en sus intentos defensivos, inútiles por otra parte ante la superioridad tecnológica del ejército nacional (incorporación del Rémington, uso del telégrafo, etc.).

A la llegada de las fuerzas militares, no había en la norpatagonia ningún asentamiento blanco "argentino". Hasta donde sabemos, solo pobladores provenientes del occidente cordillerano compartían el espacio con los indígenas en una generalmente sólida convivencia socioeconómica, como lo demuestra la presencia de asentamientos con cantidades significativas de población en el área cordillerana, donde de hecho existían, según venimos diciendo, una serie de contactos de notable supervivencia posterior.[10]

La nueva frontera

A medida que las tribus fueron desalojadas o mayoritariamente exterminadas o sometidas por el ejército, o por la viruela -arma de la "civilización" tanto o más letal que el Rémington-, se fue produciendo una nueva modalidad de ocupación del espacio patagónico cuya primera parte esencial sería la apropiación de la tierra de las sociedades

---

10 La magnitud de esos contactos se hizo evidente cuando, a la llegada de las fuerzas militares, los partes de la campaña, transcriptos por Manuel Olascoaga (1974: 148-256-367-368), informan de la existencia en el Noroeste neuquino de una población cordillerana denominada Malbarco -hoy Varvarco- con casi 600 habitantes entre indígenas, puesteros y hacendados chilenos que arrendaban terrenos a los caciques comarcanos. Había allí dos estancieros -Price y Méndez Urréjola- sólidamente instalados al momento de producirse la avanzada militar "contra el desierto". Indígenas y chilenos mantenían una particular convivencia en Malbarco, donde los funcionarios del país vecino extendían de hecho su autoridad a través de la presencia de subdelegados civiles, aunque reconociendo la base de poder de los caciques locales al propiciar el arriendo de sus tierras o la firma de tratados tendientes a obtener un trato favorable "... con las personas y haciendas de los chilenos residentes al otro lado de la cordillera" (AHPN, Tratado del 1° de enero de 1872 entre el Jefe de Operaciones de Frontera e Intendente de la Pcia. de Arauco, Gral. Basilio Urrutia, en representación del gobierno chileno, y embajadores y representantes de las tribus del Neuquén).

indígenas por parte del Estado nacional. De esta manera, al desposeer a estas comunidades de sus condiciones naturales de producción y transferirlas a nuevos dueños, se establecieron las bases de una formación social diferente.

El avance de las fuerzas militares argentinas, hecho sin duda favorecido por la simultánea participación de Chile en la Guerra del Pacífico, había provocado la inmediata emigración al país trasandino de gran parte de la población asentada desde antiguo en las áreas antecordilleranas. En consecuencia, una población "móvil y dispersa" encontrarían los primeros gobernadores de los recientemente creados Territorios Nacionales.[11] Sobre esta zona se trató de imponer una organización territorial acorde con el nuevo esquema de dominación. Es así como, a partir de un concepto de seguridad estratégico-militar, se dispuso la creación de fuertes y fortines, se establecieron capitales como centros políticos de autoridad máxima dentro del espacio conquistado y se pretendió afirmar la frontera política en la Cordillera de los Andes. Sin embargo, características estructurales de las actividades dominantes provocarían, según se adelantara, la supervivencia de las viejas formas de organización social heredadas de la etapa previa a la conquista militar del espacio.

Una vez producido el ordenamiento jurídico se garantizaron las condiciones de seguridad necesarias para la implantación de una nueva realidad socioeconómica, acorde con la incorporación productiva de las tierras conquistadas al nuevo modo de producción. Sin embargo, solo las mejores tierras se privatizaron en la norpatagonia por sus posibilidades productivas -especialmente los campos del sudoeste cordillerano- en un proceso lento en lo que a su concreta ocupación se refiere. Esto nos permite marcar una

---

11 Archivo General de la Nación, Informe del primer Gobernador del Territorio Nacional del Neuquén, Gral. Manuel J. Olascoaga, incluido en la *Memoria presentada al Congreso Nacional* por el Ministro del Interior Dr. Eduardo Wilde, Buenos Aires, Imprenta Sudamericana, 1888, p. 567.

primera singularidad de las áreas andinas norpatagónicas que las vuelve incomparables con las zonas costeras, como los análisis generalizadores pretenden. Las condiciones de aislamiento y mediterraneidad de las áreas andinas hacían que el consumo de su prácticamente única actividad productiva en la época, la ganadería extensiva, predominantemente vacuna, se encontrara estrechamente vinculado a la demanda chilena y absolutamente ajeno al tradicional mercado del Atlántico de la ganadería pampeana. De allí que la mayoría de los primeros adquirentes de tierras pertenecieran a influyentes sectores porteños que nunca se radicaron en la zona y que muy pronto vendieron sus tierras a sociedades chilenas que explotaban simultáneamente campos en ambos lados de la cordillera (Bandieri y Blanco, 1997).

En cuanto a la población blanca que efectivamente ocupó el territorio, su origen coincidió con las dos vías de penetración más importantes: la del este (bonaerense) que acompañó a las tropas expedicionarias y/o que migró posteriormente a esta zona, y la del oeste, ampliamente mayoritaria, proveniente de Chile. Una gran parte de esta población, de escasos recursos, ocupó tierras en forma espontánea dedicándose a la producción ganadera en unidades domésticas, practicando la trashumancia y conformando asentamientos dispersos que poco a poco dieron la nueva imagen de la organización espacial y social del territorio. Se trataba de una estructuración esencialmente débil, con epicentro en el área antecordillerana, basada casi exclusivamente en la práctica de la ganadería extensiva como actividad predominante y una integración con Chile muy marcada, ambas supervivientes de las modalidades socioeconómicas de los primitivos habitantes del territorio.

Es en razón de lo dicho que juzgamos oportuno priorizar en nuestras investigaciones sobre historia regional, el estudio pormenorizado de esas actividades productivas que fueran determinantes de la mayor organización social del espacio cordillerano y antecordillerano del territorio durante sus etapas iniciales. Se trata del área que por sus especiales características fisiográficas y sus posibilidades de rápido acceso al mercado chileno demandante, admitía un desarrollo redituable de tales actividades, particularmente la ganadera. En efecto, mientras que el ganado ovino era desplazado a los territorios patagónicos con litoral atlántico, las áreas cordilleranas continuaban pobladas de vacunos criollos destinados a satisfacer tal demanda.

Estudiar el tema de la circulación del ganado a través de la cordillera resultó entonces de vital importancia para reconstruir la compleja red de relaciones económicas y sociales vigentes en el área desde la etapa indígena. Pudimos demostrar así como al antiguo rol de intermediación cumplido por los grupos indígenas en las áreas cordilleranas patagónicas, se agregó a partir de 1880 una intensa actividad ganadera extensiva basada en la cría de ganado vacuno de tipo criollo, de buen peso y escasa calidad, destinado a satisfacer la demanda de consumo del país trasandino y, particularmente, sus industrias del cuero, sebo y salazón de carnes. Por la misma razón pudo explicarse la modalidad del asentamiento imperante en el área luego de la ocupación militar del espacio, donde los Departamentos de la zona antecordillerana mostraban la mayor densidad de población, que disminuía en tanto más se alejaba de los centros de consumo. Esto no hacía más que demostrar la supervivencia de las antiguas formas del asentamiento indígena y su vinculación con la actividad ganadera dominante y el destino de la producción regional.

Puede afirmarse entonces que, en el momento en que las principales regiones productoras argentinas apuraban el proceso de refinamiento de razas carniceras con destino al frigorífico y, vía la exportación, al mercado europeo del Atlántico, las zonas fronterizas de la norpatagonia producían ganado para la especial demanda de los centros del Pacífico. Esta situación se vio asimismo favorecida hacia los mismos años por el hecho de que la provincia de Mendoza, tradicional proveedora de ganado a Chile, incrementase su producción vitivinícola transformando sus potreros alfalfados en campos de vides.

Para comprobar lo dicho, puede observarse cómo en los territorios patagónicos con litoral atlántico el incremento del ganado ovino fue sustancialmente importante hacia principios de siglo, en tanto que en Neuquén, el más mediterráneo de todos ellos, las cifras eran poco representativas y reflejaban en términos generales una marcada estabilidad.[12] Puede inferirse que esto se debió en especial a las limitadas posibilidades de colocación de la producción ovina en el mercado de la zona chilena aledaña, acorde con la estructura económica dominante que describimos. En consecuencia, puede sostenerse que la generalizada especialización ovina con destino al mercado europeo que se atribuye a Patagonia no incluyó con igual importancia a sus zonas occidentales. El bovino, en cambio, aunque muy poco significativo a nivel de existencias totales del país, aparecía desde los primeros relevamientos censales con un peso importante a nivel regional registrando, en el caso neuquino, la mayor cantidad de cabezas con respecto al resto de Patagonia.[13]

Según venimos diciendo, el movimiento general de intercambios y comunicaciones del territorio, particularmente en sus áreas andinas, era especialmente activo y sostenido con Chile, pudiéndose constatar la presencia de un eje central que la Cordillera de los Andes vertebraba. La

---

12 Los censos agropecuarios de fines del siglo XIX y comienzos del XX reflejan claramente la situación aludida. En 1908, por ejemplo, sobre un total de más de 11 millones de cabezas ovinas en la Patagonia, solo 672.000 correspondían a Neuquén (Mrio. de Agricultura y Ganadería, Censos Agropecuarios Nacionales). Estos datos, al igual que los correspondientes a los censos subsiguientes, se encuentran desarrollados en Bandieri (1991b).

13 Según los mismos registros censales antes citados, en los años 1908, 1914 y 1922 la cantidad de vacunos relevados en Neuquén con respecto a los totales patagónicos representaban, respectivamente, los siguientes porcentajes: 23, 35 y 40%. Entre ellos, era marcada la predominancia de ejemplares criollos no refinados (alrededor del 90%).

circulación permanente de hombres y bienes era común a todo el espacio fronterizo y el comercio era fuertemente tributario de las plazas chilenas (Valdivia, Temuco, Victoria, Los Angeles, Chillán, Concepción, etc.), siendo la moneda trasandina, en consecuencia, la de mayor circulación.[14] En el país vecino se colocaban animales en pie, lanas, pelo, cueros, oro, sal, grasa, quesos y algunas plumas de avestruz, en un circuito comercial que ofrecía una serie de variantes: a través de agentes comerciales chilenos que periódicamente visitaban la región; mediante la presencia de los productores locales en las grandes ferias ganaderas de las ciudades chilenas o en acuerdos comerciales efectuados en la misma frontera.[15]

Según puede verse, las relaciones comerciales entre las áreas andinas norpatagónicas y las provincias del sur chileno tuvieron un carácter complementario y subordinado entre un área de cría y otra de compra y transformación. Mientras que las primeras cubrían la insuficiencia de carnes y otros derivados ganaderos como alimento y materia prima de actividades de transformación que se realizaban en

---

14 Esta situación se explicita en varias fuentes documentales, como por ejemplo el informe del funcionario nacional Gabriel Carrasco: "... el movimiento de giros o vales de comercio es grandísimo si se tiene en cuenta la poca población [...] la moneda papel chilena que para nosotros carece de valor es recibida corrientemente en el territorio del Neuquén con preferencia sobre la argentina y con premio sobre su cotización en el país que la emitió" (Carrasco, 1902).

15 El tema de la comercialización, sus mecanismos y flujos, reconstruidos a partir de una serie muy variada de fuentes, adquiere en este tema una fundamental importancia porque permite identificar y definir en el análisis histórico las estructuras dominantes en el espacio regional, así como los mecanismos originarios de acumulación de capital a través del sistema de circulación de mercancías. Para el movimiento de ganado, las fuentes primarias más importantes utilizadas fueron las guías (documentos extendidos por los Juzgados de Paz para controlar las existencias ganaderas y su comercialización). Aunque incompletas y, seguramente, con un alto nivel de subregistro, son las únicas fuentes que permiten una aproximación histórica más significativa a los movimientos de ganado en la región. Entre las fuentes secundarias, caben destacarse Arze Bastidas (1953); Lafontaine (1968) y Carrasco (1902).

Chile (curtiembres, graserías, saladeros, fábricas de jabón, textiles, etc.), este país le proveía de los bienes de consumo básicos (vinos, azúcar, cerveza, conservas, fideos, velas, jabón, maderas, artículos de mercería, tienda y papelería, té, café, harina de primera calidad, etc.).[16] Resulta significativa la venta en Neuquén de productos de transformación de la materia prima que la misma región proveía, como velas y jabón. La diferencia en fletes era notable con respecto a bienes de consumo que pudieran, eventualmente, llegar desde Buenos Aires u otros puntos del norte de Patagonia.[17]

Los contactos sociales en la frontera eran igualmente intensos, acorde con la mayor densidad demográfica del área en cuestión. A la masiva presencia de población de origen chileno correspondían prácticas culturales de igual origen, como el predominio de fiestas tradicionales y el mantenimiento de costumbres tales como contraer matrimonio y anotar el nacimiento de los hijos en ese país. Estas prácticas eran comunes a todo el interior rural de la norpatagonia.[18]

---

16 Un detalle completo de los productos chilenos que consumía la región puede verse en Archivo Nacional de Chile, *Boletín del Ministerio de Relaciones Exteriores,* Informe del Cónsul General de Chile en la República Argentina, Santiago de Chile, 1902, p. 232.

17 La excelente descripción regional de Gabriel Carrasco sirve también en esta ocasión para demostrar lo dicho: "Los artículos de primera necesidad cuestan dos y tres veces más que en el litoral argentino, de ello resulta que estando el territorio de Chile a 3 o 4 días de Chos Malal para los viajeros y bastando 8 o 10 para el transporte de las mercaderías entre la cabecera de un ferrocarril chileno y el pueblo nombrado [entonces Capital del Territorio del Neuquén], la mayor parte del comercio se haga con aquel país..." (Carrasco, 1902: 25)

18 La supervivencia histórica de tales prácticas puede verse claramente reflejada en la descripción que en 1920 hace de la región el inspector de Tierras Domingo Castro: "...en la zona de precordillera está la mayor parte de la población del territorio [...] el 80% de la población adulta es chilena, que tiene un inmenso cariño a su tierra y vive inculcando su tradición, usos y costumbres [...] sus hijos son inscriptos en la vecina república. Chilenos son también la mayor parte de los capitales, el comercio y la moneda que circula, especialmente en la parte norte del territorio donde no se conoce otra, a tal punto que cuando la Comisión Inspectora percibió los derechos de pastaje, los pobladores tuvieron que gestionar especialmente el dinero argentino,

Esta situación de permanentes contactos se mantuvo casi inalterable hasta 1930, en directa relación con la presencia de franquicias comerciales derivadas de la aplicación de la fórmula de "cordillera libre" al comercio fronterizo, coincidiendo con el período de mayor auge de la ganadería regional.[19] De esta manera se favorecía especialmente la situación de las áreas fronterizas productoras de ganado, que trasladaban libremente sus animales a través de la cordillera o los vendían directamente en la frontera, con las significativas consecuencias económicas a nivel regional que ya hemos señalado. Cabe consignar que no se pretende sostener la falta absoluta de contactos del territorio con otras regiones del país. De hecho, la llegada de la punta de rieles del Ferrocarril Sud a la confluencia de los ríos Limay y Neuquén y del ferrocarril del Estado desde San Antonio a Ing. Yacobacci en los primeros años del siglo XX, permitiría la salida alternativa de algunos productos hacia el área del Atlántico (cueros, pelo, lana), pero el comercio de ganado en pie siguió teniendo como mercado predominante el chileno.

Esta situación se vio profundamente alterada cuando, sobre inicios de la década de 1930, se produjo la supresión de las franquicias comerciales debido a la aplicación de medidas económicas de ambos países, que afectaron seriamente el desenvolvimiento de la actividad ganadera regional, así como el funcionamiento espacial del área de frontera en su conjunto. En efecto, a causa de la crisis

---

llegando los bolicheros, que hacían de agentes de cambio, a vender un peso argentino por cinco chilenos...". En Archivo provincial de Tierras –en adelante APT-, *Informes Grales. de la Comisión Inspectora del Neuquén*, dirigida por el Cptán. de Fragata Domingo Castro, Mrio. de Agricultura, Dcción. de Tierras, Tomo XIX, años 1921-22, pp. 37-38).

19 El régimen de "cordillera libre" para el comercio ganadero, especialmente defendido por la Argentina, logró imponerse con algunos retrocesos en las transacciones comerciales de esos años, hasta que la Primera Guerra Mundial marcó los primeros cambios significativos. En efecto, la Ley Arancelaria n° 3.066 del 1° de marzo de 1916 se dictó en Chile en concordancia con el discurso proteccionista que se había profundizado con el conflicto mundial.

internacional y la consecuente toma de medidas proteccionistas, se aplicaron a partir de 1930 severos controles aduaneros. El Estado chileno, dispuesto a cubrir con producción propia la demanda de consumo de su mercado interno, fijó un alto impuesto de internación al ganado argentino. A ello se sumó el adicional del 10% a las mercaderías de importación establecido por el gobierno argentino en 1931.[20] La cuestión se agravó por la aplicación de los acuerdos de ese mismo año sobre control de cambios, a partir de los cuales comerciantes y productores ganaderos debían necesariamente detenerse en la frontera a los efectos de que se les entregase la documentación de tránsito correspondiente, es decir, debían cumplirse los requisitos impositivos antes de realizarse la operación comercial. Esto alteró sensiblemente la modalidad imperante en las áreas de frontera, donde nunca las transacciones se hacían de manera anticipada. Estas medidas provocaron una primera paralización de las operaciones comerciales hasta que, años más tarde, la situación tuvo un corte definitivo en la década del 40 cuando la fase de industrialización de las economías nacionales supuso para el área mayores barreras aduaneras, hecho con el cual se terminó de descomponer el mercado específico de la producción ganadera regional.

El interior rural norpatagónico, particularmente sus áreas andinas, quedaron entonces separadas de su mercado natural por la imposición de medidas arancelarias aplicadas por ambos países al comercio fronterizo a partir de la crisis internacional de los años 1930, y definitivamente aislada del mismo hacia la segunda mitad de la década de 1940. Estas

20 A la aplicación por parte del Estado chileno de un considerable impuesto de internación de $80 por cabeza de ganado vacuno y $9 por lanar, se sumó el adicional del 10% aplicado a las mercaderías de importación por el gobierno argentino por decreto del 6 de octubre de 1931, prorrogado por Ley 11.588 (AGN, *Anales de Legislación Argentina*, Tomo 1920-1940, pp. 253-254).

decisiones políticas provocaron una verdadera paralización de las transacciones comerciales y, por ende, de las prácticas sociales señaladas, afectando a la totalidad del territorio.[21]

La nueva situación habría provocado una serie de consecuencias regionales tales como la profunda crisis de la actividad ganadera, el despoblamiento de las áreas rurales y la redistribución de roles de los actores sociales involucrados. Fue así como las unidades productoras más pequeñas, vinculadas a la práctica de una ganadería trashumante de características mixtas (vacunos, caballares, ovinos y caprinos), habituadas a comercializar libremente sus animales en pie en el área de frontera, pasaron a depender, por efectos de la reorientación comercial obligada, de la sucesiva intermediación de pequeños comerciantes –bolicheros- y acopiadores locales. Hemos asimismo demostrado como estos últimos, beneficiados por la nueva coyuntura, se convirtieron en la única vía posible de acceso al mercado nacional por parte de los pequeños y medianos productores, mayoritarios en el área. De tal modo, estos grupos fueron conformando las estructuras de poder a nivel regional y en su calidad de burguesía comercial accedieron luego al poder político provincial (Bandieri, 1991b y 2005b).

---

21 Numerosas fuentes documentales hacer referencia a la cuestión: "... el comercio de la zona [...] se ha efectuado desde muchos años atrás exclusivamente con la República de Chile, con cuyo país se establecía una corriente incesante de intercambio. Gran parte de los pobladores llevaban anualmente a aquel país diversos productos y volvían con lo necesario para la subsistencia de todo el año [...] Cerradas ahora las puertas del comercio a causa de los impuestos aduaneros, se ha producido un desequilibrio económico de apreciable magnitud, pues los habitantes ricos o pobres no pueden encontrar mercado propicio para colocar sus ganados y demás a causa de las grandes distancias que los separan de los lugares de consumo o puntos de embarque, a lo que se agregan los fletes a pagar" (AHPN, *Libro Copiador de Notas al Ministerio del Interior*, febrero 1933, fs. 174-175). Para mediados de la década de 1940, la situación había cambiado radicalmente: "Los derechos de aduana para importar y exportar a Chile han modificado fundamentalmente muchas de las costumbre imperantes desde hace años. Ahora se consume mercadería argentina hasta en los lugares próximos a la frontera internacional" (*Libro Histórico Nº 1*, Escuela Nacional Nº 15 de Chos Malal, fundada en 1887 -actual Escuela de Frontera Nº 3- 1946, fo. 32).

En síntesis, para el territorio del Neuquén, por su posición mediterránea absolutamente ajena al comercio atlántico en sus primeras etapas históricas, la vinculación con Chile fue siempre crucial y, de hecho, práctica continua y cotidiana. Nuestras investigaciones han permitido demostrar desde la historia tal vinculación, donde en un claro modelo de economías complementarias entre un área de ganadería extensiva orientada a la cría -Neuquén- y un área de consumo y transformación -Chile-, los permanentes contactos fronterizos a través de la Cordillera de los Andes permitieron que la región andina funcionara, durante la etapa de mayores franquicias comerciales (1880-1930), como *hinterland* de los centros urbanos y de los principales puertos chilenos sobre el Pacífico Sur.

Este fenómeno se repetiría en los valles andinos rionegrinos y chubutenses, así como también lo haría la influencia del mercado transcordillerano en el desarrollo pastoril y en el poblamiento espontáneo de estas zonas por sectores de distinta posición social, que cruzaban la cordillera como parte de las prácticas heredadas del propio funcionamiento regional en la etapa de predominio indígena (Finkelstein y Novella, 2001). Muchos de estos pobladores, particularmente los de bajos recursos –incluidos indígenas sobrevivientes- ya estaban en el lugar desde etapas anteriores. De esta manera, fue posible revisar otra creencia consolidada por la historiografía nacional argentina respecto del exclusivo sentido este-oeste de la ocupación patagónica, que ha sido siempre estudiada en relación con la expansión ovina y su incorporación atlántica a los mercados de ultramar, así como con la suposición generalizada de que la misma habría sido posterior a 1880, dando por supuesto que las campañas militares hicieron tabla rasa con la ocupación anterior. Asimismo, se complejiza la mirada que suponía que las inversiones extranjeras en tierras de la Patagonia estaban casi exclusivamente vinculadas al proceso de expansión de esos capitales, particularmente ingleses, en el conjunto de la economía argentina. En este caso, las nuevas investigaciones permiten ver estrategias combinadas de esos capitales que invertían en uno y otro país para controlar simultáneamente los mercados del Pacífico y del Atlántico.

Por último, cabe agregar que esta expansión hacia el oriente cordillerano también se acompaña, aunque en menor medida, en el sentido inverso, por incursiones de empresarios radicados tempranamente en la Patagonia argentina que extendieron sus actividades al área chilena, muchas veces a partir de contraer matrimonio con mujeres de ese origen, lo cual les permitió acceder a la propiedad de fundos en ese país.

Asimismo, en el área fronteriza central de Chubut que se corresponde con Coyhaique y Puerto Aisén en Chile, se observan particularidades que la diferencian del resto del espacio regional que venimos describiendo. A diferencia de los casos anteriores, la lejanía y las dificultades de comunicación con los centros urbanos de Chile más importantes del sector -Punta Arenas y Puerto Montt- facilitaron la natural conexión de la zona con los puertos del Atlántico, particularmente con Comodoro Rivadavia, así como el poblamiento en sentido inverso (Torres, 2002). Un espacio común de inversiones de capital, explotaciones ganaderas, flujos de población y variados vínculos socioeconómicos caracterizaron también a esta región fronteriza, solo que con una orientación temprana hacia el Atlántico. Una particularidad a destacar es la de migrantes chilenos asentados en la Argentina que reingresaron a su país para acceder a tierras en este lugar, junto con pobladores argentinos que también colonizaron el área. Las localidades chilenas de Futaleufú y Balmaceda, originadas a partir de estos grupos de colonos que ingresaron desde Argentina, es un claro ejemplo de este proceso inverso de ocupación que venimos describiendo.

La Patagonia austral

Como ya se adelantara, también los estudios históricos realizados desde Argentina y Chile referidos a las zonas más australes del continente americano muestran la expansión de los sectores económicos chilenos hacia la Patagonia argentina, donde espacios periféricos a los modelos económicos dominantes en ambos países habrían funcionado con una dinámica propia al menos hasta la década de 1920, extendiéndose en algunos casos hasta las décadas de 1930 y 40.

Luego, factores de diversa índole habrían provocado la ruptura de tal funcionamiento regional, generándose a partir de entonces una mayor inserción económica de la zona austral en el espacio nacional argentino, visible, entre otras cosas, en la nacionalización de los más importantes capitales chilenos que lideraban tal funcionamiento, como es el caso del grupo empresario Braun-Menéndez Behety, propietario de "La Anónima".

Esta dinámica de funcionamiento regional, aunque debilitada a causa de la pérdida del monopolio de la comunicación interoceánica del estrecho de Magallanes por la apertura del canal de Panamá en agosto de 1914, habría seguido siendo importante hasta la crisis internacional de los años 1930, cuando la hegemonía histórica de Punta Arenas se debilitó notablemente, cortándose definitivamente luego de 1943, en el momento en que los respectivos Estados nacionales acentuaron una serie de políticas que marcarían rumbos divergentes y a veces competitivos, cuando no enfrentados por serios conflictos limítrofes (Martinic B., 2001).[22]

---

22 En las exportaciones patagónicas al área magallánica de Chile correspondientes al año 1940, los ovinos en pie constituían todavía un alto porcentaje del valor total de las mismas, en tanto que se importaban de los centros chilenos maderas y carbón. De todos modos, las cantidades eran considerablemente menores a las de los períodos anteriores, cuando no existían barreras aduaneras (véanse cifras en Juan Hilarión Lenzi, "Ubicación de la Patagonia

Sometidas las poblaciones indígenas, se implementaron una serie de leyes para la distribución de las tierras ganadas a las sociedades indígenas (Bandieri y Blanco, 2009), con especiales características para los territorios del extremo más austral de la región. En la década de 1890, con el objeto de "activar la formación de un mercado de tierras patagónico", el Estado argentino comenzó una intensa campaña de venta de superficies con importante propaganda en Europa. A esos fines se sancionó en el año 1894 la Ley Especial n° 3.053, que aprobaba el contrato firmado dos años antes entre el presidente Carlos Pellegrini y el prestamista alemán Adolfo Grünbein. Por este acuerdo el gobierno vendía en forma directa, con inmejorables condiciones para el comprador, una superficie de un millón de hectáreas a elección del interesado en los territorios de Chubut y Santa Cruz, aunque solo afectó a este último. Los argumentos utilizados por el gobierno se centraban en que las tierras vendidas eran de "calidad inferior" –aun cuando todavía no se habían explorado ni mensurado-, siendo por lo tanto una operación "muy beneficiosa" en precio y resultados. Grünbein, casado con Sofía Seeber, y por esa vía emparentado con grandes capitales porteños, era el gestor de una sociedad alemana creada en 1886 -"Sociedad Augusto Link y Cía."- dedicada al comercio de exportación e importación; del Banco de Amberes y de dos estancieros santacruceños -Juan Hamilton y Tomas Saunders- que conocían la zona y sus posibilidades productivas, quienes recibirían tierras y un porcentaje sobre las ventas. A pesar de la repercusión pública negativa de este verdadero negociado, el gobierno nacional suspendió todo trámite de entrega de tierras en Santa Cruz entre 1892 y 1895 hasta tanto Grünbein eligiera los lotes a ocupar. Finalmente, y mediante importantes

---

y Magallanes en el intercambio comercial chileno-argentino", revista *Argentina Austral* –en adelante RAA-, año XIII, nº 132, junio 1942: 8-9; y Maximiliano Errázuriz, "Discurso pronunciado en la sesión del Parlamento chileno del 21/4/1942 a favor de la supresión de barreras aduaneras entre Chile y la Argentina", en RAA, Ibídem: 6-7).

ganancias para los intermediarios, estas tierras fueron distribuidas entre 21 propietarios, 14 de los cuales eran grandes empresas ganaderas ya instaladas en Chile y Santa Cruz, que aprovecharon la oportunidad para ampliar sus propiedades, a la vez que el grupo inversor obtenía significativas ganancias (Bandieri, 2006).

Por otra parte cabe destacar, en este proceso de entrega de tierras públicas, el interés por captar a pobladores británicos establecidos en Malvinas,[23] a los cuales se sumaron, luego de la firma del tratado limítrofe con Chile en 1881, importantes grupos económicos de la localidad chilena de Punta Arenas, de donde provendría una de las más importantes corrientes de ocupación del sur patagónico. Las posibilidades productivas de la zona para la crianza de ovinos -introducidos primeramente desde Malvinas- eran ya conocidas y, para fines de siglo, el número de animales había crecido considerablemente, lo cual incrementó la presencia de importantes inversionistas extranjeros en la región.

Recuérdese que Punta Arenas era por entonces el punto más dinámico del sur chileno por su estratégica posición dominante en la comunicación interoceánica, mientras que un gran vacío productivo y demográfico caracterizaba al área comprendida entre Puerto Montt y la región magallánica –las "tierras de entremedio" como se conocían entonces-, de intrincada geografía. Ello facilitó que la influencia de Punta Arenas se consolidara en el área sur del continente. El sector argentino de la Patagonia austral, periférico y marginal al modelo agroexportador vigente por entonces en la Argentina, fuertemente vinculado a la producción de las pampa húmeda, proveía de carne ovina congelada a los mercados europeos a través del puerto magallánico y de su industria frigorífica. Sobre fines de

---

23 Conocidos inversionistas como Eberhard, Felton, Halliday, Scott, Rudd, Clark, Seeger, Wood, Waldron y Greenshield, de origen británico, colocaron capital en la explotación ovina como parte de una estrategia empresarial más amplia, sin que ello implicase necesariamente su radicación en la zona (Güenaga, 1994).

1910 puede ubicarse el momento de mayor auge de esta actividad en la ciudad del estrecho, cuando la provisión de ovinos argentinos constituía hasta el 50% de los animales sacrificados con destino a los mercados de ultramar (Martinic B., 1975: 305).[24] También lanas y otros derivados eran absorbidos mayoritariamente por el centro chileno. Aunque la perdurabilidad de estos circuitos en sus manifestaciones más tardías puede extenderse, según vimos, hasta le década de 1940, es en la segunda década del siglo XX cuando se inicia su deterioro más importante. Esto en coincidencia con las consecuencias de la primera guerra mundial, la implantación de impuestos aduaneros y, por sobre todo, los cambios en el tráfico marítimo internacional vinculados a la apertura del canal de Panamá, que afectaron la rentabilidad de estas empresas obligándolas a reorientar de manera definitiva sus intercambios hacia los puertos del Atlántico.

De Punta Arenas provendrían entonces las más tempranas iniciativas de ocupación económica del área más austral de la Patagonia por parte de importantes hombres de negocios que concentrarían una serie de actividades económicas propias de la región, como la casa de lobos marinos, el rescate de cargas naufragadas -"raques"-, la explotación de oro, el comercio y el cabotaje regional, iniciándose como ganaderos en la Patagonia sobre fines de la década de 1880, con campos ubicados a uno y otro lado del estrecho y de la frontera internacional. Del sur chileno provino también la primera casa bancaria de la Patagonia austral, instalada en Río Gallegos en 1899, filial del Banco de Tarapacá y Londres de Punta Arenas, más tarde absorbido por el Banco de Londres y América del Sur. La persona designada para instalar la nueva sucursal, Francisco Campos Torreblanca, fue también miembro de la familia

---

24 Sobre la importancia de esta actividad, puede verse también: Archivo Nacional de Chile –en adelante ANCh-, "La industria de carnes en Chile", en *Boletín del Centro Industrial y Agrícola*, año III, Nº 33, Santiago de Chile, 1º-2-1912: 727-740.

Braun-Menéndez Behety, director fundador de "La Anónima" e integrante del directorio de la Compañía Frigorífica del mismo grupo familiar, con lo cual se vuelven evidentes las vinculaciones existentes entre los capitales ganaderos, industriales, comerciales y financieros de ese origen instalados en la región.

Conclusiones

El auge de la economía exportadora en la Argentina de la segunda mitad del siglo XIX derivó en un especial interés historiográfico por develar la "historia nacional" a partir del análisis de la estructura socioeconómica de las regiones especialmente favorecidas por ese desarrollo. Si bien se admitía la persistencia de tendencias comerciales centrífugas en las áreas fronterizas del país, se suponía que la integración territorial lograda a partir de la expansión ferroviaria de los años 1880 había finalmente actuado en favor de la conformación de un mercado interno y, por ende, eliminado definitivamente tales tendencias. Los avances más recientes en la investigación histórica regional obligan a revisar tales enunciados.

En efecto, en las regiones periféricas a tal modelo de desarrollo, como es el caso de las áreas andinas, la supervivencia de los mercados tradicionales y de las tendencias comerciales centrífugas se mantuvieron por encima de la consolidación de las respectivas situaciones nacionales, al menos durante todo el siglo XIX y buena parte del XX.

La red de intercambios económicos y demográficos entre ambos lados de la cordillera se vio favorecida durante muchos años por el predominio de los acuerdos entre los dos países, donde primó la fórmula de "cordillera libre". Posteriormente, alrededor de las décadas de 1930 y 1940, etapas de consolidación de las respectivas situaciones nacionales llevaron a la sucesiva aplicación de restricciones arancelarias y no arancelarias que cortaron de manera prácticamente definitiva el intercambio comercial, interrumpiendo el tradicional funcionamiento de la región que, desde entonces, debió readecuar sus estructuras socioeconómicas al nuevo cambio de orientación.

Pudo comprobarse así la especificidad del territorio que nos ocupa, particularmente en relación con el corrimiento ovino que luego de las campañas militares incorporó a la Patagonia al sistema nacional, afectando mayormente a los territorios con litoral atlántico. En las áreas fronterizas, en cambio, habrían perdurado formas relictuales de organización socioeconómica heredadas de la etapa indígena inmediata anterior. La organización social del espacio se habría dado en las mismas áreas cordillerana y antecordillerana que anteriormente ocuparan los grupos indígenas, aquella que reconocía antecedentes previos de la actividad ganadera y que funcionaba como región de los centros chilenos. El límite fronterizo impuesto a la región en la Cordillera de los Andes no habría afectado tal funcionamiento ni la expresión socio espacial de la actividad, al menos de inmediato.

Esto habría determinado en las áreas andinas patagónicas una densidad de ocupación acorde con las características de los recursos y la demanda de bienes producidos por parte del sistema urbano chileno. Por ello, la debilidad de la ocupación humana del espacio era mayor en cuanto más se alejaba de los centros de consumo. El estudio particularizado de las actividades económicas dominantes en las primeras etapas históricas, especialmente la ganadería, y sus condiciones estructurales de dependencia y relación con el mercado chileno hasta la década de 1930 y 40, permitió conocer las causas de la modalidad de asentamientos imperante en el área y sus consecuencias socioeconómicas derivadas. Asimismo, el definitivo cierre comercial de la frontera con Chile en la década del 40, habría sido el determinante estructural del cambio económico que alteró los flujos de circulación con serias consecuencias sociales para gran parte del interior del territorio en sus áreas andinas, particularmente en el noroeste.

Por eso mismo se sostiene que la llegada del ferrocarril a algunos puntos del territorio no actuó como elemento disruptor, al menos de inmediato, de la integración con Chile que tradicionalmente había caracterizado a los territorios patagónicos, particularmente en sus áreas de frontera. Sería este, sin duda, un factor coyuntural de importancia, determinante como ya dijimos del desarrollo de las áreas portuarias sobre el Atlántico, y muy vinculado al desarrollo de otras actividades productivas -agricultura intensiva bajo riego, explotación de hidrocarburos, etc.- que producirían cambios en el ordenamiento espacial y actuarían como factores de localización de población en las áreas de meseta y en los valles irrigados a partir de comienzos de siglo. Pero el ferrocarril no incidiría en forma definitiva sobre la organización económica de las áreas fronterizas sino hasta el definitivo cierre de la frontera comercial con Chile ya señalado.

Resulta indudable que la complementariedad de ambos circuitos fue funcional a productores y comerciantes de ambas naciones durante un largo período, solo que, cuando los aranceles y los controles fronterizos modificaron tal situación, las prácticas también se modificaron, aunque no de manera definitiva ni inmediata. Baste para ello recordar que el contrabando de ganados a Chile figura en el imaginario regional como elemento central del enriquecimiento de algunas importantes familias neuquinas vinculadas luego al poder político provincial.

Sin duda que, mientras la vía del Pacífico fue posible, pero por sobre todo rentable, se mantuvo, no importando la escala de producción de los ganaderos ni el origen o procedencia de los comerciantes. Mientras el negocio produjo utilidades, hubo comerciantes argentinos instalados en el territorio que comerciaban con Chile, así como ganaderos de ese origen con tierras en la Argentina que utilizaban los puertos para sacar parte de su producción por el Atlántico. De todas maneras, conviene conocer los efectos regionales de la reorientación mercantil señalada, por cuanto con ella se relaciona una sentida crisis de la ganadería regional y un gradual pero importante despoblamiento de las áreas rurales más pobres, circunstancia que solo es válida para el norte patagónico por cuanto las grandes empresas del sur optaron, como ya se viera, por nacionalizarse argentinas.

Es en razón de lo dicho que sostenemos que cualquier historia regional que pretenda en la Patagonia ajustarse a los límites territoriales, particularmente en sus áreas fronterizas, corre el serio riesgo de no alcanzar nunca niveles explicativos adecuados. Las historias provinciales, con límites predeterminados que no se justan a la realidad socioeconómica vigente en las distintas etapas históricas, se vuelven así inadecuadas para la cabal comprensión del funcionamiento de la región. En consecuencia, esta deberá necesariamente tener, para cada tiempo histórico, dimensiones particulares y no necesariamente sujetas a límites espaciales precisos.

Por lo consiguiente, la idea de considerar que el proceso de constitución del mercado interno argentino estuvo indisolublemente ligado al proceso de consolidación del Estado nacional, debería hoy relativizarse a la luz de los avances en las investigaciones regionales. Podría resultar, en cambio, sugerente, avanzar en precisar la hipótesis respecto de que la crisis del modelo agroexportador en los años 1930 y la profundización de un modelo alternativo en los 40, habría motivado la necesidad de nuevas definiciones nacionales que incorporasen a las áreas periféricas del país. Con ello se relacionarían directamente las medidas de cierre comercial de las fronteras y su efecto obligado de cambio en la articulación regional de las áreas andinas.

Bibliografía

ARZE BASTIDAS, A. (1953), *Señores de la tierra,* Santiago de Chile, s/e.

BANDIERI, S. (1991a), "Espacio, economía y sociedad regional. Neuquén: el auge del ciclo ganadero y la organización social del espacio (1879-1930)", en *Entrepasados,* Revista de Historia, año I, N° 1, Buenos Aires, Estudio RPR S.A.

BANDIERI, S. (1991b), "Frontera comercial, crisis ganadera y despoblamiento rural. Una aproximación al estudio del origen de la burguesía tradicional neuquina", en *Desarrollo Económico,* nº 122, julio-septiembre, Buenos Aires, IDES.

BANDIERI, S. (1996), "Áreas marginales y mercado interno. Un ajuste de periodización", en Jorge Pinto Rodríguez (ed.), *Araucanía y Pampas. Un mundo fronterizo en América del Sur,* Temuco, Chile, Ediciones Universidad de la Frontera.

BANDIERI, S. (2001a), "La posibilidad operativa de la construcción histórica regional o cómo contribuir a una historia nacional más complejizada", en Fernández, S. y Dalla Corte, G. (comp.), *Lugares para la Historia. Espacio Historia Regional e Historia Local en los estudios contemporáneos,* Rosario, UNR [2da. edición 2005].

BANDIERI, S. (coord.) (2001b), *Cruzando la cordillera... La frontera argentino-chilena como espacio social,* Neuquén, CEHIR-UNCo. [Segunda edición EDUCO –Editorial Universitaria UNCo., 2006].

BANDIERI, S. (2005a), *Historia de la Patagonia,* Buenos Aires, Sudamericana [2da. edición 2009; 3ra. edición 2011].

BANDIERI, S. (2005b), "Asuntos de familia. La construcción del poder en la Patagonia, el caso de Neuquén", en *Boletín del Instituto Ravignani,* Nº 28, Buenos Aires, UBA, segundo semestre.

BANDIERI, S. (2010), "Del Pacífico al Atlántico: políticas de Estado y reorientación mercantil de la ganadería patagónica", en *Cuadernos de Historia* nº 32, Departamento de Ciencias Históricas, Facultad de Filosofía y Humanidades, Universidad de Chile, marzo.

BANDIERI, S. (2015), "Inversión multiimplantada: tierras, comercio y finanzas en la Patagonia austral", en Blanco, G. y Baeza, B. (coord.), dossier: "Desde la Patagonia. Tierra actividades económicas y actores sociales", *Revista Estudios del ISHIR*, Vol. 5, N° 13, Rosario, 2015 (https://goo.gl/RDr0LI).

BANDIERI, S. y BLANCO, G. (1997), "Propietarios y ganaderos chilenos en Neuquén: Una particular estrategia de inversión (fines del siglo XIX y comienzos del XX)", en *Estudios Trasandinos* nº 2, Revista de la Asociación Chileno-Argentina de Estudios Históricos e Integración Cultural, Santiago de Chile.

BANDIERI, S. y BLANCO, G. (2009), "Política de tierras en los territorios nacionales. Entre la norma y la práctica", en Blanco G. y Banzato G. (coords.), *La cuestión de la tierra pública en Argentina. A 90 años de la obra de Miguel Ángel Cárcano*, Rosario, Prohistoria.

BARBERÍA, E. (1992), "Chile y Argentina. Una región autárquica en el sur, 1880-1920", en *Revista Waxen*, Nº 6, Río Gallegos, Universidad Federal de la Patagonia Austral –UFPA-, Río Gallegos.

BARBERÍA, E. (1995), *Los dueños de la tierra en la Patagonia Austral, 1880-1920*, UFPA, Río Gallegos.

CARRASCO, G. (1902), *De Buenos Aires a Neuquén*, Buenos Aires, Imprenta Sudamericana.

FINKELSTEIN, D. y NOVELLA, M. (2001), "Frontera y circuitos económicos en el área occidental de Río Negro y Chubut", en Bandieri, S. (comp.) (2001b).

GÜENAGA, R. (1994), *Santa Cruz y Magallanes. Historia socioeconómica de los territorios de la Patagonia Austral argentina y chilena (1843-1925)*, IPGH, México.

LAFONTAINE, A. E. (1968), *Quijotes de poncho*, Buenos Aires, Kraft.

MARTINIC B., M. (1976), "La expansión económica de Punta Arenas sobre los territorios argentinos de la Patagonia y Tierra del Fuego, 1885-1925", en *Anales Instituto de la Patagonia*, Punta Arenas.

MARTINIC B., M. (2001), "Patagonia Austral: 1885-1925. Un caso singular y temprano de integración regional autárquica", en Bandieri, S. (comp.) (2001b).

OLASCOAGA, M. (1974), *Estudio topográfico de La Pampa y Río Negro*, Buenos Aires, Eudeba.

OSSONA, J. L. (1990), "La evolución de las economías regionales en el siglo XIX", en Mario Rapoport (comp.), *Economía e Historia. Contribuciones a la Historia Económica Argentina*, Buenos Aires, Ed. Tesis.

SEPÚLVEDA, S. (1956), "El trigo chileno en el mercado mundial, Ensayo de Geografía Histórica", en *Informaciones Geográficas*, Órgano Oficial del Instituto de Geografía de la Universidad de Chile, año VI, Sección Documentos, número único, Santiago de Chile.

TORRES, S. (2002), "La zona cordillerana Chubut-Aysén. Una sociedad fronteriza en la primera mitad del siglo XX", *Anuario IEHS* 17, Tandil, UNCPBA.

VARELA, G. y BISET, A. M. (1993), "Entre guerras, alianzas arreos y caravanas: los indios del Neuquén en la etapa colonial", en S. Bandieri, O. Favaro y M. Morinelli, *Historia del Neuquén*, Buenos Aires, Plus Ultra.

VILLALOBOS R., S. y PINTO R., J. (comp.) (1985), *Araucanía. Temas de historia fronteriza*, Temuco, Chile, Ed. de la Universidad de la Frontera.

La cuestión agraria

La saga continúa: la historiografía rural de la campaña de Buenos Aires en la primera mitad del siglo XIX

Nuevos aportes

Daniel Santilli

Hace un tiempo Eduardo Miguez presentaba un trabajo en la Red de Estudios rurales, en el Instituto Ravignani, con un título muy provocador, "Del feudalismo al capitalismo agrario: ¿el fin de la historia... agraria?" (Miguez, 2015). Más allá de la agudeza o no del título elegido -y la singular provocación- la presentación hacía referencia al grado de desarrollo que había, que ha adquirido, la historia agraria del Río de la Plata, más precisamente en lo que se conocía a principios del siglo XIX como la campaña de Buenos Aires. Reconocía Miguez que ese desarrollo había llevado a una conclusión generalizada en buena parte de la historiografía académica, acerca de un grado de consenso sobre el devenir histórico de nuestra región entre fines de la Colonia y la primera mitad del siglo XIX. Ese acuerdo implicaba la aceptación de ciertos rasgos que se discutieron con la historiografía previa de la región. Estos eran la presencia en la campaña de una multitud de familias donde se suponía que solo había vacas y grandes estancias, con una mano de obra misógina sometida totalmente a los designios de los propietarios, los grandes estancieros. Se trataba de conformaciones familiares que, por lo general, tenían por lo menos uno de sus integrantes migrante del interior, y en muchos casos los dos y parte de sus hijos. A su vez, la comprobación de que la producción cerealera era tan importante como para que el diezmo que pagaba superara con creces al de la ganadería, cuyos cueros, futuro principal bien de exportación, todavía no se podía comparar con la producción del resto del litoral. Producción agrícola y ganadera de la campaña que se volcaba mayoritariamente al consumo de la Ciudad de Buenos Aires, funcionando como un mercado ávido de alimentos para una población de 40.000 almas cuyas actividades estaban en otro lado: el comercio, la burocracia virreinal, el ejército y las actividades urbanas en general.

Luego de la ya legendaria disputa por el prototipo del gaucho (Mayo, Amaral, Garavaglia y Gelman, 1987), los estudios de los últimos años 80 y los 90 confirmaron definitivamente la hipótesis sobre el desarrollo agrario y la conformación social de la región. Al esclarecedor conjunto de estudios presentados por José Luis Moreno y Juan Carlos Garavaglia (1993) sobre las estructuras demográficas y productivas, siguieron los del mismo Garavaglia sobre San Isidro (1993), de Mariana Canedo (2000) sobre San Nicolás y de José Mateo sobre Lobos (2001), que dibujaron fielmente la sociedad, mientras que otros configuraban las estructuras productivas, desde el funcionamiento de la estancia (Amaral, 1998; Garavaglia, 1999), al de la mano de obra (Mayo, 1995; Gelman, 1998); en conjunto dieron forma a este paradigma. Atrás quedaban la apuesta de la historiografía liberal del destino manifiesto ganadero, con estancieros y gauchos, como la de cierta izquierda acerca de la preeminencia de un sistema basado en el peonaje sometido en la campaña (Azcuy Ameghino y Martinez Dougnac, 1989; Azcuy Ameghino, 2002), con grandes terratenientes dueños de la mano de obra. A su vez, se demostraba que ese mercado urbano estaba abastecido por una miríada de pequeños productores de cereales y de ganado vacuno (Garavaglia, 1991; Gelman, 1993; Garavaglia, 1994) y que incluso en las actividades más proclives a la concentración, como la molienda de trigo y la comercialización de harinas no estaban monopolizadas en absoluto, a pesar de la preponderancia de algunos panaderos.

Pero justamente la reflexión de Miguez concluía acertadamente con la convicción de que este nuevo paradigma no estaba impuesto más allá de las estructuras académicas, que seguía primando el modelo previo de la predestinación ganadera de la región y de sus pobladores. Para el investigador ese era el relativo fracaso de la propuesta, a la vez que el desafío de las generaciones futuras, poder difundir y consensuar tal paradigma. Es el reto y la apuesta de la mayoría de los escritos que intentan hacer el resumen para difusión; que la visión académica, tan dificultosamente reconstruida, pueda transformase en el paradigma interpretativo de la campaña rioplatense tardo colonial y primera etapa independiente.

La intención de este trabajo entonces es la de continuar con esas reflexiones previas sobre la marcha de la historia agraria pampeana. Excelentes estados de la cuestión han sido escritos por los principales protagonistas de esta historiografía,[1] por lo que solo vamos a continuar ese resumen, que seguramente será incompleto; pedimos por adelantado las disculpas del caso. Justamente la necesidad de renovar los estados de la cuestión con tanta frecuencia habla de la vitalidad de la disciplina. Sin embargo, y tal vez para darle la razón a Miguez, en el sentido de que se ha llegado a cierto consenso académico, hace ya diez años que no tenemos un nuevo estado de la cuestión, a pesar de que como se verá, la profusión de trabajos y la diversificación adquirida ha ido *in crescendo*. La razón es posiblemente la gran diversidad que compartimentó los estudios al punto tal que se han generado ramas o subdisciplinas muy específicas con diversos tópicos a los que nos referiremos. Esta complejidad no nos permitirá ser lo suficientemente amplios como para que no se nos escape alguna de esas especificidades o algún autor que se exprese a través de las mismas.

---

1 Por ejemplo, solo los últimos y tratando de respectar el orden de aparición (Garavaglia y Gelman, 1998; Fradkin y Gelman, 2004; Fradkin, 2006a).

Los trabajos presentados entre fines del siglo XX y principios del actual tenían en común el estudio micro analítico de un determinado espacio de la campaña, abarcando la mayor parte de la vida de esa comunidad. Está presente esa intencionalidad en los estudios sobre Lobos, San Isidro y San Nicolás, ya citados. Ese tipo de análisis, amplio y pormenorizado, enfocando la lupa para ver las particularidades del espacio, se continúa durante la primera década del actual siglo, pero su especificidad hace que cada vez se preste atención a aspectos que no interesaron particularmente en la primera aproximación, o se buscaron lugares que tenían ciertas peculiaridades. Si todavía el libro de Garavaglia sobre Areco (2009),[2] es lo suficientemente general, el estudio sobre Azul de Sol Lanteri (2011) se adentró en la presencia del Estado en la comunidad, el de Valeria Ciliberto (2004) sobre San José de Flores se dedicó a los pequeños espacios productivos y el abasto a la cercana ciudad, el nuestro (Santilli, 2008) derivó a la conformación de redes y su inserción en la política rosista, además de aprovechar la peculiaridad de Quilmes de haber contenido en su seno a una de las pocas reducciones indígenas de la campaña; Claudia Contente (2015), analizando dos pagos antiguos como San Vicente y La Matanza, se adentró en el estudio del modo de transmisión familiar de la propiedad de la tierra, así como apelar al recurso de la comparación, hasta ese momento poco utilizado. Bibiana Andreucci (2011) aprovechó una marca original de su partido objeto de estudio, Chivilcoy, para adentrarse en las formas de la agricultura cerealera a caballo del medio siglo XIX. Y Carlos Birocco (2009), utilizó su estudio de Morón para poner el acento sobre la conformación de la Municipalidad. Dejamos para lo último los trabajos sobre Chascomús, Ranchos y Monte (Banzato, 2005b), porque su especificidad fue el estudio de

2 Una interesante crítica al texto en Fradkin, y otros (2010), en especial en lo que se refiere al concepto de continuidad en el pasaje de la primera a la segunda mitad del siglo XIX.

la propiedad de la tierra y de los modos de apropiación, la que tendrá una derivación tan importante como para convertirse en un objeto en sí mismo. En definitiva, según mi opinión estos trabajos cierran el ciclo de estudios sobre un determinado partido o grupo de ellos; una nueva acometida sobre estos objetos no creo que pueda innovar. Parodiando a Darío Barriera, quien lo dice por el libro de Garavaglia sobre Areco, este conjunto de trabajos constituye la síntesis de un recorrido colectivo de 25 años de esta historiografía (Fradkin y otros, 2010). De aquí en más los trabajos sobre determinados pueblos deberán ocuparse de aspectos muy delimitados, o dedicarse a la comparación.

Pero lo que parece destacar a la historia agraria del Río de la Plata es que es cada vez menos agraria. Si bien es principalmente económica, el componente social, que ya estaba presente en sus orígenes, se amplía, o adquiere mayor importancia, hasta convertirse en una historia económica y social, tal como lo plantea Raúl Fradkin (2006a). Para él, con quien coincidimos, la pampa se mueve o mejor dicho la historia agraria se transforma, adoptando un nombre que la incluye, pero que la supera: Historia Rural Rioplatense. El apelativo rioplatense hace referencia al virreinato y no solo a la campaña de Buenos Aires. Voy a tomar la licencia de hacer un recorte a la disciplina y referirme a la historia rural pampeana (en adelante HRP), que es la de la campaña de Buenos Aires en la primera mitad del siglo XIX, aunque tienda a extenderse a la segunda, sobre el territorio porteño. A partir de allí los derroteros de la ex historia agraria hacen que ese apelativo pierda relevancia, para convertirse en una historia social de la campaña de Buenos Aires. Porque pasan a cobrar importancia por sobre otros aspectos, el estudio de conglomerados sociales, llámense clases sociales o el apelativo que se prefiera, como los sectores populares, elites, terratenientes, propietarios, campesinos, pequeños productores; son los protagonistas de esta historia.

Por tanto, aparecen derivaciones de la matriz convencional que tratan de dar cuenta de la complejidad social; a los estudios sobre la producción y la propiedad se incorporaron casi desde el inicio los de la familia y las redes sociales concomitantes, trabajos sobre la preservación de patrimonios. De la propiedad se derivó a la legislación sobre la apropiación de tierras, la organización de la tenencia, la conformación de centros agrícolas[3] y pueblos en la campaña. La profundidad del comercio y el acceso a los mercados es un tópico desarrollado, además de la construcción del Estado y su función en el ámbito rural, la introducción y el desarrollo de la representación política y los conflictos de ese carácter, además de los sociales. Se deriva de ello la aplicación y la generalización de la ley y de su brazo de aplicación, la justicia. Como se ve, un amplio panorama que trataremos de desbrozar por partes.

Desde la demografía, uno de los puntales de la renovación historiográfica pampeana, no se han agregado grandes novedades, más allá de algunas comparaciones (Barcos y Contente, 2016) que nos permiten verificar la complejidad de la sociedad en estudio. Sí hay interesantes trabajos de síntesis, como la compilación de Hernán Otero (2012) y el de José Mateo para la misma colección (2013). Si bien este último resumen avanza en mostrar generalizaciones con respecto a la población en su conjunto, tales como las relaciones de masculinidad, la evolución de bautismos y defunciones, la influencia creciente de los extranjeros, etc., hay que investigar qué pasó con el concepto de familia, habida cuenta de que, entre el último censo colonial, 1815, y el primero nacional, 1869, parece hacer variado, ya que dejan de coincidir el total de casa con el total de las familias. También faltan estudios sobre fecundidad y mortalidad, como reclamaba Hernán Otero (2006) hace algunos años,

3 Sobre los centros agrícolas, tema que está fuera de nuestra etapa, puede verse Girbal (1980).

para poder establecer la esperanza de vida,[4] dato esencial para agregar a los análisis sobre nivel de vida. Otra cuestión sobre la que no se ha profundizado es la cuestión de las migraciones tanto internas como internacionales. Se está trabajando sobre la ciudad en cuanto a migrantes del interior y de Europa, tanto cualitativamente como cuantitativamente (Perez, 2010; Reitano, 2010; De Cristóforis, 2009; Dmitruk, 2014). Falta trasladar entonces estas mismas aplicaciones a la campaña.

Sobre la producción de la campaña, ya se había definitivamente probado que Buenos Aires tomó la delantera por sobre el resto de las provincias en el aporte de cueros al mercado externo luego de la revolución (Rosal y Schmit, 2004), pero la novedad de este período es el pormenorizado estudio de la agricultura pampeana de la primera mitad del siglo (Djenderedjian, 2008),[5] que demuestra la vitalidad de la misma en un lapso en que parecía ser completamente arrollada por la ganadería, el sector más dinámico de la economía porteña. El autor parte de la agricultura colonial, estudia la tecnología original y sus transformaciones durante la primera mitad, hasta la incorporación de variedades trigueras importadas de Europa. Verifica la insuficiencia de la producción en las primeras décadas independiente y la recuperación posterior que permitió dosificar las importaciones de harinas, tan comunes en los años 20. Además, aproximaciones al crecimiento del producto agrario pampeano se han podido establecer a partir de fuentes fiscales (Gelman y Santilli, 2006), pero todavía falta una visión de conjunto y específica que estudie la evolución productiva desde la Colonia hasta la etapa rosista. Es cierto que faltan

---

4 Un avance en ese sentido es el trabajo de Dmitruk y Guzmán (2016), por ahora solo en la ciudad.

5 Unos muy interesantes comentarios sobre este libro pueden encontrarse en el Boletín N° 31 del Instituto Ravignani, por Eduardo Miguez y Jorge Gelman, con la respuesta del autor, pp 171-192.

fuentes para ello, pero se debería aguzar el ingenio para interpretar lo poco que hay, sobre todo desde que desaparece el diezmo.

Sobre la mano de obra específicamente, más allá del exhaustivo trabajo de Ricardo Salvatore (2003), pero que es anterior a nuestro resumen historiográfico y que no estaba exclusivamente dedicado a los trabajadores, poco se ha agregado. Recién el último año contamos con una muy esperada tesis de Gladys Perri (2015), que recorre los aspectos formales de la mano de obra libre y de la esclava, temporaria y permanente, así como el tipo de trabajo y la paga, y su relación con el Estado, la legislación y la justicia. En resumen, un exhaustivo trabajo que esperamos pronto se publique. Esta tesis aporta a que el paradigma del trabajador de la primera mitad se consolide más aun, entre el campesino y el jornalero. Ese modelo, y hay que recordarlo una y mil veces, incluye la relativa importancia del salario del peón mensual, que recibía, además de la paga, casa y comida, y muchas veces accedía a una parcela que le permitía cultivar y hasta tener alguna vaquita.[6] Queda por ver cuáles eran sus condiciones de vida, sobre lo que mucho puede trabajarse.

Acerca de las formas de apropiación de la tierra, una especificidad que ha alcanzado últimamente altos estándares, se ha avanzado mucho, derivando a categorías no previstas previamente. Ya citamos la punta que abre Banzato (2005b) con Chascomús, Ranchos y Monte, continuidad de su trabajo previo (1998). Demuestra en ellos la complejidad del sistema de la propiedad en todo el lapso en estudio; las facilidades para la posesión, pero a su vez las dificultades para establecer la propiedad de esa parcela ocupada. A la entrega de tierras bajo el compromiso de la defensa de la frontera y con la promesa de la propiedad definitiva,

6 Una disquisición sobre el salario rural en el Río de la Plata puede verse en Djenderedjian y Martirén (2015).

se superponían luego títulos adquiridos en los escritorios sobre esa misma parcela, lo que llevaba a juicios interminables donde se discutían esos derechos, y donde no siempre ganaba el más poderoso. De ese modo, Banzato derivó necesariamente al estudio de las normas con las que se manejaban los contemporáneos, conformando un corpus metodológico para el estudio de la propiedad en la campaña (Banzato, 2004 y 2005a; Banzato y Lanteri, 2007), utilizando para ello las fuentes del Archivo de Geodesia de la ciudad de La Plata como las de las escribanías provinciales y nacionales. Varios investigadores seguimos sus sugerencias al respecto, para estudios pormenorizados de la propiedad, como los de Valeria Mosse sobre Tandil (2010), la ya citada Lanteri sorbe Azul (2011), Valeria D'Agostino sobre Ayacucho y Arenales (2012), María Fernanda Barcos (2013), etc.

El análisis de la legislación sobre propiedad de la tierra ha incorporado reflexiones muy interesantes, en el sentido que Rosa Congost (2006) hace ya varios años había estipulado, que las leyes son entelequias que solo se entienden en el espacio y momento en que se aplican, de allí que lo importante es estudiar aquello que los contemporáneos hacen con las normas, más que las normas mismas. Los trabajos de Blanca Zeberio iban en ese sentido, y podrían haberse profundizado más si no hubiera desaparecido ella tan joven (Zeberio, 2005-2006 y 2009). Indicaba la autora por un lado la ambigüedad del Código Civil cuando imponía el derecho liberal absoluto de propiedad, pero mantenía la legislación hereditaria de Castilla, que permitía la perpetuación de la propiedad en el marco familiar. Por otro lado, tanto esa pieza jurídica como el Código Rural retaceaban el reconocimiento de la antigüedad de asentamiento y la permanencia prolongada y pacífica como derechos consuetudinarios de los pobladores.

Nuevamente Banzato y el grupo que dirige en la Universidad de La Plata publicaron un texto metodológico (Banzato, Barcos y D'Agostino, 2013) sobre la conformación del mercado de tierras cuyos avances habían dado lugar a la profusión de trabajos, como el de Valeria Ciliberto (2009), que demostró que las entregas de tierras a precios relativamente cómodos a los partidarios del régimen rosista en San José de Flores influyeron indudablemente en la conformación de ese espacio tan cercano y rico como las cercanías de la ciudad. Por su parte, Sol Lanteri (2011) se ocupó de las entregas de tierras condicionadas en Azul con la contraparte de la defensa de la frontera. Además, no hay que olvidar que los grandes embargos de tierras de Rosas a los acusados de unitarios, que permitieron que un sinnúmero de pobladores se asentara en esas tierras a modo gratuito, condicionaron el crecimiento del mercado (Gelman y Schroeder, 2003). Otros trabajos se dedicaron al análisis de la transmisión de bienes en el interior de las familias, es decir, la herencia entre los sectores populares (Contente, 2015), continuando con el camino abierto por José Luis Moreno (2005), quien comprobaba lo difícil del mantenimiento del patrimonio entre los pequeños propietarios luego de la partición hereditaria, que los llevó en algunos casos a conchabarse. El libro de Contente modifica en parte esta conclusión al mostrar cómo podían en algunos casos estos campesinos ejercitar mecanismos para preservar la parcela, recurriendo a matrimonios consanguíneos, o con parentesco espiritual entre los contrayentes, o simplemente con el arreglo en vida de la herencia, prácticas que ya estaban presentes entre los criollos antes de la llegada de los migrantes europeos.

Por último, y tal vez lo más novedoso últimamente, es el análisis de la conformación de los ejidos de los pueblos (Barcos, 2013), que permitió el acceso a la propiedad a un conjunto importante de pobladores, lo que presupone una democratización de la propiedad. Sin embargo, otros estudios indican que, hacia el final del largo siglo XIX, 1914, la distribución de la propiedad seguía siendo tan desigual como 70 años antes, es decir, antes del proceso de conformación de los ejidos o de los centros agrícolas (Djenderedjian y Santilli, 2012; Santilli, 2016).

El "funcionamiento condicionado" del mercado de tierras que está en el cuestionamiento de una buena parte de la literatura de corte clásico (Cortés Conde, 1979; Diaz Alejandro, 1983) no impidió por cierto el crecimiento económico, como ha quedado demostrado en los trabajos citados con anterioridad sobre ese tópico. Pero es indudable que los gobiernos imbuidos de una intención ordenadora de la campaña impulsaron esa idea de que la imposición del derecho positivo en la campaña iba a generar crecimiento, o por lo menos asegurar los derechos de los propietarios ante los ocupantes "ilegales". Se creó así en la etapa rivadaviana el departamento topográfico que, si bien pervivió bajo el rosismo, cayó en un desuso, por lo que fue revitalizado en la nueva etapa liberal desarrollada después de Caseros. Mariana Canedo (2013) ha dedicado trabajos sobre tal cuestión, interviniendo a su vez en un libro sobre el tema que abarca a toda América Latina, con varios textos sobre la campaña de Buenos Aires (Garavaglia y Gautreau, 2011). El argumento era la necesidad del ordenamiento para evitar la superposición de derechos, alimentado por la falta de límites tanto legales como físicos entre las propiedades.

Abandonamos la cuestión de la propiedad de la tierra para adentrarnos en otros aspectos de la renovada HRP. Una de las primeras exponentes de la disciplina, Mariana Canedo, ha explorado terrenos que no habían sido estudiados aún, como es la conformación de los pueblos en la campaña. A partir de su experiencia en la construcción de San Nicolás de los Arroyos, cuyo libro hemos citado en páginas previas, indagó acerca de las directivas borbónicas para la fundación de poblaciones españolas que puedan proveer al resguardo de la frontera en el sur bonaerense. Es evidente que ese fue el cometido del establecimiento de la línea de fortines a lo largo del Salado. Sin embargo, la autora considera que tal formación se debía más a un impulso de autoridades locales y de los pobladores que de la deliberada política borbónica (Canedo, 2006). Esa posibilidad de los pobladores en tal cometido adquiere relevancia cuando el actor era un súbdito notorio, que solicitaba permiso para establecer una capilla, oratorio o directamente la delimitación de un pueblo de españoles, cometido que muchas veces fracasaba (Canedo, 2016).

Sin duda el comercio en las pampas es un tema que fue abordado prácticamente desde los inicios de la renovación iniciada a fines de los 80. La legendaria acción de un gran maestro, Carlos Mayo, ha dejado su impronta en este rincón de la disciplina (Mayo, 2000; Mayo [dir.], 2007). El grupo se ha especializado en el comercio minorista, es decir, las pulperías. La posta ha sido levantada por sus discípulos de Mar del Plata que participaron en su compilación de 2007, como Diana Duart, Matías Wibaux, Laura Cabrejas y Julián Carrera. Han dedicado su tiempo al análisis de las pulperías y sus actores; los modos de comercialización (el crédito, los proveedores, etc.), los productos que se comercializaban y los aspectos relacionados con la implantación de los pulperos en la sociedad. En la primera de las perspectivas, aunque no es excluyente, hay que destacar el trabajo del citado Carrera (2011). Se rescata la figura del pulpero como estructurador de la sociedad rural, personaje relevante de su entorno, el mejor conocedor de los vecinos, lo que lo convertía en un sujeto con el cual había que relacionarse, pero que también era peligroso por su influencia y por tanto objeto de odios. También anota el autor que la concentración era escasa, abundando las pequeñas pulperías, móviles muchas de ellas, con una existencia fugaz. La cantidad de pulperías registradas va *in crescendo* entre fines del siglo XVIII y 1816, cuando la cifra equivale a una pulpería cada 77 habitantes. Una tarea aún pendiente es la continuidad del estudio más allá de 1820, justamente cuando la actividad rural pasa a desempeñar el rol más activo de la economía. Es probable entonces que su importancia se incrementara. Por ejemplo, en 1839, 612 sujetos pagan contribución directa como comerciantes, un 11% de todos los contribuyentes de la campaña (Gelman y Santilli, 2006). Es difícil pronosticar cómo se podrían concatenar los datos de la Colonia con la contribución directa, pero podrían estudiarse las alcabalas en ese sentido, fuentes con las que trabaja Antonio Galarza (2012), aunque no exactamente con el mismo sentido, ya que le interesa la fiscalidad en la campaña. Estudios posteriores han encarado algún grado de continuidad, como para entrever qué pasaba después de 1820, pero la inquietud de los investigadores se ha mantenido en las búsquedas de casos sintomáticos y no del universo de los pequeños comerciantes; por los ejemplos mostrados no parece haber cambiado mucho la situación de los pulperos (Dupuy, Rosas Principi y Ciliberto, 2009; Rosas Principi, 2012-2013). El estudio de los modos de comercialización derivó principalmente en el trabajo con las formas de crédito minorista (Duart y Wibaux, 2010), quienes, luego de comprobar el carácter de nexo hacia arriba y hacia abajo del pulpero, como fiador y como deudor, señalan una agenda pendiente bastante ambiciosa, pero aún inexplorada. También se ha avanzado sobre el estudio de las pautas de consumo de la población de la campaña, a partir de analizar inventarios de pulperías y de sucesiones de particulares (Cabrejas, 2008; Wibaux, 2008). Pero todavía no ha logrado continuidad. Más allá de algunas investigaciones de casos puntuales (Rosas Principi, 2009), faltan también estudios sobre el accionar institucional de los pulperos, así como el estudio de un gran tema como es el de la sociabilidad desarrollada en las pulperías, tópico del cual se habla mucho pero sobre el que se ha avanzado muy poco.

La prolongación de los propios trabajos lleva muchas veces a realizar estudios que complementan los previos y que permiten cruces entre dos aspectos y entre varios autores. Tal es el caso de la relación entre lo urbano y lo rural, que ha llevado a Ciliberto y Rosas Principi (2014) a publicar un notable artículo al respecto, mostrando una división no muy marcada, más producto de la visión sarmientina y de la historiografía posterior que de la realidad contemporánea.

Los lazos entre ambos sectores, desde la economía, la política y la sociedad eran múltiples, o tal vez se podría decir que no existían lazos, sino que eran una unidad.

El acceso a la política de los habitantes del común de la pampa también es reflejado por la HRP. El modo en que los campesinos y jornaleros se acomodaron a los cambios políticos producidos en el lapso en estudio está todavía poco trabajado. Podemos mencionar el trabajo de Sol Lanteri sobre Tandil (2011), el mío sobre Quilmes (Santilli, 2008) y el que hicimos en conjunto, comparando las particularidades de los procesos electorales (Lanteri y Santilli, 2010). Si en Tandil el derecho a la tierra fue concedido con la condición de poblamiento y de legitimación política al sistema por medio del voto, en Quilmes la situación era inversa; como contraparte al apoyo electoral de la población, o de sus sectores más bajos, el juez de paz, como autoridad de aplicación, otorgaba exenciones impositivas a sus votantes. Las tensiones a que es sometido el funcionario desde arriba para conseguir votantes que legitimen el sistema, objetivo general del mismo, lo impulsan a negociar apoyos entre la población del común. En definitiva, tal como se destaca en los textos mencionados, el sistema implica una alta cuota de negociación, si bien asimétrica. A estos trabajos hay que agregar a Vicente Galimberti (2012), que demuestra que la mentada unanimidad de la campaña (Ternavasio, 2002) no era un dato previo, sino que fue necesario construirla. A una conclusión similar accedió Garavaglia (2005) sobre Areco, quien halló, además, una cuota de conflictividad que no estaba presente en los textos citados. De todos modos, esto es la continuación con los trabajos de Pilar González Bernaldo (1987) y Raúl Fradkin (2006b) sobre las características políticas de las movilizaciones rurales. Lo que sí es una novedad, de la que la historia política debería tomar nota, es que la campaña se expresaba políticamente y no era un mero reducto federal por definición y por manipulación. Como en otros aspectos, la plebe rural negociaba, así como era objeto de negociación también el acceso a la tierra en usufructo, sus condiciones laborales, sus remuneraciones, etc. (Santilli, 2011). Un tema que se agrega en este acápite acerca del acceso a la política en la campaña es el de la construcción de poderes intermedios. Una muy interesante compilación de trabajos ha publicado Mariana Canedo (2013) recientemente, donde a través de casos puntuales, se estudia tal construcción desde la temprana Colonia, siglo XVII, a los inicios de la segunda mitad del XIX, y desde las elites coloniales y la fundación de pueblos a la acción de curas, pasando por a la conformación del poder local entre milicias y fortines.

Un tema que también ha avanzado mucho, hasta convertirse en una especialidad, es el de la frontera y la relación entre las comunidades blancas e indígenas. Un espacio que ha dejado de ser frontera en el curso de la primera mitad, aunque alguna incursión todavía deberá sufrir, es Pergamino; Andrea Dupuy (2004) ha dedicado un buen trabajo al pago. Pero en el sentido que estamos describiendo, la referencia obligada es Silvia Ratto, para entender las relaciones entre ambos espacios socioculturales. La investigación la ha llevado a los aspectos políticos de esa intrincada y compleja relación. Los aportes últimos de Ratto apuntan a clarificar el concepto de frontera interior, diversificando las miradas (Lagos y Ratto, 2011) y las relaciones políticas y redes sociales entre ambos actores (Ratto, 2015). Ratto aboga por la integración de la historia indígena en la historia argentina. La frontera es un tópico que está siendo estudiada desde diversos ángulos (Cutrera, 2013; Néspolo, 2012; de Jong, 2011; Pedrotta y Lanteri, 2015), y desde la Colonia hasta la total incorporación del territorio indígena al Estado, cruzando interdisciplinariamente el tema, dado el interés de los antropólogos y arqueólogos por el mismo. Pero aún falta analizar los aspectos económicos internos de la civilización indígena ya que conocemos sus relaciones con los blancos a través del estudio de los comerciantes, como vimos, pero nada sabemos sobre cómo se organizaban y explotaban sus recursos, más allá de descripciones impresionistas. Como decía Raúl Mandrini en una entrevista realizada por Claudia Salomón Tarquini (2016) y publicada póstumamente, "nos falta empezar a hacer una historia de los pueblos indígenas".

La acción de la Iglesia y de los curas en el ámbito rural ha sido trabajada muy a fondo por María Elena Barral (2007), poniendo el acento en la conformación de las parroquias, del estudio de la inmersión de los curas en sus respectivas jurisdicciones, su contacto con los habitantes, sus funciones de registro de los hechos vitales y el modo en que obtenían sus recursos. También rescata la autora el papel de los curas como mediadores entre el poder -monárquico primero, revolucionario después- y la población y la influencia que sobre esta tenían (Barral, 2008). Claro que ese papel se empezó a discutir en años posteriores, generando conflictos en algunas ocasiones llevados ante las autoridades (Barral, 2006). Un resumen de lo que se ha avanzado en la relación Iglesia, curas e historia agraria en un muy reciente trabajo historiográfico de la misma autora (2015), donde rescata cierta primacía de los estudios sobre la Iglesia en la pampa, ya que los primeros trabajos de historia agraria se realizaron sobre estancias que pertenecían a órdenes religiosas.

Estamos esperando aun que se develen ciertas cuestiones con respecto a los negros en la zona rural, tanto esclavos como libres. Mucho se ha avanzado en el ámbito ciudadano después de Marta Goldberg, George Reíd Andrews y Oscar Chamosa; tesis de licenciatura (Alejandro Castro) y de maestría (Gustavo Jiménez) se han escrito sobre ellos y tenemos nuevos trabajos publicados como el de Magdalena Candioti (2010); esperamos más trabajos de ellos. Pero no han salido del ámbito urbano. Lamentablemente muy poco hay específico de la ruralidad más allá del legendario artículo de Carlos Mayo sobre Patricio Belén (Mayo, 1977); podemos adivinarlos y en muchos casos palparlos en los numerosos trabajos sobre la plebe de la campaña, en sus diversos papeles, como mano de obra, milicianos, rebeldes, en los estrados judiciales, etc., pero no encontramos aún estudios específicos. Podemos saber cuántos había -entre esclavos y libres, negros y pardos- por los censos, empezando por el de 1815, solo falta sumarlos. También en 1836/1838, aunque solo podemos saber cuántos eran, no su condición jurídica, ni tampoco edad y actividad, estado civil, etc., como pasa con el resto de la población censada esos años. Pero están los archivos parroquiales que se pueden cruzar con los censos, como hicimos para la población en general. Y hay muchos rastros de esclavos en las sucesiones; está como siempre el principal reservorio para estudiar sectores populares, los archivos judiciales. Y el filón aún muy poco explorado que es Secretaría de Rosas, en el AGN. Podemos preguntar a la maraña de fuentes descriptas cómo se organizaban las familias y cómo accedían a la libertad. ¿Se organizaban en sociedades como en la ciudad, o tenían algún contacto con ellas? ¿Recibían la misma paga que los blancos, podían acceder a un trozo de tierra? ¿Cómo se relacionaban con las autoridades?, etc. Entiendo que estas preguntas forman parte de la agenda de las investigaciones futuras y han sido muy bien expuestas en el indispensable trabajo historiográfico de Silvia Mallo (2013).

Una de las grandes ausencias, reveladas a partir de los avances de los últimos años, es la HRP desde una perspectiva de género. Un estudio denominado taxativamente como estudio de género es el encarado por Fernanda Barcos y Claudia Contente (2015). Si bien es un paso importante, y muy loable, por cierto, para lograr la visibilización específica de las mujeres, el análisis se limita a la cuestión demográfica y para la segunda mitad del siglo XIX. Más allá de la relación de masculinidad y de la cantidad de mujeres jefas de familia, que conocemos desde la Colonia, es necesario saber cómo se las arreglaban, que indudablemente lo hacían, faltando el hombre para cultivar, criar ganado y comercializar. Para ello debemos superar el paso necesario del análisis demográfico, para internarnos en fuentes como las sucesiones, los censos económicos, los archivos judiciales, las fuentes impositivas, las escribanías, donde se encuentran numerosos testimonios de mujeres en los negocios, etc.

Por último, la justicia y el control estatal en el ámbito rural. Nuevamente citamos a Rosa Congost; lo importante no es la ley en sí, la letra escrita, sino cómo es interpretada y aplicada en la realidad. Luego de los trabajos que dieron dimensión humana a la justicia rural, corporizando a los jueces y contando los expedientes (Gelman, 2000; Garavaglia, 1997; Robles, 2001), el tema se convirtió en un apartado especial de la HRP. Dos compilaciones de Raúl Fradkin (2007 y 2009a) reunieron aportes que fueron conformando un campo diferenciado, que se dedicó al accionar de los jueces, a los que concurrían a los estrados, y a los asuntos que se ventilaban en ellos, descubriendo una variedad insospechada, que se correspondía con la complejidad descubierta en la sociedad. A la par, se develaba la también compleja construcción del Estado en la campaña y de su capacidad de control. La aplicación de las leyes sobre "vagos y perjudiciales", el acceso a la justicia de trabajadores libres y esclavos, los juicios por desalojos, muestran un incremento continuo en el lapso en estudio. Carlos Birocco (2014) atribuye este proceso a la territorialización de la justicia que comienza en la segunda mitad del siglo XVIII y que sin dudas forma parte de la construcción del ámbito judicial en la campaña. Un hito en tal conformación fueron precisamente las reformas que se ponen en práctica bajo la "Feliz Experiencia". El fracaso en parte de tal experiencia es analizado por Fradkin en otro texto (Fradkin, 2009), que muestra las dificultades con las que debía enfrentarse el proceso rivadaviano -dificultades que no solo encontró en la reforma judicial- y que mostraban la pervivencia de normas y costumbres de la Colonia, que perdurarán muchos años más, como demuestra Melina Yangilevich (2009) en la misma compilación. Un texto de la autora mencionada y Magdalena Candioti ofrece un resumen cronológico del largo derrotero de la construcción de la justicia y del Estado en la provincia (Candioti y Yangilevich, 2013). También, en la medida que se avance con la especificidad de algunos actores, como trabajadores, empleadores, propietarios, arrendatarios, etc., se podrá mejorar el ya excelente panorama de trabajos sobre el tema.

He dejado adrede un tema para el final: el de la desigualdad. Como ya se conoce, hace muchos años que dedicamos con Jorge Gelman ingentes esfuerzos a estudiar la distribución de los bienes e ingresos en la campaña de Buenos Aires. Esos estudios nos han llevado a evaluar también el nivel de vida de los pobladores de la campaña, medido a través de sus consumos. Hemos aplicado diferentes metodologías para construir nuestras conclusiones y contrastado los mismos con los resultadlos de otros espacios -contemporáneos o no- del Río de la Plata, de América y del mundo, que han aplicado metodologías similares. También hemos puesto a prueba otras herramientas, que han sido efectivas en diferentes plazas, pero que en Buenos Aires no arrojaron resultados satisfactorios.

Con respecto a la distribución de la riqueza, podemos deducir con nuestros recientes trabajos que durante la última etapa de la Colonia la tierra estaba más concentrada que cincuenta años más tarde (Gelman y Santilli, 2016c), pero el ganado estaba menos mal distribuido, había muchos pequeños propietarios de ganado que no tenían tierra. Una particularidad con respecto a la tierra era que la mayoría de los grandes poseedores de tierra no tenían ganado, o era escaso. En 1839 nuestra escala posterior indica que la distribución del insumo básico, la tierra, estaba mejor distribuido que en 1789, pero los grandes propietarios lo son ahora también de grandes cantidades de ganado. Es decir, los terratenientes se convirtieron en productores (Gelman y Santilli, 2006), mostrando claramente los cambios operados en la economía de Buenos Aires. El estudio de una década y media después indica que la desigualdad se incrementó, pero sin que desaparezcan en primera instancia los propietarios más chicos, es decir, la ampliación de la frontera habría permitido agrandar la riqueza de los más ricos, pero sin tocar la de los menos ricos (Gelman y Santilli, 2010). A posteriori, en 1867, la situación había cambiado; ahora sí disminuían los pequeños a la par que la desigualdad aumentaba (Gelman y Santilli, 2011). Ya hemos expuesto que la desigualdad se habría incrementado hacia 1914, a la vista del estudio de tres partidos en los listados de la Contribución Directa de 1914 (Santilli, 2016). A la luz de esta larga curva podemos sospechar que hay otros movimientos en la misma; por ejemplo, en nuestro lapso más largo sin información 1789-1839, pueden haberse dado dos movimientos, uno de descenso de la desigualdad hasta 1820, provocado por la ampliación de las exigencias del mercado urbano y luego por la destrucción de riqueza que provocaron las guerras de la Independencia, y otro de ascenso de la misma a partir de la nueva dinámica económica y de la expansión de la frontera.

Un inconveniente es el del análisis de la distribución del ingreso. En primer lugar, por la escasez de fuentes para deducir tanto el ingreso de los propietarios como el de los asalariados. Por tanto hemos tratado de estudiar una aproximación a través de su distribución funcional, aplicando la metodología desarrollada por Jeffrey Williamson y otros (Williamson, 1998; O' Rourke y Williamson, 2006), que comparan el precio del bien abundante, la tierra, con el del escaso, la mano de obra, y que deduce que el aumento de la producción basado en el bien abundante produce una inmediata reducción del ingreso del bien escaso, a través del aumento del precio de la tierra. El resultado en la campaña de Buenos Aires es el esperado (Gelman y Santilli, 2015); a partir de conocer el aumento del precio de la tierra en la etapa, este fue ampliamente mayor que el de los salarios rurales, lo que permite deducir, según la metodología aplicada, un deterioro del trabajo, en beneficio del capital. Un estudio posterior del mismo tema (Bértola, Gelman y Santilli, 2015), utilizando otras herramientas, como es la confección de tablas sociales con el ingreso de cada actor económico, arroja un resultado aparentemente contradictorio, ya que la distribución habría mejorado para el factor trabajo en la segunda mitad. La interpretación es que, en el momento del análisis, con datos del censo de 1869, la proletarización incrementó notoriamente la cantidad de trabajadores, aumentando nominalmente su participación en el producto. Es decir, más trabajadores y menos propietarios, pero ello no mejoró necesariamente el ingreso individual de los primeros, aunque sí podría haberlo hecho para los segundos. Como se ve, la metodología influye poderosamente en los resultados obtenidos. Y en ello tiene que ver que los salarios, por lo menos hasta mediados del siglo XIX, no eran el principal ingreso de los pobres. Conociendo que había relativa facilidad para obtener un trozo de tierra y proveer a la subsistencia y vender el excedente de producción, el salario no refleja necesariamente el ingreso de estos pequeños productores.[7]

Un tercer momento de nuestros estudios es el dedicado al ingreso medido a través del consumo. Para ello fue necesario construir canastas de consumo partiendo de las compras de organismos oficiales o para-oficiales, como eran los hospitales, los más usados. Una metodología que se ha desparramado por el mundo es la aplicada por Robert Allen, que permite, a partir de un consumo mínimo de calorías para la supervivencia, establecer canastas comparables a nivel mundial. Más allá de las críticas que se le han hecho y que compartimos (Dobado-González, 2015), hemos elaborado nuestra canasta de consumo de Buenos Aires en 1835, comprobando que más del 64% de las proteínas consumidas por los porteños provenía de la carne y un 23% del pan de trigo. Una elaboración del grado de satisfacción de esta canasta alimentaria, a la que se agrega el alquiler de la vivienda, compra de jabón, velas y leña para calefacción y cocina, y la ropa necesaria, con el salario de los peones

---

7 Una formulación de la composición del ingreso de los pequeños productores, campesinos, puede verse en Garrabou y Tello (2002).

de albañil de la Ciudad de Buenos Aires expone que dicho salario cubría por lo menos 1,2 canastas, extendiéndose a 1,8 si se ajustaban algunos gastos. En la zona rural, si bien el salario era menor para los peones mensuales, se compensaba con la obtención de manera gratuita de la casa y de la carne, además de proveer generalmente un pedazo de tierra para cultivar sus propias necesidades, lo que mejoraba la relación entre consumo e ingreso llevándolo a 2,3 (Gelman y Santilli, 2016a).[8] Este nivel de vida satisfactorio de los habitantes de Buenos Aires de la primera mitad del siglo XIX también ha sido comprobado a través de la antropometría (Salvatore, 2004), que mide las variaciones de las alturas de los habitantes.

Ahora bien, todos estos avances logrados fueron posibles porque pudimos apoyarnos en datos ya bastante seguros del siglo XVIII y primera década del XIX (Johnson, 1990; Cuesta, 2009), pero para continuar y confirmar nuestros estudios, sobre todo en lo que se refiere al ingreso, es necesario encontrar y procesar muchos más datos. Necesitamos series de precios de artículos de consumo cotidiano, tanto nacionales como importados, que lentamente se van elaborando. Un ejemplo es el trabajo de Roberto Schmit (2014). También es necesario ampliar nuestra base de datos de salarios que ya hemos utilizado en varios trabajos (Gelman y Santilli, 2014a; Gelman y Santilli, 2014b), completándola con sueldos de otro tipo de trabajadores urbanos sobre todo, más allá del albañil, que amplíen a su vez otros datos ya publicados (Barba, 1999). Por último, es necesario analizar el ingreso en el siglo XVIII, tarea que hemos comenzado, teniendo en cuenta los diezmos pagados por los productores, con lo que esperamos llegar hasta 1820.[9]

---

8 Un resumen de nuestros trabajos puede encontrarse en Gelman y Santilli (2016b).

9 Estas fuentes ya fueron utilizadas, pero para establecer niveles de producción globales (Amaral y Ghio, 1990; Garavaglia, 1987).

Por último, la HRP necesita saltar el Rubicón que es pasar a la segunda mitad del siglo aplicando este tipo de conocimientos, más relacionados con la microhistoria, que es tal vez una de las deficiencias de la historiografía de la segunda mitad, más preocupada por la macro que por la microhistoria, con honrosas excepciones (Vence Conti y Cuesta, 2011; Cuesta, 2012). Hasta ahora solo hubo intentos parciales, algunos criticados por no haber entendido el cambio producido a mitad de siglo, buscando más los rasgos de continuidad que las modificaciones.[10] Es tal vez el desafío del momento, junto con la necesidad de difundir el nuevo paradigma a que hace referencia Eduardo Miguez en el trabajo con que iniciamos este resumen

Bibliografía

AMARAL, S. (1998), *The rise of capitalism on the* pampas, Cambridge: Cambridge University Press.

AMARAL, S. y GHIO, J. M. (1990), "Diezmos y producción agraria, Buenos Aires, 1750-1800", *Revista de Historia Económica, VIII* (3), 619-647.

ANDREUCCI, B. (2011), *Labradores de frontera. La Guardia de Luján y Chivilcoy*, Rosario: Prohistoria.

AZCUY AMEGHINO, E. (2002), *La otra historia. Economía, Estado y sociedad en el Río de la Plata colonia*, Buenos Aires, Imago Mundi.

AZCUY AMEGHINO, E. y MARTÍNEZ DOUGNAC, G. (1989), *Tierra y ganado en la campaña de Buenos Aires según los Censos de Hacendados de 1789*, Buenos Aires: IIHES, UBA, Facultad de Ciencias Económicas.

10 Ver la crítica de Eduardo Míguez, un historiador a caballo de ambos lados del Rubicón, con motivo de la presentación del libro de Garavaglia sobre Areco (Fradkin y otros, 2010).

BANZATO, G. (1998), "Ocupantes y propietarios legales en la región noreste del río Salado. Chascomús, Ranchos y Monte entre 1779 y 1850", en N. Girbal y M. Valencia (ed.), *Agro, Tierra y política* (pp. 37-63), La Plata, Ed. de la UNLP.

BANZATO, G. (2004), "Fuentes cartográficas para el estudio de la propiedad de la tierra de la provincia de Buenos Aires. Chascomús, Ranchos y Monte, 1822-1864", *Anuario del Instituto de Historia Argentina* (3), 25-36.

BANZATO, G. (2005a), Antiguos debates y nuevos aportes en torno a la legislación sobre la ocupación y propiedad de la tierra en la provincia de Buenos Aires hasta 1880, *Anuario del Instituto de Historia Argentina* (5), 7-45.

BANZATO, G. (2005b), *La expansión de la frontera bonaerense. Posesión y propiedad de la tierra en Chascomús, Ranchos y Monte, 1780-1880*, Bernal, Universidad de Quilmes.

BANZATO, G. y LANTERI, S. (2007), "Forjando la frontera. Políticas públicas y estrategias privadas en el Río de la Plata, 1780-1860", *Historia Agraria, 17* (43), 435-458.

BANZATO, G.; BARCOS, M. F. y D'AGOSTINO, V. (2013), "Problemas, métodos y aboradajes teóricos en torno al mercado de tierras. La campaña bonaerense entre los siglos XVIII y XIX", en G. Banzato (dir.), *Tierras rurales. Políticas, transacciones y mercados en Argentina, 1780-1914* (pp. 19-64), Rosario: Prohistoria.

BARBA, F. (1999), *Aproximación al estudio de los precios y salarios en Buenos Aires desde fines del siglo XVIII hasta 1860*, La Plata, Ediciones UNLP.

BARCOS, M. F. (2013), *Pueblos y ejidos de la campaña bonaerense. Una historia sociojurídica de los derechos de propiedad y la conformación de un partido: Mercedes 1780-1870*, Rosario, Prohistoria.

BARCOS, M. F. y CONTENTE, C. (2015), "La parte sumergida del iceberg. Mujeres trabajadoras en la campaña de Buenos Aires (Argentina) según el Primer Censo Nacional de Población de 1869", en T. M. Ortega

López (ed.), *Jornaleras, campesinas y agricultoras. La historia agraria desde una perspectiva de género* (pp. 81-109), Zaragoza, Prensas de la Universidad de Zaragoza.

BARCOS, M. F. y CONTENTE, C. (2016), "Un mundo rural en transición. La campaña bonaerense según el Primer Censo Nacional de Población de la República Argentina (1869)", *Quinto Sol, 20* (1), 1-32.

BARRAL, M. E. (2006), "Ministerio parroquial, conflictividad y politización: algunos cambios y permanencias del clero rural de Buenos Aires luego de la revolución e Independencia", en V. Ayrolo (comp.), *Estudios sobre clero iberoamericano, entre la Independencia y el Estacio-Nación* (pp. 153-178), Salta, CEPIHA – Universidad de Salta.

BARRAL, M. E. (2007), *De sotanas por la pampa. Religión y sociedad en el Buenos Aires rural tadocolonial*, Buenos Aires, Prometeo.

BARRAL, M. E. (2008), "De mediadores componedores a intermediarios banderizos: El clero rural de Buenos Aires y la Paz Común en las primeras décadas del siglo XIX", *Anuario IEHS* (23), 151-174.

BARRAL, M. E. (2015), "De México al Río de la Plata: influencias historiográficas en la historia de la Iglesia hispanoamericana", en M. L.-C. Pilar, *De la historia económica a la historia social y cultural. Homenaje a Gisela von Wobeser* (pp. 139-163), México, UNAM.

BÉRTOLA, L.; GELMAN, J. y SANTILLI, D. (2015), "Income distribution in rural Buenos Aires, 1839-1867", *Revista Uruguaya de Historia Económica, V (8)*, 14-28.

BIROCCO, C. M. (2009), *Del Morón rural al Morón urbano. Vecindad, poder y surgimiento del Estado Municipal entre 1770 y 1895*, Buenos Aires, Ed. del autor.

BIROCCO, C. M. (2014), "La justicia rural en tensión. Alcaldes provinciales, cabildos y autoridades centrales en el proceso de territorialización", en D. G. Barriera y R.

Fradkin (coords.), *Gobierno, justicias y milicias. La frontera entre Buenos Aires y Santa Fe, 1720-1830* (pp. 15-39), La Plata, Universidad Nacional de La Plata.

CABREJAS, L. L. (2008), "De la pupería al almacén: pautas de consumo de los habitantes de la campaña bonaerense. Vestimenta, calzado y perfumes (1736-1870)", en S. C. Mallo y B. I. Moreyra (coords), *Miradas sobre la historia social en la Argentina en los comienzos del siglo XXI* (pp. 341-358), Córdoba – La Plata, CEH Segreti – CEHAC.

CANDIOTI, M. (2010), "Altaneros y libertinos. Transformaciones de la condición jurídica de los afroporteños en la Buenos Aries revolucionaria (1810-1820)", *Desarrollo Económico, 50* (198), 271-296.

CANDIOTI, M. y YANGILEVICH, M. (2013), "La justicia en la construcción del orden estatal", en M. Ternavasio (dir.), *De la organizacion provincial a la federalizacion de Buenos Aires (1821-1880)* (Vol. Tomo 3 de la Historia de la Provincia de Buenos Aires, pp. 179-203), La Plata – Buenos Aires, Unipe – Edhasa.

CANEDO, M. (comp.) (2013), *Poderes intermedios en la frontera. Buenos Aires, siglos XVIII-XIX*, Mar del Plata, Eudem.

CANEDO, M. (2000), *Propietarios, ocupantes y pobladores. San Nicolás de los Arroyos 1600-1860*, Mar del Plata, UNMP-GIHRR.

CANEDO, M. (2006), "Fortines y pueblos en Buenos Aires del siglo XVIII. ¿Una política de urbanizacion de la frontera?", *Mundo Agrario, 7* (13), disponible en https://goo.gl/2nP2W1.

CANEDO, M. (2013), "El 'restablecimiento' del Departamento Topográfico de Buenos Aires. Política y gestión de un proyecto con consenso (1852-1857)", *Andes* (25).

CANEDO, M. (2016), "Los 'pueblos de españoles' en la monarquía hispánica. La ampliación de jurisdicciones hacia el autogobierno (Buenos Aires, siglo XVIII y primeros años del XIX)", *Prohistoria* (25), 3-27.

CARRERA, J. (2011), *Algo más que mercachifles. Pulperos y pulperías en la campaña bonaerense, 1770-1820*, Rosario, Prohistoria.

CILIBERTO, M. V. (2009), "La tierra pública periurbana: Arrendamiento, enfiteusis y ventas en el entorno agrario de Buenos Aires (San José de Flores, 1800-1862)", *Trabajos y Comunicaciones*, 117-147.

CILIBERTO, M. V. y ROSAS PRINCIPI, A. (2014), "Lo urbano-rural en la historiografía agraria rioplatense. Del final de la Colonia al inicio del siglo XIX", *Anuario Colombiano de Historia Social y de la cultura, 41*(2), 291-290.

CILIBERTO, V. (2004), *Aspectos sociodemográficos del crecimiento periurbano. San josé de Flores (1815-1869)*, Mar del Plata, GIHRR-UNMdP.

CONGOST, R. (2006), "Leyes liberales, desarrollo económico y discursos históricos, el test de los propietarios prácticos", en A. Reguera (coord.), *Los rostros de la modernidad. Vías de transición al capitalismo. Europa y América Latina. Siglos XIX-XX* (pp. 25-44), Rosario, Prohistoria.

CONTENTE, C. (2015), *Familias en la tormenta. Tierra, familia y transmisión de patrimonio en el Río de la Plata, siglos XVIII y XIX*, Buenos Aires, Prometeo.

CORTÉS CONDE, R. (1979), *El Progreso Argentino, 1880-1914*, Buenos Aires, Sudamericana.

CUESTA, E. M. (2012), "Precios y salarios en Buenos Aires durante la gran expansión (1850-1914)", *Revista de Instituciones, Ideas y Mercados* (56), 159-179.

CUESTA, M. (2009), *Precios, población, impuestos y producción. La economía de Buenos Aires en el siglo XVIII*, Buenos Aires, Temas Grupo Editorial.

CUTRERA, M. L. (2013), *Subordinarlos, someterlos y sujetarlos al orden: Rosas y los indios amigos de Buenos Aires entre 1829 y 1855*, Buenos Aires, Teseo.

D'AGOSTINO, V. A. (2012), *Expansión de la frontera y ocupación del nuevo sur. Los partidos de Arenales y Ayacucho, Provincia de Buenos Aires, 1820-1900*, Buenos Aires, Prometeo.

DE CRISTÓFORIS, N. (2009), *Proa al Plata: las migraciones de gallegos y asturianos a Buenos Aires (fines del siglo XVIII y comienzos del XIX)*, Madrid, Consejo Superior de Investigaciones Científicas.

DE JONG, I. (2011), "Las alianzas políticas indígenas en el período de la organización nacional: una visión desde la política de tratados de paz (Pampa y Patagonia 1852-1880)", en M. Quijada (editora), *De los cacicazgos a la ciudadanía. Sistemas políticos en la frontera, Río de la Plata, Siglos XVIII-XX* (pp. 81-146), Berlin, Gebr-Mann Verlag.

DÍAZ ALEJANDRO, C. F. (1983), *Ensayos sobre la historia económica argentina*, Buenos Aires, Amorrortu editores.

DJENDEREDJIAN, J. (2008), *La agricultura pampeana en la primera mitad del siglo* XIX, Buenos Aires, Siglo XXI.

DJENDEREDJIAN, J. y MARTIRÉN, J. L. (2015), "Are salaries a so useful tool to build up comparable standards of living? Some caveats concerning salary elements, available currencies, debts and credit in pre-modern Rio de la Plata region, 1770-1830", *XVII World Economic History Congress (WEHC)*, Kyoto.

DJENDEREDJIAN, J. y SANTILLI, D. (2012), "The Ambivalent consequences of 'modernization'. Changes in property rights and wealth distribution in Buenos Aires, 1839-1914", *The XVIth World Economic History Congress*, Stellenbosch, South Africa, 9 al 13 de julio.

DMITRUK, L. P. (2014), "De porteños y migrantes. Población, migraciones y adaptación laboral. Ciudad de Buenos Aires, 1810-1827", *Anuario de la Escuela de Historia Virtual, Año 5* (6), 27-52.

DMITRUK, L. P. y GUZMÁN, T. (2016), *La mortalidad en la Ciudad de Buenos Aires hacia 1827: una propuesta de cálculo de la esperanza de vida*, Salta: XXV Jornadas de Historia Económica de la AAHE.

DOBADO-GONZALEZ, R. (2015), "Pre-Independence Spanish Americans: Poor, Short and Unequal... Or the Opposite?", *Revista de Historia Económica – Journal of Iberian and Latin American Economy History, 33* (1), 15-60.

DUART, D. y WIBAUX, M. (2010), "Proveedores, comerciantes y clientes. Dilemas del crédito mercantil en la campaña bonaerense, 1820-1870", en V. Ayrolo (comp.), *Economìa, sociedad y política en el Río de la Plata del siglo XIX. Problemas y debates* (pp. 65-79), Rosario, Prohistoria.

DUPUY, A. (2004), *El fin de una sociedad de frontera en la primera mitad del siglo XIX. "Hacendados" y "estancieros" en Pergamino*, Mar del Plata, UNMdP/GIHRR.

DUPUY, A. L.; ROSAS PRINCIPI, A. G. y CILIBERTO, M. V. (2009), "Hacendados y pulperos de la campaña porteña. Patrimonio e inversión en situaciones de frontera. Buenos Aires, primeras décadas del siglo XIX", *Procesos Históricos, VIII* (15), 2-24. https://goo.gl/vyQrie.

FRADKIN, R. (comp.) (2009a), *La ley es tela de araña. Ley, justicia y sociedad rural en Buenos Aires, 1780-*1830, Buenos Aires, Prometeo.

FRADKIN, R. (comp.) (2007), *El poder y la vara. Estudios sobre la justicia y la construcción del Estado en el Buenos Aires rural*, Buenos Aires, Prometeo.

FRADKIN, R. (2006a), "Caminos abiertos en la pampa. Dos décadas de renovación de la historia rural rioplatense desde mediados del siglo XVIII a mediados del XIX", en J. Gelman (comp.), *La historia económica argentina en la encrucijada. Balances y perspectivas* (pp. 189-207), Buenos Aires, Prometeo Libros.

FRADKIN, R. (2006b), *La historia de una montonera. Bandolerismo y caudillismo en Buenos Aires, 1826*, Buenos Aires, Siglo XXI.

FRADKIN, R. (2009), "¿Misión imposible? La fugaz experiencia de los jueces letrados de Primera Instancia en la campaña de Buenos Aires (1822-1824)", en D. Barriera (comp.), *Justicias y Fronteras. Estudio sobre la historia de la justicia en el Río de la Plata. Siglos XVI-XIX* (pp. 143-164), Murcia, Universidad de Murcia.

FRADKIN, R. y GELMAN, J. (2004), "Recorridos y desafíos de una historiografía. Escalas de observación y fuentes en la historia rural rioplatense", en B. Bragoni (ed.), *Microanálisis. Ensayos de historiografía argentina* (pp. 31-54), Buenos Aires, Prometeo.

FRADKIN, R.; GELMAN, J.; BARRIERA, D. G.; MÍGUEZ, E. J.; HORA, R.; PALACIO, J. M. y GARAVAGLIA, J. C. (2010), "Rupturas y continuidades en el agro bonaerense: debates en torno a San Antonio de Areco, 1660-1180. Un pueblo de campaña, del Antiguo Régimen a la modernidad argentina", *Anuario IEHS* (25), 13-41.

GALARZA, A. (2012), "De los impuestos coloniales a un 'nuevo sistema de rentas': regulación de la circulación de mercancías en la campaña porteña desde fines de la Colonia hasta principio de los años '20", en M. Canedo (comp.), *Poderes intermedios en la frontera. Buenos Aires, siglos XVIII-XIX* (pp. 143-180), Mar del Plata, Eudem.

GALIMBERTI, V. A. (2012), "La unanimidad en debate. Los procesos eletorales en la campaña de Buenos Aires entre 1815 y 1828", *Boletin del Ravignani* (37), 81-108.

GARAVAGLIA, J. C. (1987), *Economía, sociedad y regiones*, Buenos Aires, De la flor.

GARAVAGLIA, J. C. (1991), "El pan de cada día: el mercado del trigo en Buenos Aires, 1700-1820", *Boletín del Instituto de Historia Argentina y Americana Dr. Emilio Ravignani* (4), 7-30.

GARAVAGLIA, J. C. (1993), "Los Labradores de San Isidro (siglos XVIII – XIX)", Buenos Aires, *Desarrollo Económico, 32* (128), 513-542.

GARAVAGLIA, J. C. (1994), "De la carne al cuero. Los mercados para los productos pecuarios (Buenos Aires y su campaña, 1700-1825)", *Anuario IEHS* (9), 61-96.

GARAVAGLIA, J. C. (1997), "Paz, orden y trabajo en la campaña: la justicia rural y los juzgados de paz en Buenos Aires, 1830-1852", *Desarrollo Económico* (146), 241-262.

GARAVAGLIA, J. C. (1999), "Un siglo de estancias en la campaña de Buenos Aires: 1751/1853", *Hispanic American Historical Review, 79* (4), 703-734.

GARAVAGLIA, J. C. (2005), "Elecciones y luchas políticas en los pueblos de la campaña de Buenos Aires: San Antonio de Areco (1813-1844)", *Boletín del Instituto de Historia Argentina y Americana "Dr. Emilio Ravignani"* (27), 49-73.

GARAVAGLIA, J. C. (2009), *San Antonio de Areco, 1680-1880. Un pueblo de la campaña, del antiguo Régimen a la modernidad argentina*, Rosario, Prohistoria.

GARAVAGLIA, J. C. y Gautreau, P. (eds.) (2011), *Mensurar la tierra, controlar el territorio. América Latina, siglos XVIII-XIX*, Rosario, Prohistoria.

GARAVAGLIA, J. C. y GELMAN, J. (1995), "Rural history of Río de la Plata, 1600-1850: results of a historiographical renaissance", *Latin American Research Review, 30* (3), 75-105.

GARAVAGLIA, J. C. y GELMAN, J. (1998), "Mucha tierra y poca gente: Un nuevo balance historiográfico de la historia rural platense (1750-1850)", *Historia Agraria* (15), 29-50.

GARAVAGLIA, J. C. y MORENO, J. L. (comps.) (1993), *Población, sociedad, familia y migraciones en el espacio rioplatense. Siglos XVIII y XIX*, Buenos Aires, Ed. Cántaro.

GARRABOU, R. y TELLO, E. (2002), "Salario como coste, salario como ingreso: el precio de los jornales agrícolas en la Cataluña contemporánea, 1727-1930", en J. M. Martinez Carrion (ed.), *El nivel de vida en la España rural. Siglos XVIII-XX* (pp. 113-183), Alicante, Universidad de Alicante.

GELMAN, J. (1993), "Los caminos del mercado: campesinos, estancieros y pulperos en una región del Río de la Plata colonial", *Latin American Research Review, 28* (2).

GELMAN, J. (1998), *Campesinos y estancieros. Una región del Río de la Plata a fines de la época colonial*, Buenos Aires, Los libros del riel.

GELMAN, J. (2000), "Crisis y reconstrucción del orden en la campaña de Buenos Aires. Estado y sociedad en la primera mitad del siglo XIX", *Boletín del Instituto de Historia Argentina y Americna "Dr. Emilio Ravignani"* (21), 7-32.

GELMAN, J. y SANTILLI, D. (2006), *De Rivadavia a Rosas. Desigualdad y crecimiento económico*, Buenos Aires, Siglo XXI.

GELMAN, J. y SANTILLI, D. (2010), "Una creciente desigualdad. La propiedad de la tierra en Buenos Aires entre 1839 y 1855", *Investigaciones en Historia Económica* (18), 11-33.

GELMAN, J. y SANTILLI, D. (2011), "¿Cómo explicar la creciente desigualdad? La propiedad de la tierra en Buenos Aires entre 1839 y 1867", en J. Gelman (comp.), *El mapa de la desigualdad en la Argentina del siglo XIX* (pp. 171-218), Buenos Aires, Prohistoria.

GELMAN, J. y SANTILLI, D. (2014a), "Los salarios y la desigualdad en Buenos Aires, 1810-1870", *América Latina en la Historia Económica, 21* (3), 83-115.

GELMAN, J. y SANTILLI, D. (2014b), "Mar de fondo. Salarios, precios y los cambios en las condiciones de vida de los pobladores de Buenos Aires en una época convulsa, 1810-1870", en D. Santilli, R. Fradkin y J. Gelman (comps.), *Rebeldes con causa. Conflicto y movilización popular en la Argentina del siglo XIX* (pp. 121-148), Buenos Aires, Prometeo.

GELMAN, J. y SANTILLI, D. (2015), "Salarios y precios de los factores en Buenos Airtes, 1770-1880. Una aproximación a la distribución funcional del ingreso", *Revista de Historia Económica – Journal of Iberian and Latin American Economic History* (33), 153-186.

GELMAN, J. y SANTILLI, D. (2016a), "Wages and standards of living in the 19th Century from a comparative perspective. Consumption basket, Bare Bone Basket and welfare ratio in Buenos Aires, 1825-1849", *Investigaciones en Historia Económica* 17 (35). Disponible en: https://goo.gl/xDEkm6

GELMAN, J. y SANTILLI, D. (2016b), "Las paradojas de la libertad. La Independencia en el Río de la Plata y la desigualdad", *Mundo Agrario* (en prensa).

GELMAN, J. y SANTILLI, D. (2016c), "La distribución de la tierra y la riqueza en Buenos Aires entre finales de la Colonia y el siglo XIX", *V Congresso Latinoamericano de História Econômica CLADHE V*, (pp. 1-20), Sao Paulo.

GELMAN, J. y SCHROEDER, M. I. (2003), "Juan Manuel de Rosas contra los estancieros: los embargos a los 'unitarios' de la campaña de Buenos Aires", *Hispanic American Historical Review, 83* (3), 487-520.

GIRBAL, N. M. (1980), *Los centros agrícolas en la provincia de Buenos Aires: análisis histórico de su economía regional del 80 hasta sus últimas consecuencias*, Buenos Aires, Fundación para la Educación, la Ciencia y la Cultura.

GONZÁLEZ BERNALDO, P. (1987), "El levantamiento de 1829: el imaginario social y sus implicaciones políticas en un conflicto rural", *Anuario IEHS* (2), 137-176.

JOHNSON, L. (1990), "Salarios, precios y costo de vida en el Buenos Aires colonial tardío", *Boletín del Instituto de Historia Argentina y Americana Dr. Emilio Ravignani* (2), 133-157.

LAGOS, M. y RATTO, S. (2011), "El concepto de 'frontera interior': de la política a la historiografía", *Entrepasados, año XIX* (36/37), 51-71.

LANTERI, S. (2011), *Un vecindario federal. La construcción del orden rosista en la frontera sur de Buenos Aires (Azul y Tapalqué)*, Córdoba, Centro de Estudios Históricos “Prof. Carlos S. A. Segreti”.

LANTERI, S. y SANTILLI, D. (2010), “Consagrando a los ciudadanos. Procesos electorales comparados en la campaña de Buenos Aires durante la primera mitad del siglo XIX”, *Revista de Indeias, LXX* (249), 551-582.

MALLO, S. C. (2013), “La historiografía sobre la esclavitud de africanos en territorio argentino, siglos XVI al XIX”, en F. Guzman y L. Geler (eds.), *Cartografías afrolatinoamericanas* (pp. 275-286), Buenos Aires, Biblos.

MATEO, J. (2001), *Poblacion, parentesco y red social en la frontera. Lobos (provincia de Buenos Aires) en el siglo XIX*, Mar del Plata, GIHHRR, UNMdP.

MATEO, J. (2013), “La sociedad: población, estructura social y migraciones”, en M. Ternavasio (dir.), *De la organización provincial a la federalización de Buenos Aires (1821-1889). Tomo 3 de la Historia de la Provincia de Buenos Aires* (pp. 73-116), Buenos Aires, UNIPE-EDHASA.

MAYO, C. (dir.) (2007), *Mostradores, clientes y fiado. Fuentes para el estudio de las pulperías de Buenos Aires y la pampa (siglo XIX)*, Mar del Plata, Ediciones Suárez.

MAYO, C. (1977), “Patricio Belén: nada menos que un capatáz”, *Hispanic American Historical Review, 77*(4) (597-617).

MAYO, C. (1995), *Estancia y sociedad en la pampa 1740-1820*, Buenos Aires, Biblios.

MAYO, C. (2000), *Vivir en la frontera: la casa, la dieta, la pulpería, la escuela, 1770-1870*, Buenos Aires, Biblos.

MAYO, C.; AMARAL, S.; GARAVAGLIA, J. C. y GELMAN, J. (1987), “Debate sobre la mano de obra rural”, *Anuario IEHS* (2), 21-70.

MIGUEZ, E. (2015), *Del feudalismo al capitalismo agrario: ¿el fin de la historia... agraria?*, Presentacion en la Red de Estudios Rurales, Instituto Ravignani.

MORENO, J. L. (2005), "La transmision patrimonial de la pequeña propiedad agraria en la campaña del oeste bonaerense en el periodo de transición 1800-1870: un estudio de linajes familiares", *Anuario IEHS* (20), 339-358.

MOSSE, V. (2010), "La construcción estatal en la frontera sur de Buenos Aires: un análisis a partir de los derechos de propiedad. Tandil, 1823-1895", en A. I. Ferreyra (dir), *Cuestiones Agrarias Argentinas* (pp. 179-212), Córdoba, Ed. Brujas.

NÉSPOLO, E. A. (2012), *Resistencia y complementariedad, gobernar en Buenos Aires: Luján en el siglo XVIII: Un espacio políticamente concertado*, Pilar, Escaramujo editorial.

O'ROURKE, K. H. y WILLIAMSON, J. G. (2006), *Globalización e Historia. La evolución de una economía atlántica del siglo XIX*, Zaragoza, Prensas Universitarias de Zaragoza.

OTERO, H. (dir.) (2012), *Población, ambiente y territorio* (Vol. Tomo 1), Buenos Aires, Edhasa.

OTERO, H. (2006), "Población y economía en la historiografía del período estadístico: personajes en busca de un autor", en J. GELMAN (comp.), *La historia económica argentina en la encrucijada. Balances y perspectivas* (pp. 41-60), Buenos Aires, AAHE-Prometeo.

PEDROTTA, V. y LANTERI, S. (directoras) (2015), *La frontera sur de Buenos Aires en la larga duración. Una perspectiva multidisciplinar*, La Plata, Archivo Histórico Dr. Ricardo Levene.

PEREZ, M. (2010), *En busca de mejor fortuna: los inmigrantes españoles en Buenos Aires desde el Virreinato a la Revolución de Mayo*, Buenos Aires, Prometeo.

PERRI, G. (2015), *El trabajo y los trabajadores en el mundo rural durante una época de transición. Buenos Aires, 1780-1830*, Sevilla, Tesis de doctorado inédita.

RATTO, S. (2015), *Redes políticas en la frontera bonaerense (1836-1873). Crónica de un final anunciado*, Bernal, UNQ.

REITANO, E. (2010), *La inmigración antes de la inmigración: los portugueses de Buenos Aires en vísperas de la Revolución de Mayo*, Mar del Plata, Eudem.

ROBLES, N. (2001), "La justicia civil en la campaña bonaerense: una aproximación cuantitativa", *Prohistoria* (5), 203-221.

ROSAL, M. A. y SCHMIT, R. (2004), "Las exportaciones pecuarias bonaerenses y el espacio mercantil rioplatense (1768-1854)", en R. Fradkin y J. C. Garavaglia (comps.), *En busca de un tiempo perdido. La economía de Buenos Aires en el país de la abundancia, 1750-1865* (pp. 159-194), Buenos Aires, Prometeo.

ROSAS PRINCIPI, A. (2009), "Comerciantes, conductas y contribuciones. Los pulperos de la campaña de Buenos Aires durante la Revolucion de Independencia", en V. Ayrolo (comp.), *Economía, sociedad y política en el Río de la Plata del siglo XIX. Problemas y debates* (pp. 19-40), Rosario, Prohistoria.

ROSAS PRINCIPI, A. (2012-13), "De contribuciones y contribuyentes a principios del siglo XIX", *Ariadna Tucma* (7), disponible en https://goo.gl/nqIaEF.

SALOMÓN TARQUINI, C. (2016), "... nos falta empezar a hacer una historia de los pueblos indígenas..." Reflexiones en torno a la construcción de un campo de estudio y de una carrera académica, entrevista a Raúl Madrini", *Pasado Abierto* (3), 161-179.

SALVATORE, R. (2003), *Wandering paysanos. State order and subalterne experience in Buenos Aires during de Rosas era*, Durham and London, Duke University Press.

SALVATORE, R. D. (2004), "Alturas, nutrición y bienestar en la Argentina (1790-1950). Algunos hallazgos recientes y su importancia para la historia económica", *XIX Jornadas de Historia Económica*, San Martín de los Andes.

SANTILLI, D. (2008), *Desde abajo y desde arriba. La construcción de un nuevo ordenamiento social entre la Colonia y el rosismo. Quilmes 1780-1840*, Buenos Aires, Publicada por el Instituto Ravignani, Serie Tesis, disponible en https://goo.gl/kZl3Jz.

SANTILLI, D. (2011), "De proletarización, clientelismos y negociación. La perseverancia de los campesinos de la campaña de Buenos Aires (1780-1840)", en M. Alabart, M. A. Fernandez y M. Pérez (comps.), *Buenos Aires, una sociedad que se transforma. Entre la Colonia y la Revolución de Mayo* (pp. 93-132), Buenos Aires, UNGS/Prometeo libros.

SANTILLI, D. (2016), "El precio de la 'modernidad': La evolución de la desigualdad en la propiedad de la tierra en la campaña de Buenos Aires, 1839-1914", *Historia Agraria* (69), 73-103.

SCHMIT, R. (2014), "Precios de bienes y bloqueos comerciales en Buenos Aires durante la primera mitad del siglo XIX", *XXIV Jornadas de Historia Económica de la AAHE* (pp. 1-28), Rosario.

TERNAVASIO, M. (2002), *La revolución de voto. Política y elecciones en Buenos aires, 1810-1852*, Buenos Aires, Siglo XXI.

VENCE CONTI, A. y CUESTA, E. M. (2011), "Volver a las fuentes. Precios y salarios en Argentina, 1850-1914", *V Jornadas Internacionales de la Asociación Uruguaya de Historia Económica*, Montevideo.

WIBAUX, M. I. (2008), "¿Un placer parar pocos? Los hábitos de consumo de los pobladores rurales y los precios corrientes de los productos alimenticios cotidianos. Buenos Aires, 1830-1870", en S. C. Mallo y B. I. Moreyra (coords.), *Miradas sobre la historia social en la Argentina en los comienzos del siglo XXI* (pp. 323-340), Córdoba – La Plata, CEH Segretti – CEHAC.

WILLIAMSON, J. G. (1998), "Real wages and relative factor prices in the Third world 1820-1940: Latin America", *HIER Discussion paper* (1853), disponible en https://goo.gl/Av8JKl.

YANGILEVICH, M. (2009), "Leyes antiguas para un Estado moderno. Prácticas jurídicas en la provincia de Buenos Aires durante el período de la codificación", en D. G. Barriera (comp.), *Justicia y fronteras. Estudios sobre historia de la justicia en el Río de la Plata. Siglos XVI-XIX* (pp. 205-224), Murcia, Universidad de Murcia.

ZEBERIO, B. (2005-2006), "Los hombres y las cosas. Cambios y continuidades en los derechos de propiedad (Argentina, siglo XIX)", *Quinto Sol* (9-10), 151-183.

ZEBERIO, B. (2009), "El liberalismo y los derechos de propiedad en Argentina", en G. BLANCO, G. y BANZATO, G. (comps.) (2009), *La cuestión de la tierra pública en Argentina. A 90 años de la obra de Miguel Ángel Cárcano* (pp. 35-56), Rosario, Prohistoria.

Políticas, propiedad y uso de la tierra y el agua en las llanuras argentinas durante la segunda mitad del siglo XIX

Un análisis de la historiografía del siglo XXI

GUILLERMO BANZATO Y MARÍA CECILIA ROSSI

Introducción

Este capítulo trata sobre los estudios en torno a la ocupación y entrega de tierras fiscales, la formación del mercado de tierra, el uso del agua como recurso natural para el desarrollo de producciones, las entregas de tierras a los indios y la instalación de colonias, en un recorte espacial que los ubica como estudios de las llanuras enmarcadas entre las dos grandes "fronteras interiores" del territorio nacional a mediados del siglo XIX (Bartolomé, 2005):[1] por el sur la frontera del Río IV para Córdoba y del río Salado para Buenos Aires, y por el noroeste la frontera chaqueña comprendiendo Santiago del Estero y Santa Fe, que como expansiones de aquel mundo colonial que terminadas sus posibilidades de relación con el norte potosino, se mueve

1 "En varios países de América Latina las fronteras estatales incluyen a la vez distintos tipos de *fronteras internas*, debido a que las expansiones nacionales hacia los límites de sus ámbitos de control político, determinó el arrinconamiento de las poblaciones nativas cuyos territorios originales fueron expropiados por los frentes expansivos. La República Argentina es un buen ejemplo de este proceso, ya que gran parte de sus actuales fronteras están pobladas por los sobrevivientes de las guerras de exterminio de la segunda mitad del siglo XIX, que la historia oficial designa con el eufemismo de Conquista del Desierto" (Bartolomé, 2005).

hacia sus llanuras. En tal sentido la mesopotamia santiagueña, Santa Fe, el sur de Córdoba y Buenos Aires ingresan cómodamente en esta construcción territorial. El recorte temporal abarca la segunda mitad del siglo XIX cuando el corrimiento de las fronteras por la ocupación de tierras se convirtió en un proceso imparable.

Concentramos nuestra atención en las producciones de este siglo que, con el respaldo que dio la renovación historiográfica a partir de la década de 1980 y en interesantes articulaciones entre la Historia, la Antropología, la Economía, enmarcadas en la Historia Agraria, están desarrollando un notorio incremento de los estudios y las publicaciones con fructíferos análisis transversales. Estos estudios, si bien han tenido mayor concentración en el área bonaerense, han avanzado mucho para distintas regiones del país, aunque todavía quedan importantes espacios en los que aplicar estas metodologías de trabajo para explicar el impacto de la vinculación regional al desarrollo capitalista durante el siglo XIX. En estos años se revisitaron conceptos y categorías analíticas largamente utilizados y se incorporaron espacios que tradicionalmente no se habían considerado, para luego articularlos comparativamente en escalas que superaran lo micro y permitieran miradas regionales más amplias y enriquecedoras.

Los estudios sobre la ocupación y acceso a la propiedad de la tierra

1. La apropiación estatal de tierras, formas de acceso al uso y propiedad privada

La historiografía sobre las tierras de Buenos Aires se concentró mayormente en la primera parte del siglo XIX, aunque en algunos casos avanzó hasta los años 1880, tal como lo ha detallado Santilli en otro capítulo de este volumen. Nos resta aquí destacar que los trabajos mejor documentados sobre la entrega de tierras públicas en arrendamiento entre 1857 y 1887 son los de Marta Valencia (M. E. Valencia, 2005 y 2009), hoy cita ineludible para comprender cómo se fue conformando un mercado en el que se negociaban los derechos de uso y, al mismo tiempo, en sucesivas ofertas en ventas, se fue enajenando la tierra fiscal. Es decir que cada avance de la frontera implicaba una inmediata ocupación y posterior entrega de los títulos que traspasaban las tierras del dominio público al privado, las que quedaban en mejores condiciones de ser negociadas. De allí que sobre este período los mayores esfuerzos se hayan enfocado en otros aspectos, como veremos más adelante.

Distinto es el caso de Córdoba porque allí se había estudiado la frontera en las interacciones con los pueblos aborígenes, pero había que desarrollar la expansión posterior a su derrota en manos de los ejércitos de Roca. Para la segunda parte del siglo, en el sur cordobés se acrecentaron significativamente las ventas de tierras del Estado con una importante participación de compradores extranjeros, no solamente con el fin de financiar gastos de la provincia y atender la deuda pública, sino también debido a la necesidad de afirmar su posición en la disputa por los territorios de frontera con Buenos Aires y Santa Fe, en un proceso que ha sido caracterizado a través de dos instancias, en un primer momento la "transacción incompleta" con el fin de apurar la apropiación de las tierras disputadas con las otras provincias vecinas, y en un segundo momento el perfeccionamiento de esos títulos hacia la propiedad privada. Estas mayores garantías para la propiedad impactaron positivamente en la inversión en tierras como activo líquido, tanto como en el mayor interés por legalizar títulos precarios (Tognetti, 2009; 2010 y 2011).

En Santiago del Estero retomamos los temas relacionados con la ocupación de la tierra con la propuesta de incorporar el mundo rural de la frontera del río Salado. Empezamos por analizar una de las primeras preocupaciones de la nueva elite liberal, desde 1851 en su proyecto de incorporar a Santiago del Estero a los circuitos productivos del sistema capitalista, que consistió en determinar con la mayor precisión posible, qué áreas del total de las 3500 leguas[2] hasta ese momento controladas resultaban prioritarias a los fines de establecer las factibilidades de su desarrollo y estudiar su comunicación interna, con la cuenca del Paraná y el puerto de Rosario (Rossi, 2004 y 2006). Se interesaron por la cuenca del Dulce-Salado, los territorios llanos del río Salado y el Mesón de Fierro. El primero, de antiguo poblamiento prehispánico, en donde se encontraban las tierras que eran las bases materiales del poder del segmento político dominante, con un alto nivel de parcelamiento y valores de reventa; el segundo era el más atractivo para el grupo de poder local, se trataba de tierras sobre las que avanzaba la frontera interna, habitadas por naciones indígenas en vías de ser desplazadas hacia el Bermejo, puestas bajo el control del Estado provincial, consideradas fiscales y fuente de negocios y pingües ganancias. El tercer espacio presentaba dificultades adicionales porque antes de planificar su desarrollo había que ubicarlo con precisión, en tanto se trataba de un área meteorítica de la cual podría obtenerse buen metal para la fabricación de armas, pero no se encontrará hasta principios del siglo XX.

Para 1865 el fracaso de la navegación por el Salado era un hecho, pero el gobierno provincial redobló la apuesta intentando proyectos ferroviarios orientados también hacia el este. Fracasados ambos proyectos, caída la estructura política que los impulsaba, se estancaron los primeros proyectos modernizadores del espacio rural santiagueño y se detuvieron por un quinquenio las enajenaciones al este del Salado (Rossi, 2007). La tierra pública con valor de cambio fue una constante que podemos marcar de todo el proceso en dos direcciones: como pago de deuda estatal y para obras públicas, sobre todo a partir de la década de 1880, cuando el proyecto modernizador del rojismo demandó aun más inversiones que eran sostenidas sobre la base de endeudamientos permanentes con los Bancos que se habían instalado recientemente en la provincia y poniendo como garantía las tierras. Y especialmente porque sobre finales de la década de 1870 ingresaron a comprar al Estado en esta frontera, inversores de Córdoba, Capital o Buenos Aires, individualmente, como sociedades o sindicatos organizados para la compra de tierras. Así, el este santiagueño entraba en una vorágine de negocios con la tierra pública que ajenizó el territorio sacándolo del control provincial, y donde las sociedades latifundistas arrastraban en lentos y agónicos peregrinajes a campesinos convertidos en hacheros y peones, tras la devastación forestal (Rossi y Banzato, 2013).

2. La colonización agrícola: variantes provinciales en perspectiva comparada

Las diferentes escalas y períodos en que se fueron desplegando las políticas públicas e iniciativas privadas mediante el sistema de colonias continuaron una larga tradición en el tema en la historiografía sobre las llanuras. Se han estudiado los casos de Entre Ríos y Santa Fe en perspectiva comparada destacando el mayor dinamismo de la colonización santafesina debido a una oferta de tierras a precios más accesibles y de ciudades concentradoras de mayores capitales (Djenderedjian, 2008).

Sin dudas la obra más completa, no solo del período en análisis sino de la historiografía argentina sobre el tema es la de Djenderedjian, Bearzoti y Martirén (2010), en la que realizaron el relevamiento más exhaustivo de fuentes y bibliografía, al tiempo que recorrieron prácticamente todos los aspectos relacionados con las diferentes características de las colonias en las provincias pampeanas: los cambiantes objetivos de las políticas públicas y de los empresarios colonizadores, los cambios en la red de transportes, sobre todo con el ferrocarril, los mercados consumidores, las dificultades en la adaptación de la tecnología, el gobierno de las colonias y la participación de sus habitantes en la política, las formas de distribución y el surgimiento del mercado de tierras.

Posteriormente se han realizado algunas contribuciones que permitieron destacar la influencia del sistema de colonización en el mercado de tierras. Para el caso de Buenos Aires detallamos cómo la disponibilidad de tierras agrícolas, la presión por la propiedad de los inmigrantes y la intención de los grandes propietarios por subdividir sus tierras fomentaron la pequeña propiedad, pero solo en un nivel local, en el partido de Junín, en un contexto de alta especulación con el sistema de colonias (Banzato, 2013). De igual manera, en el caso del sudeste cordobés, las colonias no cambiaron demasiado la estructura agraria, aunque dinamizaron el mercado de tierras durante los primeros años posteriores a la crisis de 1890 (Tognetti, 2015).

Nuevamente, el caso santafesino fue revisitado en un reciente estudio que demostró las lógicas paralelas de los mercados de tierras de pastoreo y de tierras para colonias, debido a la decisiones de los propietarios para arriesgarse a fundar una colonia y al tiempo de amortización del capital; realizó un análisis de la productividad factorial que ha permitido ponderar el peso de cada uno en el éxito productivo de las colonias; detalló las diferentes estrategias de los empresarios y calculó la distribución de la riqueza y la movilidad social (Martirén, 2016).

3. Aportes interdisciplinarios sobre la entrega de tierras a los indígenas

En este comienzo de siglo, como parte de un despliegue mucho más amplio de estudios históricos, arqueológicos y antropológicos sobre diversos aspectos del mundo indígena, los estudios sobre la política de entrega de tierras a estos grupos tuvieron un interesante avance a partir de este esfuerzo interdisciplinario, no muy frecuente, que posibilitó un cruce de fuentes y perspectivas analíticas sobre algunos partidos en la provincia de Buenos Aires. Los estudios de caso comparados determinaron que hubo diferencias importantes en los resultados de los repartos debido a las complejas tramas de relación con los diferentes grupos aborígenes, la dinámica de la ocupación de la tierra, la rápida vinculación al mercado internacional a través del ferrocarril y las políticas hacia la inmigración ultramarina: en el centro oeste los "blancos" fueron beneficiados con la propiedad a pequeños productores, en cambio los "indios amigos" solo recibieron unos pocos predios (De Jong, 2015; Lanteri, Ratto, De Jong y Pedrotta, 2011; Pedrotta, Lanteri y Duguine, 2012). Este proceso no se realizó sin tensiones entre la pretensiones de los gobiernos de mensurar en términos de propiedad privada y las ancestrales prácticas comunitarias de estos pueblos (Yuln, 2017; Yuln y Silvestri, 2015).

4. Agencias estatales para el ordenamiento de los derechos de propiedad y gestión del territorio

En los últimos años se ha avanzado en el análisis de los procesos de formación de agencias estatales específicas y la participación de las diversas disciplinas en la gestión de la tierra y el agua, de suma importancia para conocer los procesos de diseño y concreción de proyectos que posibilitaran un mejor y mayor control sobre el territorio. Sin dudas Buenos Aires fue la provincia pionera en la conformación de una agencia estatal en la década de 1820, el Departamento Topográfico, que para 1875 pasó a Departamento de Ingenieros. Los agrimensores tuvieron un papel crucial en la medición de los terrenos rurales tanto como en el trazado de los pueblos y ciudades para una efectiva institucionalización de los derechos de propiedad (Canedo, 2013 y 2014; D'Agostino, 2015; Garavaglia y Gautreau, 2011). Con la integración de los ingenieros civiles e hidráulicos se conformaron equipos que también tuvieron a su cargo la cuestión de los ferrocarriles y caminos, los canales de desagüe de los campos y ciudades, el estudio de las aguas subterráneas, el trazado de la nueva capital para la provincia, los puertos, entre otros temas (D'Agostino y Banzato, 2015). Tal como ha analizado Zweifel (2014), esa pampa fue atravesada, registrada y medida por este conjunto de profesionales a los que la autora agrega cartógrafos, topógrafos y, para la última etapa, fotógrafos, para cuestionar la visión del espacio supuestamente vacío y sin límites, reconstruyendo los diferentes proyectos y prácticas que conformaron un territorio complejo, entre el suburbio de la que se fue convirtiendo en gran ciudad y las estancias.

En Córdoba se creó el Departamento Topográfico a inicios de la década de 1860, el cual tuvo un recorrido similar a su homólogo porteño, tanto en las dificultades para cumplir sus funciones como en la acumulación de tareas hasta, de la misma manera que el anterior, convertirse en Departamento de Ingenieros a fines del siglo. Asimismo, el organismo cordobés cumplió una función destacada en la formación de profesionales hasta que la Universidad Nacional de Córdoba creó la carrera en sus claustros (Ferreyra, 2011; Tognetti, 2012).

Para el caso santiagueño hemos realizado una somera aproximación centrada en las mediciones realizadas en la década de 1850 por el primer agrimensor de la provincia, Amadeo Jacques, en las tierras del Salado. Si bien las prácticas instauradas por Jacques tuvieron cierta permanencia, no alcanzaron para conformar una agencia provincial que regulara la entrega de tierras fiscales, la que se instauró recién hasta fines del siglo. Al respecto bien vale una historia de largo plazo sobre la oficina encargada del catastro en una provincia que ha maltratado ferozmente sus archivos (Rossi y Banzato, 2011).

Los mercados de tierras: precisiones conceptuales y analíticas

Sin dudas es uno de los temas que la historiografía debatió en la década de 1980, pero se retomó en este siglo con nuevos bríos, al calor de toda una serie de trabajos previos y condición *sine qua non* para el desarrollo de los mercados, como son los referidos a la entrega de tierras públicas. Utilizamos deliberadamente el plural porque nos permite expresar con mayor grado de representatividad, no solamente un despliegue historiográfico disímil sino también un proceso complejo, que para las llanuras se iba conformando a medida que nuevas regiones se incorporaban al influjo comercial y productivo que alimentaba la vinculación con los mercados internacionales a través de los puertos del litoral.

En la introducción a nuestra compilación *Tierras rurales* (Banzato, 2013b), destacamos que la cuestión de la conformación de los mercados de tierras se ha configurado a partir de tres núcleos temáticos: la compraventa expresada en operaciones y hectáreas, el comportamiento de los precios y el análisis en torno al alcance del mercado. Retomamos este esquema en lo que sigue.

Sobre el primer punto, en Buenos Aires hemos encontrado que en la campaña y en los ejidos los negocios se expresaron en forma diferente. Las estancias y campos, con demandantes y oferentes tanto locales como externos, tuvieron un movimiento fluctuante y en descenso en las hectáreas, mientras que las operaciones también fueron fluctuantes pero en alza, de modo que el conjunto nos permite evidenciar que el mercado y el ciclo de vida fueron fragmentando las extensiones originales. En cambio en los ejidos las transferencias de derechos aumentaron en un mercado con características locales, pues la mayor parte de las operaciones se hicieron entre ejidatarios, aunque se incorporaron a este sector inmigrantes (Banzato, Barcos y D'Agostino, 2013).[2]

En Santa Fe también los movimientos fluctuaron, pero con un descenso tanto en operaciones como en hectáreas hacia el final del período, aquí parece que la oferta de tierra que entra al mercado satura una demanda todavía poco activa debido a que se encontraba con los límites geográficos de trabajar tierra sin la posibilidad de trasladar rápidamente la producción (Martirén, 2013). En el sur cordobés los comportamientos fueron similares al caso bonaerense pero con menos diferencia entre operaciones y hectáreas. Hay menos fragmentaciones y más cambio de titulares sobre los mismos campos, aquí el argumento de la tierra como activo líquido explica bien la cuestión de las ventas de corto plazo (Tognetti, 2013).

En cuanto a los precios, en el trabajo sobre Buenos Aires al comparar la tasación fija de la tierra pública con precios de transacciones privadas, estos siempre estuvieron más altos, mostrando las alternativas en los diferentes mercados. La tendencia de largo plazo es al alza en la campaña, con mayor dispersión en los ejidos (Banzato, Barcos y D'Agostino, 2013). En Santa Fe los precios tienen un primer ciclo de alza y otro de baja, la competencia de las otras colonias y el estancamiento en la demanda debido a lo incierto del negocio durante los primeros años son dos factores a tener en cuenta (Martirén, 2013). En el caso de Córdoba, los precios en los departamentos del sur subieron durante el período, con variaciones locales a tener en cuenta, pues la tierra en Río Cuarto era más cara que en Unión y no hubo tantas fluctuaciones (Tognetti, 2013).

En cuanto al funcionamiento de la oferta y la demanda de tierras, nos preguntamos si podemos hablar de mercado o de mercados. En Buenos Aires hemos demostrado que la

---

2 En el trabajo citado condensamos nuestros estudios y los de diferentes colegas sobre el tema, que en este capítulo sería muy largo detallar.

conformación de mercados con lógicas diferenciales confluyen en uno integrado, claro que nos favorece la mirada de largo plazo. En Santa Fe la conceptualización de Martirén parte de la constatación de un mercado dual o bifronte con grandes estancias y tierras de colonización agrícola. El sur de Córdoba y Santiago del Estero son dos ejemplos de mercados locales con participación externa, nos preguntamos si estamos ante mercados locales que han sido copados por grandes inversores o podríamos referirnos ya a algunos espacios que requieren grandes capitales que solo están en Buenos Aires y que van invirtiendo especulativamente en un mercado que, en esta perspectiva, se constituye en nacional, si sumamos Santiago del Estero, sur de Córdoba, La Pampa y Patagonia (Banzato *et al.*, 2013; Martirén, 2013; Rossi y Banzato, 2013; Tognetti, 2013).

Compilando datos todavía fragmentarios hemos podido hacer algunas comparaciones sobre el precio de la tierra pública, siempre teniendo en cuenta la especificidad de los contextos provinciales, que nos permitieron apreciar que, aunque todavía no se habían asegurado las fronteras, los pocos campos que quedaban en las zonas de antigua ocupación inmediatas al puerto se cotizaron mucho más alto, en cambio los precios de las fronteras abiertas resultaban mucho más accesibles. Téngase en cuenta que los bajos precios de la frontera tenían como contrapartida la lejanía a los puertos, el ferrocarril llegaría años después, la presencia indígena, escasez de mano de obra en espacios sin poblar, entre otros costos de transacción (Banzato, 2013b).

El problema del agua en las llanuras, entre la escasez y la abundancia

Contrariamente a la producción sobre las provincias andinas, los estudios en relación con el uso y gestión del agua en las llanuras no son muy abundantes. En cuanto al espacio bonaerense, un trabajo interdisciplinario sobre la base de evidencia de fauna y flora y el impacto en la tipología habitacional confirmó los resultados de investigaciones anteriores que habían verificado los ciclos climáticos de sequías e inundaciones entre los siglos XVII y XIX, diferenciando la época más fría y seca que duró hasta mediados del siglo XIX, de la más lluviosa que se extendió desde entonces hasta las primeras décadas del XX (Deschamps, Otero y Tonni, 2003).

Asimismo, desde la historia ambiental se han determinado los ciclos de sequías e inundaciones del Chaco entre los siglos XVI y XX, como así también, a partir del estudio comparado del fenómeno de El Niño a fines de la década de 1870 en Sudamérica, que se manifestó en grandes inundaciones en las costas de los ríos Paraná y Uruguay, consolidaron una visión más amplia sobre el cambio climático a nivel global que hace hincapié en la variabilidad de la naturaleza, más que en el aporte de la actividad antrópica; de igual manera, estudiaron los ciclos de sequías y crecidas del río Bermejo entre los siglos XVII y XX (Aceituno *et al.*, 2009; Herrera, Prieto y Rojas, 2011; Prieto y Rojas, 2015). Para Buenos Aires solo contamos con una detallada cronología de los períodos de sequías e inundaciones desde el siglo XIX al XX, que tiene la virtud del detalle pero carece de la mirada analítica que la escuela mendocina nos aporta (Moncaut, 2003).

El conjunto de estas constataciones de la variabilidad climática permite explicar mejor la manera en que los gobiernos abordaron la gestión del agua. Para Buenos Aires se ha propuesto una periodización de las políticas llevadas adelante por el Estado bonaerense desde fines del siglo XIX en adelante que integra las políticas destinadas a los excesos hídricos con la provisión de agua a las ciudades. En el período 1860-1940 la cuestión de cómo atender al ciclo climático forma un solo nudo problemático, pues a continuación la gestión de la urbanización alrededor de Buenos Aires y la provisión de agua corriente dominaron la agenda pública (Pereyra, 2010). Sobre esta base, recientemente hemos sumado estudios sobre dos de los planes más ambiciosos (y fracasados) para controlar la naturaleza: el diseño de una red de canales de navegación y la concreción de los canales de desagote de los campos de la cuenca baja del río Salado ante el exceso hídrico, ocupándonos también del análisis de los recursos económicos que las autoridades de Buenos Aires destinaron a tales fines (Banzato, 2012, 2014, 2016).

Una perspectiva comparada entre Santiago del Estero y Buenos Aires nos permitió detallar aspectos diferenciales en cuanto a la distribución del agua en territorios con ciclos de variaciones climáticas agudas, entre los últimos años del siglo XIX e inicios del XX. En la provincia norteña, sobre la cuenca del río Dulce, en los alrededores de la capital se diseñó un entramado de canales que volvieron a poner en funcionamiento la antigua Acequia Real y desde allí tomaban el agua para el regadío, generalmente acotado, de zonas productivas de materias primas. De unos pocos canales e hijuelas, hacia fin de siglo el entramado se hizo profuso y aumentaron sensiblemente la cantidad de cuadras regadas. Al mismo tiempo, la instalación de las dos principales industrias, azucarera y vitivinícola, requirió de la apertura de canales de gran importancia que permitían el riego a espacios más extensos y altamente productivos. Este sistema de distribución del agua fue acompañado de una corta pero también ejemplar modalidad de administración mediante un esquema sindical centralizado con apoyaturas departamentales, con instituciones cuyas autoridades eran elegidas por los propios regantes propietarios de tierras y renovadas anualmente. Aunque finalmente la activa industrialización sucumbió a las problemáticas de los ciclos climáticos agudos, el formato de regadío por canalización se fue extendiendo hasta abarcar, en la actualidad, un tercio de la provincia, como forma de abastecer de modo regular a los cultivos. En el caso del sur de Buenos Aires las propuestas estatales de formación de colonias en tierras fiscales, como las de los terratenientes para poner a producir sus tierras, en ambos casos bajo riego, salvo excepciones, no pasan de estudios de factibilidad y normativas (Rossi y Banzato, 2016).

Conclusiones

Tal como ha planteado Santilli en su trabajo para el período anterior, en lo que respecta a la ocupación y propiedad de la tierra entre mediados del siglo XIX e inicios del XX, los temas más importantes están planteados y no parece que los trabajos sobre espacios locales vayan a cambiar sustancialmente el panorama que hemos analizado.

Los mercados de tierras tienen todavía perspectivas diversas, no solamente estamos en los inicios de una caracterización común a los distintos espacios, asistimos además a una conceptualización más atenta a la especificidad local que a una interpretación de conjunto del proceso de conformación de un mercado de tierras unificado, aunque en ese sentido necesitamos investigaciones que aborden un lapso de tiempo más amplio para ver el comportamiento del mercado. Por otra parte, nuevos trabajos que puedan ponderar el impacto de la extensión de las vías férreas deberían completar estos estudios.

Tal como lo ha verificado la historia ambiental para los siglos XVIII-XX, para el conjunto de problemas que estamos tratando consideramos que hay algunas cuestiones que merecen un análisis de largo plazo que vincule más fuertemente las agendas de investigación de quienes estudian los períodos colonial e independiente y quienes trabajan el siglo XX hasta las coyunturas actuales. De esta manera, podrían superarse las periodizaciones estancas y aportar a una explicación más completa de algunas tendencias que llegan hasta nuestros días, como por ejemplo la secular concentración de tierras y expulsión de los campesinos en las áreas marginales de la agricultura; la permanencia de los pequeños propietarios, antes productores, hoy rentistas; la lucha secular de los pueblos aborígenes que están recuperando su cultura e identidad reclamando un poco de la mucha tierra que les fue arrebatada con el avance del Estado y la economía criolla entre los siglos XVI y XIX. En cuanto a las políticas públicas, sería importante comparar la participación del Estado y el funcionamiento del mercado de tierras una vez que se cerraron la fronteras productivas, y en lo que hace a la gestión del agua, cómo insisten en el fracaso ante la recurrencia de las inundaciones, con campos (y ciudades) que siguen soportando el exceso de agua sin planes de contingencia que les permitan mitigar (ya que no solucionar) las catástrofes.

Bibliografía

ACEITUNO, P.; PRIETO, M. del R.; SOLARI, M. E.; MARTÍNEZ, A.; POVEDA, G. y FALVEY, M. (2009), "The 1877-1878 El Niño episode: associated impacts in South America", *Climatic Change, 92* (3-4), 389-416, disponible en https://goo.gl/06mwrE.

BANZATO, G. (2012), "Caminos de agua en la pampa. El proyecto del Canal del Norte en la provincia de Buenos Aires (1902-1930)", presentado en III Congreso Latinoamericano de Historia Económica – XXIII Jornadas de Historia Económica, Bariloche, disponible en https://goo.gl/mHJT4R.

BANZATO, G. (2013a), "Instituciones, población y mercados de tierra locales en perspectiva comparada. Los ejidos y colonias agrícolas de Chascomús y Junín [Buenos Aires, Argentina], 1860-1914", en *XIV Congreso Internacional de Historia Agraria, 7 al 9 de noviembre de 2013*, disponible en https://goo.gl/6Er4Na.

BANZATO, G. (2013b), "Introducción", en G. Banzato (ed.), *Tierras Rurales. Políticas, transacciones y mercados en Argentina, 1780-1914* (pp. 9-18), Rosario, Prohistoria.

BANZATO, G. (2014), "Políticas públicas ante el cambio climático en un contexto de crecimiento económico: construcción de una agencia estatal para paliar las inundaciones en la provincia de Buenos Aires, 1870-1910", presentado en IV Congreso Latinoamericano de Historia Económica, Bogotá.

BANZATO, G. (2016), "Presupuestos y gastos del Estado en la provincia de Buenos Aires para afrontar las inundaciones de los campos, 1870-1930", *Revista Uruguaya de Historia Económica, VI* (9),31-48, disponible en https://goo.gl/avbY8n.

BANZATO, G.; BARCOS, M. F. y D'AGOSTINO, V. A. (2013), "Problemas, métodos y abordajes teóricos en torno al mercado de tierras. La campaña bonaerense entre los siglos XVIII y XIX", en G. Banzato (ed.), *Tierras Rurales. Políticas, transacciones y mercados en Argentina, 1780-1914* (pp. 19-54), Rosario, Prohistoria.

BARTOLOMÉ, M. (2005), "Antropologia de las fronteras en América Latina", *AmeriQuests: Narrative, Law and Society, 2* (1), disponible en https://goo.gl/phFGbr.

CANEDO, M. (2013), "Cartas entre agrimensores. Miradas desde los pueblos en un período de transiciones políticas, institucionales y sociales (Estado de Buenos Aires, 1854-1856)", *Revista Electrónica de Fuentes y Archivos, 4* (4), 209-222, disponible en https://goo.gl/WKQmBk.

CANEDO, M. (2014), "El 'restablecimiento' del Departamento Topográfico de Buenos Aires. Política y gestión de un proyecto con consenso (1852-1857)", disponible en https://goo.gl/eLRmRM.

D'AGOSTINO, V. A. (2015), "Estado, instituciones y funcionarios bonaerenses: la reorganización de la repartición topográfica en la segunda mitad del siglo XIX", en M.

Blanco y L. Barandiarán (eds.), *Las configuraciones de la trama social. Políticas públicas, instituciones y actores en la Argentina contemporánea.*

D'AGOSTINO, V. A. y BANZATO, G. (2015), "Funcionarios y políticas sobre el territorio en la provincia de Buenos Aires: El Departamento de Ingenieros, 1875-1913", en *Decimoquinto Congreso de Historia de los Pueblos de la Provincia de Buenos Aires, 23 al 24 de abril de 2015,* Archivo Histórico de la Provincia de Buenos Aires, disponible en https://goo.gl/ZdDRNb.

DE JONG, I. (2015), "El acceso a la tierra entre los indios amigos de la frontera bonaerense, 1850-1880", *Revista de Ciencias Sociales de la Universidad Nacional de Quilmes, 7*(27), 87-117, disponible en https://goo.gl/sU7ccu.

DESCHAMPS, J.; OTERO, O. y TONNI, E. (2003), *Cambio climático en la pampa bonaerense: las precipitaciones desde los siglos XVIII al XX,* Buenos Aires, Universidad de Belgrano, Área de Estudios Agrarios, http://www.ub.edu.ar/investigaciones/dt_nuevos/109_deschamps.pdf.

DJENDEREDJIAN, J. C. (2008), "La colonización agrícola en Argentina, 1850-1900: problemas y desafíos de un complejo proceso de cambio productivo en Santa Fe y Entre Ríos", *América Latina en la Historia Económica, 15* (2), 127-157, disponible en https://goo.gl/kmC2Gx.

DJENDEREDJIAN, J. C.; BEARZOTTI, S. y MARTIREN, J. L. (2010), *Historia del capitalismo agrario pampeano, t. VI. Expansión agrícola y colonización en la segunda mitad del siglo XIX,* Buenos Aires, Teseo.

FERREYRA, A. I. (2011), "La organización de la propiedad en la provincia de Córdoba: de la etapa de las autonomías provinciales al Estado Nacional. Argentina, Siglo XIX", *América Latina en la historia económica,* (35), 177-207, disponible en https://goo.gl/FRLBl6.

GARAVAGLIA, J. C. y GAUTREAU, P. (2011), "Inventando un nuevo saber estatal sobre el territorio: la definición de prácticas, comportamientos y agentes en las instituciones topográficas de Buenos Aires, 1824-1864", en J. C. Garavaglia y P. Gautreau, *Mensurar la tierra, controlar el territorio. América Latina, siglos XVIII y XIX* (pp. 63-98), Rosario, Prohistoria.

HERRERA, R.; PRIETO, M. del R. y ROJAS, F. (2011), "Lluvias, sequías e inundaciones en el Chaco semiárido argentino entre 1580 y 1900", *Revista de la Junta Provincial de Estudios Históricos de Santa Fe, LXIX*, 173-200, disponible en https://goo.gl/HZMvMk.

LANTERI, S.; RATTO, S.; DE JONG, I. y PEDROTTA, V. (2011), "Territorialidad indígena y políticas oficiales de colonización: los casos de Azul y Tapalqué en la frontera sur bonaerense (siglo XIX)", *Antíteses, 4* (8), 729-752, disponible en https://goo.gl/M7pJQY.

MARTIRÉN, J. L. (2013), "El impacto de la subdivisión. La formación del mercado de tierras en las colonias agrícolas del centro oeste de la provincia de Santa Fe, 1860-1880", en G. Banzato (ed.), *Tierras Rurales. Políticas, transacciones y mercados en Argentina, 1780-1914* (pp. 85-112), Rosario, Prohistoria.

MARTIRÉN, J. L. (2016), *La transformación farmer. Colonización agrícola y crecimiento económico en la provincia de Santa Fe durante la segunda mitad del siglo XIX*, Buenos Aires, Prometeo – Asociación Argentina de Historia Económica.

MONCAUT, C. A. (2003), "Inundaciones y sequías tienen raíces añejas en la pampa bonaerense (1576-2001)", en O. Maiola, N. Gabellone y Hernández, *Inundaciones en la región pampeana* (pp. 28-47), La Plata, EDULP.

PEDROTTA, V.; LANTERI, S. y DUGUINE, L. (2012), "En busca de la tierra prometida. Modelos de colonización estatal en la frontera sur bonaerense durante el siglo XIX", *Nuevo Mundo Mundos Nuevos*, disponible en https://goo.gl/kyn1Au.

PEREYRA, E. (2010), "La política del agua en la Provincia de Buenos Aires. Notas para su reconstrucción histórica", en F. Isuani (ed.), *Política pública y gestión del agua. Aportes para un debate necesario* (pp. 21-95), Buenos Aires, Universidad Nacional de General Sarmiento/Prometeo.

PRIETO, M. R. y ROJAS, F. (2015), "Determination of droughts and high floods of the Bermejo River (Argentina) based on documentary evidence (17th to 20th century)", *Journal of Hydrology, 529, Part 2,* 676-683, disponible en https://goo.gl/O3Yym6.

ROSSI, M. C. (2004), "Exploraciones y estudios sobre los nuevos espacios económicos durante el siglo XIX. Santiago del Estero, 1850-1875", *Mundo Agrario, 5* (9), disponible en https://goo.gl/y0mqTa.

ROSSI, M. C. (2006), "Consideraciones en torno a la construcción de la frontera del río Salado del Norte en Santiago del Estero", *Anuario del Instituto de Historia Argentina,* (6), 147-175, disponible en https://goo.gl/97tGuc.

ROSSI, M. C. (2007), "Los negocios con la tierra pública en la frontera del río Salado del Norte. Santiago del Estero, 1850-1880", *Mundo Agrario, 7*(14), disponible en https://goo.gl/xUVHpg.

ROSSI, M. C. y BANZATO, G. (2011), "Explorar y medir en tierras de caudillos: Amadeo Jacques en Santiago del Estero, 1856-1858", en J. C. Garavaglia y P. Gautreau (eds.), *Mensurar la tierra, controlar el territorio: América Latina, siglos XVIII- XIX* (pp. 215-257), Rosario, Prohistoria, disponible en https://goo.gl/epzBMw.

ROSSI, M. C. y BANZATO, G. (2013), *Tierra y sociedad en Santiago del Estero. El antiguo Matará, siglos XVII a XX,* Buenos Aires, Academia Nacional de la Historia (en prensa).

ROSSI, M. C. y BANZATO, G. (2016), "Gestión del riego en las llanuras argentinas. Poderes locales y provinciales en perspectiva comparada: Santiago del Estero y Buenos Aires entre la segunda mitad del siglo XIX y 1915", En *V Congreso Latino-Americano de História Econômica, 19 al 21 de julio de 2016,* Universidade de São Paulo, disponible en https://goo.gl/cnq6Qx.

TOGNETTI, L. A. (2009), "Expansión territorial, privatización del dominio público y circulación de la propiedad en la frontera este, sureste y sur de Córdoba 1860-1880", en G. Blanco y G. Banzato (eds.), *La cuestión de la tierra en Argentina. A 90 años de la obra de Miguel Ángel Cárcano*, Rosario, Prohistoria.

TOGNETTI, L. A. (2010), "Los derechos de propiedad en la frontera de Córdoba, Santa Fe y Buenos Aires a fines del siglo XIX", *Anuario de la Escuela de Historia Virtual, 1* (1), 107-131, disponible en https://goo.gl/Ycjdsa.

TOGNETTI, L. A. (2011), "El mercado de tierras, la circulación de la propiedad y el latifundio en un espacio de la región pampeana argentina en la segunda mitad del siglo XIX, *Antíteses, 4* (8), 827-848, disponible en https://goo.gl/tOclUT.

TOGNETTI, L. A. (2012). La expansión de las profesiones y la implantación de la agrimensura y la ingeniería civil en la Universidad Nacional de Córdoba a fines del siglo XIX. *Saber y tiempo*, (23), 41-65, disponible en https://goo.gl/otpvng.

TOGNETTI, L. A. (2013), "Expansión territorial, privatización del dominio público y circulación de la propiedad en la frontera este, sureste y sur de Córdoba 1860-1880", en G. Banzato (ed.), *Tierras Rurales. Políticas, transacciones y mercados en Argentina, 1780-1914* (pp. 119-138), Rosario, Prohistoria.

TOGNETTI, L. A. (2015), "Cambios en la circulación de la tierra en un espacio de la región pampeana argentina durante la segunda mitad del siglo XIX", *Boletín del Instituto de Historia Argentina y Americana Dr. Emilio Ravignani*, (43), 131-170, disponible en https://goo.gl/UgJqN8.

VALENCIA, M. (2009), "La última frontera de la provincia de Buenos Aires antes de la campaña de Roca", en G. Blanco y G. Banzato (eds.), *La cuestión de la tierra en Argentina. A 90 años de la obra de Miguel Ángel Cárcano*, Rosario, Prohistoria.

VALENCIA, M. E. (2005), *Tierras públicas, tierras privadas. Buenos Aires, 1852-1876*, La Plata, Editorial de Universidad Nacional de La Plata y Archivo Histórico de la Provincia de Buenos Aires.

YULN, M. (2017), "Pueblos indígenas en la frontera bonaerense. Los asentamientos de 'indios amigos' durante el siglo XIX, *Scripta Nova. Revista electrónica de Geografía y Ciencias Sociales, XXI* (554), disponible en https://goo.gl/S3iZWh.

YULN, M. y SILVESTRI, G. (2015), "Una forma territorial alternativa: la tribu de Coliqueo en la pampa bonaerense", *Antíteses, 8* (15), 313-344, disponible en https://goo.gl/2vNsIQ.

ZWEIFEL, T. (2014), *Medir lo inconmensurable. Los cambios en los procedimientos para relevar la pampa anterior (1796-1895)*, Rosario, Prohistoria.

Políticas públicas y propiedad de la tierra en la región pampeana

Diálogos y tensiones entre Estado, productores y corporaciones agrarias (1930-1976)

Mónica Blanco y Silvia Lázzaro

Introducción

El acceso a la tenencia estable de la tierra y a su propiedad ha sido una de las demandas nodales de los sectores chacareros de la región pampeana desde principios del siglo XX. Ello ha estado en la base de los crecientes conflictos con los sectores propietarios y ha dado lugar a una insistente interpelación al Estado con el propósito de que este definiera políticas públicas capaces de otorgar mayor previsibilidad a las acciones de los productores rurales.

Nos proponemos en esta intervención reflexionar sobre nuestros aportes en torno al análisis del rol desempeñado por el Estado en el diseño de las políticas públicas orientadas a dar respuesta a tales demandas, así como las reacciones generadas entre los sectores productivos involucrados. Nuestro marco temporal serán los años transcurridos entre las décadas de 1930 y 1970, pues durante este período se produjeron intensos debates y cambios significativos, en consonancia con una coyuntura latinoamericana que propiciaba transformaciones más reformistas.

El problema asociado a la propiedad y tenencia de la tierra y las políticas que se han generado -en el período histórico considerado- posee una singular importancia. Desde objetivos orientados hacia el logro de *la tierra para quien la trabaja*, pasando por procesos que plantean la *transformación y promoción rural* y la *reforma agraria inmediata y profunda,* transitamos hacia un proceso que deriva en cambios acelerados y significativos caracterizados por la precarización del empleo, el aumento de la multiocupación, la expulsión de pequeños y medianos productores, las crecientes migraciones campo-ciudad, la articulación de los productores agrarios a complejos agroindustriales en los que predominan las decisiones de núcleos de poder vinculados a las grandes empresas transnacionales y la exclusión creciente de la población rural.

Las políticas públicas son parte constitutiva del cúmulo de elementos formalmente institucionalizados del sistema político adscriptos a la esfera del Estado. Son acciones de gobierno, es el gobierno en acción, que busca la forma de dar respuestas a las diversas demandas de la sociedad y lo hace a través de sus instituciones, con lo cual se orienta a influir sobre la vida de los ciudadanos (Pallares, 1988). Su análisis nos posibilita avanzar en el conocimiento de interacciones, negociaciones y conflictos suscitados entre las diversas instituciones (estatales y no estatales) y los diversos actores sociales que intervienen en su diseño.

En tanto detrás de las políticas públicas subyace una trama social definida, y dado que es imprescindible la articulación con la propuesta de desarrollo económico global, hemos identificado en nuestros estudios al sector sociopolítico que formula los proyectos e intenta llevarlos a la práctica, y la relación entre las propuestas agrarias específicas con las demandas concretas del sector rural, intentando mostrar el grado de correspondencia entre los intereses individuales y/o sectoriales y el proyecto agrario colectivo.

Nuestras investigaciones se han centrado en las políticas sectoriales ligadas a la región pampeana en función del peso que esta tiene en la economía nacional. La estrecha asociación entre la producción pampeana y el funcionamiento de la economía nacional hace que las medidas de tipo macroeconómico afecten directamente su funcionamiento, y que las demandas sectoriales agropecuarias de esta región devengan en requerimientos directos sobre cambios en las políticas públicas (Barsky, 1993: 50-53).[1] En las otras economías regionales se produce una parte sensiblemente menor de bienes exportables, y una gran cantidad de materias primas y alimentos destinados al mercado interno. Se estipulan en estos ámbitos políticas por producto, ligadas a la fijación de precios, créditos, subsidios, formas de comercialización, sistemas de protección arancelarios. Y aquí intervienen activamente los gobiernos provinciales, generándose un campo de negociación de políticas mucho más específico. Las regiones extrapampeanas cumplieron durante todo este período un rol subordinado y de dependencia con relación al centro de poder político y económico, persistiendo factores estructurales que determinaron el desarrollo desigual al interior de la estructura social de quienes residen en el ámbito extrapampeano, con particularidades específicas en cada caso.

En síntesis, nuestro objetivo es avanzar en la sistematización de las investigaciones que venimos generando sobre el tema en cuestión, tratando de aportar, desde el análisis de los procesos históricos, a una mejor comprensión de los procesos históricos de conjunto, con el propósito de realizar aportes para la comprensión del presente. La trascendencia de la cuestión agraria en Argentina ha sido y continúa siendo indiscutible e intensa en función de la centralidad que tiene en el plano socioeconómico, en un período

---

1 Estas cuestiones se relacionan con los roles de la región pampeana, a saber: 1. provee a la economía de una parte decisiva del ingreso de divisas, a través de las exportaciones agropecuarias, que permite el funcionamiento de otros sectores de la economía; 2. genera la mayor parte de los alimentos para el mercado interno, determinando en gran medida el costo de la mano de obra y el nivel de salarios, afectando los límites inflacionarios; 3. aporta, mediante el impuesto a las exportaciones y a los activos agropecuarios (inmobiliarios) una parte estratégica de recursos para el financiamiento del Estado (Barsky, 1993: 53).

de tiempo signado por el protagonismo de heterogéneos actores políticos y sociales que fueron generando también, según los contextos, dispares relaciones de poder.

La propiedad de la tierra en debate: de la prescindencia a la planificación estatal

En los inicios del siglo XX fue el conflicto desencadenado en Alcorta en junio de 1912 y extendido luego a toda la región pampeana, el que puso de manifiesto la tensión social que las particulares condiciones de producción en el agro pampeano habían contribuido a generar. Si bien fueron las normas contractuales que vinculaban a los arrendatarios con los grandes propietarios rurales el detonante de la huelga iniciada por los chacareros santafesinos, detrás de ello se ponía en cuestionamiento la esencia del sistema productivo más importante del país. Era, asimismo, el rol del Estado y su vínculo con los distintos actores socio-económicos el que quedaba en el centro del debate (Arcondo, 1980).

El impacto de la Primera Guerra Mundial sobre la economía agraria, en coincidencia con la imposibilidad de incorporar nuevas tierras a la producción, y el creciente protagonismo político que comenzaban a asumir nuevos sectores sociales actuaron como un escenario proclive para que algunas voces se expresaran con el propósito de denunciar o advertir sobre los límites que el predominio de la gran propiedad y el arrendamiento imponían al modelo agroexportador (Halperin, 1984; Girbal, 1992).

El sistema de tenencia de la tierra era central en esta discusión y, desde sus inicios, el debate sobre la posible solución giró alrededor de la implementación de políticas de colonización por cuanto permitían responder a las demandas sectoriales sin afectar un bien tan preciado como era la propiedad privada de la tierra.

La colonización agraria comenzó a ser planteada como una vía adecuada para responder a las inquietudes tanto de los sectores vinculados productivamente al ámbito rural como de quienes analizaban la problemática agraria desde los espacios de toma de decisión política. Se destacaban sus potencialidades en el proceso de poblamiento del espacio rural así como su capacidad para lograr el arraigo del productor en dicho medio en un contexto de fuertes migraciones hacia los centros urbanos. En tal sentido, era presentada como la forma más adecuada para responder a los desafíos planteados por la producción agrícola: expansión de la superficie sembrada, incremento de la productividad, mejoramiento tecnológico y ampliación de la pequeña y mediana propiedad.

Un incipiente intervencionismo estatal caracterizó, entonces, la política agraria desde las primeras décadas del siglo XX. Las discusiones parlamentarias y los alegatos políticos de los años iniciales del nuevo siglo se tradujeron en tímidas leyes de arrendamiento, algunas propuestas de colonización e incluso iniciativas impositivas que, por primera vez, comenzaron a accionar sobre un espacio hasta entonces reservado a la iniciativa privada. La crisis de 1929 aceleró esta tendencia y actuó como antecedente de lo que en los años cuarenta sería una política de planificación (Barsky, 1993).

Los intentos más significativos por atender tales demandas, formulados en los tempranos años 10 durante la administración de Roque Sáenz Peña, tomaron como principales parámetros de acción la implementación de nuevas líneas de crédito y la colonización. Tales medidas, retomadas luego por el radicalismo, ponían en evidencia el compromiso con la preservación del *statu quo*. No había una propuesta de modificación sustancial de las condiciones de producción en el agro pampeano, tal como se deduce, por ejemplo, de los temas que fueron parte de proyectos y debates legislativos: colonización, tasa progresiva a la tierra, reglamentación de los arrendamientos, diversificación de la producción y enseñanza agrícola (Girbal, 1988: 15).

Así, este período estuvo signado por una más o menos intensa presentación de proyectos legislativos procedentes de las distintas bancadas que fueron raramente debatidos y mucho menos sancionados, quedando en su mayoría en la instancia de las comisiones de estudio. En ellos es posible advertir matices sustanciales vinculados tanto a la modalidad de adquisición como a la calidad productiva de las tierras a afectar. Así, mientras que el radicalismo admitía la expropiación como vía de afectación, los proyectos socialistas, al igual que los conservadores, excluían tal posibilidad, limitando con ello la viabilidad de los mismos dada la escasa disponibilidad de tierras fiscales y el agotamiento de la frontera agrícola. Asimismo, solo el proyecto de colonización presentado por el diputado radical (y luego ministro de Agricultura), Tomás Le Bretón, en septiembre de 1918, destacaba la importancia de observar la calidad y ubicación de las tierras a afectar, excluyendo con ello las tierras fiscales.

En el conflictivo año 1919, el gobernador bonaerense, José Camilo Crotto (UCR), miembro de la élite ganadera terrateniente, impulsó un proyecto de Ley de Fomento Agropecuario destinado a descomprimir la creciente tensión social a través del impulso a la agricultura sobre la base de la propiedad de la tierra, el crédito y el desarrollo de un sistema de cooperativas, intentando compatibilizar los intereses del sector terrateniente con los de los medianos productores (Girbal, 1988: 29). No obstante constituir una de las medidas más abarcativas de la problemática agropecuaria después de la frustrada Ley de Centros Agrícolas de 1887 (Girbal, 1980), el proyecto no logró superar la instancia de discusión en la Comisión de Legislación Agraria de la Cámara de Diputados, para ser presentado nuevamente en la Cámara en 1927 y 1929 sin mejores resultados.

De modo que, independientemente de su origen partidario, los proyectos presentados no apuntaron a modificar el régimen agrario, pocos fueron los que consiguieron sanción y menos los que lograron ser aplicados. Evidentemente, influyó en ello la tímida resolución del oficialismo (que no pasaba de proclamar su intencionalidad de incrementar la productividad de las explotaciones granjeras y evitar el despoblamiento de las zonas rurales), el escaso compromiso de la oposición y la fuerte presión terrateniente (Girbal, 1988).

Solo dos proyectos significativos lograron su sanción legislativa durante este período: la Ley de Arrendamientos nº 11.170, en septiembre de 1921[2] y la Ley de Cooperativas Agrícolas nº 11.380, en septiembre de 1926.[3] Su efectiva aplicación fue parte de la problemática que mantuvo vigente la cuestión agraria también durante la década de 1930. Se generaban así las condiciones para la creciente intervención del Estado que caracterizó las dos décadas siguientes. Este escenario posibilitó la sanción, en 1932, de una nueva ley de arrendamientos, la nº 11.627,[4] que buscaba superar las deficiencias de la primera. En materia de colonización, las provincias se anticiparon a la nación en el diseño y, en algunos casos, implementación de los planes respectivos. La Ley de Transformación Agraria de Entre Ríos, sancionada en julio de 1934, constituyó la primera ley orgánica de colonización del país y fue la base, más tarde, del proyecto de la Ley Nacional de Colonización nº 12.636 sancionada en 1940. Del mismo período datan otras leyes provinciales relevantes como la Ley Agraria de Santa Fe, sancionada en diciembre de 1934 (no llegó a aplicarse porque la Intervención Federal puso fin al gobierno de Luciano Molinas en

2 Ley nº 11.170, 28/11/1921, en *Anales de la Legislación Argentina* (en adelante ALA), Bs. As., Editorial La Ley, complemento 1920-1940.

3 Ley nº 11.388, sobre "Régimen legal de Sociedades Cooperativas", 20/12/1926, en ALA, op. cit.

4 Ley 11.627, 18/11/ 1932, en ALA, op. cit., p. 261.

marzo de 1935) y la Ley de Colonización de la provincia de Buenos Aires (nº 4.418) que, sancionada en 1936, inició su aplicación con marcada celeridad (Blanco, 2014a).

En la provincia de Buenos Aires, en un contexto de marcado predominio del latifundio, de un progresivo agotamiento de la frontera agrícola y de posibilidades de acceso a la propiedad para los medianos productores abiertas solo en los partidos del "Nuevo Sur" (Zeberio, 1991; Bjerg, 1991; Balsa, 1993) ya se habían dado algunos tímidos pasos orientados a incidir en la modificación del patrón de tenencia de la tierra, como la ley de fraccionamiento y venta de tierras fiscales en Chivilcoy, de 1857 y en Bragado, de 1869; la ley de ejidos de 1870; una ley de colonización de 1876 y la mencionada Ley de Centros Agrícolas de 1887. Sin embargo, podemos considerar que fue recién la mencionada Ley 4.418 que creaba, en 1936, el Instituto Autárquico de la Colonización, la que otorgó impulso al proceso de colonización en la provincia (Blanco, 2014b). Posteriormente, el establecimiento de impuestos adicionales a las propiedades rurales mayores de 10.000 hectáreas en 1942 (Ley 4.834) y la incorporación de la provincia al régimen de la Ley 12.636 del Consejo Agrario Nacional en el mismo año, se orientaron en el mismo sentido (Lázzaro, 1991).

Ese mayor protagonismo estatal con que se iniciaba la década de 1940 se visibilizó, en el ámbito nacional, en la implementación de una nueva legislación sobre arrendamientos rurales, el Decreto n° 14.001 de 1943[5] que, a través de prórrogas y controles sobre los cánones de arriendo, procuraba responder a las necesidades inmediatas de los productores y estimular un incremento en la producción, evitando los desalojos masivos que los desequilibrios en los precios agrícolas amenazaban provocar. Se impulsaba, conjuntamente, el proceso de colonización reactivando el accionar del Consejo Agrario Nacional (CAN) creado en 1940 (Tecuanhuey Sandoval, 1988). Se completaba con estas

---

5 Decreto 14.001, 17/11/1943, art. 22°, en *ALA*, op. cit., t. III; p. 446.

medidas una primera etapa en la intervención del Estado en la generación de políticas públicas agrarias que adquiriría, con el advenimiento del peronismo, un inusitado protagonismo.

Fue, precisamente, hacia mediados de los años cuarenta cuando, con el peronismo en el poder, el debate sobre la problemática agraria se retomó con una mayor voluntad de cambio (Lattuada, 1986). La política agraria implementada por el peronismo a partir de los años cuarenta enfatizó, entre otras cuestiones, la transformación del régimen de tenencia de la tierra y la democratización en el acceso a la propiedad. Este posicionamiento no solo resultó novedoso en su diseño y discurso sino que puso en discusión un nuevo concepto de propiedad a la que se asociaba un rol no solo económico sino también social. Se apuntaba, sobre todo desde el discurso, contra el poder de los grandes propietarios, fundamentalmente de la región pampeana, prometiendo la implementación de una reforma agraria que, en la práctica, fue mucho más modesta que lo que el encendido discurso prometía (Lattuada,1986; Girbal, 2002; Blanco, 2007).

La prórroga de los contratos de arrendamiento y el congelamiento de sus cánones,[6] las leyes de colonización[7] y comercialización, así como las de arrendamientos[8] y expropiación,[9] se destacaron entre las principales medidas a través de las cuales se buscó romper el control de los grandes

---

6 Decreto 18290/45, en *ALA*, op. cit. Tomo TV, pp. 332-337 (agruparon en un solo cuerpo legal las distintas disposiciones de emergencia dictadas hasta el momento); Leyes 12.842/46, 12.995/47 y 13.198/48, en *ALA*, op. cit., t. VIII (mantuvieron, durante los primeros años del gobierno peronista la vigencia de prórrogas y rebajas en los precios de los arrendamientos).

7 La colonización sigue regida por la Ley 12.636 de 1940. En la provincia de Buenos Aires se sanciona en 1948 la Ley 5.286, que vuelve a crear el Instituto Autárquico de Colonización, con el objetivo primordial de adquirir, colonizar y vender predios rurales con tierras aptas para la producción agropecuaria

8 Ley nº 13.246, de Arrendamientos y Aparcerías Rurales, 8/09/1948, en ALA, op. cit.; tomo VIII.

9 Ley nº 13.264/48, General de Expropiaciones, en ALA op. cit., Tomo VIII.

propietarios sobre la tierra y las rentas agropecuarias al tiempo que se sentaban las bases para generar una transferencia de ingresos del agro hacia la industria.

El discurso se acompañó de leyes y estas de la creación de herramientas específicas orientadas a hacer efectiva su aplicación. La nueva Ley de Arrendamientos Rurales, nº 13.246, fue uno de los hitos más significativos si tenemos en cuenta su impacto en términos sociales, económicos y jurídicos (Blanco, 2007). Sancionada en 1948, procuraba atender a demandas históricas de los arrendatarios como era la estabilidad en la tenencia, la autorización para introducir mejoras y su indemnización respectiva, entre otras. Sin embargo, no logró avanzar en la supresión de las prórrogas ni en la actualización del valor de los cánones congelados, aspectos que estuvieron en la base de la conflictividad social del sector. Contempló, no obstante, la creación de organismos especiales, las *Cámaras Paritarias de Conciliación y Arbitraje Obligatorio*,[10] pensados como espacios a partir de los cuales buscar solución a los conflictos suscitados entre las partes contratantes y que, al mismo tiempo, ponían de manifiesto la creciente intervención del Estado en áreas en las que aún no había incursionado, como era el ámbito judicial.

Estas *Cámaras* eran tribunales agrarios creados en el ámbito del Ministerio de Agricultura y Ganadería pero con injerencia en materia judicial. Como tales tuvieron un rol destacado tanto en la aplicación de la nueva normativa como en la generación de una nueva jurisprudencia. Su accionar da cuenta de la forma en que el Estado entendía el derecho de propiedad y hasta dónde estaba dispuesto a avanzar en sus definiciones, al tiempo que nos posibilita ver cómo se interpelaron mutuamente propietarios y arrendatarios en la disputa por nuevos y viejos derechos. Estaban integradas por nueve *Cámaras Regionales* (radicadas en Buenos Aires, Bahía Blanca, Trenque Lauquen, Rosario,

10 Ley 13.246/48 y Decreto 2700 del 3/02/1949, en *ALA*, op. cit.; tomo IX-A.

Paraná, Villa María, Mendoza, Tucumán y Resistencia, con jurisdicciones sobre un radio de influencia territorial específico) y una *Cámara Central,* con asiento en la Ciudad de Buenos Aires.

Conformadas por representantes de los propietarios de terrenos rurales y de los arrendatarios y aparceros, designados a partir de las propuestas de las entidades agrarias numéricamente más representativas en la zona o en el ámbito nacional, estas entidades tenían como función procurar la conciliación de los intereses de las partes en disputa, propiciando acuerdos amigables e interviniendo en la toma de decisiones solo cuando no resultara posible llegar a un acuerdo. Las resoluciones emanadas de las Cámaras Regionales podían apelarse ante la Cámara Central, quien no solo atendía en tales recusaciones, sino que también tenía atribuciones para uniformar la jurisprudencia interpretativa emanada de las Cámaras Regionales y proponer normas al Poder Ejecutivo que redundasen en una mejor aplicación de la ley (Blanco, 2013).

El análisis de una selección de fallos de la Cámara Central de Arrendamientos y Aparcerías Rurales[11] nos ha permitido indagar en el nuevo rol asumido por el Estado en el diseño de la política agraria, al tiempo que nos acerca a la visión de las distintas voces involucradas en las relaciones contractuales del agro y su posicionamiento ante las nuevas directivas del Estado.

Las discusiones y cuestionamientos al accionar e injerencia de las Cámaras Paritarias pone de manifiesto no solo este nuevo protagonismo del Estado, sino también una concepción diferente sobre el derecho de propiedad. El interés social debía prevalecer sobre el individual, y si bien ello favorecía, en principio, los intereses de los productores arrendatarios al abrirles nuevos caminos de acceso a

---

11 *Selección de Fallos de la Cámara Central de Arrendamientos y Aparcerías Rurales,* Ministerio de Agricultura y Ganadería, Publicación Miscelánea nº 381, Bs As., 1954.

la propiedad, también los enfrentaba en conflictos con el Estado. En el rol "arbitral" asumido por este, se incluía la distribución de tierras a través de planes oficiales de colonización. Ello muchas veces colisionaba con los intereses y expectativas individuales de los arrendatarios, quienes acudían a la intervención de las Cámaras Paritarias con el objeto de conservar la tenencia de los predios que arrendaban y no necesariamente para acceder a otros diferentes.

Se exigía a quien ejercía la propiedad de la tierra que demostrara su rol social, que evidenciara en su uso la contribución al crecimiento de la riqueza nacional y al mejoramiento de la calidad de vida de sus habitantes. Ello conllevaba, fundamentalmente, un cuestionamiento a la gran propiedad, sobre todo, la trabajada en forma insuficiente o con fines meramente rentísticos.

De modo que, a fin de implementar un cambio de tal magnitud, el Estado asumió el rol de impulsor pero también de árbitro de los intereses que, ineludiblemente, iban a demostrar sus antinomias. Tradujo su discurso en programas de gobierno y leyes específicas que, desde la nueva Constitución Nacional reformada en 1949, los Planes Quinquenales, las leyes de arrendamiento así como las de colonización o expropiación dieron cuenta de medidas específicas orientadas a generar los cambios pregonados, aun cuando estuvieron muy alejados de la prometida reforma agraria declamada como parte de las promesas electorales. Los años finales de la década de 1940 fueron, en materia de política agraria, los más promisorios en su capacidad potencial para plasmar en acciones concretas el discurso radical con el que el peronismo había arribado al poder. Sin embargo, esa promesa inicial de reforma agraria quedó limitada a la sola aplicación de una legislación que, aun cuando cuestionara el rol individual de la propiedad, no llegaba a cuestionar su esencia.

Quizás el más osado paso en esa dirección de cambio sustancial haya sido la implementación de estas *Cámaras Paritarias* a través de las cuales el Poder Ejecutivo avanzó sobre áreas que, hasta el momento, habían sido privativas del Poder Judicial y con ello también puso en cuestionamiento los derechos de propiedad, así como la propia legitimidad de sus iniciativas. Se atravesaba de este modo el sutil límite de la división de poderes dando lugar a airados reclamos y críticas.

La provincia de Buenos Aires fue uno de los escenarios donde el diseño e implementación de esta política agraria ocupó un rol destacado tanto en el discurso como en la práctica política de sus dirigentes. Las dos gobernaciones peronistas en la provincia, la de Domingo Mercante (1946-1952) y la de Vicente Aloé (1952-1955), fueron expresión de las distintas miradas sobre la problemática, de los dos "tiempos" por los que atravesó la política agraria del peronismo. Así, el particular compromiso de Mercante con la causa agraria, visibilizado en el acompañamiento al proceso de colonización, en varios casos vía expropiación, contrasta con la cautela que asumió Aloé al orientar su gestión sobre parámetros más técnicos y sustentados sobre el incremento de la productividad y la distensión del conflicto social (Blanco, 2007).

Las cámaras legislativas bonaerenses conformaron también una caja de resonancia de este debate. Proyectos de colonización y expropiación fueron parte de un intenso debate entre las distintas formaciones partidarias y aun al interior de las mismas, poniendo de manifiesto la existencia de legisladores comprometidos con la causa agraria y aquellos para quienes solo era parte de una postura demagógica.

Estando la propiedad de la tierra en el eje de discusión, instituciones tradicionales del agro como son el arrendamiento y la colonización pasaron a jugar un rol central puesto que el nuevo aparato burocrático estuvo orientado a garantizar a los arrendatarios el acceso a la tenencia de la tierra, de ser posible, en propiedad. Conocedores de este renovado marco legal, los arrendatarios adquirieron una aceitada dinámica en el uso de estas nuevas herramientas legales que les permitían hacer cumplir los derechos que los asistían. Reclamaron, entonces, en las distintas instancias del fuero rural interpelando a los propietarios, pero también al Estado, a través de sus instituciones específicas, con el deliberado propósito de usar en su provecho una coyuntura inédita (Blanco, 2013).

Sin duda, la sanción de la ley de arrendamientos rurales ocupó un rol nodal en el debate por la implementación de reformas al sistema de tenencia de la tierra. Constituyó, asimismo, el punto máximo hasta donde avanzó la política agraria peronista en su compromiso de reforma. Precisamente, y a pesar del ímpetu inicial y el compromiso adquirido, se eludió siempre el impulso formal de la prometida reforma agraria y la propuesta de cambio terminó perdiendo dinamismo cuando, hacia 1949, jaqueada la economía por la falta de divisas, debió impulsarse una significativa reorientación de la política económica e iniciar lo que se dio en llamar "la vuelta al campo".

Estas confrontaciones a que dio lugar el nuevo escenario político de los años cuarenta se expresaron con mayor o menor claridad a través de las entidades gremiales que representaban los intereses de los productores rurales. Los órganos de prensa corporativos como el periódico *La Tierra*, principal órgano de difusión de FAA, y la revista *Anales* de SRA permiten indagar en el protagonismo que los sectores rurales asumieron ante las políticas públicas implementadas desde el Estado, así como en las representaciones que los diversos sectores de productores rurales han tenido de su propia realidad, del rol que ocupaban en el sistema productivo, de su relación con el Estado y de su vinculación con el resto de los sectores económicos y sociales que interactuaban en el ámbito rural.

Así, la discusión parlamentaria, la sanción y aplicación de la ley de arrendamientos hacia fines de los años cuarenta fue una de los temas presentes en el debate planteado por ambas entidades ruralistas y expuesto a través de sus publicaciones periódicas. Esa coyuntura particular, entre otras, da cuenta del protagonismo de estas asociaciones agrarias que, en tanto representantes de los intereses de los diversos sectores del agro, cumplieron un activo rol como interlocutores de un Estado que buscaba modificar el tradicional sistema de tenencia de la tierra (Blanco, 2011).

Frente a ese clima de época imbuido de un creciente espíritu reformista, la Sociedad Rural Argentina respondió con una enérgica defensa de los derechos de propiedad y la búsqueda de soluciones alternativas capaces de preservar la "armónica convivencia" entre propietarios y arrendatarios, prescindiendo de la afectación de sus propiedades. Federación Agraria Argentina, en cambio, fue expresión de voces más próximas a las políticas sectoriales definidas desde el nuevo gobierno nacional. Sin eludir la crítica, acompañaron las políticas orientadas claramente hacia el logro de demandas largamente postergadas, como las vinculadas a la propiedad de la tierra que trabajan. Las páginas del periódico *La Tierra* ponen de manifiesto, por su parte, el intenso seguimiento legislativo que la entidad hizo de leyes como las de arrendamiento, colonización, desalojos y trabajo rural, entre otras, que resultaron clave en la definición de un nuevo modelo para el agro argentino.

Sin duda, uno de los escenarios más visibles en los que se puso de manifiesto esta ardua disputa estuvo vinculado a la definición del sistema de arrendamientos rurales. Se visualizaron allí todos los actores y sus diversas reacciones: un Estado que intervino abruptamente en una relación tradicionalmente dirigida por los propietarios, fijando prórrogas y controles de cánones como un aparente paso previo a una reforma más profunda y que, sin embargo, luego congeló en este solo intento; una oposición política que le recriminaba la identificación de la prometida reforma agraria con la mera sanción de una ley de arrendamientos rurales que distaba mucho de solucionar los problemas vinculados tanto a la productividad como a la estabilidad; propietarios rurales que buscaban no perder su lugar como interlocutores de un Estado que consolidaba su poder y procuraban acercar soluciones alternativas al reparto agrario, demostrando para ello las potencialidades del arrendamiento; y productores arrendatarios que veían en ese nuevo gobierno un interlocutor inédito, capaz de convertir en realidad aspiraciones largamente demoradas: el acceso a la propiedad de la tierra para trabajar.

La cuestión agraria en el período de modernización capitalista, 1955-1976

Los procesos de transformación agraria en favor del desarrollo, la modernización y el ocaso de la planificación

A partir de 1955 la tendencia respecto a la política sobre los arrendamientos rurales siguió encaminada por la senda de la transitoriedad, en tanto -depuesto ya el gobierno peronista- se continuaron sancionando diferentes instancias legales que prorrogaron los contratos vigentes. Pero contemporáneamente, a fin de 1955, se decidió la conformaciòn de una comisión especial, cuyo cometido específico fue el estudio del régimen legal vigente en materia de arrendamientos y la propuesta de las reformas pertinentes más urgentes; los criterios fundantes a tener en cuenta reconocieron tres aspectos esenciales: el acceso del productor rural a la propiedad de la tierra, el retorno gradual a un régimen de libre contratación y la reestructuración de las Cámaras de arrendamientos y aparceras rurales con miras a la organización de un fuero agrario.

Los Planes de Transformación Agraria, ensayados a partir de la caída del peronismo -y en el contexto de una refundación de las funciones económicas del Estado- tuvieron como objetivo explícito promover la adquisición de tierras por parte de los arrendatarios; pero lo que en realidad se logró fue un más sólido y ajustado funcionamiento en el sistema de locaciones, del que definitivamente pudieran erradicarse categorías tales como *planificación e intervención*, y desvanecer políticas que tuviesen que ver con las prórrogas, los congelamientos y la suspensión de desalojos.[12] Las principales corporaciones agrarias adoptaron posiciones necesariamente distintas ante las diferentes instancias de *transformación*. Frente a la propuesta de los Planes de Transformación Agraria, las organizaciones de propietarios más concentrados se manifestaron de inmediato a favor de las postulaciones más reveladoras, sobre todo por la ruptura que significaban en relación con la política dirigista previa del peronismo en materia de arrendamientos. Las reiteradas prórrogas y el continuo congelamiento de precios de los arriendos indujeron a los terratenientes a intentar deshacerse de aquellas propiedades que disminuían constantemente la renta generada. Y evidentemente los Planes de Transformación respondían certeramente a esa demanda. Fue esta la causa por la cual el entonces denominado proceso de *transformación* fue tan bien acogido, tanto por la Sociedad Rural Argentina como por Confederaciones Rurales Argentinas. Pero también la Federación Agraria lo aprobó con entusiasmo en tanto entidad en la que predominaban, ya en este período, productores medianos, tanto propietarios como arrendatarios: aquellos pretendían y aspiraban a poseer más tierra, pero también estos anhelaban la tierra en propiedad, sobre todo la que explotaban con mano de obra asalariada. Por el contrario, las entidades representantes de pequeños propietarios se opusieron con firmeza a la puesta en vigencia de los Planes de Transformación Agraria, aduciendo que serían precisamente los grandes propietarios los principales y únicos beneficiarios de la política a implementar (Lázzaro, 2012).[13]

---

12 Durante el período considerado tres fueron los Planes de Transformación Agraria aprobados y parcialmente puestos en ejecución: durante la autodenominada "Revolución Libertadora", en el gobierno frondicista y en el de Illia.

13 Las divergentes posiciones en torno al Plan de Transformación agraria: SRA, *Anales*, 1957-1958; *Mundo Agrario*, 1957-1958; *La Res*, 1957.

Es de destacar la posición constantemente defensiva de las corporaciones de grandes propietarios territoriales que, en un estado de manifiesta alteración y desasosiego por el recurrente tema de la *transformación* y la *reforma agraria*, atinaron a profundizar el proceso de aglutinación, y a centrar sus propuestas en planes de *promoción rural* sobre la base de la *tranquilidad en el orden*, pareciendo ignorar la distancia abismal existente entre las *leyes* y los *procesos* de reforma agraria. La constante fueron las diversas formas de tergiversación de las iniciativas redistributivas, siendo el caso más frecuente desde el ámbito de los propietarios más concentrados, el de presentar la colonización de nuevos territorios como la fórmula ideal para superar los problemas generados por una distribución asimétrica de la propiedad. Esta estrategia -que había sido ensayada con escasos resultados desde comienzos del siglo XX- parecía prescindir de las características cualitativas de las tierras, por lo general marginales, con escasa capacidad económica, incomunicadas o lejanas a los centros de consumo.

La política agraria del frondicismo (1958-1962) estaba enmarcada en un particular contexto internacional, en cuyo centro se halla la doctrina de la CEPAL, la que, después de un diagnóstico certero respecto a la realidad socioeconómica de los países latinoamericanos, puso énfasis en la necesidad de realizar una serie de reformas estructurales que se orientasen a superar los *obstáculos para el desarrollo*. Así propuso la industrialización planificada, la reforma agraria, la democratización política: nada se dejaba librado al azar ante la realidad de la región latinoamericana que presentaba fisuras significativas como para encarar un proceso dinámico de desarrollo. Planificación del desarrollo, protección del mercado interno, integración latinoamericana, financiamiento externo eran los propósitos a lograr, pero también las adecuadas respuestas a la situación del estrangulamiento externo (balanza de pagos, asistencia exterior), y de los obstáculos internos al desarrollo (subempleo, distribución regresiva del ingreso, marginalidad). Evidentemente, a medida que EE.UU. y varios gobiernos de Latinoamérica insistían en la *gravedad del peligro comunista y de la posible subversión interna,* cobraba también fuerza la demanda de ayuda financiera y de mejores precios para las materias primas; hasta 1958 las condiciones reinantes no obligaron a EE.UU. a ofrecer, y menos a conceder, la ayuda que se le pedía. Sin embargo, a partir del triunfo de la Revolución Cubana los escenarios cambiaron y en este contexto la Alianza para el Progreso se configuró como un instrumento defensivo de las clases dominantes.

En cuanto al contexto interno, en el momento en que Frondizi llegaba al gobierno la situación manifestaba perfiles críticos: estancamiento de la producción primaria, saldo de la balanza comercial negativo, industria frágil y desintegrada, red ferroviaria obsoleta, sistema energético deficiente, todo en un contexto de un fuerte proceso inflacionario. En este marco ninguna actividad productiva del país podía funcionar. Ante esta realidad, era necesario incrementar la integración productiva, elevando la intensidad del capital y la rápida ampliación del espectro industrial interno, como *prerrequisito* para obtener una tasa sostenida de crecimiento económico. Y todo ello requería un contexto de estabilidad, *pero no como cuestión previa,* en tanto esta no podía adquirir viabilidad sin un enérgico impulso previo al desarrollo.

Durante los primeros meses de gobierno, y siguiendo con la misma línea de las propuestas del período electoral, quedaban en pie, en lo que a política agraria se refiere, las postulaciones consignadas en su momento en el *Programa de Avellaneda,*[14] lo que de alguna manera queda plasmado

---

14 La Declaración de Avellaneda fue el manifiesto indiscutido de los dos partidos que surgieron de la división de la UCR en 1956, y de hecho se constituyó en la plataforma electoral de los años venideros. En lo que hace al ámbito estrictamente agrario, en *Avellaneda* se aprobó la adquisición de latifundios para lotearlos *con sentido social,* pero deflacionándolos previamente, lo que implicaba, en principio, un sesgo expropiatorio. También se aprobó la revisión del régimen de concesiones de la tierra pública para su *reordenamiento,* eufemismo que también se acerca al proceso de expropiación, definiendo nuevas unidades de producción que serían adjudicadas en arrendamientos

-aunque con limitaciones- en el proyecto de Ley Agraria presentado al Congreso por el Poder Ejecutivo Nacional, y que nunca alcanzó sanción definitiva. No obstante, ya en el discurso inaugural ante el Congreso, Frondizi, si bien hizo referencia a la necesidad del acceso a la propiedad de la tierra, puso mayor énfasis en aspectos tales como la tecnificación, la mecanización, la seguridad, la estabilidad, proceso este último que puede escindirse perfectamente de la condición de propietario de la tierra. En realidad, se sostuvo, todos los procesos mencionados podían lograrse sin un cambio en la condición jurídica de la tierra. La *reforma agraria*, en el aspecto económico, era la que propiciaba los recursos financieros y técnicos para generar una *verdadera empresa moderna*, y en el aspecto social, la que transformaba a la comunidad a través de la provisión de los elementos básicos, desde vivienda y energía, hasta escuelas y medios masivos de comunicación. Las concepciones de Rogelio Frigerio[15] (Lázzaro, 2012) profundizaron las del presidente Frondizi, sosteniendo como enteramente racional la tesis que propugnaba la industrialización como punto de partida para lograr el desarrollo del campo, y desjerarquizando la idea opuesta, sostenida por los sectores más reformistas, que postulaba la reforma agraria para arribar así a la industrialización (Frondizi, 1965). Ya los problemas en la forma de tenencia de la tierra se habían diluido, y todo el problema parecía circunscripto a la posibilidad de incorporar máquinas, electricidad, orientación técnica y protección comercial. El problema esencial era el de la productividad -a la que se le quitaba todo tipo de *contenido social*-, y a la que se arriba fundamentalmente con la incorporación de capitales y de tecnología; siendo la solución, tanto para la

---

vitalicios. Y finalmente, se propuso *fomentar la explotación colectiva de la tierra para lograr una producción económica y una realidad agraria con sentido de cooperación democrática.*

15 R. Frigerio, principal colaborador de Frondizi e ideólogo del desarrollismo, impuso un cierto viraje respecto al presidente, sobre la base de la constitución de un grupo ideológicamente heterogéneo.

industria como para el agro, una sola: desarrollo económico, es decir, capitales, tecnología e industria pesada (Frondizi, 1965; Frigerio, 1962).

Las corporaciones de grandes propietarios rurales mantuvieron una actitud expectante frente a la política agraria del frondicismo. Plantearon sus parciales acuerdos con el Plan de Estabilización en general, pero realizaron fuertes cuestionamientos a las líneas del programa económico relativas a los precios, derecho de propiedad, libertad de comercio, cargas impositivas (especialmente las retenciones a las exportaciones), prórroga de los arrendamientos rurales, y la nunca sancionada Ley Agraria Nacional. En 1959 ocupó la Secretaría de Agricultura Ernesto Malacorto, socio de la SRA, que reemplazó al reformista Bernardino Horne; no obstante, el tono de las grandes corporaciones siguió siendo opositor, en tanto la cartera de Agricultura dependía del Ministerio de Economía, controlado por industriales.

Respecto al Plan de Estabilización, si bien procuraba contribuir a la meta final de la expansión de la economía y el mejoramiento de las condiciones materiales de vida, su finalidad directa era otra. No fue su propósito inmediato aumentar la productividad o elevar el nivel de vida de la población. Su objetivo consistió en establecer un mínimo de orden previo que suministrara las bases indispensables para un plan de desarrollo económico. Se había entendido que cualquier política expansiva tropezaría con dificultades insalvables y que todos los esfuerzos quedarían en la nada mientras no se hubiera logrado resolver previamente algunos problemas fundamentales que afectaban peligrosamente el funcionamiento mismo de la economía. Estos problemas, cuya solución constituía el objetivo propio del Plan de Estabilización, se pueden ceñir a tres: el equilibrio del balance de pagos, la eliminación de la inflación y el aumento de la capitalización. Para el desarrollismo la fortaleza de la expansión se asentaba en la gran empresa privada, aunque el Estado no había de asumir una posición neutral;

debía promover el desarrollo, favoreciendo la capitalización privada en los sectores considerados claves; de allí que se hayan utilizado los resortes estatales para promover la inversión extranjera, a través de la devaluación, y de ventajas crediticias e impositivas. Entre las finalidades del plan económico oficial, una de las fundamentales fue proporcionar estímulos de desarrollo a la economía agropecuaria, principalmente a aquella que producía saldos exportables y que podía proveer las divisas que se requerían. El país necesitaba la integración del sector agrario al proceso de desarrollo, en tanto elemento dinámico de la economía, no solo por su vinculación con el problema del balance de pagos, sino también por la potencial disminución de saldos exportables, e inadecuado abastecimiento del mercado interno. El sector terrateniente vio favorecida su capitalización a través de la implementación de mayores precios relativos, créditos y paulatina desgravación impositiva. No se alteró la distribución de la propiedad de la tierra, en tanto se actuó especialmente sobre los precios y la tecnificación. Evidentemente la *reforma agraria,* otrora instrumento para solucionar los problemas económicos del país, dio paso indiscutible a la transferencia tecnológica y de inversión de capital para el incremento de la productividad. La industrialización se consolidó como eje del proyecto desarrollista, y en este contexto solo un desarrollo integral de la economía podía aumentar la capacidad exportadora, en tanto no se concebía expansión del agro sin base industrial y sin capitalización global de la economía.

Respecto a los arrendamientos, la situación sigue aparejando un panorama inquietante de disconformidades, y fue en este contexto que se intentó una nueva instancia superadora con la promulgación de la Ley nº 14.451 en 1958; ella incursionaba en un terreno minado precisamente por aquellos problemas candentes -desalojos, descongelación, prórrogas, precios, porcentajes, acceso a la propiedad de la tierra arrendada-, y como legislación de transición intentaba conciliar las disidencias e incompatibilidades:

frente a los requerimientos de los propietarios respecto a la restitución de campos, consideraba las exigencias de una realidad social protagonizada por el gran núcleo arrendatario. En junio de 1958 el Poder Ejecutivo Nacional sometió a consideración del Senado dos proyectos de ley sobre arrendamientos referidos, respectivamente, a las disposiciones transitorias y permanentes que habían de adoptarse. En efecto, se programaban dos regímenes que contemplaban disímiles situaciones: uno de emergencia que tendía "... a normalizar el caótico estado actual de los arrendamientos rurales desde los puntos de vista jurídico y económico [...] y otro permanente, que ha de regular para el futuro las relaciones locativas".[16] Ante la imposibilidad de transitar desde la situación irregular hacia una solución integral y definitiva, se propició la puesta en práctica de una serie de normas que, respetando la situación de hecho en la que se encontraban los arrendatarios ante la dificultad de conseguir tierras en locación, aseguraran su estabilidad y permitieran el acceso a la propiedad de los predios que ocupaban. Es por estas razones que se proponía la nueva legislación, con una *función principalísima* explicitada en el Mensaje correspondiente, refrendado por el presidente Frondizi, el ministro de Economía Emilio del Carril y el secretario de Agricultura y Ganadería, B. Horne; aquella función apuntaba a "que se cree un clima de confianza entre las partes contratantes"; y un ambiente de seguridad que emergería de la razonable aplicación de la ley.[17]

Esta ley sancionada en 1958 constituyó el "Segundo Plan de Transformación Agraria", que legisló también sobre el muy engorroso tema del régimen de la contratación rural, ofreciendo variadas soluciones a los distintos aspectos de esta compleja realidad social.

---

16 Congreso Nacional, *Diario de sesiones de la Cámara de Senadores,* 1958, p. 20.
17 Congreso Nacional, *Diario de sesiones de la Cámara de Senadores,* 1958, p. 712.

Lejos estaban los distintos Planes de Transformación Agraria de intentar modificar el sistema de tenencia, redistribuir el ingreso, poner en actividad tierras ociosas o contribuir al incremento del empleo rural. El objetivo global de la política de arrendamientos en el período posterior al peronismo apuntó a estructurar un sistema de descongelación y de libre contratación entre las partes, tratando de poner fin a renuentes regímenes de "emergencia". Los distintos Planes... -con matices en sus orientaciones- lograron en el mediano plazo un más ajustado funcionamiento del sistema y una liberación gradual de las condiciones contractuales, logros distantes de los recurrentes eslóganes utilizados en torno a eventuales planes de "transformación agraria". Las corporaciones de grandes propietarios propiciaron y avalaron estas políticas públicas, en tanto daban respuesta a antiguas demandas sectoriales contra el dirigismo y la planificación.

En los años posteriores, durante el efímero gobierno de Arturo Illia (1963-1966), la política agraria sobre la tierra tuvo claros objetivos orientados al aumento de la productividad, alejados en todo momento de propósitos distribucionistas que pudiesen afectar la disponibilidad privada de la tierra. Se aludía a la *reforma agraria,* pero en todos los casos con el fin de evitar la dinámica especulativa en materia de tierras y de superar la subutilización de la capacidad productiva de la misma. En el Plan Nacional de Desarrollo, así como en otras instancias de explicitación de la orientación oficial, había una constante referencia a una *política agraria integral,* que en definitiva se encaminaba a poner en práctica una serie de medidas tendientes a eliminar los obstáculos que dificultaban el desarrollo económico y social, muchos de los cuales se atribuían a deficiencias en la estructura agraria. De hecho, el *desarrollo rural integrado* contenía una serie de estrategias alternativas, que se impulsaban precisamente como sucedáneas de la redistribución de la tierra (Lázzaro, 2003).

En el contexto de profundas transformaciones económicas y sociales en el ámbito rural, la política agraria tuvo como propósito explícito el aumento de la producción, siendo casi nulas las propuestas distribucionistas, orientadas a afectar la disponibilidad privada de la tierra. No obstante, detrás de este propósito y de propuestas a menudo antagónicas respecto a estrategias políticas, subyacía un conflicto político institucional entre los propietarios rurales pampeanos, interesados en una propuesta de corte *agrarista*, y otros en propuestas *populistas-industrializadoras*, siendo el centro del conflicto la apropiación de los excedentes agropecuarios pampeanos. En efecto, estos grupos antagónicos no cuestionaban el propósito de la política agraria pampeana, pero sus propuestas concretas en torno a la apropiación de los excedentes los llevaron a privilegiar diferentes instrumentos para inducir el aumento de la producción. La propuesta *agrarista* sostenía que los precios agrícolas altos serían un estímulo suficiente para tal fin. Por el contrario, la propuesta *populista-industrializadora* puso énfasis en la necesidad de dividir la tierra para llegar al propósito del incremento de la producción, siendo la reforma agraria el *requisito indispensable para potenciar la vía "farmer" del desarrollo agropecuario* (Fiorentino, 1984: 83; Lattuada, 1988). Desde la Secretaría de Estado de Agricultura y Ganadería (Kugler, 1965) se realizó un certero diagnóstico respecto a los principales problemas que afectaban directamente al desarrollo de la actividad agraria en tanto desafíos a enfrentar. En este contexto, las principales líneas de acción que se propuso el gobierno apuntaron al régimen impositivo; a la tenencia de la tierra; al crédito agrario; la capacitación técnica; y a tratar de lograr un reajuste en la política de desarrollo de la industria, sugiriendo al respecto la necesidad de coordinar más estrechamente el crecimiento industrial y el agrario, en tanto este requiere cada vez más insumos de origen industrial. El núcleo de las instancias a cumplir se asentaba en el propósito de evitar la inversión especulativa en tierras y la subutilización de la capacidad productiva de las mismas, sobre todo en relación con la *capacidad potencial* de la tierra, lo que posibilitaría un crecimiento acelerado de la producción agropecuaria pampeana.

Durante estos años fueron escasas las referencias al problema del acceso a la propiedad de la tierra y a la necesidad de implementar una reforma agraria que modificara de manera radical las relaciones de propiedad.

En el Plan Nacional de Desarrollo[18] se puso énfasis en transformar la figura del arrendamiento y aparcería a los efectos de una mayor producción agropecuaria, y fue con ese propósito que se propician mayores plazos de los contratos y estímulos para la realización de inversiones fijas. Todo ello implicaba revisar la legislación de fondo estructurada en la ley de 1948, en tanto régimen permanente de los arrendamientos rurales, en la misma línea que lo habían hecho los anteriores Planes de Transformación Agraria. El resultado final, en el contexto de esta revalorización del arrendamiento, fue una ley sancionada en 1966 y que no alcanzó a ponerse en práctica, que, en definitiva, era una continuación de lo que habían dispuesto los Planes de Transformación Agraria, desde 1957 en adelante (Lázzaro, 2003).

Los grandes propietarios se opusieron a esta legislación. Argumentaron que las tierras trabajadas por colonos arrendatarios registraban menor productividad, en función del agotamiento de las mismas, ya que mientras el propietario rotaba los cultivos haciendo siembras de praderas, los colonos continuaban con los mismos sembrados durante años. Mantener esta situación con sucesivas e interminables prórrogas de arrendamientos significaba agravar el problema del agotamiento. Cuestionaron también la continuidad de este espíritu de *plan de transformación agraria,*

18 El Plan Nacional de Desarrollo fue elaborado por la CONADE y su versión final presentada en 1965. No obstante su aprobación aún estaba pendiente cuando el gobierno de Illia es derrocado en 1966.

que formalmente facilitaba al arrendatario la compra de la parcela arrendada. Ello demostraba eficacia en los casos en que los arrendatarios se pudieran hacer propietarios de extensiones de 200 ha o más, pero no podría tener buenos resultados en el caso de pequeños arrendatarios cuyas fracciones no llegaban a 100 ha, *que son verdaderos minifundios.* En este caso no podía haber *transformación agraria saludable y progresista,* en tanto no era factible aplicar el *plan de transformación agraria* a fracciones que no constituían una unidad económica[19] (Hereford, 1965/1966). Desde el Estado se consideraba que un incentivo de gran poder de inducción para impulsar el *gran cambio técnico* que requería el agro y que exigía el mantenimiento de nuestra condición de país exportador -a fin de lograr los medios necesarios que requiere el programa de desarrollo- lo constituía la modificación del sistema tributario del agro, sobre la base del anteproyecto fundamentado en la renta normal potencial de las explotaciones. Para ello era indispensable adoptar aquellos sistemas de explotación que compatibilizaban las normas que indican la tecnología y los modernos criterios empresariales. Un cambio tributario que sería de gran importancia para las tierras improductivas, en función de poder recanalizar inversiones e impulsar el desarrollo capitalista en el campo. En síntesis, se trataba de un gravamen que afectaba a lo que se consideraba rentabilidad *normal* de la tierra según evaluaciones previas, y no sobre los beneficios efectivos producidos. Esta iniciativa, aunque trunca, perturbó a los propietarios rurales.[20]

Dos son las medidas que consideramos fundamentales, ambas cercenadas en su aplicación, pero cuyo análisis permite acercarnos a los perfiles más significativos de la

---

19 Revista *Hereford,* 1965-1966.

20 Jarach Dino (1964), *Bases para un sistema de imposición de las explotaciones agropecuarias según su renta normal potencial,* Buenos Aires. D. Jarach fue un destacado tributarista que participó activamente en la elaboración del anteproyecto de Ley de Impuesto a la Renta Potencial de la Tierra durante el gobierno de Illia.

política agraria en este período. Una de ellas es la ley de arrendamientos, que se limitó en su formulación final a constituirse en la continuidad de lo que habían sido los Planes de Transformación Agraria a partir de 1957. La *reforma agraria* quedaba limitada a una *elevación del nivel de vida* a través de la *mayor productividad en función de la tecnología*, en cuyo contexto la tierra era un elemento más, ciertamente no el más sustancial. El desafío ya no era *dar la tierra a quien la trabaja*, sino producir más a menores costos, con fuertes criterios de eficiencia y de productividad, con un estricto sentido de *empresa*. Por otro lado, eran estos también los propósitos que animaban al proyecto de impuesto a la renta normal potencial. Mayor productividad, aumento tecnológico, acceso a la propiedad de la tierra, modificaciones impositivas, impulso crediticio: todo ello orientado al fortalecimiento del ámbito agrario, en función de las necesidades del mercado interno y de la demanda de saldos exportables que permitieran una consolidación del sector industrial, al que se lo ubicaba en una posición de *desarrollo armónico* en relación con la economía rural.

Hubo confrontaciones con las corporaciones que aglutinaban a los grandes propietarios, los que sistemáticamente se opusieron tanto a la ley de arrendamientos como al proyecto de transformación impositiva. Pero más allá de las críticas puntuales, el núcleo de la confrontación giró en torno a lo que consideraban una acción estatizante del gobierno, y a las falencias que este demostraba en tanto abandonaba tareas específicas para el sector agrario que iban más allá de alcanzar la *incentivación* por vía del impuesto a la renta normal potencial (precios, costos de producción y política cambiaria e impositiva, entre otras).

El ocaso del régimen de transitoriedad y la presión impositiva: la subordinación de la gran burguesía agraria

En junio de 1966 las Fuerzas Armadas se hacían cargo, otra vez, de los destinos del país. En este período el gobierno militar (1966-1973) representó con mayor determinación los intereses de los sectores del capital más concentrado y a la alianza social dirigida por el capital financiero; y en este marco generó una estrategia más ofensiva tendiente a imponer una rígida disciplina social y política dentro de marcos estructurales económicos bien definidos. Eran los años del protagonismo indiscutido del Estado Burocrático Autoritario, que implicó una reestructuración de la dinámica estatal, tanto a nivel administrativo como en su particular forma de intervención, cuyo objetivo implícito apuntaba a lograr la *normalidad* del funcionamiento económico. En los primeros años de este gobierno, el equipo económico estuvo liderado por funcionarios vinculados directamente a los grandes grupos de poder, los que se empeñaron en la aplicación de una estricta política de estabilización y control social.[21]

El predominio del capital monopolista se transformó en dominante dentro del bloque hegemónico, mientras que el capital industrial no cartelizado y la burguesía agraria comenzaron a supeditarse políticamente a él.

---

21 En la gestión de gobierno se exhibían contradicciones en el ámbito económico. Salimei, representante del capitalismo nacional, no se inclinó por la supresión abrupta del control de cambios y se mostró gradualista en materia del proceso inflacionario. Ello no escapa a la mirada siempre atenta de los tradicionales portavoces de la economía social de mercado, no casualmente personalizados en la figura de Álvaro Alsogaray. A fin de 1966 una reorganización ministerial termina con el protagonismo de Salimei en el Ministerio de Economía, reemplazado por A. Krieger Vasena. Este nombramiento fue considerado como una victoria de las ideas y propósitos político-económicos de Alsogaray. Si Jorge Salimei –primer ministro de Economía- representaba al capitalismo nacional, Krieger Vasena fue elegido por sus especiales relaciones con los centros financieros internacionales.

A comienzos de 1967 Krieger Vasena anunció la *Gran Transformación* de la economía argentina, cuya estrategia inmediata era un plan de estabilización de corte netamente liberal. Entre las medidas instauradas instituyó un impuesto a la exportación que variaba entre el 16 y el 25% para exportaciones tradicionales. En sus primeras manifestaciones respecto al ámbito agrario el gobierno de la "Revolución" reconocía que el crecimiento económico solo podrá resultar como consecuencia de la evolución armónica de sus sectores productivos, especialmente de las actividades agropecuarias e industriales.

A solo cuatro meses de haber asumido el gobierno, las enunciaciones respecto al sector agrario, a su naturaleza, su funcionalidad y sus objetivos, van adquiriendo perfiles más ríspidos y ponen de manifiesto su entidad como sector económico subordinado a los intereses industriales protagónicos. Era evidente que el país no podía emprender el desarrollo industrial –que se juzgaba impostergable- sin consolidar la base agraria. De allí la exigencia de superar el estancamiento en el que se debatía este ámbito productivo.

La cuestión de los arrendamientos requería un ajuste a corto plazo, y fue una de las demandas más inmediatas que realizaron los sectores arrendadores, como también fue rápida la respuesta dada por el Estado. Concretamente solicitaban se considerase entre las prioridades más urgentes la situación de los dueños de predios arrendados, que databa de hacía más de un cuarto de siglo, por las sucesivas prórrogas.

En abril de 1967 se sancionó la ley sobre "Nuevo ordenamiento legal para arrendamientos y aparcerías rurales", la que se orientaba a terminar con el sistema de prórrogas, por considerar que se habían eliminado las causas que las habían justificado en su momento. Además –se argumentaba- después de veinticinco años y merced a las sucesivas leyes de transformación agraria, los casos que habían quedado pendientes no constituían un problema de magnitud. La ley sancionada fijó fechas de vencimiento de los contratos, impuso restricciones al dominio y obligaciones para el propietario que recupere la tenencia del predio, previó la opción de compra del predio por los arrendatarios y fijó términos para la oferta y la contraoferta, contempló reglas procesales para su aplicación y autorizó al Consejo Agrario Nacional el otorgamiento de tierras a los productores que habían sido desalojados por imperio de sus normas, entre sus disposiciones más significativas.

A partir de las fechas de vencimiento se abrían dos posibilidades: se realizaban nuevos acuerdos libres entre las partes, o se procedía al desalojo de sus ocupantes.

El apoyo a la nueva legislación sobre arrendamientos por parte de las corporaciones agrarias de los productores más concentrados se mostró contundente, tanto como lo había sido su oposición al anterior régimen de emergencia. Sin embargo, la sanción y puesta en práctica de la ley suponía la efectivización de otra medida, concretamente del ámbito impositivo, que no iba a satisfacer a los grandes propietarios y que generaría fuertes cuestionamientos a la política agraria global de la "Revolución" Argentina.

En 1967, el secretario de Agricultura y Ganadería de la Nación, Lorenzo Raggio, afirmó que el Poder Ejecutivo Nacional había sancionado dos instrumentos legales que, si bien competían a la actividad rural específicamente, por la decisión política que llevaban implícita, tenían trascendencia en los demás sectores de la dinámica nacional. Se trataba, efectivamente, de la finalización del régimen de prórrogas de los arrendamientos rurales y de la creación de una comisión para estudiar el régimen impositivo del agro. A tal punto prestigiaba la nueva legislación sobre arrendamientos, que no vaciló en equipararla a la reforma agraria; aunque concibiéndola de un modo muy particular, que no solo la alejaba de cualquier concepción que implicase redistribución de la tierra, sino que además le servía como punto de partida para entronizar la otra medida de política agraria que iba a generar resistencias. En efecto, Lorenzo Raggio sostuvo, con ostensible ambigüedad, que la reforma agraria que Argentina mostraría al mundo sería una reforma sin resonancias emocionales ni políticas, y basada esencialmente en el hombre, destinatario final de cualquier obra de gobierno. No obstante, esta reforma agraria requería otros elementos: una reforma integral del régimen impositivo del agro que fundamentalmente *premie al eficiente y desaliente al que no lo es.*

La legislación sobre arrendamientos y aparcerías rurales, por un lado, y la modificación del régimen impositivo según el criterio de renta neta probable, por otro, debían generarse y evolucionar de manera conjunta, en tanto procesos que se complementaban, pues se aseguraba que los campos desocupados por los arrendatarios mantendrían o aumentarían su nivel de eficiencia productiva. En efecto, la fórmula arrendamiento/renta presunta –afirma Lorenzo Raggio a comienzos de 1967- era el eje de la reforma en el régimen agrario.

Con el propósito de aplicar el nuevo impuesto a corto plazo, el ministro de Economía sometió a consideración del presidente Onganía el proyecto de ley por el que se establecía un gravamen de emergencia por el término de tres años a las tierras aptas para la explotación agraria. Esta iniciativa respondía esencialmente –admitía Krieger Vasena- a la necesidad de vincular las fuentes de tributación con las exigencias de modernización y eficiencia que la economía requería, mejorando al mismo tiempo la captación de recursos fiscales, e integrando eficazmente al sector agropecuario en el sistema rentístico nacional. Razones vinculadas al bien general del Estado exigían la adecuada atención de las urgencias del erario público, a la vez que una distribución equitativa de la carga tributaria.

La ley sancionada a fin de diciembre de 1968 creó el Impuesto a las Tierras Aptas para la Explotación Agropecuaria (ITAEA). Se estableció a partir de enero de 1969 y por tres años, un gravamen sobre la tierra, consistente en un porcentual fijo de su valuación fiscal y no venal, con carácter de anticipo del impuesto a los réditos, lo que ameritaba a presumir más razones de índole fiscal que social. Esta nueva imposición a la tierra castigaba la baja productividad, pero no estimulaba su mejoramiento, pues cuando ello ocurría se pagaban tasas crecientes. De hecho, cualquier impuesto a la tierra que coexistiera con el tributo nacional sobre los réditos generaría el mismo efecto: castigaba la subutilización de la tierra, pero carecía de efectos estimulantes sobre el mejor uso de la misma.

La política sobre arrendamientos rurales y la referida al impuesto a la renta normal potencial –que en realidad se constituyó en un impuesto sobre las tierras aptas para la explotación agropecuaria- conformaban un binomio estrictamente funcional, según el discurso oficial. Independientemente del objetivo fiscal del impuesto a la tierra, es de destacar que se lo concibió, además, como una estrategia que tendía a evitar que la tierra quedase fuera del alcance del productor eficiente, y que se convirtiese tan solo en un bien de especulación. Se aseguraba que los campos desocupados por los arrendatarios mantendrían o aumentarían su nivel de eficiencia productiva. Por tanto, la combinación arrendamiento/impuesto a la tierra despuntaba como el eje de la reforma en el ámbito agrario. Más aun, se concebía a estas políticas como estrategias convenientes para generar la restitución de la movilidad social en el campo, a través de un mecanismo de promoción de los más aptos. Discurso bastante alejado de una acción concreta de gobierno, liderado por la gran burguesía industrial, que en nombre de la tan mentada *normalización*, no escatimó esfuerzos en disciplinar a los asalariados y a los productores agropecuarios menos concentrados, como método para destrabar cualquier tipo de obstáculo que dificultara el proceso de acumulación (Lázzaro, 2013a).

En efecto, las políticas públicas orientadas al sector agrario en este período de la autodenominada Revolución Argentina pusieron de manifiesto la heterogeneidad de los sectores hegemónicos: fin del régimen de *emergencia* en torno a los arrendamientos –originado en la década de

1940- para beneplácito de los propietarios concentrados; y aplicación del impuesto a la tierra, delineado ya durante los años de Illia, y profundizado en la década siguiente. Si a estas políticas sumamos la puesta en práctica de las retenciones a las exportaciones como medida compensatoria de la devaluación monetaria, se deduce que el sector de los grandes propietarios de la región pampeana quedaron parcialmente al margen de los beneficios de la política económica, siendo los principales destinatarios de la misma las formaciones industriales asociadas al capital extranjero y al sector financiero, que ampliaron su área de influencia y profundizaron el proceso de concentración.

El retorno del peronismo: confrontación con la gran burguesía agraria y fracaso de las políticas en torno a la propiedad de la tierra

La política económica del peronismo en la década de 1970 se orientó a estimular la acumulación de la burguesía nacional, ampliar el mercado interno mediante la redistribución del ingreso y la expansión de las exportaciones industriales, y ampliar los márgenes de acción del Estado.

La principal intención que subyacía al proyecto del peronismo (1973-1976) era la de crear un orden político legítimo y estable, susceptible de constituirse en un ámbito en el que las clases dirimieran sus enfrentamientos de intereses. En este contexto, el eje de su proyecto de reorganización de la dominación de clase era la creación de un sistema político abierto y flexible, sostenido en las organizaciones corporativas y los partidos políticos. En este sistema quedaría definido el lugar de las clases en la sociedad, y particularmente en el plano institucional, cuyos límites de tolerancia fueron establecidos en el diseño político de Perón. De esta manera el potencial antagonismo entre las clases se vería neutralizado.

En el programa económico y social cabe destacar la política agraria, que combinaba las transferencias de ingresos hacia otros sectores de la economía, con las propuestas de modernización para incrementar la producción y los saldos exportables; las medidas tendientes a favorecer el desarrollo industrial y a las empresas de capital nacional; la mejora de la situación de los sectores asalariados; y la restricción de las actividades de las empresas transnacionales, considerando que habían sido tratadas de manera privilegiada por los gobiernos anteriores. Todos estos procesos exigían el aumento de la intervención estatal en el ámbito económico y social. Pero el movimiento peronista mostró en la realidad su incapacidad para "sobrevivir a la dura prueba de la muerte de su conductor". El Pacto Social entre obreros y empresarios, punto esencial del proyecto de "democracia integral" al que aspiraba Perón, se desvanece frente a la realidad de las luchas (De Riz, 1987: 15).

La propuesta agraria del peronismo en 1973 exhibía como objetivo fundamental la necesidad de elevar los niveles de producción y productividad. Ello suponía superar ciertas deficiencias permanentes de la estructura agraria, especialmente el sistema de tenencia de la tierra y la subutilización del suelo. La propuesta se basaba en el principio de que la tierra debe ser para quien la trabaja, y un bien de producción y no solo de renta y especulación. El Estado bregaba por el logro de la "justicia social" en el campo a través de formas asociativas de producción y tenencia de la tierra; acceso de los productores directos a la propiedad, mediante estímulos impositivos, crediticios, financieros y tecnológicos; mejoramiento en los sistemas de arrendamientos y aparcerías rurales; y mecanismos de control adecuados para evitar la atomización de la propiedad rural (Lázzaro, 2013b).

En el contexto de concertación plasmada con las fuerzas políticas, las organizaciones sociales, los sectores del trabajo y del empresariado, que caracterizaron a este período en el marco del Pacto Social, no podía faltar el acuerdo y compromiso con el ámbito agrario: en efecto, en setiembre de 1973 se firma el "Acta de compromiso del Estado y los productores para una política concertada de expansión agropecuaria y forestal" entre integrantes del equipo económico y representantes de los sectores relacionados con la producción agropecuaria (SRA, FAA, varias entidades vinculadas al agro de menor entidad, excepto CARBAP).

Parecía que el diálogo entre el Estado y los productores se había formalizado, quedando a partir de ahora a la espera de las concreciones necesarias para que los ambiciosos objetivos propuestos puedan alcanzarse, y que no todo quedase reducido a una estéril declaración de buenas intenciones. No obstante, por el momento la idea fuerza era que "el gobierno del pueblo y las entidades del agro se han dado la mano y han puesto la firma, coincidiendo en un objetivo común: la Argentina Potencia".[22]

A comienzos de 1974 la Secretaría de Agricultura y Ganadería de la Nación elaboró el "Plan Sectorial Agropecuario 1974-1977", aunque fueron nulos sus resultados, dado que casi contemporáneamente a la publicación de su segunda versión preliminar, en agosto de 1974, el equipo que lo había elaborado, encabezado por el ingeniero Horacio Giberti, debió alejarse de sus cargos.

Posteriormente se dio a conocer un anteproyecto de Ley Agraria elaborado por la Secretaría de Estado de Agricultura y Ganadería de la Nación, a cargo de Horacio Giberti. A partir de esta instancia, estallaron las tensiones y conflictos, tanto entre los sectores rurales y el gobierno –focalizado en el equipo de la Secretaría de Agricultura–, como en el interior de esa alianza policlasista que era el peronismo gobernante. El conocimiento del proyecto de ley agraria coincidió con la muerte de Perón y las posiciones contra el anteproyecto se constituyeron en una instancia más de confrontación entre los distintos sectores del

22 *La Nación*, setiembre 1973, p. 12, col. 1-8.

peronismo, ávidos por ocupar el poder vacante.[23] El Estado tendría un papel predominante en todo este proceso, no como un "nuevo latifundista", ya que su actividad fundamental sería la de un administrador, recibiendo la tierra ociosa o mal trabajada y distribuyéndola entre quienes la merecieran para que –mediante la ayuda técnica y financiera necesarias- la hicieran producir en todo su potencial.[24]

La confrontación con la gran burguesía agraria fue la constante: el anteproyecto fue reconocido como de "neto corte marxista", y como tal no tenía cabida en una sociedad

---

23 La Ley Agraria proponía la expropiación de la tierra improductiva, definiéndola como aquella que no hubiese estado en producción durante los últimos 10 años, o hubiera producido menos que el 30% de su "rendimiento normal" estimado. El precio sería fijado de acuerdo con la productividad anterior y pagado en bonos especiales del gobierno. Se facultaba al CAN para llevar adelante expropiaciones; y establecía la posibilidad de organizar grandes unidades, con participación empresarial por parte de los trabajadores; si bien ello nunca llegó a aplicarse, acentuó el ya marcado antagonismo de todo el sector agropecuario (Di Tella, Guido, 1983), *Perón – Perón 1973-1976*, Bs. As., Hyspamérica, p. 57. Para aprehender los fundamentos directos del anteproyecto de Ley Agraria hay que retrotraerse a las "Pautas programáticas para el Gobierno Justicialista de la Reconstrucción Nacional", proclamadas en Buenos Aires en enero de 1973 y que sirvieron de base para la campaña electoral; a las "Coincidencias programáticas del Plenario de Organizaciones Sociales y Partidos políticos", firmadas en noviembre de 1972; y al "Acta de Compromiso del Estado y los productores para una Política Concertada de Expansión Agropecuaria y Forestal", signada en setiembre de 1973. Son estos documentos programáticos los que se tuvieron en cuenta para la elaboración del anteproyecto, lo que exhibe coherencia en relación con las propuestas electorales del peronismo en 1973.

24 Es de destacar que el anteproyecto de Ley Agraria fue enviado por la Secretaría de Agricultura a la Comisión Nacional de Política Concertada en mayo de 1974. Luego del estudio de todos los dictámenes y opiniones, la Secretaría redacta la versión definitiva que fue elevada por el Ministerio de Economía a la Presidencia de la Nación unos meses después, solicitando su tratamiento en sesiones extraordinarias del Congreso. Esto no sucedió. Es entonces cuando un sector del bloque de diputados del Partido Intransigente –Vicente Musacchio, Rafael Marino, Tomás Arana, Héctor Portero y Mariano Lorences- lo presentan como suyo a la Cámara, respetando su redacción original, sin que esta finalmente se tratara. CONGRESO NACIONAL. *Cámara de Diputados nacionales*, 1974, "Suplemento", p. 4863, tomo IX.

agraria como la argentina, caracterizada precisamente por ser una "sociedad sin clases sociales" y por ende desprovista de luchas y conflictos.

Un proceso tendiente a la "unión agropecuaria" comenzó a revitalizarse desde mediados de 1974, a partir de la decisión de distintas entidades de unirse en una institución de 4º grado, con suficiente representatividad del sector "para actuar ante el gobierno y el resto de la economía". La nueva entidad se denominaría Confederación General Agropecuaria y estaría constituida por SRA, CRA y CONINAGRO. Esta voluntad de "unión" del agro se reiteró en agosto de 1974 en la Concentración Agropecuaria Nacional, realizada en la Sociedad Rural de Concordia y convocada por la Confederación de Sociedades Rurales del Litoral. Se destacó allí la máxima voluntad de producir la unión del campo argentino a través de sus entidades representativas; y se constituyó la mesa de la Asamblea.[25] Se mencionaron varias motivaciones (precios, salarios, impuestos sobre la tierra), pero era evidente que el proceso central que los aglutinaba era el anteproyecto de ley agraria. En este mismo sentido, en julio de 1974, se publicó una solicitada en el diario *La Nación*, dirigida a los "productores agropecuarios y a la opinión pública", suscripta por las principales corporaciones agrarias;[26] allí se instaba a la creación de una entidad central agropecuaria, que reúna a las corporaciones del agro en función de su representatividad.

Esta "Unión del Agro" manifestaba como objetivo prioritario "acabar con la frustración del agro motivada por la ausencia de una acertada y coherente política agropecuaria"

---

25 Presidida por representantes de la Confederación de Sociedades Rurales del Litoral (Alberto Mihura), de la SRA (Celedonio Pereda), de CARBAP (Jorge Aguado), de CRA (Edgardo Biava), de la filial Concordia de la FAA (Néstor Sabelli), y de la Sociedad Rural de Concordia (Esteban Hunt).

26 La solicitada fue firmada por Antonio Di Rocco, Ignacio García Cuerva, Juan Pirán, Horacio Saint André, Arturo Zaffirio y Jorge Zorreguieta, todos ellos vinculados a las corporaciones de productores más concentrados. *La Nación*, 10 de julio de 1974, p. 11, col. 7-9.

y participar en las grandes decisiones económicas y sociales, junto al Estado y las organizaciones de los trabajadores, de la industria y del comercio. Los aspectos concretos sobre los que se debería operar eran la correcta retribución de la producción; una estructura impositiva justa y simplificada; el respeto a la propiedad privada para que pudiera llenar su verdadera función social; la obtención de un auténtico desarrollo y el acceso a la tecnología agropecuaria; la generación de políticas de educación, comunicación e infraestructura que fomentaran el arraigo del productor a la tierra y detuvieran el éxodo a las ciudades[27] (SRA, 1973-1974). Resulta certero que la tendencia de las corporaciones agrarias que nucleaban a los propietarios más concentrados comenzaron a disponer de todas aquellas estrategias que le permitieran aglutinarse en sus reclamos, sobre todo ante una potencial medida –como el anteproyecto de ley agraria– que quizá desequilibrara su tradicional base de sustentación. Esta eventualidad condujo a las entidades agrarias más comprometidas a un claro proceso de cohesión, en el que se disiparon las potenciales divergencias y se intentó la puesta en marcha de prácticas corporativas esencialmente defensivas, basadas sobre su *vocación de entendimiento y diálogo* contra la arbitrariedad oficial, la demagogia, el dirigismo estatal y las *tendencias ideológicas importadas*.

Ya a fin de 1974 la política del equipo económico experimentaba una muy frágil estabilidad, sin posibilidades de aventurar un derrotero hacia la continuidad.

Reflexiones finales

Contemplado desde los años finales del siglo XX, el agro pampeano nos devuelve, sin duda, una visión muy diferente a la de los años iniciales de aquella centuria. Un agro con

---

27 Sociedad Rural Argentina (1973-1974), *Memoria*.

nuevos actores sociales, donde se ha desdibujado la figura del arrendatario y en su reemplazo aparecen contratistas de servicios, donde el otrora rol central de la gran propiedad ha dado lugar al gran productor concentrado, identificado con la figura de los *pools* de siembras. Estos, entre otros cambios, contribuyen a diseñar una realidad visiblemente modificada.

Las preguntas que se imponen nos inducen a pensar qué factores han hecho posibles estas transformaciones, en qué medida las políticas públicas han acompañado el proceso y, si en ese tránsito se ha logrado, realmente, una ampliación de la equidad económica y social.

En los albores del siglo XX fue la presión demográfica sobre la tierra, pero fundamentalmente la presión social y política de sectores medios y populares, la que abrió la posibilidad de cambios que terminaron siendo significativos. Las incipientes luchas sindicales, así como la ampliación de las opciones políticas con la llegada del radicalismo al poder contribuyeron a acrecentar la participación en el escenario público. Se habilitaron espacios efectivos para viabilizar demandas concretas sobre el Estado a través de las nuevas construcciones políticas y gremiales. La necesidad de mejorar las condiciones contractuales y de trabajo en el agro no era nueva, pero sí lo comenzaba a ser la posibilidad de satisfacer tantos reclamos. Esas tensiones eclosionaron por primera vez en Alcorta y se expandieron por la región pampeana con epicentro en el área cerealera cordobesa y el norte bonaerense. Amplios sectores, hasta el momento poco visibles, se hicieron eco de esas demandas para confluir en la conformación de una asociación que representó por primera vez los derechos de los pequeños y medianos productores, la Federación Agraria Argentina. Se contrarrestaba así el rol hegemónico de la Sociedad Rural Argentina, que se definía a sí misma como representante de los intereses del agro en su conjunto.

En ese contexto las voces se multiplicaron y confluyeron con otras ya presentes, procedentes de formaciones partidarias como el socialismo y algunas expresiones aisladas dentro de la UCR. La manifestación más tangible de esta lucha emprendida fue la sanción, en 1921, de la primera ley de arrendamientos rurales, tras mediar una movilización ante el mismo congreso nacional. Aunque imperfecto, fue un triunfo que abrió el camino a nuevas revisiones y diversas intervenciones legislativas que tuvieron como horizonte atender a los problemas económicos y sociales de los arrendatarios rurales.

El Estado así interpelado no pudo mantener una posición prescindente y aun en contextos no signados por la legalidad constitucional como fue el largo período que medió entre 1930 y 1945, debió dar respuestas. Dos de ellas son significativas, la nueva Ley de Arrendamientos de 1932 que intentaba superar las limitaciones de su predecesora y obligaba a inscribir los contratos en juzgados de paz locales, y un Decreto de 1943 que impedía los desalojos y reglaba con exhaustividad los aspectos que debían estar contemplados en el vínculo contractual.

Durante el peronismo, la Ley 13.246 de arrendamientos y aparcerías rurales sancionada en 1948 marcó el cenit de este proceso de lucha al asegurar a los arrendatarios una estabilidad de ocho años en las parcelas que arrendaban, regular los cánones, impedir los desalojos, contemplar las indemnizaciones por mejoras e incluir la posibilidad de fraccionamiento y venta a los arrendatarios de las parcelas locadas. La mayor innovación de esta nueva ley fue la creación de Cámaras Regionales Paritarias de Conciliación y Arbitraje Obligatorio, integradas por representantes de propietarios y arrendatarios a fin de que intervinieran en los litigios que se pudieran suscitar entre las partes.

Los pleitos en que estas cámaras intervinieron dan cuenta de estos reclamos y nos permiten conocer los argumentos esgrimidos para justificar su accionar y ajustarlo a los preceptos del sistema republicano de gobierno; nos aproxima a la concepción del derecho de propiedad esgrimida por el Estado, así como a su diálogo con los distintos actores sociales del agro y sus reacciones. Nos acerca también al accionar del Estado, al tiempo que da cuenta de la forma en que el Poder Judicial interactuó con los nuevos tribunales agrarios, así como las reacciones de arrendatarios y propietarios.

A partir de la caída del peronismo la problemática de la *transformación*, la *promoción* rural y la *reforma agraria integral* estuvieron contenidas en el proceso más inclusivo que se relacionaba con la situación y el destino de los ex-arrendatarios durante y después del proceso de franco deterioro del arrendamiento como forma de tenencia. Era imprescindible concebir políticas que dieran respuestas acabadas a una situación conflictiva en el ámbito rural, signada por resabios de una estrategia dirigista, y que aspiraban a lograr un régimen de libre contratación; dicha política habría de brindar el seguro respaldo a los intereses de los propietarios, pero también neutralizar cualquier tipo de conflictividad social protagonizada por los ex arrendatarios. El objetivo era la *modernización* y el *desarrollo* del sector agrario, imprescindible para la consolidación del modelo industrialista en crecimiento.

Se advierten diferentes instancias dentro de la política agraria de la región pampeana durante las décadas del 60 y del 70, que exhibieron diferencias en sus propósitos y en sus estrategias, pero que convergían en un resultante común: en ningún caso se apuntó a la afectación estructural del sistema de tenencia, sino que se limitó a provocar privilegios en torno a las condiciones de los propietarios; y tan solo se intentó desviar las presiones sobre la estructura latifundista mediante alternativas operaciones tácticas, como la colonización o el desarrollo agrario que, en el fondo, ocultaban su objetivo último: el mantenimiento del *statu quo*.

En países como Argentina, de avanzada urbanización y relativa industrialización, la presión más intensa desde el punto de vista económico y político, no es la "presión campesina" sobre la tierra, sino la "presión nacional",[28] originada en la confluencia de factores sociales como el crecimiento demográfico, la acelerada urbanización, la concentración poblacional en las grandes ciudades, la demanda industrial de materias primas, y la aspiración de las clases trabajadoras a un más alto nivel de vida. En la medida en que esa presión se intensifique, "se podría diseñar una reforma agraria de afuera hacia adentro" (García, 1972: 264), o sea, de las exigencias del desarrollo global hacia la estructura agraria.

Es de destacar la actitud constantemente defensiva de las corporaciones de grandes propietarios que, en un estado de manifiesta alteración por la eventualidad de una transformación o reforma agraria, se orientaron a profundizar un consistente proceso de cohesión, y a centrar sus propuestas en planes de *promoción rural* sobre la base de la *tranquilidad en el orden*. En efecto, la *promoción agraria* apuntaba hacia la adopción de medidas de carácter político/administrativo para el aumento de la producción, tales como créditos y desgravaciones impositivas para mecanización, riego, transportes, electrificación y estímulo a la producción granjera para ocupar la mayor fuerza de trabajo disponible, que no alteran la distribución del ingreso ni la estructura político social. Sin embargo, el problema del arrendamiento subsistía, no solo por los arrendatarios que no se habían hecho propietarios, sino por la aparición de los contratos

---

28 La presión nacional sobre la tierra designa la suma de exigencias originadas en el crecimiento de la población (alimentos), en la demanda industrial de materias primas, en los requerimientos financieros del Estado y en las necesidades de los trabajadores rurales sin tierra o con muy poca tierra (colonos, aparceros, minifundistas, etc., con aptitudes para transformarse en un nuevo empresariado agrícola). Las primeras constituyen las "formas externas" de presión sobre la tierra y las segundas las "formas internas", originadas dentro del ámbito agrario mismo. Esta "presión nacional" no solo se ejerce sobre la tierra sino sobre la suma de recursos físicos que la condicionan estructuralmente.

accidentales, nueva forma de convenio que retrotraía la situación al inicio, o sea a los acuerdos sin estabilidad ni protección legal alguna para el arrendatario.

Lo que pretendemos con este trabajo de síntesis es contribuir desde la perspectiva académica a una expansión del conocimiento sobre aspectos fundamentales de la historia agraria, y sugerir retos intelectuales que nos permitan vincular los procesos del pasado con cuestiones de acuciante actualidad; habida cuenta de la trascendencia y centralidad de la actividad agraria en el contexto socioeconómico, que requiere sistemáticamente respuestas orientadas al sector productivo, con derivaciones hacia toma de decisiones y resoluciones en el ámbito sociopolítico.

Bibliografía

ARCONDO, A. (1980), "El conflicto agrario argentino de 1912. Ensayo de interpretación", en *Desarrollo Económico nº 79*, Bs.As., IDES.

BALSA, Javier (1993), "La conformación de la burguesía rural local en el sur de la pampa argentina desde finales del siglo XIX hasta la década del treinta. El partido de Tres Arroyos", en Marta Bonaudo y Alfredo Pucciarelli (comp.), *La problemática agraria. Nuevas aproximaciones*, Bs.As., CEAL, t. II.

BARSKY, Osvaldo (1993), "La evolución de las políticas agrarias en Argentina", en AA.VV. *La problemática agraria. Nuevas aproximaciones,* Buenos Aires, CEAL.

BJERG, María M. (1991), "Donde crece el oro. La incorporación de los inmigrantes daneses a la estructura productiva del centro-sur bonaerense, 1848-1930", en *Anuario IEHS VI*, UNICEN, Tandil.

BLANCO, Mónica (2007), *Reforma en el agro pampeano. Arrendamiento, propiedad y legislación agraria en la provincia de Buenos Aires, 1940-1960,* Bernal, UNQ.

BLANCO, Mónica (2011), "Movilizaciones y presiones corporativas. Propietarios y arrendatarios pampeanos frente a la sanción de la ley de arrendamientos rurales (1946-1949). Un aproximación comparativa", en *Revista Estudios del ISHIR Nº 1,* UER ISHIR, CONICET.

BLANCO, Mónica (2013), "Las Cámaras Paritarias de Conciliación y Arbitraje. Nuevos espacios para el debate sobre la propiedad rural", en *Revista Estudios del ISHIR* n° 6, segundo trimestre, disponible en https://goo.gl/dBgI85.

BLANCO, Mónica (2014a), "Repensando la propiedad rural. La Colonización como estrategia de transformación en los inicios del siglo XX", en Rodolfo Richard Jorba y Marta Bonaudo (coords.), *Historia Regional. Enfoques y articulaciones para complejizar una historia nacional,* UNLP, La Plata.

BLANCO, Mónica (2014b), "Colonización y política agraria en la provincia de Buenos Aires. Demandas sectoriales y respuestas oficiales durante la primera mitad del siglo XX", en *Revista Mundo Agrario* nº 30, vol. 15, disponible en https://goo.gl/uEehDj.

DE RIZ, Liliana (1987), *Retorno y derrumbe. El último gobierno peronista,* Buenos Aires, Hyspamérica.

FIORENTINO, Raúl (1984), *La política agraria para la región pampeana en las últimas décadas,* Buenos Aires, CISEA, documento nº 5.

FRIGERIO, Rogelio (1962), *Cuatro años (1958-1962). Recopilación de política económica para argentinos. Ensayos y conferencias sobre política económica,* Buenos Aires, Ed. Concordia.

FRONDIZI, Arturo (1965), *El problema agrario argentino,* Buenos Aires, Ed. Desarrollo

GARCÍA, Antonio (1972), *Atraso y dependencia en América Latina. Hacia una teoría latinoamericana del desarrollo,* Buenos Aires, El Ateneo.

GIRBAL-BLACHA, Noemí (1980), *Los Centros Agrícolas en la provincia de Buenos Aires,* Bs. As., FECYC.

GIRBAL-BLACHA, Noemí (1988), *Estado, chacareros y terratenientes (1916-1930)*, Bs. As., CEAL.

GIRBAL-BLACHA, Noemí (1992), "Tradición y modernización en la agricultura cerealera argentina, 1910-1930. Comportamiento y propuestas de los ingenieros agrónomos", en *Jahrbuch für Geschichte Lateinamerikas = Anuario de Historia de América Latina (JbLA) Nº. 29*, 369-395.

HALPERIN DONGHI, Tulio (1984), "Canción de otoño en primavera: previsiones sobre la crisis de la agricultura cerealera argentina (1894-1930)", en *Desarrollo Económico nº 24*, Bs. As., IDES.

KUGLER, Walter (1965), *La agricultura argentina. Discursos del secretario de Estado de Agricultura y Ganadería*, Buenos Aires.

LATTUADA, Mario (1988), *La política agraria y los partidos políticos*, Buenos Aires, CEAL.

LAZZARO, Silvia (1991), "El impuesto al latifundio en la provincia de Buenos Aires durante la década de 1940. Primeras iniciativas", en *Estudios de Historia Rural n° 7*, La Plata, UNLP.

LÁZZARO, Silvia (2002-2003), "El problema agrario durante el gobierno de Arturo Illia", en *Anuario del Centro de Estudios Históricos Profesor Carlos S.A. Segreti*, Córdoba, nº 2-3.

LÁZZARO, Silvia (2004), "La política agraria de la autodenominada Revolución Argentina", en GALAFASSI, Guido (comp.), *El campo diverso. Enfoques y perspectivas de la Argentina agraria del siglo XX*. Bs.As., Universidad Nacional de Quilmes.

LÁZZARO, Silvia (2012), "El desarrollismo y el problema agrario durante las décadas de 1950 y 1960", en *Revista Secuencia, Revista de Historia y Ciencias Sociales*, nº 84, México, Instituto Mora.

LÁZZARO, Silvia (2013a), "La burguesía agraria en Argentina durante la década de 1960", en el dossier dirigido por Guido GALAFASSI, "Desarrollo y conflictividad: de lo rural a lo urbano, de lo agrario a lo industrial", en *Revista de Ciencias Sociales*, UNQ, año 5, nº 4.

LAZZARO, Silvia (2013b), "Acuerdos y confrontaciones: la política agraria peronista en el marco del Pacto Social", artículo que integra el Dossier dirigido por SHAWN VAN AUSDAL, "Nuevas Historias agrarias de América Latina", en *Historia Crítica Revista del Departamento de Historia de la Facultad de Ciencias Sociales de la Universidad de Los Andes,* Bogotá, Colombia, setiembre-diciembre.

PALLARES, Francesc (1988), "Las políticas públicas: El sistema político en acción", en *Revista de Estudios Políticos,* Nº 62, Centro de Estudios Políticos y Constitucionales, Madrid.

TECUANHUEY SANDOVAL, Alicia (1988), *La revolución de 1943: políticas y conflictos rurales*, Bs. As., CEAL.

ZEBERIO, Blanca (1991), "La utopía de la tierra en el nuevo sud. Explotaciones agrícolas, trayectorias y estrategias productivas de los agricultores (1900-1930)", en *Anuario IEHS VI*, Tandil, UNCPBA.

La región del azúcar: Tucumán, Salta y Jujuy (1850-1940)

DANIEL CAMPI, DANIEL MOYANO Y ANA TERUEL

Introducción

La producción fabril de azúcar en la histórica región norte de la Argentina (actualmente las provincias que integran el cuadrante noroeste del país), junto con la moderna vitivinicultura cuyana, fueron consideradas por la historiografía económica argentina como las principales manifestaciones de la industria moderna en el interior del país, e incluso, como los primeros ensayos de sustitución de importaciones de bienes de consumo masivo. Estas afirmaciones no carecen de sustento. En las últimas décadas del siglo XIX, el protagonismo y la consecuente incidencia política que gozaron en el contexto nacional las élites de las provincias norteñas les permitieron negociar una especie de redistribución de la prosperidad pampeana. En circunstancias en que la inserción exitosa de la pampa húmeda en la economía mundial potenciaba las diferencias con las otras regiones del territorio nacional, el destino de estas se dirimió en su capacidad para integrarse en el modelo agroexportador, solo viable mediante el usufructo monopólico de un mercado interno en el que se multiplicaba la demanda de productos de consumo masivo, entre ellos el azúcar.

La posibilidad de colocar la producción de esta naciente industria en las mayores plazas de consumo del país implicó una empresa eminentemente política, en la que las élites norteñas actuaron de manera compacta y tejieron alianzas en el seno del Partido Autonomista Nacional. Con ello, garantizaron un progresivo esquema de protección arancelaria que permitió a los azúcares nacionales desplazar a los extranjeros en circunstancias de una fuerte caída de precios del producto en el mercado internacional por exceso de oferta, prácticas de *dumping*, subsidios a las exportaciones, etc. No por casualidad la consolidación de estos acuerdos en beneficio del azúcar se materializó durante las presidencias de los tucumanos Avellaneda y Roca entre 1874-1886 y 1902-1904 y en la de su inmediato antecesor, el salteño Evaristo Uriburu, entre 1895-1898. A esto se debe sumar la influencia de empresarios y políticos norteños en el Congreso de la Nación, su relación directa –y a veces familiar– con miembros del PEN, y al hecho no menos decisivo del ingreso de empresarios porteños, rosarinos y cordobeses al negocio azucarero.

Pero, naturalmente, esto fue una condición necesaria mas no suficiente. El desarrollo de la actividad requirió de una gran movilización de capitales para la adquisición de tierras y equipamiento industrial de última generación; la construcción de una infraestructura ferroviaria que conectara los centros productivos con las principales plazas de consumo de la región pampeana y que dinamizara el transporte de la materia prima a los ingenios; el trazado de caminos, de puentes y canales de riego; la modernización del sistema financiero y la constitución de una fuerza de trabajo aceptablemente disciplinada y adaptada al ciclo estacional de la demanda por parte de los ingenios, concentrada esta durante la época de zafra, que coincidía con los meses de seca, desde mediados de mayo hasta setiembre u octubre, según los años.

La resultante del proceso a largo plazo fue la conformación de un amplio espacio –colindante con la región chaqueña al oriente y con las primeras estribaciones del macizo de los Andes en el poniente– que por largas décadas tuvo en la producción de azúcar de caña su principal actividad económica. Pese a la lejanía de los principales centros de consumo, demostró ser apto para sostener en el tiempo el cultivo y el procesamiento industrial del sacárido y conformarse como la región azucarera argentina por excelencia. [1] Sin embargo, y más allá de sus considerables similitudes, en dicho espacio pueden reconocerse dos complejos diferenciados por las estructuras sociales en las que se asentaron y/o promovieron, el tucumano y el salto-jujeño, cuyos caracteres singulares pueden detectarse en los orígenes más remotos de la producción de azúcar y aguardientes en el territorio hoy argentino.

Paisaje agrario y paisaje social en la etapa preindustrial

Una consideración de gran importancia al analizar los paisajes resultantes de la expansión del cultivo de la caña de azúcar en el norte del país es la presencia o la ausencia de "fronteras" abiertas, en el sentido *turneriano* del término. Nos referimos a tierras a conquistar –o de reciente dominio por parte del Estado–, disputadas a los indígenas para colonizarlas. La existencia de esas grandes extensiones al oriente de Jujuy y de Salta posibilitó la expansión del cultivo de la caña de azúcar y el gran dominio territorial que caracterizó a los establecimientos fabriles del extremo norte, cuya propiedad incluía las plantaciones que le proveían de materia prima. Esto dio origen, desde los albores de la actividad, a diferencias estructurales con el complejo azucarero tucumano.

La particularidad de Tucumán radicó en la ausencia de este tipo de frontera y, desde tiempos coloniales, en la combinación de una alta densidad demográfica con una pequeña extensión territorial de la jurisdicción de su campaña, a

1 La cultura de la caña dulce también se manifestó en Santiago del Estero por un corto período y tuvo un desarrollo más perdurable en el Chaco, Formosa, Corrientes, Santa Fe y Misiones. En la actualidad (2017) quince ingenios azucareros están en funcionamiento en Tucumán, tres en Jujuy, dos en Salta, dos en Santa Fe y uno en Misiones, con notables diferencias de escala, complejidad tecnológica y destino de la producción.

lo que debe sumarse una importante fragmentación de la propiedad o tenencia de la tierra. Aunque había estancias de cierta extensión en poder de familias encumbradas (varias indivisas o en régimen de copropiedad), predominaban las "suertes" de tierras, los "retazos" de estancia, las "estanzuelas" y terrenos de subsistencia familiar, a los que se accedía menos en propiedad que en arrendamiento.

La mediana y pequeña propiedad, la abundancia de explotaciones campesinas y de medianos productores caracterizaron al paisaje agrario tucumano aun antes de la especialización azucarera. Así, la mayoría de los rudimentarios ingenios que surgieron en la década de 1820 no se localizaban en el seno de las haciendas ni dentro de grandes propiedades, sino en las "quintas" que rodeaban a la ciudad de Tucumán y en Lules y Famaillá, zona de pedemonte al sur de la capital. Este tipo de explotaciones, al igual que las chacras, desde fines de la Colonia estaban bien valuadas por su ubicación en el ejido de la ciudad, destinadas al cultivo de cereales, con árboles frutales –en particular naranjas– y pequeños cañaverales, algunas con trapiche de palo y galpones, podían incluir animales de tiro y algo de ganado mayor y menor. Fue en torno a la ciudad de Tucumán que estas quintas adquirieron un perfil netamente cañero, a tal punto que entre 1848 y 1874, en los años previos a la explosiva modernización y auge azucarero, casi 130 establecimientos productores de azúcar y/o aguardiente pagaron la "patente", impuesto aplicado en la época a las actividades comerciales, manufactureras y profesionales.

Contrasta con este paisaje agrario de mosaico, de alta densidad de población y de pequeñas y medianas propiedades, el de las jurisdicciones de Salta y de Jujuy, producto de la disponibilidad de tierras que lindaban al oriente con la frontera chaqueña. Desde fines del siglo XVIII, la guerra y la negociación se alternaron al compás del avance de la conquista, la colonización del territorio indígena y la entrega de mercedes que premiaban a los protagonistas de la empresa bélica. En la frontera del Río Negro, en jurisdicción jujeña, se asentó desde mediados del siglo XVIII una heterogénea población compuesta de soldados partidarios, algunos presos y condenados, tobas reducidos en la misión de San Ignacio, matacos (wichís) asentados en las rancherías y demás migrantes que acudían de regiones vecinas a trabajar en las haciendas ganaderas y azucareras.

Hacia el Este de la ciudad de Salta, en Campo Santo, sucedía otro tanto. Ahí la familia Fernández Cornejo fundó la hacienda azucarera más importante de esa porción de la frontera en la segunda mitad del siglo XVIII. Al mismo tiempo, surgieron en la jurisdicción jujeña otras haciendas como Ledesma, San Lorenzo, Reducción y Río Negro, de notorio desarrollo en las dos últimas décadas del período colonial, adquiridas en carácter de propiedad privada mediante distintas vías por personajes vinculados a la administración virreinal, como los comandantes de fronteras y de los fuertes, que se transformaron en comerciantes, ganaderos y productores de azúcares, *chancacas* y aguardientes. Gran disponibilidad de tierras, pocas haciendas de extensos dominios, y escasa y heterogénea población caracterizaron a la frontera y al naciente espacio azucarero de esa zona. Más al norte la avanzada colonial fue posterior. Allí se fundaron la misión de Nuestra Señora de las Angustias de Zenta y la ciudad de San Ramón de la Nueva Orán, en donde también la producción de azúcares y aguardientes comenzó con primitivos trapiches de palo. Pero recién en la segunda década del siglo XX se levantó el ingenio San Martín del Tabacal por iniciativa de los hermanos Robustiano y Juan Patrón Costas.

Este origen de la actividad cañera en el extremo septentrional argentino definió algunas de las características del modelo azucarero salto-jujeño, asentado en los siglos XIX y XX en propiedades de enorme extensión territorial. En efecto, Ledesma tenía a mediados del siglo XIX más de 72.000 ha y San Lorenzo era aun mayor. Bajo el control de sus propietarios, que residían allí de forma permanente o temporal, "la Sala" o vivienda de los dueños simbolizaba el poder en todas sus dimensiones. Tales haciendas abastecían al mercado local y regional, y eran muy diversificadas: se criaba ganado vacuno, se recibían para pastaje tropas de mulas en tránsito a Bolivia, se cultivaba –por supuesto– caña de azúcar para consumo o elaboración, además de experimentar con otros cultivos, como el añil.

La tecnología de estos primeros ingenios fue la introducida en América por españoles y portugueses desde Canarias y Madeira, respectivamente. Difundida en casi toda Iberoamérica, fueron los ingleses y franceses –primeros productores y comercializadores mundiales del dulce– quienes la desarrollaron en gran escala en las plantaciones esclavistas, mejorando algunas técnicas y procedimientos sin modificarla en esencia. Más allá de las significativas diferencias de escala entre los grandes ingenios-plantación del Caribe y los trapiches de pequeños productores del resto del subcontinente, los artefactos y técnicas utilizadas eran, básicamente, los mismos.

La caña que producían estos establecimientos preindustriales era molida por uno o varios "trapiches" conformados por rodillos de madera dura (en el hoy norte argentino eran de quebracho colorado) dispuestos verticalmente. El jugo o "caldo" extraído era, en primer lugar, concentrado y depurado de impurezas en "fondos" o pailas de hierro calentados a fuego directo. A continuación, también en "fondos", se concentraba aun más el jugo ya bastante espesado ("melado") hasta que se formaban los cristales de sacarosa, lo que necesitaba del acompañamiento de un enérgico batido con grandes cucharas de madera. Todo este proceso se realizaba en un galpón especial (la "sala de pailas"), a la que estaban adosados los "fuegos", "hornos" u "hornillos". La separación del cristal de azúcar se realizaba por simple gravitación, vertiendo la "masa cocida" (una espesa miel que contenía azúcar cristalizado) en vasijas de barro cocido ("hormas"), procedimiento que podía durar hasta tres meses y que tenía lugar en otro galpón, la "sala de purgas". Las mieles residuales (líquido viscoso con alto contenido de azúcar no cristalizable) eran destiladas en otro ámbito del establecimiento, donde se obtenían aguardiente o "caña" de 30 y 40 grados GL.

De todo el equipamiento de estos establecimientos, solo se importaban el hierro y el cobre con los que se construían los "fondos" y los alambiques. El resto de los utensilios y/o artefactos podían fabricarse con materiales locales. Si bien se trabajaba con una rudimentaria división de tareas, no por ello carecía de complejidad. El "arte" de producir un "pilón" de azúcar blanca o casi blanca con pérdidas mínimas (el "pan de azúcar" que producían los ingenios en Brasil) requería de una figura insustituible: el "maestro de azúcar", quien atesoraba un refinado conocimiento sobre el proceso basado en la experiencia.

Hasta las primeras décadas del siglo XIX ese patrón permaneció invariable. En él, las labores agrícolas no estaban escindidas de la molienda y manufactura de la caña, y la superficie cultivada podía ser muy reducida, a tal punto que en 1841 diez "establecimientos de caña, azúcar y mieles" incautados en Tucumán a propietarios involucrados en la "Coalición del Norte" contra Rosas poseían, en promedio, siete hectáreas (3,35 cuadras cuadradas, aproximadamente) de caña cada uno (Campi, 2002). Así como los ingenios arriba señalados elaboraban azúcar y destilaban las mieles para producir aguardiente, otros se especializaban solo en esta segunda operación.

Las novedades experimentadas en la emergente industria de la remolacha azucarera en Europa continental se difundieron y adaptaron rápidamente a la producción cañicultora del Caribe durante la primera mitad del siglo XIX, con las que se incrementó la eficiencia en la depuración de los caldos, la cristalización de la sacarosa, y se lograron grandes economías en el uso del combustible que demandaba todo el proceso. A estas mejoras se sumó el aumento de la capacidad extractiva de los trapiches (ahora de molinos horizontales con tres o más mazas de hierro) y el ferrocarril, que junto a la máquina a vapor, los evaporadores y tachos de cocimiento al vacío, las centrífugas (que reducían el tiempo de separar los cristales de sacarosa de las mieles residuales de dos o tres meses a escasos minutos) y, en una etapa posterior, el análisis químico en laboratorios, fueron los símbolos de la revolución tecnológica del azúcar de caña a escala planetaria.

Esta tecnología (que se difundió con extrema rapidez en Cuba, donde los portentos de la Revolución Industrial coexistirían en los ingenios durante varias décadas con la esclavitud) comenzó a introducirse en nuestra región a mediados del siglo XIX, y se generalizó luego de la conexión ferroviaria con los puertos de Rosario y Buenos Aires. El puntapié inicial de todo este proceso lo dio el ensayo, a la postre frustrado, de Baltazar Aguirre, quien en 1859, en sociedad con el Gral. Justo José de Urquiza, importó un ingenio "llave en mano" construido por la firma Fawcett, Preston & Co. de Liverpool y que se instaló en "El Alto", al oeste de la ciudad de Tucumán. En los años siguientes, varios propietarios de ingenios, advertidos del potencial que brindaría esta tecnología, importaron equipos de escalas reducidas en fases puntuales del proceso productivo: trapiches de hierro accionados hidráulicamente, evaporadores y tachos de cocimiento al vacío y elementales centrífugas accionadas a vapor, con energía hidráulica o con mulas. Como estas innovaciones se injertaban en ingenios que laboraban con el patrón tecnológico tradicional, durante las décadas de 1860 y 1870 muchos de ellos funcionaron como auténticos híbridos, característica que no les impidió aumentar su capacidad de molienda y procesamiento de la caña. De forma paralela, no dejaron de instalarse ingenios con trapiches "de palo" y el resto del utillaje heredado de la época colonial, aunque desaparecieron, en su mayoría, del escenario productivo en la década de 1880, cuando se consolidó en la región el moderno ingenio azucarero.

Auge productivo, crisis y crecimiento en la inestabilidad

Hacia 1880, tras dinamizarse el flujo de mercancías y transportes desde Tucumán hacia las principales plazas de consumo, la agroindustria aceleró el incipiente proceso de modernización recién descripto con la incorporación intensiva de tecnología y bienes de capital procedentes de las principales casas proveedoras de maquinaria europea, francesas e inglesas principalmente. El incremento productivo resultante fue explosivo, acompañado de un proceso de concentración no menos agudo. En Tucumán entre 1877 y 1881 el número de ingenios descendió de 82 a 34, a la par que la producción se multiplicó varias veces y las hectáreas cultivadas con caña ascendieron de 5.403 en el último año citado a 54.233 en 1895, según las estadísticas oficiales de la época.

La profundidad de los cambios en el ámbito fabril de la actividad se aprecia mejor si consideramos que, en menos de veinte años, se modernizaron en esta provincia 18 ingenios de la etapa preindustrial y se fundaron "llave en mano" otros 20. Más al norte, mientras la línea troncal del ferrocarril pasaba a solo 5 km de Campo Santo y proseguía su marcha hasta La Quiaca, algunas antiguas haciendas azucareras introdujeron nuevo equipamiento, consolidándose finalmente un ingenio moderno en Salta y tres en la vecina Jujuy, mientras que en Santiago del Estero tuvo lugar una singular pero efímera experiencia azucarera con siete unidades productivas del mismo tipo.[2]

---

2 En la década de 1880, en ambas márgenes del río Dulce, se levantaron los ingenios Contreras, Colonia Pinto, Esperanza, Nueva Trinidad, Santo Domingo, Mac Lean y Santa María. Ya en 1895, solo quedaban en funciones los dos primeros y para 1910 se cerró definitivamente este proyecto industrial.

Pese a sus diferentes escalas de operaciones, los nuevos establecimientos azucareros contaban con equipamiento de avanzada para el horizonte tecnológico de la época, lo que posibilitó un extraordinario salto productivo, simplificó y redujo a pocos minutos el trabajoso proceso de separación de los cristales de sacarosa de la melaza residual y permitió obtener azúcares de diferentes tipos. Durante los primeros años de este auge cobró notoriedad el azúcar "molido" y su variante en terrón. Si bien era un producto de inferior calidad que el azúcar refinado –importado de Europa– fue consolidándose paulatinamente en el mercado interno gracias al perfeccionamiento de su elaboración, que permitió lograr un grano blanco, uniforme y seco. En 1889, con la puesta en funcionamiento de la Refinería Argentina en Rosario (con mayoría del grupo Tornquist en el paquete accionario y con participación minoritaria de azucareros tucumanos e inversores rosarinos y porteños), la fabricación de azúcar se desdobló entre productos para el consumo y los azúcares sin blanquear –denominados "crudos"– que se enviaban a la fábrica rosarina para ser refinados. De forma paralela, los ingenios modernizados instalaron destilerías europeas de última generación, con las que producían alcoholes de hasta 96° grados de pureza a partir de las melazas residuales. Así se desarrolló el principal subproducto de los ingenios azucareros, que en los inicios del siglo XX desplazaron a las destilerías de granos de la región pampeana y se consolidaron como principales proveedores de alcohol del país.

En este período, los ingenios de Santiago del Estero y Tucumán tuvieron amplias ventajas para despachar su producción, en la medida que los vinculaban líneas férreas con las mayores plazas de consumo.[3] Por el contrario,

---

3 A partir de 1884, la capital santiagueña se conectó definitivamente con Córdoba a través de un ramal ferroviario que atravesaba la zona productiva de la margen derecha del río Dulce. Posteriormente, el área cañera de la otra orilla estuvo franqueada por el Ferrocarril Buenos Aires y Rosario que llegaba a Tucumán. Por su parte, la capital del principal epicentro productivo estuvo ligada por los tendidos férreos anteriormente mencionados, desde

los ingenios septentrionales, principalmente los jujeños, demoraron en colocar su producción en los mercados más importantes debido al lento avance de la punta de rieles a las zonas productivas. Esto quizás influyó en las modestas escalas de fabricación, orientadas principalmente al sur de Bolivia, al mercado jujeño y también al salteño, puesto que el ingenio San Isidro no podía cubrir la demanda provincial. Solo a partir de la primera década del siglo XX, el tendido de un ramal del ferrocarril hacia los valles fértiles del este jujeño permitió el desarrollo de este parque azucarero.

La sostenida expansión de la producción azucarera encontró un primer límite en 1894, cuando se alcanzó el tope de la demanda interna. A partir del año siguiente, con *stocks* acumulados y zafras extraordinarias, se desató la primera de una serie de crisis de sobreproducción por exceso de oferta, situación que intentó enfrentarse desde el ámbito empresarial y desde la administración nacional y provincial con una serie de medidas tendientes a facilitar la exportación de excedentes y regulando la producción, primer ensayo de esta naturaleza en la historia económica argentina. Si bien los efectos de esta crisis subsistieron hasta 1902-1903, período en el cual cerraron siete ingenios en Tucumán y prácticamente decidió la suerte del parque azucarero santiagueño, las inversiones no se retrajeron. Por el contrario, los "industriales" (así se autodenominaron en la Argentina los propietarios de ingenios a diferencia del resto de América Latina, donde se identificaron con los "hacendados") buscaron aumentar la eficiencia, reducir los costos fabriles y producir azúcares de alta calidad con novedosos métodos de elaboración para llegar directamente al mercado consumidor. En 1896, el ingenio Concepción inició en

---

1876 y 1891, respectivamente. Este último, junto con el Ferrocarril San Cristóbal, inaugurado en 1892, surcaba el área azucarera por antonomasia (el departamento Cruz Alta), mientras que en ese mismo año se terminó un ferrocarril provincial que se desprendía de la línea a Córdoba en el sur de la provincia, atravesaba toda la zona azucarera del pedemonte hasta la ciudad capital.

Tucumán la elaboración de azúcar refinada directamente en fábrica, en sólidos bloques denominados azúcar "pilé", primer paso para romper con el monopolio del refinado que por entonces detentaba la Refinería Argentina. Para 1914, cinco ingenios tucumanos (Concepción, Lastenia, Esperanza, Bella Vista y Santa Ana) y un jujeño (Ledesma) contaban con refinerías anexas a sus fábricas, elaborando un tercio del refinado nacional, mientras que los demás ingenios norteños aumentaron sus escalas y perfeccionaron sus métodos de fabricación, enviando una parte de su producción para refinar, mientras que el grueso se destinó al consumo directo en los principales mercados.

La segunda década del siglo XX comenzó con un resurgir de la agroindustria. La producción de azúcar alcanzó niveles similares y superó los del bienio 1895-1896. Pero pronto quedó claro que el nuevo ciclo de crecimiento estaría signado por la inestabilidad gracias a la confluencia de factores diversos. Tucumán, luego de atravesar un período de zafras fluctuantes en la primera década del siglo por el impacto de sequías, de heladas y por los bajos rendimientos de la caña, enfrentó un duro trance. Entre 1915 y 1917 la plaga del "mosaico" devastó prácticamente los cañaverales de la provincia, poniendo en jaque a la actividad. Solo fue superada mediante el replante íntegro de las simientes con las denominadas "cañas de Java" en reemplazo de las "criollas", proceso que fue impulsado por el Estado provincial y dirigido por la Estación Experimental Agrícola de Tucumán (EEAT), fundada un lustro antes. Las nuevas cañas, además de su resistencia al "mosaico", contenían mayores porcentajes de sacarosa y eran más robustas, lo que permitía obtener más toneladas por hectárea cultivada. Empero, su dura corteza y su rápida descomposición luego de ser cortada obligaron a agilizar su transporte a las bocas de molienda con el incremento de ramales ferroviarios propios y locomotoras con vagones especiales para vías portátiles (el "Sistema Decauville", introducido ya en las décadas previas), además de la incorporación de trapiches con mayor capacidad de molienda, entre los que se destacaron los novedosos trapiches "Fulton", de origen norteamericano, capaces de triturar 2.500 toneladas de caña cada 24 horas, algo inédito para la época.

Como consecuencia, al tratarse de una industria de proceso continuo, las fases de la elaboración fueron ampliadas y perfeccionadas, mientras se incrementó el uso de la energía eléctrica y se añadió el petróleo como combustible para las calderas. Durante el breve período de retracción de la producción tucumana a causa de la plaga, se hizo menester la importación de azúcar, ahora de nuevos proveedores puesto que la producción europea se paralizó durante la Primera Guerra Mundial. Entre los diversos azúcares introducidos, se destacó el "granulado", un producto similar al refinado que tuvo gran aceptación en el consumo por su calidad y su menor precio. Como consecuencia, una vez recuperada la actividad, los ingenios incorporaron equipos para fabricar este nuevo tipo de azúcar por su fácil colocación y su menor costo de producción. Paralelamente, se amplió el número de ingenios con refinerías anexas, lo que le permitió abastecer al mercado interno con productos de alta calidad elaborados directamente en las fábricas norteñas.

Durante esta contingencia, el parque salto-jujeño se vio doblemente beneficiado, pues no fue afectado por la plaga y por la incorporación de las nuevas gramíneas. Así, los ingenios ubicados en esta región casi inmune a las heladas que cada tanto afectaban a los cañaverales tucumanos y que tenían en propiedad la casi totalidad de los cañaverales, pudieron incrementar su producción en las décadas siguientes con menores costos. Aquí la mayor eficiencia económica del latifundio salto-jujeño en comparación con el extendido minifundio y la mediana propiedad de Tucumán es muy evidente, al igual que su resultante social: una distribución más inequitativa de la riqueza, concentrada en pocas empresas. Estos son los rasgos distintivos más notables entre los "dos modelos" que distinguió la historiografía, el tucumano y el salto-jujeño, y que otorga al primero una gran singularidad en el contexto latinoamericano.

Los mayores rindes cañeros, las innovaciones tecnológicas en el campo y en la fase industrial, y la ampliación de la capacidad productiva de los ingenios –proceso incentivado a escala mundial por el descalabro de la producción de azúcar de remolacha como consecuencia de la Gran Guerra– no tardaron en expresarse en una nueva saturación del mercado internacional de azúcar en la década de 1920, acentuada luego de la recuperación de la industria del azúcar de remolacha europea. Una dramática retracción de los precios y la conflictividad social que el fenómeno disparó en Tucumán, donde se enfrentaron por el precio de la caña los industriales y los productores "cañeros", derivaron en intervenciones estatales que modificaron de manera sustancial el marco institucional de la actividad. A pedido de los diferentes sectores enfrentados, el Estado central dictó un fallo arbitral que significó un antes y un después para la historia económica y social de Tucumán. Por su parte, las autoridades provinciales comenzaron a aplicar, a partir de 1928, un sistema de cuotas que ponía límites a la producción cañera con el objeto de evitar (o moderar) caídas incontrolables de los precios.

En este inédito y singular escenario irrumpieron las dificultades económicas y financieras de la década de 1930, que si bien no provocaron el estancamiento generalizado de la actividad, coadyuvaron al surgimiento de una brecha entre los ingenios en dos niveles: hacia adentro del epicentro tucumano, las regulaciones productivas, el aumento de los costos por el incremento del precio de la materia prima proporcionada por los cañeros, junto a las dificultades financieras de algunas empresas, acentuaron una progresiva diferenciación entre ingenios eficientes y otros que paulatinamente se rezagaron. A escala intrarregional, las fábricas de Salta y Jujuy, que no fueron inmunes a los embates de la crisis, lograron sortearla más rápidamente al estar libres –a diferencia de las tucumanas– de limitantes para incrementar la producción.

Si bien los inconvenientes para importar maquinaria e insumos pesaron sobre la actividad en su conjunto durante esta década y se agravaron en la siguiente como producto de la Segunda Guerra Mundial, una porción de los ingenios tucumanos siguieron incorporando tecnología y nuevos procedimientos para reducir costos. De manera similar lo hicieron los ingenios salto-jujeños, además de incrementar sus escalas productivas con el fin de ganar mayores porciones del mercado, proceso que cristalizó en las décadas posteriores. Recién entre fines de los años 50 e inicios de los 60 se reencausó la renovación tecnológica, aunque la brecha de los ingenios tucumanos no logró cerrarse definitivamente.

En lo que respecta al eslabón agrícola de la cadena productiva, la década de 1940 se inició con una nueva plaga que afectó principalmente a los cañaverales tucumanos, el "carbón". Al igual que en 1915-1917, la intervención de la EEAT fue determinante al distribuir cañas de reemplazo para paliar la crisis, lo que benefició nuevamente el parque salto-jujeño que también incorporó estas novedosas gramíneas desarrolladas en el establecimiento científico tucumano. Por otra parte, durante la segunda posguerra, las labores agrícolas ganaron eficiencia con el uso de tractores y nuevos implementos de cultivo y también se aceitó el flujo de materia prima a las fábricas mediante la incorporación de camiones y tractores con acoplados. Este proceso escalonado de mecanización del agro, aunque impactó en toda la región, recién se afianzó desde la década del 60 en adelante con la mecanización de la cosecha, proceso que tuvo mayor visibilidad en los ingenios septentrionales por su alta integración campo-fábrica y por las dificultades que toda estructura de la propiedad fragmentada (como la del campo tucumano) ofrece a los procesos de innovación y a la incorporación de tecnología de alto costo.

Cambios poblacionales

La vertiginosa modernización de los ingenios y la expansión del parque azucarero que tuvo en el período 1880-1895 su etapa de crecimiento más acelerado implicó, además de la inyección de la más actualizada tecnología de época, profundas modificaciones en las formas de organización empresarial, en la estructura de la propiedad y tenencia de la tierra y también en la dinámica demográfica. En el período que media entre los tres primeros censos nacionales, 1869-1914, la Argentina experimentó una verdadera explosión demográfica a raíz –entre otros factores– de la migración ultramarina de masas. Como es sabido, fue la región pampeana, en la que millones de hectáreas fueron puestas en valor, donde tuvo lugar también un gran desarrollo urbano por ser el área privilegiada en la recepción de estos migrantes provenientes, sobre todo, de Europa meridional.

Si bien el norte azucarero, considerado globalmente, fue la región argentina que evidenció menor crecimiento demográfico en términos relativos, en Jujuy, Salta y Tucumán la expansión agroindustrial produjo notorios aunque dispares incrementos en el volumen de población. A diferencia de Salta, que denotó un bajo crecimiento en términos generales, Tucumán y Jujuy protagonizaron una explosión demográfica sostenida, desde mediados del siglo XIX en el primer caso, y en el segundo durante en el lapso 1895-1914. (Véase cuadro 1 del Apéndice estadístico).

Ahora bien, analizando lo sucedido a nivel departamental, hacia 1895 las tasas más altas de crecimiento (superiores al 20 por mil) correspondían a las circunscripciones especializadas en la producción cañera y donde, además, se localizaban los ingenios. Si graficáramos esta situación en un mapa diacrónico con la distribución de la población a fines del siglo XVIII y a fines del XIX, en Jujuy y Salta veríamos el claro corrimiento del peso demográfico hacia el oriente, desde las tierras de puna, quebradas y valles de altura, hacia las tierras bajas de Yungas (departamentos de Campo Santo y Orán en Salta; de San Pedro y Ledesma en Jujuy). Otro tanto ocurrió en Tucumán, especialmente en los departamentos Capital y Cruz Alta, epicentros del *boom* azucarero. Por contraste, se pueden identificar áreas expulsoras de población en las provincias del actual Noroeste ya en ese mismo año 1895, que corresponden a gran parte de las provincias de Catamarca y La Rioja, la puna salto-jujeña y amplias áreas de Santiago del Estero.

Estos datos reflejan el incremento de demanda de mano de obra que originó movimientos migratorios, masivos y temporarios, durante la zafra azucarera, desplazamientos que también se tradujeron en radicaciones permanentes. No se trataba solamente de que la población nativa fuera insuficiente para satisfacer la demanda, sino de las dificultades para movilizar a trabajadores retenidos o vinculados a otras unidades productivas, que atendían las suyas propias o que se resistían a aceptar las nuevas modalidades y los ritmos del trabajo en ingenios y fincas cañeras. De todos modos, lo reducido de la oferta era proporcional al relativamente pequeño volumen de la población nativa en el momento del auge azucarero –en especial en los casos jujeño y salteño– y a la cantidad de braceros demandados, imprescindibles para la ampliación de los plantíos cañeros, para la construcción de acequias, caminos, puentes, galpones y edificios varios, la infraestructura ferroviaria y las obras civiles en los centros urbanos. Hacia 1889, solo en las labores industriales, los 34 ingenios tucumanos en funcionamiento ocupaban 12.734 trabajadores, 74,7% de ellos peones, 9,3% mujeres y 11,5% niños. A su vez, en la década de 1910 se desplazaban a la zafra salto-jujeña unos 6.000 indígenas de la región chaqueña, de donde provenía no solo el núcleo mayoritario de los braceros temporarios, sino también un alto porcentaje de los que desempeñaban las tareas permanentes en las plantas industriales, tal el caso de los Ava Guaraní (denominados "chiriguanos" en el lugar de recepción), provenientes de las tierras bajas bolivianas.

El gran desplazamiento de población tanto permanente como temporaria, especialmente hacia Tucumán, se produjo desde las provincias vecinas de Santiago del Estero, Catamarca y La Rioja, en orden de importancia, e incluso desde Salta y de Jujuy, cuyos campesinos recurrían ocasionalmente a la venta de su fuerza de trabajo como una alternativa para afrontar el deterioro de su economía o complementarla con un salario.

Como se dijo, la atracción operó también para quienes llegaban a trabajar en otros establecimientos y en las actividades terciarias que crecían a la par de los pueblos en formación. Una heterogénea población de los más diversos orígenes nacionales, étnicos y sociales se agrupó allí: sirio-libaneses, españoles, italianos, franceses, ingleses, hindúes, entre los inmigrantes transoceánicos; criollos de distintas provincias, indígenas chaqueños, campesinos e indígenas de tierras altas (coyas) bolivianos y argentinos convivían no sin conflictos.

En síntesis, el crecimiento demográfico de esta región estuvo impulsado por la expansión de la economía azucarera, que entre los dos primeros censos nacionales interrumpió la emigración de población hacia la región pampeana y luego la moderó. Dicho crecimiento se debió fundamentalmente a la inmigración, tanto interna como limítrofe y ultramarina, aunque en el norte azucarero el porcentaje de residentes extranjeros fue siempre mucho más bajo que en la Argentina en su conjunto. En ambos casos el pico máximo de población de origen extranjero, en términos porcentuales, fue registrado por el censo de 1914: el 29% para la Argentina y el 7,9% para el Norte (a partir de entonces este porcentaje descendió abruptamente en el total país y con menos intensidad en las provincias azucareras).

Por otra parte, en estas últimas la representación de los migrantes limítrofes sobre el total de extranjeros fue siempre mucho mayor que en el conjunto argentino, aunque con especificidades: Jujuy, y en menor medida Salta, siempre tuvieron un neto predominio de bolivianos entre su población extranjera, limitando a un papel casi insignificante los aportes de otras nacionalidades. En el primer caso los migrantes bolivianos superaban el 22% en 1914. Tucumán, en cambio, recibió más inmigrantes de ultramar que de países limítrofes. En consecuencia, los ritmos del crecimiento de los migrantes extranjeros fueron también diferentes: mientras que en Jujuy y Salta la cifra absoluta de población no nativa siguió aumentando, en Tucumán se reprodujo en este ítem el patrón demográfico nacional. El pico del porcentaje de extranjeros se produjo en 1914, para decaer luego en concordancia con la tendencia general del país.

Las estructuras agrarias

En Tucumán, los propietarios de ingenios concentraron sus inversiones en el sector industrial con el objeto de elaborar azúcares y alcoholes de alta calidad a bajos costos productivos. Aunque también realizaron importantes adquisiciones de tierras, el cultivo de la caña quedó, en parte, en manos de un campesinado que en buena medida se reorientó desde la siembra de cereales hacia la nueva y rentable actividad cañera. Mientras que en 1874 estaban registrados 233 "cultivadores" de caña (175 en 1876) que aportaban un 10% de la materia prima, en 1895 su número se había disparado a 2.630, proporcionando el 38% de la caña que elaboraban los ingenios. Los cultivos, que se concentraban alrededor de la ciudad capital en la fase preindustrial de la actividad, se expandieron hacia el este, oeste y sur, llegando a cubrir con el tiempo más del 60% de la superficie sembrada en la provincia. Hacia 1929 ya había 6.072 plantadores de caña que cultivaban 52.484 hectáreas de la gramínea, casi tres veces más que en 1895.

La situación de las fábricas con relación a la provisión de materia prima era muy heterogénea. Había ingenios que casi se autoabastecían, mientras que otros carecían totalmente de cañaverales propios. Pero la circunstancia típica era la de establecimientos que combinaban la producción propia con la compra de caña a productores independientes. Así, a finales de la década de 1930 los ingenios tucumanos cultivaban el 47% de los surcos de caña de la provincia, mientras que los cañeros independientes trabajaban el resto, con una media de 5 ha de caña por explotación. Aunque la evolución en el tiempo de este proceso excede los objetivos de nuestro trabajo, no es ocioso puntualizar que esta tendencia se profundizó durante el primer peronismo, a punto tal que a comienzos de la década de 1960 el 82% de los surcos de caña cultivada estaban en manos de los plantadores independientes.

Esta característica del complejo azucarero tucumano no dejó de generar opiniones críticas por la dependencia de los industriales respecto a los cultivadores independientes, por las dificultades para planificar adecuadamente la cosecha y por los mayores costos que implicaba la participación del sector campesino y de agricultores capitalistas en el negocio. Sin embargo, también se levantaban voces que encontraban en ello facetas positivas. Según Rodríguez Marquina, director durante dos décadas de la Oficina de Estadística de Tucumán, la existencia de los cañeros independientes contribuía en cierta forma a salvar las dificultades que tenían los ingenios para solucionar por sí solos la escasez crónica de mano de obra. Los cultivadores, ahora reconvertidos en cañeros independientes, se ocupaban de "conchabar" a los zafreros, a la vez que asumían los riesgos y los costos del "disciplinamiento" de los trabajadores.

El otro modelo fue el de la gran hacienda azucarera de Salta y Jujuy, convertida en el complejo ingenio-plantación. En contraste con el cuadro tucumano, en el que coexistían un alto número de fábricas de diferentes escalas productivas, solamente tres de esas haciendas sortearon con éxito el momento de reconversión tecnológica de fines de la década de 1870: en Jujuy, Ledesma y San Pedro (rebautizada La Esperanza), y en Salta la antigua hacienda de Campo Santo convertida en ingenio San Isidro. A ellos se le sumó en 1892 El Porvenir (luego denominado La Mendieta y finalmente Río Grande), en Jujuy, y en 1918 el San Martín del Tabacal, en Salta, cuya primera zafra la realizó en 1920. Estos ingenios constituían complejos industriales de gran integración vertical, conformando economías de escala con alta capacidad productiva. Utilizaban caña de su propiedad, contaban con condiciones climáticas más propicias, obtenían en sus vastas plantaciones rendimientos sacarinos superiores a los de Tucumán y se beneficiaban, por añadidura, con el bajo costo de la mano de obra chaqueña y boliviana.

Esta característica conformación de la agroindustria en el extremo norte del país tenía, como ya se dijo, sus raíces en la historia agraria de la región de los valles orientales salto-jujeños, tempranamente controlados por extensas haciendas en manos de unos pocos propietarios. A fines del siglo XIX, la modernización tecnológica incrementó la concentración de la propiedad en torno a los ingenios, al extremo de casi monopolizarla. Como en 1908 observaba un inspector del Banco Hipotecario Nacional:

> En los departamentos de San Pedro y Ledesma es muy difícil adquirir en compra tierra apta para la agricultura debido a que los dueños de los ingenios La Esperanza y Ledesma pagan por fracciones cultivables y con riego, para plantarla con caña, mejores precios que cualquier oferente. Puede decirse que no existen otros propietarios que los nombrados (Rodríguez, 1908: 222).

En efecto, el seguimiento de las propiedades a través de los catastros provinciales evidencia que, en unos cincuenta años se produjo una alta concentración de valor en pocas manos. En sus inicios estas fincas, base de las plantaciones y la planta fabril, poseían amplias superficies. A comienzos del siglo XX se aceleró el proceso de adquisición de tierras por parte de las empresas propietarias de los ingenios, no solo en los departamentos azucareros –San Pedro y Ledesma– sino también en los vecinos de la Capital, El Carmen y

San Antonio. De ese modo, en 1904 más de las tres cuartas partes del valor de la propiedad territorial de los distritos azucareros estaba en poder de estas firmas. Aunque sin la intensidad del caso tucumano, el carácter azucarero de la agricultura jujeña se fue acentuando paulatinamente. En 1872 Jujuy destinaba 338 ha al cultivo cañero; en 1906, luego de la llegada del ferrocarril, los cañaverales ascendían a 2.868 ha; y en 1914 a 11.371 ha, mayormente concentrados en San Pedro y Ledesma. Según el Censo Agropecuario Nacional de 1908 la caña de azúcar ocupaba ese año un 13,5% de la superficie total sembrada en la provincia, porcentaje superado solo por el maíz (27,5%) y la alfalfa (15,3%), mientras que en Tucumán el cultivo de la caña superaba el 50%.

La conformación de los latifundios cañeros saltojujeños creó zonas en las que el dominio de las empresas fue total. Adoptaron así características de unidades autosuficientes, monopolizando todas las actividades (cultivo de alimentos, cría de ganado, proveeduría, manufacturas varias, etc.) que se desarrollaban en amplios territorios. Testimonios de la época los presentan como "Estados dentro de otro Estado", con tranqueras que impedían el ingreso y tránsito de personas no autorizadas, control de las vías de circulación, etc. No debe resultar extraño entonces que para los coetáneos que denunciaban esta situación los ingenios constituían verdaderos "señoríos feudales", máxime cuando los pueblos cabecera de sus respectivos departamentos se encontraban dentro de los predios privados. Esa fue la situación del pueblo de San Pedro hasta 1884, cuando se expropiaron sus tierras para darle autonomía. En Ledesma el proceso fue similar, pero más tardío: la fundación de Pueblo Nuevo pudo concretarse recién en 1901 (rebautizado en 1950 como Libertador General San Martín).

En Salta, el ingenio San Isidro –ubicado en el departamento de Campo Santo, hoy General Güemes– no poseía la escala y el poder de sus homólogos jujeños, por ende la producción azucarera no tuvo demasiada incidencia en la economía provincial hasta que se instaló San Martín del Tabacal, en 1918. Su principal accionista, Robustiano Patrón Costas, desplegó en las décadas de 1930 y 1940 una estrategia destinada a captar mano de obra de los campesinos residentes en las fincas que adquirió en propiedad y en arriendo en las tierras altas de Jujuy y de Salta, obligándolos a pagar el canon bajando a trabajar en sus cañaverales durante la zafra. De esta forma llegó a controlar, entre propias y arrendadas, 930.236 ha incluyendo cultivos, pastizales y bosques autóctonos.

Empresarios y trabajadores

Con la concreción del corpus legal de medidas favorables a la agroindustria, empresarios y miembros de las élites norteñas decidieron invertir gran parte de sus capitales (acumulados en el comercio, las manufacturas y/o la agroganadería) en su modernización. Las promisorias expectativas del rubro también estimularon el arribo de nuevos inversores (financistas, empresarios asociados a la importación/exportación y comerciantes de mediana envergadura dedicados a la distribución de diferentes bienes en mercados regionales), aunque no faltaron capitalistas extranjeros que tempranamente adquirieron o construyeron ingenios en Tucumán y Santiago del Estero. Esta ligazón de intereses entre empresarios de la región pampeana y de las provincias productoras, junto a su capacidad de *lobby* ante los poderes públicos, favoreció el sostenimiento del esquema proteccionista a lo largo del tiempo y abrió paso, según algunos historiadores, a la "nacionalización" de la actividad, en tanto se conformó un nuevo bloque empresarial que se organizó en defensa de sus intereses.

De todos modos, durante el período de expansión y consolidación de la actividad la burguesía tucumana del azúcar conservó el control de la mayoría de los ingenios de la provincia, mientras que los propietarios salteños hicieron lo mismo con el único ingenio que se había modernizado en ese territorio, a la vez que desarrollaban la agroindustria en Jujuy a partir de tres establecimientos azucareros totalmente renovados.

Esta situación se modificó durante la primera década del siglo XX y los parques azucareros corrieron por carriles diferentes en lo que respecta a las características de sus empresas. En Tucumán, cuando estabilizó su situación tras la primera crisis de sobreproducción, se habían producido cierres de ingenios, reconversiones societarias, ingreso de nuevos inversores y la consolidación de otros. Para 1914, el complejo de treinta ingenios estaba integrado por una diversidad de empresas que iban desde grandes firmas de capital mixto (local y foráneo) que manejaban varias fábricas –por caso, la Compañía Azucarera Tucumana, la mayor empresa azucarera del país comandada por el grupo Tornquist–, pasando por empresas de inversores extrarregionales y extranjeros, hasta empresarios locales que mediante diferentes formas societarias conservaron la propiedad de sus ingenios dentro del ámbito familiar, demostrando una destacada capacidad de adaptación y permanencia dentro del sector hasta la segunda mitad del siglo XX. Ejemplos de estos fueron Avellaneda y Terán (Los Ralos y Santa Lucía), Terán (Santa Bárbara), Rougés (Santa Rosa), Frías y Silva (San José y Santa Lucía), Paz y Posse (San Juan), Griet (Amalia), García Fernández (Bella Vista), Padilla (Mercedes), Nougués (San Pablo), Simón Padrós (Aguilares), entre otros.

Este último rasgo también es aplicable al complejo salteño: el ingenio San Isidro se mantuvo bajo el control de la familia Cornejo –con un *impasse* entre 1923 y 1944, cuando fue arrendado– mientras que más al norte la llegada de la punta de rieles a San Ramón de la Nueva Orán, en 1916, generó las condiciones propicias para que los hermanos Patrón Costas junto con dos socios de Buenos Aires (uno de ellos propietario de la afamada empresa Bagley) levantaran el ingenio San Martín de Tabacal. La sociedad colectiva operó hasta los años 40, cuando se decidió la reconversión en S.A. y el ingreso de nuevos capitales, aunque los socios salteños retuvieron la mayoría de las acciones.

Por el contrario, el complejo jujeño sufrió una transformación radical, con el reemplazo de las firmas de origen salteño por grandes sociedades anónimas de capitales extrarregionales. En el caso del ingenio La Mendieta, estuvo controlado desde 1909 hasta 1933 por una S.A. integrada por capitalistas porteños, alemanes, suizos y, en menor medida, ingleses, cuando fue vendida a otra de similares características, que lo renombró Río Grande. El ingenio La Esperanza, luego de su adquisición y explotación por parte de la familia Leach (inglesa de origen pero con una previa trayectoria de algunos de sus miembros en la región) conformaron en 1912 una S.A. con sede en Londres, aunque mantuvo una fuerte impronta familiar. Las diferentes sociedades anónimas que operaron desde 1908 el ingenio Ledesma tuvieron a Enrique Wollmann y Carlos Delcasse como los socios más importantes. Al igual que la firma liderada por los Leach, cotizaba en Bolsa y contaba con el aporte de capitales de diversa procedencia. Empero, el control y la mayoría del paquete accionario se mantuvo en manos de Wollmann y su línea sucesoria.

No faltaron casos en que se constituyeron empresas para construir nuevos ingenios. En Tucumán, la familia cordobesa Minetti fundó La Fronterita en 1923; los ingenios cooperativos Ñuñorco y Marapa iniciaron sus actividades en 1927 y 1929, respectivamente; el ingenio Leales, erigido en 1935, pertenecía a una sociedad de cañeros y comerciantes. Otros no corrieron con la misma suerte: en Tucumán, el San Luis operó solo durante las zafras de 1922 y 1923, y el Juan Fara, puesto en funcionamiento en 1925, quebró cuatro años después como producto de los problemas por los que atravesó el mercado azucarero en esos años. Finalmente en Jujuy se fundó en 1940 el San Andrés –último establecimiento azucarero erigido durante el período estudiado– como consecuencia de la migración de capitales de la actividad minera que buscaron nuevas alternativas de inversión, proyecto que resultó efímero. De ese modo el parque azucarero norteño se estabilizó con 27 ingenios en Tucumán, dos en Salta y tres en Jujuy. En el primero, a pesar de la diversidad de empresas y la impronta de los capitales extrarregionales, las familias tucumanas sostuvieron su posición con cerca de la mitad de la producción azucarera. En Salta, capitales locales tuvieron una fuerte presencia en el control de la actividad, mientras que en Jujuy, los capitales de la región pampeana y del exterior comandaron su crecimiento desde la década de 1910 en adelante.

En el mundo de las clases subalternas no encontramos menos diversidad. En nuestra región, al igual que en grandes áreas de América Latina, pervivían importantes sectores de economías de producción familiar de autosubsistencia con distintos grados de articulación a los mercados locales y regionales. En las zonas de puna y valles de altura, por ejemplo, un campesinado que conservaba rasgos de las comunidades indígenas, en su mayoría ya desestructuradas, basaba su economía en actividades múltiples. Subsistía con el pastoreo (principalmente de ovejas y cabras), el cultivo donde las condiciones ecológicas lo hacían posible, el tejido y el hilado, la extracción de minerales y de sal, productos estos que intercambiaban con los valles bajos para obtener maíz, coca y azúcar o para ser vendidos en el mercado y obtener metálico para el pago del arriendo o de las obligaciones fiscales. El "conchabo" temporario desempeñaba históricamente ese mismo rol: servía para complementar ingresos y obtener dinero efectivo y otros bienes.

El notorio crecimiento de los ingenios azucareros y el consiguiente aumento de la demanda de braceros ocasionaron que esta oferta espontánea de trabajadores no fuese suficiente, además de presentar el problema de su irregularidad pues sus ritmos dependían estrictamente de la economía campesina. Por esa razón, para asegurarse un volumen suficiente de mano de obra durante la zafra –que podía durar seis meses– los ingenios recurrieron a métodos coactivos. La figura del "conchabador" (actor que en la sierra peruana se conoció como "enganchador") fue pieza clave en la captación de esta fuerza de trabajo, extorsionando a los campesinos con deudas contraídas por la adquisición de diversos efectos. Por tal razón, a menudo los almaceneros o propietarios de tiendas de ramos generales fungían como "conchabadores" o se asociaban estrechamente con ellos. Por lo demás, uno de los factores que posibilitaba el éxito de la coacción era la situación de precariedad de gran parte de los campesinos en relación a la tenencia de la tierra: se trataba de arrendatarios que podían ser desahuciados si el administrador del terrateniente era a la vez contratista de algún ingenio.

Los estudios sobre la cuestión han hecho hincapié en los mecanismos que se ponían en juego para captar y retener a los pobladores de estas áreas, descuidando los factores internos que coadyuvaron a su expulsión y proletarización. Creemos que debe insistirse en esta línea de reflexión, que implica considerar la problemática en torno a la propiedad de la tierra y las formas de tenencia, junto con los altibajos que las crisis, las epidemias y los bruscos cambios climáticos producían en estas economías cada vez más marginales.

La otra región con presencia indígena era el oriente de Salta y Jujuy. Había constituido la línea de avanzada de la frontera con los aborígenes chaqueños hasta aproximadamente la década de 1830, y estaba habitada, según un padrón de 1839, por un poco más de un millar de personas, básicamente en haciendas azucareras y ganaderas. Si bien en la década analizada aún no había asentadas en estas tierras tolderías indígenas, algunos wichís (matacos), tobas y otras parcialidades estaban afincados en las haciendas y muchos más concurrían desde el interior del Gran Chaco a trabajar en ellas temporariamente.

Los pobladores del Curato de Río Negro habitaban y trabajaban en las haciendas. Entre las ocupaciones, la categoría "labrador" era la dominante, aunque en las más grandes se identificaron también carpinteros, albañiles, herreros, zapateros, sastres, artesanos, costureras, lavanderas, teleras y chicheras. Dadas las características de la estructura de la propiedad de la tierra en la zona, es posible que se tratara de arrendatarios de las haciendas con "obligación de servicio personal". Los seguían en número de importancia los peones y puesteros, mientras que en Ledesma la mayoría de las personas declaraba simplemente estar al servicio de la hacienda. Si bien esto no permite distinguir el tipo de trabajo (salvo en los casos que se mencionan tareas asociadas a la producción de azúcar o aguardiente, como "alambiquero", destilador u "hormero"), sí evidencia una directa relación de dependencia.

Como se venía haciendo desde fines del siglo XVIII, se recurría a los aborígenes chaqueños para la cosecha de la caña, a los que se sumaron los chiriguanos del sureste boliviano y campesinos de origen andino (de las tierras altas de Salta y Jujuy, Bolivia y Catamarca). Fue la región chaqueña la preponderante como proveedora de mano de obra desde la reconversión de las haciendas azucareras en modernos ingenios hasta su inserción con mayor peso en el mercado nacional en la década de 1920. De allí provenía no solo el núcleo mayoritario de los braceros temporarios, sino también un alto porcentaje de los que desempeñaban tareas permanentes de planta, a las que se adaptaron rápidamente los chiriguanos, cuya dedicación al trabajo se equiparaba a la de los peones criollos.

Una abundante literatura se ocupó de describir y analizar las condiciones de migración, de contratación, de trabajo y de vida de estos indígenas trabajadores de la caña de azúcar que recorrían cientos de kilómetros desde sus hábitats ancestrales a los ingenios, enfatizando los rasgos coactivos y más brutales de su relación con los empleadores blancos. No obstante, ese vínculo también era voluntario, en tanto, como afirmaba el célebre etnólogo sueco Erland Nordenskiöld,

> ... la imposibilidad de obtener en su propio país todas las maravillas del blanco, como cuchillos, hachas y ropa, motiva las migraciones de estos indios. Cuando pueden obtener algún trabajo en su lugar de origen está, por lo general, mal pagado, además de que a lo largo de grandes extensiones no tienen posibilidad de conseguir ningún trabajo. Varios indios me han dicho que si pudieran trabajar en su tierra no emprenderían estas marchas. Sin embargo, algo es seguro: estos viajes a un maravilloso país extranjero son sumamente atractivos para ellos (Nordenskiöld, [1910] 2002: 5).

La mirada amigable hacia el indígena por parte del etnólogo no omitía señalar las consecuencias más negativas del vínculo con el mundo de los blancos, en cuyos ingenios los trabajadores indios caían en "una grave degeneración moral" por la ingesta de aguardiente y el "mal ejemplo" de los obreros blancos que los incitaban a sangrientas peleas, a lo que agregaba la difusión de enfermedades venéreas adquiridas en burdeles y la degradación de la cultura propia y su reemplazo por "una especie de cultura de las latas de conserva" (Nordenskiöld, [1910] 2002:8).

Sin embargo, como ya se anticipó, los norteños valles subtropicales no solo atraían inmigrantes temporarios, sino también a trabajadores que se ocupaban de manera permanente en las fábricas azucareras o en labores conexas en los pueblos en formación. Así, una heterogénea población de los más diversos orígenes nacionales, étnicos y sociales, se agrupó en los epicentros productivos: junto a las diferentes etnias chaqueñas y andinas, sirio-libaneses, hindúes, españoles e ingleses, entre los inmigrantes transoceánicos, además de criollos de diferentes provincias argentinas.

En Tucumán, los trabajadores del azúcar también tuvieron orígenes diversos, aunque en los brazos ocupados en el cultivo y cosecha de la caña y en los ingenios –a diferencia de lo que ocurría en Salta y Jujuy– predominaron los trabajadores criollos, tucumanos, santiagueños y catamarqueños. Entre estos podemos identificar situaciones y experiencias diferentes en la producción y en su relación con las relaciones salariales. Por un lado, de los contingentes con los que se constituyó la masa laboral que se "conchabaron" en ingenios y fincas cañeras durante el auge azucarero formaron parte trabajadores con una larga trayectoria como asalariados, de importante presencia en algunos padrones ya en la década de 1830 en el departamento Capital, punto neurálgico de la implantación de la actividad azucarera en su etapa preindustrial.

Campesinos del valle de Tafí, del extenso valle Calchaquí, de la alta montaña tucumana y del oeste catamarqueño también se integraron a esa masa laboral como peones "zafreros", del mismo modo que los santiagueños (un porcentaje de ellos quechuaparlantes), cuya economía combinaba también la agricultura de subsistencia, la ganadería en pequeña escala (cabras y ovejas), la pesca y la recolección (algarroba y miel). Todos ellos eran parte de los contingentes que tomaban rumbo a las verdes llanuras tucumanas cuando comenzaba la estación seca y llegaban los primeros fríos, acompañados de mujeres, hijos, animales domésticos y sus bártulos, para regresar a los lugares de origen luego de la cosecha, habiendo hecho alguna "diferencia", aprovisionados con bolsas de azúcar, yerba mate, ropas, herramientas y utensilios varios. De este movimiento migratorio resultaron interesantes intercambios culturales (desde el lenguaje a la dimensión de lo mitológico) y la incorporación como acontecimiento trascendente y festivo de la vida cotidiana de quienes habitaban los improvisados caseríos que se conformaron (y que con el tiempo derivaron en consolidados pueblos) en torno a los ingenios: el arribo de los migrantes y sus familias, quienes se hospedaban en "pabellones" o "conventillos", construidos a tal efecto por los ingenios, o en los todavía más precarios ranchos de "maloja".

También se incorporaron como trabajadores a la actividad cañera tucumana contingentes menores de indígenas chaqueños y tribus sometidas durante la "Campaña del Desierto". No abundan datos sobre las parcialidades chaqueñas, pero podemos citar una referencia de Sarmiento, a quien le llamaron la atención en 1886 dos centenares de tobas trabajando en el ingenio San Pablo, y unas pocas menciones de la prensa local y algún parte de policía sobre peones chiriguanos. Por el contrario, el arribo de los indios "pampas" y sus avatares en los ingenios tucumanos dio origen a informes oficiales, a la intervención de la Defensoría de Pobres y sustanciosas notas de prensa. Estas últimas destacaron desde las expectativas de los industriales frente a la inminencia de la llegada en ferrocarril de los grupos indígenas en 1879, hasta los dramáticos resultados de la experiencia por la elevada mortandad que los afectó (por contagio de enfermedades), por fugas y hasta sublevaciones, todo concentrado en muy pocos años, de lo que resultó su rápida invisibilización en las fuentes.

Como en los ingenios más septentrionales de Salta y Jujuy, las funciones que requerían del conocimiento de algún oficio, de cierta formación técnica o administrativa-contable, fueron desempeñadas -aunque no excluyentemente- por inmigrantes europeos, quienes compartían antes el universo cultural de la élite que el de las peonadas. En este plano no debemos obviar que entre los propios trabajadores criollos se establecían diferentes jerarquías por la condición de "permanente" o "temporario", por el origen étnico y por niveles de calificación que implicaban, como es natural, diferencias de remuneración y en la consideración que merecían de patronales, administradores, capataces o empleados superiores.

La historiografía ha remarcado tradicionalmente las altas dosis de coacción que imperó desde mediados del siglo XIX con la revitalización de las antiguas disposiciones contra la vagancia, transmutadas en "leyes de conchabo", las que reconocían existencia legítima a quienes no poseían "oficio, profesión, renta, sueldo, ocupación o medio lícito con que vivir" solo bajo la condición de "conchabados". Como era la policía quien debía garantizar que los pobres no eludieran esta obligación legal, en los hechos la institución se transformó en una especie de agencia de conchabos que perseguía peones "prófugos" e indóciles, los capturaba y los devolvía a los patrones que acreditaban "derechos" sobre los mismos. En la misma dirección y poniendo énfasis en las prácticas sociales, otros estudios han llamado la atención sobre las fisuras del sistema, remarcando los conflictos entre quienes se disputaban los trabajadores y destacando la tenacidad y la astucia con las que los peones defendían el derecho de vender su fuerza de trabajo al mejor precio posible o, simplemente, la libertad de hacer con su tiempo lo que les viniera en gana. Así, la crisis del sistema del conchabo forzoso (cuyo último episodio fue la derogación en 1896 de la "Ley de Conchabos" N° 502, aprobada solo ocho años antes) habría sido la resultante, entre otros factores, de los altos costos –estatales y privados– que deparaba su funcionamiento en un contexto en el que los niveles de adaptación de los trabajadores a las nuevas exigencias del trabajo en el moderno ingenio (y en el campo, que debía alimentarlo durante las 24 horas con dosis cada vez más altas de caña) era suficientemente aceptable.

Políticas azucareras

Como se desprende de las páginas precedentes, la lucha por la distribución del ingreso azucarero se dio con mayor intensidad en Tucumán, donde se planteó desde un primer momento una cuestión objeto de agudas controversias que en Jujuy y Salta fue irrelevante: el precio de la materia prima. Por otro lado, las diferencias que el peso específico de la actividad tenía en estas sociedades no podían ser más disímiles. Muy elevado en Tucumán y casi mínimo en Salta, donde la puesta en funcionamiento del ingenio San Martín de Tabacal no acortó sustancialmente las diferencias. En número de ingenios y trabajadores las magnitudes fueron del mismo orden que las señaladas. Pero lo que marcó una diferencia casi decisiva entre los complejos, a la vez cuantitativa y cualitativa, fue la presencia en Tucumán de un actor inexistente en la parte norte de la región azucarera, los cañeros, cuyas demandas tuvieron siempre buen eco en la prensa local y que mantuvieron fluidos vasos comunicantes con el sistema político.

Por tales razones, la exigencia de intervención de los poderes públicos para enmendar injusticias, corregir y/o prevenir los desajustes entre la oferta y una demanda inelástica –cuyos resultados se expresaban en fuertes caídas de precios– fueron recurrentes en Tucumán y tuvieron como protagonistas a cañeros e industriales, enfrentados por el precio de la caña, pero unidos frente a las amenazas al proteccionismo azucarero que resurgían periódicamente.

En la puja distributiva del sector cañero frente a los industriales que tuvo lugar en ese escenario no puede negarse el éxito que a largo plazo obtuvo el primero, en defensa de sus posiciones frente al avance de los ingenios. Y ello fue resultado, en gran medida, de las transformaciones del marco institucional que reglaban las relaciones entre ambas partes y que, por añadidura, implicaban una transferencia de ingresos de los industriales a los plantadores. Aunque resulte paradójico, mientras estos desarrollos daban lugar a la consolidación de una clase media rural (el mediano cañero) con ciertas posibilidades de acumulación y otorgaba un carácter socialmente más democrático al agro tucumano, lo hacía menos competitivo en términos económicos (por los bajos rindes de la pequeña propiedad) en relación con el complejo salto-jujeño, donde la concentración de la riqueza en manos de un puñado de empresas azucareras fue mucho más aguda.

Creemos que este cuadro es suficiente para explicar por qué la sociedad tucumana fue más sensible a la necesidad de definir políticas no solo en resguardo del usufructo del mercado doméstico para el azúcar argentino, sino para moderar con mecanismos regulatorios los conflictos intersectoriales y prevenir las crisis de sobreproducción. Y por qué, por el contrario, al complejo salto-jujeño solo le bastaba la barrera defensiva de los aranceles frente a los azúcares extranjeros. Para sus ingenios, cuanto menos regulada estuviera la actividad, más aprovecharían sus ventajas comparativas para la producción del dulce, que como se vio, también se derivaban de las diferencias de las respectivas estructuras sociales.

Ya en su etapa preindustrial el desarrollo de la agroindustria estuvo relacionado en Tucumán con medidas de fomento y protección. En efecto, los gobernadores Alejandro Heredia y Celedonio Gutiérrez, en las década de 1830 y 1840, promovieron gravámenes específicos a la introducción a la provincia de azúcares y aguardientes, que sin duda afianzaron a los productos tucumanos en los mercados local y regional.

A escala nacional, en 1876 se comenzaron a aplicar aranceles aduaneros del 25% *ad valorem* a todas las importaciones como medida defensiva frente al estrangulamiento del sector externo, efecto de la primera crisis de la economía capitalista, lo que generó el mismo resultado pero en un ámbito más amplio. Aunque fortuita, la coincidencia de este giro en la política comercial argentina con la conexión ferroviaria con los centros de consumo de la región pampeana potenció los beneficios que brindaba a la producción norteña de azúcar.

Si bien la construcción del ferrocarril Central Norte debe asociarse también al propósito de cohesionar el territorio nacional y fortalecer el poder central, sus positivos efectos para la economía azucarera fueron indudables. La reducción del orden del 80% del costo del transporte de mercancías y bienes de capital para la modernización del parque azucarero (exentos, a su vez, de impuestos a la importación) facilitaron el acceso a mercados distantes y la adquisición y transporte desde los puertos de equipos industriales de gran porte.

La protección aduanera nacional a la industria de la caña de azúcar se inauguró en 1882 y se incrementó en 1885 y 1888. En este último año se incluyeron tarifas especiales para los azúcares refinados, medida que debe vincularse con la puesta en producción de la Refinería Argentina de Rosario.

Como se apuntó páginas arriba, el relevante protagonismo político de las élites del Norte en esta etapa de consolidación y modernización del Estado central argentino explica el amparo de que gozó el surgimiento de un polo agroindustrial extrapampeano. Y también que todos los esfuerzos de los adherentes al librecambio por interés o convicción hayan naufragado frente al sólido y efectivo bloque en defensa de esas políticas que se conformó con los representantes de las provincias del interior y el sistema de alianzas que garantizaba la gobernabilidad bajo la hegemonía del Partido Autonomista Nacional.

No carece de interés traer a colación las ideas-fuerza que confrontaron –a veces con inusitada virulencia– en la prensa y en los debates parlamentarios, como los célebres de 1894. Para los defensores de la protección el asunto no admitía secretos: se trataba de la defensa de "la industria y el trabajo nacional". Para quienes impugnaban el experimento proteccionista, era esta una práctica nociva pues se encarecía un producto de consumo masivo en beneficio de una industria "artificial" propiedad de unas pocas familias, abriendo, por añadidura, la posibilidad de represalias que afectarían las exportaciones tradicionales argentinas, postura que se corporizó en la consigna de "defensa del consumidor".

Ambas opiniones encontraron un punto de equilibrio en una tercera, la del "proteccionismo racional", con la cual se fundamentó una salida de compromiso que aceptaba los aranceles de importación al azúcar mientras no implicaran un exagerado encarecimiento del producto en el mercado interno. De ese modo, a partir de 1905 se delegó al Poder Ejecutivo Nacional la potestad de autorizar por medio de una "cláusula gatillo" la importación de azúcar cuando su precio al consumidor superara cierto límite, y en 1912 la "Ley Saavedra Lamas" establecía derechos decrecientes de importación y autorizaba al gobierno a reducir los aranceles –y aun a suprimirlos– frente a aumentos exagerados del precio del azúcar en el mercado interno, mecanismo que fue usado en varias ocasiones por la administración central, en particular por el presidente Yrigoyen.

El Estado había promovido también otras medidas para favorecer la producción azucarera nacional, como las "primas" a las exportaciones aprobadas en 1897, de corta vida gracias a las penalidades que en el mercado internacional se aplicaron a los países que subsidiaban sus exportaciones, como lo determinaron las conferencias azucareras de Bruselas de 1902 y 1903, donde se reunieron los principales países productores, comercializadores e importadores de azúcar.

Los años mencionados fueron también los de un novedoso e interesante ensayo de regulación de la producción, aunque restringido a los límites tucumanos. Fueron las llamadas "Leyes Machete" (o "Leyes Guadaña"), que ordenaban limitar la producción erradicando cañaverales. Esta legislación, impulsadas por el gobernador Lucas Córdoba con la anuencia del presidente Roca, y que despertaron fuerte resistencia en parte del sector industrial y en el ámbito cañero, pronto fueron declaradas inconstitucionales por la Corte Suprema de Justicia de la Nación a instancia de un recurso presentado por varias firmas azucareras.

Las grandes zafras de 1925, 1926 y 1927, que aumentaron de manera extraordinaria los *stocks*, al conjugarse con el mantenimiento de bajos aranceles a la importación, tuvieron efectos adversos sobre el precio del azúcar y de la materia prima, desatando en Tucumán un abierto enfrentamiento entre industriales y plantadores. Como se apuntó más arriba, en la solución intervino el Estado nacional a través del "Laudo Alvear" –implementado a partir de 1928–, que estableció una fórmula para definir el precio de la caña, que quedaba atado a su riqueza sacarina y al precio del producto final, con lo que se ponían límites a las ventajas que los ingenios obtenían en una negociación a todas luces desigual con los cañeros medianos y los minifundistas. Se daba inicio, de ese modo, a una nueva etapa en la historia del azúcar en la Argentina, cuyos efectos se hicieron sentir con mayor fuerza en el complejo agroindustrial tucumano. Con el Laudo se hacía valer un argumento central planteado en sus considerandos: la protección arancelaria al azúcar solo se justificaba si hacía partícipe de sus beneficios a los otros actores sociales involucrados en la actividad, productores cañeros y trabajadores asalariados.

El gobierno tucumano, que estuvo en manos de la Unión Cívica Radical desde 1917 a 1930, impulsó por su parte una medida que satisfizo un viejo reclamo de los plantadores independientes. Con apoyo crediticio de una institución oficial, la "Caja Popular de Ahorros", promovió la construcción de dos ingenios bajo la figura de cooperativas cañeras, el "Marapa" y el "Ñuñorco", en 1927 y 1929, respectivamente. Así, la aspiración de liberarse de una tutela, a veces tiránica y extorsiva, por parte del sector industrial, se hizo realidad para un limitado grupo de cañeros.

Tucumán adoptó también bajo el impacto de los acontecimientos de 1927 un régimen de regulación productiva que fue preservado con algunas variantes por los gobiernos de la década de 1930. Ya se advirtió cómo este esquema favoreció a los ingenios más septentrionales de Salta y Jujuy, que lo aprovecharon para ganar cuotas del mercado nacional. Pero sin duda, uno de los efectos más perdurables –en tanto no establecía rígidos límites a la entrada al mercado de productores minifundistas– fueron los incentivos para dividir, de manera real o ficticia, las propiedades y para la incorporación a la producción cañera de pequeños agricultores. Lógico resultado de este fenómeno fue el incremento de la participación relativa de los plantadores independientes en la producción de la materia prima (el número de explotaciones cañeras aumentó de 6.116 en 1929 a 14.618 en 1937, un 139%, mientras que los surcos de caña se incrementaban solo en un 17,72%), proceso que se agudizó en la década de 1950 y se retrajo moderadamente luego de la gran crisis que desencadenó en los años 60 el "Plan Salimei" de la dictadura de Onganía (cierre y desmantelamiento compulsivo de 11 ingenios).

Desarrollo azucarero, ciencia y tecnología

En las páginas precedentes se pusieron de relieve las facetas económicas, sociales y políticas de la formidable reconversión productiva que en una amplia geografía argentina acompañó la explotación comercial en gran escala de la caña de azúcar. Pero el fenómeno no solo implicó la movilización de capitales, el desmonte y puesta en valor de miles de hectáreas de tierras vírgenes, la construcción de una formidable infraestructura de vías férreas y caminos o la movilización y disciplinamiento de grandes contingentes de trabajadores. Fue también, en cierto sentido, "una aventura del conocimiento" (la expresión corresponde al gran historiador cubano Manuel Moreno Fraginals), en tanto implicó la difusión en gran escala de novedosos saberes científicos y tecnológicos, proceso que comprendió la formación de un elenco de investigadores y tecnólogos especializados en la producción y procesamiento industrial de la caña –agrónomos, químicos, ingenieros mecánicos, etc.–, los que interactuaron en una red transnacional de circulación de saberes. Fueron estos últimos, en buen porcentaje europeos, quienes desde organismos estatales nacionales o provinciales, desde la prensa corporativa o como representantes de fábricas europeas, se aunaron en el esfuerzo de mejorar la eficiencia y los rindes agrícolas y fabriles que garantizaron la competitividad de la agroindustria.

Desde los años del *boom* azucarero, el desenvolvimiento de la agricultura cañera tuvo el apoyo del Departamento Nacional de Agricultura (elevado a la categoría de Ministerio en 1898) y de funcionarios de otros organismos públicos en el marco de un Estado que –en sus distintos niveles–

crecía, ganaba en complejidad y competencias. Empero, al principio los resultados fueron limitados, ya sea por el raquitismo inicial de esta repartición, o bien por la formación no especializada en el rubro azucarero de sus agentes.

La acción de estas agencias estatales se dirigía al conjunto de las actividades agrícolas y apelaba, por un lado, al concurso de la ciencia para desarrollar mejores cultivos, escoger los abonos más apropiados y seleccionar las especies de mayor productividad. Por otra parte, se buscaba modificar prácticas tradicionales de los agricultores, consideradas sin fundamentos racionales e improductivas, para desarrollar una agricultura sustentada en modernos principios técnicos. Este programa contra los viejos usos y su reemplazo por una moderna concepción de las labores agrícolas (que compartieron en general durante el período muchos países latinoamericanos), tuvo su manifestación en el terreno azucarero y también involucró al Estado provincial tucumano. De este modo, durante la primera y segunda década del siglo XX, se impulsaron con éxito tres procesos paralelos que apuntalaron la actividad agroindustrial.

Por un lado, la creación de la Escuela de Arboricultura y Sacarotecnia en Tucumán, dependiente del Estado nacional, que estuvo orientada principalmente a la formación de "peritos sacarotécnicos" y se ocupó, en menor medida, de la agricultura cañera. Quienes se beneficiaron con los recursos humanos formados por esta institución y con sus recomendaciones técnicas no fueron solo los ingenios y cañeros de Tucumán. También los centros productores de Jujuy, Salta, Santiago del Estero y la región del noreste argentino recibieron gratuitamente variedades del sacárido con mayores rindes y más resistentes a las enfermedades, y el asesoramiento para aplicar los principios de la explotación racional de la tierra.

Una segunda y quizás más trascendente iniciativa fue la promovida por un grupo de industriales que gozaban de gran influencia política. Tomando como modelo otros centros cañicultores que contaban con instituciones experimentales dedicadas específicamente a la actividad azucarera (como las de Lousiana, Hawai y Java), propusieron la creación de la Estación Experimental Agrícola de Tucumán, lo que se concretó mediante una ley provincial. Solventada con un impuesto abonado por cañeros e ingenios, se fundamentó la existencia de este centro científico con el argumento de que solo este tipo de establecimiento podría generar los conocimientos adecuados a las condiciones agroecológicas peculiares de la región. En efecto, la EEAT cobró un rol clave en coyunturas adversas como las plagas del "mosaico" y el "carbón", además de diseñar planes para la diversificación agrícola de Tucumán cuando la provincia fue seriamente afectada por la crisis de sobreproducción de la década de 1920. Y no menos importante, conectó a la agroindustria azucarera norteña a una suerte de red transnacional de expertos que favoreció el intercambio de saberes científico-tecnológicos con los más importantes centros de producción azucarera del mundo.

Un tercer emprendimiento en la misma dirección fue la fundación de la Universidad de Tucumán, creada por ley provincial en 1912 y que dio inicio a sus actividades académicas en 1914. En contraposición a la tradición universitaria argentina encarnada por las universidades de Córdoba y Buenos Aires y más cercana en su concepción a la novísima Universidad Nacional de la Plata, fue concebida como una institución de enseñanza e investigación de carácter "técnico y regional", que se abocaría al "estudio experimental propio, de su clima, de su suelo, de su meteorología, de su problema complejo concreto", incluyendo la problemática del cuestionado proteccionismo azucarero, según los considerandos del proyecto presentado en 1909 por quien sería su primer rector, Juan B. Terán, empresario azucarero y destacado intelectual. Partiendo de la premisa de que la producción de azúcar era una actividad esencialmente química y agrícola, promovió la educación superior en diversas ramas de la ingeniería, a la vez que dio un fuerte impulso –como actividad de extensión– a la difusión de conocimientos agrícolas en el ámbito rural. La idea se complementó a fines de la década de 1920 con la incorporación a la universidad (nacionalizada en 1921 bajo el influjo de los vientos de la Reforma de 1918) de la Escuela de Agricultura y Sacarotecnia, cuyos graduados bajo esta nueva orientación –peritos sacarotécnicos y peritos agrónomos– desempeñaron por décadas un rol insustituible como laboratoristas y personal técnico superior en todos los ingenios argentinos y aun en el exterior.

Reflexiones finales

La República Argentina estructuró su economía nacional a fines del siglo XIX y comienzos del XX especializando a sus diferentes regiones en la producción de ciertos bienes primarios, destinados a la exportación o al consumo interno, algunos de ellos con cierto nivel de elaboración, de los que son buenos ejemplos el vino y el azúcar.

La pampa húmeda, con grandes condiciones para la producción de cereales y carnes, se consolidó como región central en el marco de la articulación del país a la economía capitalista bajo una nueva división internacional del trabajo. Allí estaban localizados los principales puertos, se desarrollaron grandes centros urbanos y se radicó la mayor parte de la migración de masas.

Imposibilitadas de reeditar las condiciones que le permitían a la pampa argentina articularse tan exitosamente al mercado mundial, algunas regiones encontraron en la especialización en determinados productos de consumo masivo la vía de articulación con el "progreso" agroexportador. Fue la opción que a través del azúcar tuvieron las burguesías de las norteñas provincias de Tucumán, Jujuy, Salta y –en un corto período– Santiago del Estero, que mediante un diseño de un esquema de protección, pudieron movilizar capitales acumulados, atraer inversiones y expandirse hacia nuevos mercados, con el incremento de las escalas productivas y el consecuente empleo de miles y miles de hombres y mujeres de una amplia geografía, que se proyectaba de los epicentros productivos a los espacios andino y chaqueño.

Aunque los niveles de especialización en torno de la producción del dulce fueron disímiles por provincia, la cultura de la caña de azúcar fue la actividad económica más dinámica por décadas en la región, la que utilizó la más moderna tecnología de la época en el rubro, la que atrajo y organizó el tendido de líneas férreas, modificó el paisaje agrario, generó un activo mercado de trabajo e introdujo una gran dinámica en la población al generar migraciones –estacionales y permanentes– desde provincias, regiones y países vecinos, incluso desde ultramar.

Las estructuras de tenencia de la tierra (asociadas a la existencia de una frontera que en un caso daba lugar a una ilimitada expansión de los plantíos cañeros y a la ausencia en el otro de toda posibilidad de expansión horizontal en un territorio de antigua colonización) fueron decisivas para la conformación de dos complejos diferentes en Tucumán y Salta-Jujuy, estructuras que el desarrollo azucarero potenció. En Tucumán, persistió un paisaje agrario en el que la pequeña y la mediana propiedad demostraron estar sólidamente implantadas y que dio origen a un actor –inexistente, por lo menos en esa magnitud, en la zona norte del área azucarera–: el plantador o cañero "independiente", de gran presencia social y política, que representó un escollo insalvable para que las empresas azucareras integraran verticalmente las fases agrícola e industrial de la actividad. Más al norte ocurrió lo contrario, ya que las antiguas haciendas en las que se montaron modernos ingenios desde fines de la década de 1870 monopolizaron, prácticamente, las tierras más aptas para el cultivo cañero, dando lugar a una relación diferente con el sector campesino: en lugar de un socio imprescindible (aunque sin dudas incómodo) para la provisión de materia prima, apelaron a los pequeños productores de las tierras altas, especialmente a los "arrenderos" de pequeños retazos de tierras para el cultivo y de pastizales, para la provisión de mano de obra. La circunstancia de concentrar en una sola mano la producción de caña y su procesamiento industrial dio notorias ventajas al complejo salto-jujeño en su aspiración por ganar posiciones en el mercado nacional, a las que deben sumarse las que otorgaba un clima menos expuesto a las heladas que periódicamente afectaban los cañaverales tucumanos. En el mismo sentido incidieron las limitaciones que los marcos regulatorios locales impedían a las empresas tucumanas ampliar, desde fines de la década de 1920, sus escalas de operaciones e incrementar la producción.

Pero las diferencias no quedaron reducidas a lo descrito, manifestándose también en la estructura del empresariado. Mientras que en Tucumán y Salta tuvieron importante participación en la actividad empresarios e inversores extrarregionales aunque con predominancia de clanes azucareros locales, en Jujuy los tres ingenios cuya modernización había sido emprendida por capitales salteños y jujeños, a inicios del siglo XX, quedaron bajo el control de empresarios porteños asociados a inversores extranjeros.

La historiografía ha puesto énfasis, como rasgo arcaico de la actividad, en los mecanismos e instituciones coactivas que se reactivaron o pusieron en funcionamiento bajo el imperio de la industria cañera. En ambos complejos el peonaje por deudas, asociado a las figuras del "conchabador" o contratista, cumplió un rol innegable en la captación y retención de los trabajadores. Pero no impidió, por lo menos en el caso tucumano, el incremento de los salarios, ni dejó de incentivar las fugas de los peones, que encontraron en esta alternativa un expeditivo medio de liberarse de agobiantes deudas por adelantos de salarios o de mercaderías diversas. Con todo, fue a través de esta combinación de coacción e incentivos monetarios que hombres, mujeres y niños de los más disimiles orígenes étnicos se incorporaron masivamente al trabajo asalariado, convirtiéndose en proletarios en forma parcial o definitiva, aunque en una magnitud que no podemos determinar con precisión.

Al respecto, es muy difícil determinar el número de brazos y su evolución en el tiempo al compás del desarrollo azucarero, con sus etapas de crecimiento acelerado, sus depresiones y crisis. Lo que es innegable es que el cultivo y procesamiento de la caña dulce (a lo que deben sumarse las producciones y los servicios que promovía) fue la actividad más demandante de mano de obra en las provincias norteñas argentinas desde la segunda mitad del siglo XIX. Una cifra de 1897 podría servirnos, sin embargo, como una aproximación fiable para los años de su irrupción como actividad económica dominante: según un informe parlamentario de ese año, "280.000 personas viven de esta industria en las provincias de Tucumán, Salta, Santiago y Catamarca, a las que agregaremos las de Jujui, suceptible también de prestarle algún contingente", magnitud que resultaba de multiplicar por cuatro a los 70.000 "gefes de familia" efectivamente ocupados en las cuatro provincias citadas, 62.000 de los cuales trabajaban en Tucumán (Lahitte y Correa, 1898: 156).

Fue la producción que, por otra parte, más incidió –hasta nuestros días– en la configuración del paisaje en la región, en los epicentros cañeros, en las sierras y valles subandinos y andinos y en las extensas planicies del Gran Chaco. Junto a las profundas transformaciones que promovió en la dinámica demográfica y en todos los ámbitos de la economía y la sociedad, sus impactos en los territorios de la política, la cultura, la sociabilidad, etc., también calaron profundo, aunque todavía no han sido suficientemente indagados por investigadores e investigadoras. El cultivo y procesamiento industrial de la caña sigue siendo central para la existencia de numerosos pueblos y ciudades, y es un puntal de las economías de tres provincias norteñas. En permanente transformación, esta apretada síntesis de su evolución histórica a lo largo de casi un siglo quizás sirva para la mejor comprensión de los procesos de cambio que la afectan, de los presentes y de los que vendrán.

Apéndice estadístico

Cuadro N° 1: Volumen y crecimiento de la población de Tucumán, Salta y Jujuy, años 1869, 1895 y 1914 (tasas de crecimiento por mil)

Provincia	Censos			Tasa de crecimiento	
	1869	1895	1914	1869-1895	1895-1914
Tucumán	108.953	215.742	332.933	27	23
Salta	88.933	118.015	142.156	11	10
Jujuy	40.379	49.713	77.511	8	24
Total país	1.830.000	4.044.911	7.903.662	31	36

Fuente: elaborado a partir de PUCCI, Roberto (1997), "El crecimiento de la población. Un análisis departamental, 1895-1991", en BOLSI, Alfredo (dir.), *Problemas poblacionales del Noroeste Argentino (contribuciones para su inventario)*, San Miguel de Tucumán, UNT.

Cuadro N° 2: Superficie cultivada, producción azucarera, caña molida y rendimientos industriales en diferentes provincias (varios años)

Años	Tucumán	Jujuy	Salta	Resto del país	Total
Superficie cultivada (hectáreas)					
1872	1.687	338	251	177	2.453
1888	12.768	974	302	9.192	23.236
1895	40.724	2.148	645	16.699	60.216

1913	90.277	9.800	750	5.873	106.700
1934	117.707	12.390	6.699	8.001	144.797
1942	150.000	17.000	12.000	19.000	198.000
Producción azúcar (toneladas)					
1872	1.200	s/d	s/d	s/d	1.400
1894	59.903	4.390	458	4.241	68.992
1913	230.100	37.394	1.560	8.765	277.819
1934	245.178	53.002	28.162	15.814	342.156
1942	242.706	45.822	46.195	27.161	361.884
Caña molida (toneladas)					
1894	970.509	62.800	6.890	74.363	1.114.562
1913	2.606.434	399.266	18.985	113.609	3.138.294
1934	2.765.084	522.372	270.189	219.001	3.776.646
1942	3.744.927	533.033	483.608	366.233	5.127.801
Rendimientos (%)					
1894	6,2	7,0	6,6	...	6,2
1913	8,8	9,4	8,2	...	8,9
1934	8,9	10,1	10,4	...	9,1
1942	6,5	8,6	9,6	...	7,1

Fuente: elaboración propia a partir de CENTRO AZUCARERO ARGENTINO (1935), *La Industria Azucarera Argentina*, Buenos Aires, Ferrari Hnos.; SCHLEH (1944), *El Cincuentenario del Centro Azucarero Argentino. Desarrollo de una industria en medio siglo*, Buenos Aires.

Bibliografía

BALÁN, Jorge (1976), "Migraciones, mano de obra y formación de un proletariado rural en Tucumán, Argentina, 1870-1914", *Demografía y Economía*, vol. 10, n° 2: 201-34.

BALÁN, Jorge (1978), "Una cuestión regional en la Argentina: burguesías provinciales y el mercado nacional en el desarrollo agroexportador", *Desarrollo Económico*, vol. 18, n° 69: 49-87.

BOLSI, Alfredo (dir.) (1997), *Problemas poblacionales del Noroeste Argentino (contribuciones para su inventario)*, San Miguel de Tucumán, UNT.

BOLSI, Alfredo y PUCCI, Roberto (1997), "Evolución y problemas de la agroindustria del azúcar", en BOLSI, Alfredo (dir.), *Problemas agrarios del Noroeste Argentino (contribuciones para su inventario)*, San Miguel de Tucumán, UNT: 113-133.

BRAVO, María Celia (2008), *Campesinos, azúcar y política: cañeros, acción corporativa y vida política en Tucumán (1895-1930)*, Rosario, Prohistoria ediciones.

BRAVO, María Celia y CAMPI, Daniel (1997), "Azúcar, Empresarios y Estado-Nación en El Noroeste Argentino (1880-1930)", Comunicación presentada en *49º Congreso Internacional de Americanistas*, Pontificia Universidad Católica del Ecuador, Quito.

CAMPI, Daniel (1993), "Captación forzada de mano de obra y trabajo asalariado en Tucumán, 1856-1896", *ANUARIO IEHS*, vol. VIII: 47-71.

CAMPI, Daniel y LAGOS, Marcelo (1995), "Auge azucarero y mercado de trabajo en el Noroeste Argentino", en Silva Riquer, Jorge, Grosso, Juan Carlos y Yuste, Carmen (comps.), *Circuitos mercantiles y mercados en Latinoamérica. Siglos XVIII y XIX*, México, Instituto Mora-Instituto de Investigaciones Históricas de la UNAM, 1995, pp. 442-499.

CAMPI, Daniel (2002), "Espacio mercantil, unidades de producción y actores en los orígenes de la agroindustria del azúcar en Tucumán, Argentina, 1830-1870", en AA.VV., *História do Açúcar. Rotas e Mercados*, Funchal (Madeira), Centro de Estudos de História do Atlántico: 335-364.

CAMPI, Daniel y BRAVO María Celia (1999), "La agroindustria azucarera argentina. Resumen historiográfico y fuentes", *América Latina en la Historia Económica. Boletín de Fuentes*, vol. 6, n° 11: 73-74.

CENTRO AZUCARERO ARGENTINO (1935), *La Industria Azucarera Argentina*, Buenos Aires, Ferrari Hnos [trabajo preparado por Emilio Schleh].

FLEITAS, María S. y TERUEL, Ana A. (2011), "Los campesinos puneños en el contexto de los gobiernos radicales: política de tierras y conflictividad social en Jujuy", *Revista Estudios del ISHIR*, nº 1, disponible en https://goo.gl/Emr4U.

GIMÉNEZ ZAPIOLA, Marcos (1975), "El interior argentino y el desarrollo 'hacia afuera': El caso de Tucumán", en GIMÉNEZ ZAPIOLA, Marcos (comp.), *El régimen oligárquico. Materiales para el estudio de la realidad argentina*, Buenos Aires, Amorrortu Ediciones: 72-115.

GIRBAL DE BLACHA, Noemí (1992), "Estado, modernización azucarera y comportamiento empresarial en la Argentina", en CAMPI, Daniel (comp.), *Estudios sobre la historia de la industria azucarera argentina*, vol. 1, Tucumán, Facultad de Ciencias Económicas-UNT/Unidad de Investigaciones en Historia Regional-UNJu: 17-59.

GUY, Donna (1981), *Política azucarera argentina. Tucumán y la generación del 80*, Tucumán, Fundación Banco Comercial del Norte.

LAGOS, Marcelo (1993), "Estructuración de los ingenios azucareros jujeños en el marco regional (1870-1930)", en CAMPI, Daniel (coord.), *Jujuy en la Historia. Avances de Investigación I*, San Salvador de Jujuy, UNIHR-UNJU: 111-132.

LAHITTE, Emilio y CORREA, Antonio (1898), *Investigación parlamentaria sobre agricultura, ganadería, industrias derivadas y colonización. Anexo G. Tucumán y Santiago del Estero* (ordenada por la H. Cámara de Diputados en resolución del 19 de junio de 1896). Buenos Aires, Taller Tipográfico de la Penitenciaría Nacional.

LÓPEZ, Cristina (2003), *Los dueños de la tierra. Economía, sociedad y poder en Tucumán (1770-1820)*, Tucumán, UNT.

MATA DE LOPEZ, Sara E. (2005), *Tierra y poder en Salta. El Noroeste argentino en vísperas de la Independencia*, 2° ed., Salta, CEHPIA-UNSa.

MOYANO, Daniel (2015), *Desde la empresa. Firmas familiares y estructura empresarial en la industria azucarera tucumana (1895-1930)*, Buenos Aires, Prometo libros.

MOYANO, Daniel; CAMPI, Daniel y LENIS, María (2011), "La formación de un complejo científico-experimental en el norte argentino. La Estación Experimental Agrícola de Tucumán (1909-1922)", *Prohistoria. Historia-políticas de la historia (versión on-line)*, vol. 16, jul./dic.:1-18.

NORDENSKIÖLD, Erland ([1910] 2002), *La vida de los Indios. El Gran Chaco (Sudamérica)*, Traducción y publicación en español de APCOB y Plural Editores, La Paz [primera edición en sueco, Estocolmo, 1910].

RODRÍGUEZ, Luis (1908), *La Argentina en 1908*, Buenos Aires.

RUTLEDGE, Ian (1987), *Cambio agrario e integración. El desarrollo del capitalismo en Jujuy: 1550-1960*, Tucumán, ECIRA.

SÁNCHEZ ROMÁN, José A. (2005), *La Dulce Crisis. Estado, empresarios e industria azucarera en Tucumán, Argentina (1853-1914)*, Diputación de Sevilla, Universidad de Sevilla, Consejo Superior de Investigaciones Científicas, Escuela de Estudios Hispano- Americanos.

SCHLEH, Emilio (1921), *La Industria azucarera en su primer centenario, 1821-1921. Consideraciones sobre su desarrollo y estado actual*, Buenos Aires, Establecimiento Gráfico Ferrari Hnos.

TERUEL, Ana (2005), *Misiones, economía y sociedad en la frontera chaqueña del Noroeste Argentino en el siglo XIX*, Bernal, Editorial de la Universidad Nacional de Quilmes.

TERUEL, Ana; Lagos, Marcelo y Peirotti, Leonor (2006), "Los Valles orientales Subtropicales: frontera, modernización azucarera y crisis", en Teruel, Ana y Lagos, Marcelo (dirs.), *Jujuy en la Historia. De la Colonia al siglo XX*, Universidad Nacional de Jujuy: 435-464.

La historia agraria norpatagónica en clave regional

La trama de una relación compleja entre políticas públicas, uso de los recursos y prácticas socioeconómicas en el largo plazo

Graciela Blanco y M. Alma Tozzini

La Patagonia ha sido objeto de producciones de diversa índole a lo largo del tiempo. Desde la imagen de un territorio de "gigantes", inhóspito y misterioso, forjada por las numerosas expediciones exploratorias y científicas de diversas naciones durante los siglos XVII y XVIII, pasando por la concepción político ideológica de un "desierto a poblar" pergeñada por los conservadores de la segunda mitad del siglo XIX en su interés por sustraerla al avance territorial del Estado chileno e incorporarla -despojando a sus originarios habitantes- como espacio para la expansión productiva pampeana, hasta constituirse en las últimas décadas en una especie de "sello de origen", con un halo de misterio, de territorio virgen con abundancia de recursos naturales y paisajísticos, objeto del interés de diversos actores. Antes y ahora, un territorio en disputa (Bandieri, 2005; Blanco, 2011-2012).

Hasta hace algunas décadas, persistió una imagen homogeneizadora del espacio, de su producción, de sus pobladores, generada sustancialmente por una mirada, aun la historiográfica, caracterizada por una fuerte impronta porteño centrista o, si se quiere, pampeano centrista. La Patagonia era una extensa superficie poblada desde el este, objeto del corrimiento del ganado ovino procedente de la región pampeana a partir del avance militar de la frontera y en la que, pese a las reconocidas estancias inglesas instaladas a fines del siglo XIX con una lógica de desarrollo capitalista (Miguez, 1985), prevalecía la idea de un territorio a poblar por "verdaderos colonos". Era la Patagonia un apéndice lejano y aún no suficientemente desarrollado de la economía argentina, cuyo eje dinamizador estaba sin duda en la llamada pampa húmeda y su modelo agroexportador vinculado a los mercados atlánticos (Bandieri, 2000).

A partir de la renovación de los estudios agrarios de las décadas de 1980-1990, y de los avances producidos por investigadores patagónicos, se fue consolidando muy lentamente la imagen de una "nueva Patagonia"; es decir, una Patagonia real, diversa, heterogénea, cuyo poblamiento fue producto de diferentes oleadas provenientes del Atlántico pero también de Chile y de las provincias argentinas ubicadas más al norte, que se superpusieron y convivieron con mayor o menor grado de conflicto con las poblaciones originarias preexistentes que habían sobrevivido al avance militar y al exterminio. Una Patagonia en la que efectivamente se dio un corrimiento del ovino merino desde las áreas pampeanas hacia las mesetas ubicadas más al sur, pero sobre la que también se produjo el ingreso de ovinos provenientes de las Islas Malvinas y del extremo austral chileno –Punta Arenas-; así como la cría de ganado bovino en los valles cordilleranos y precordilleranos con importante nivel de precipitaciones y mejores pasturas, y el cultivo de forrajeras, frutas y otros productos agrícolas en los valles irrigados de los ríos Santa Cruz, Chubut, Colorado, Limay y Negro. Una Patagonia en la que se fueron definiendo los distintos actores sociales que serían los protagonistas de su devenir histórico, desde los agentes estatales a los productores agropecuarios, incluyendo estos a los grandes estancieros propietarios y/o arrendatarios pero también a los medianos productores en tierras propias y a los pequeños productores -inmigrantes, criollos e indígenas- ocupantes de tierras fiscales, con sus propias formas económicas y culturales de vincularse a la tierra (Bandieri, 2000 y 2005; Barberia, 1995; Novella y Finkelstein, 2005; Banderi y Blanco, 2006).

En las últimas décadas la historiografía patagónica ha puesto en escena serias y meticulosas investigaciones. Este trabajo es tributario de las mismas. Se pretende concentrar la mirada en el norte de la Patagonia y en la forma en que ese espacio se fue definiendo en el tiempo, particularmente en relación con la actividad ganadera dominante, lo que implica excluir en esta instancia el desarrollo específico de la agricultura. La intención es reconstruir la trama en la que se fueron relacionando, en diferentes contextos y de diversas maneras –muchas veces conflictivas–, el Estado y sus agencias encargadas de aplicar las políticas de distribución de la tierra pública y garantizar los derechos sobre ella, con los distintos tipos de productores ganaderos. Cada uno de ellos con sus particulares maneras de vincularse a la tierra, no solo en términos de formas de tenencia sino también en relación con sus prácticas socioeconómicas y culturales.

La Patagonia como espacio a conquistar y poblar a fines del siglo XIX

El norte del territorio patagónico, que integran las actuales provincias de Neuquén y Río Negro, fue el escenario por excelencia del accionar militar del gobierno de Julio Argentino Roca en su preocupación por vencer el "desierto" e imponer en él las pautas de la "civilización", implicando esto el exterminio indígena, la apropiación de sus territorios, su repoblamiento y la posterior distribución de esas tierras. Los espacios así incorporados al dominio estatal fueron organizados administrativamente en los llamados Territorios Nacionales, gobernados por funcionarios que designaba el Poder Ejecutivo y prácticamente sin posibilidades de elegir a sus autoridades, con excepción de los jueces de paz en determinadas condiciones (Bandieri, 2014). Así se organizaron en la Patagonia los Territorios Nacionales de Neuquén, Río Negro, Chubut, Santa Cruz y Tierra del Fuego, cubriendo cada uno prácticamente las superficies que hoy reconocen esas provincias.

Fueron precisamente la idea de progreso y la intención de poblar las que encabezaron toda la normativa legal, numerosa y muchas veces contradictoria, que establecería las formas de distribución y apropiación del recurso tierra pautando la forma en que los agentes estatales debían materializar su aplicación y vigilar el cumplimiento de sus objetivos. Sin embargo, la fuerza del discurso reiterado hasta el cansancio no parece haberse reflejado en los resultados alcanzados en el último cuarto del siglo XIX y la primera mitad del XX. Ante la imperativa necesidad de expandir la frontera productiva y en función de los intereses puestos en juego por los sectores económicamente dominantes, la liberalidad con que el Estado finisecular –tanto en sus proyectos ejecutivos como en las leyes sancionadas en el Congreso Nacional- definió la entrega de tierras bajo distintas formas de tenencia, dejó muchos intersticios o vacíos legales que fueron interpretados y aprovechados en gran medida por quienes formaban parte de los grupos de poder político del centro del país para apropiarse de importantes extensiones de tierra. En muchos casos, estos adquirentes tenían un considerable capital en inversiones diversificadas y orientadas a la pampa húmeda y a otros incipientes desarrollos en el área vitivinícola cuyana o en la región azucarera tucumana. Disponían entonces del capital y de acceso al crédito, así como estrechas relaciones con los espacios de poder político.

El absoluto desconocimiento que tanto el Estado como los privados tenían de las superficies negociadas, de sus condiciones agroecológicas y productivas y de su ubicación en relación con los mercados, así como la casi inexistente infraestructura de comunicaciones, dieron por resultado que en la mayoría de los casos los adquirentes –que, cabe señalar, compraron a un precio muy bajo o incluso recibieron la tierra en donación- mantuvieran las superficies improductivas y utilizaran a quienes de hecho las ocupaban sin títulos para demostrar su intención de poblar e introducir capital y obtener así la definitiva propiedad. De este modo, limitaban las posibilidades de acceso al recurso para medianos y pequeños productores con menos o ningún capital (Bandieri y Blanco, 2006; Barberia, 1995; Novella y Finkelstein, 2005).

Las grandes propiedades que se constituyeron a fines del siglo XIX comenzaron en muchos casos a ser negociadas rápidamente luego del cambio de siglo, produciéndose la transferencia de importantes superficies a distintos inversores. En primer lugar, cabe mencionar a las sociedades ganaderas y comerciales chilenas –conformadas principalmente con capitales de origen alemán e inglés radicados en ese país, además de grupos pertenecientes a la burguesía de Santiago-, conocedoras de las particulares y favorables características de los espacios andinos patagónicos para vincularse a través de la Cordillera de los Andes a partir de la cría extensiva de ganado ovino y vacuno (Bandieri y Blanco, 1998; Blanco, 2012), al igual que lo sucedido en el extremo austral de Santa Cruz y Tierra del Fuego (Barberia, 1995). En segundo lugar, y en algún caso aun antes que las sociedades chilenas, se conformaron en Londres compañías públicas y privadas que desembarcaron con sus capitales en la Argentina, invirtiendo no solo en obras de infraestructura sino también en tierras. La Patagonia fue, en ese sentido, uno de los lugares elegidos para la solicitud de superficies para colonizar que muy pronto fueron transformadas en propiedad con la anuencia estatal, creándose varias sociedades, entre las que destaca The Argentine Southern Land Company Ltda. (ASLCo) –la mayor de todas las empresas de ese origen que operaron en el área–, propietaria de las estancias *Maiten* y *Leleque* en Chubut, *Maquinchao* en Río Negro y *Alicura* en Neuquén, con algo más de 650.000 hectáreas. También adquirió alrededor de

250.000 hectáreas en territorio rionegrino, sobre las que instaló las estancias Pilcañeu (hoy Pilcaniyeu), Huenu-Luan, Rucu Luan, Renegueyen, NeLuan y Epulafquen (Miguez, 1985; Minieri, 2007). Cabe señalar, asimismo, la presencia de inversores radicados en provincias de la región pampeana que buscaron diversificar sus inversiones y/o ampliar las superficies, acompañando el corrimiento de la frontera y consolidando un proceso de acumulación que muchas veces se había iniciado en la actividad comercial; los dueños de los llamados "boliches" instalados en el espacio rural como proveedores de mercaderías y acopiadores de productos ganaderos (Blanco y Blanco, 2008).

Entre fines del siglo XIX y principios del XX, la declarada intención de poblar y establecer "colonias" por parte del Estado central no se reflejó en los hechos (Gavirati, 2005). Las inspecciones ordenadas en esos años para vigilar el cumplimiento de la legislación vigente tampoco contribuyeron a modificar la situación. La Dirección Nacional de Tierras y Colonias funcionaba en la capital federal y era la encargada de conceder la tierra en venta con boletos profesionales, decidir la preferencia en las adjudicaciones, declarar la caducidad de las mismas, entre otras funciones, aunque el Poder Ejecutivo tenía la última palabra al suscribir los títulos de propiedad y los contratos de arrendamiento. La concesión de tierras debía seguir trámites engorrosos, de lento procedimiento burocrático, a lo que se sumaba el reducido presupuesto y escaso personal de la Dirección, que no permitían cubrir adecuadamente el volumen de trabajo que creció exponencialmente a partir de las solicitudes de tierras, alcanzando para 1910 un promedio de diez mil expedientes tramitados. Carecía asimismo de planos e informes totales y parciales sobre las tierras a distribuir y su exploración. Por ende, el servicio de información al público interesado fue deficiente y propició el surgimiento de agencias particulares que cobraban considerables comisiones. Similar situación afrontaba la División de Geodesia que atendía las tramitaciones e informes técnicos sobre el estado de la tierra y sus pedidos. Por otra parte, el servicio de inspección y control estatal sobre las superficies concedidas bajo distintas formas de tenencia era insuficiente; había para la primera década ocho inspectores para todos los Territorios Nacionales y de ellos dependía la comprobación del cumplimiento de las obligaciones por parte de los adjudicatarios. Muy lentamente se crearon en las décadas de 1920 y 1930 oficinas de la Dirección de Tierras y Colonias en los distintos Territorios Nacionales (Blanco, 2016).

El contexto descripto respecto de las condiciones en que se tramitaba el acceso a la tierra da cuenta de las dificultades que debieron afrontar quienes no contaban con suficiente capital o acceso al crédito, así como información sobre las superficies disponibles, cuando ya se había concretado el proceso más importante de transferencia de tierras públicas a manos privadas en grandes extensiones.

Las familias y comunidades indígenas sobrevivientes luego de la conquista militar se transformaron en algunos casos en soldados del ejército, peones en las estancias o mano de obra para el ferrocarril y las incipientes obras de infraestructura. Pero la mayoría se vio forzada a desplazarse hacia áreas productivamente marginales, zonas generalmente inhóspitas donde el suelo no era apto para la ganadería o la agricultura, actividades tradicionales a través de las cuales establecían su vínculo con la tierra (Finkelstein, 2005; Argeri, 2005; Delrio, 2005; Nahuelquir, 2016). En los registros y censos de las agencias estatales, muchos de ellos integran el estrato de los crianceros ocupantes o "intrusos" según el nuevo orden legal, que deambulaban por lotes fiscales con unos pocos ganados y enseres. Cabe sin embargo aclarar que, aunque estos grupos compartieran con otros pequeños productores criollos o inmigrantes similares condiciones de vida y dificultades para acceder a la tierra y sobrevivir, tienen una particularidad que los singulariza y remite a sus dinámicas culturales y al vínculo que establecen con la *mapu*-tierra/territorio. También resulta necesario señalar que la palabra "criancero" denomina a un conjunto amplio de productores familiares, dedicados fundamentalmente a la cría de ovinos y caprinos en tierras fiscales y en condiciones de aguda escasez de recursos naturales con aptitudes productivas. Estos pueden caracterizarse como crianceros trashumantes, que son aquellos que desplazan sus animales desde los campos bajos y áridos de invernada a los valles altos de las veranadas cordilleranas;[1] o como crianceros sedentarios, que se encuentran instalados en los valles próximos a la cordillera o en los campos áridos de la meseta. Entre estos crianceros existen comunidades indígenas –con o sin reconocimiento legal y con diversos grados de formalización de esa situación– y comunidades locales de criollos o de criollos e indígenas con actividades ganaderas vinculadas a usos y costumbres tradicionales (Bendini y Alemany, 2005).

Aquellos que continuaron viviendo en comunidades no corrieron mejor suerte. Aunque la ley de colonización e inmigración de 1876 hacía explícita referencia a la creación de misiones o reducciones destinadas a establecer a las "tribus indígenas", otorgándoles lotes de cien hectáreas por familia para incorporarlas gradualmente a la "vida civilizada", fueron pocos los casos en que algunas familias obtuvieron permisos de ocupación de lotes fiscales en los Territorios Nacionales por esa norma. Hubo algunas excepciones, como la del cacique Manuel Namuncurá y su tribu, al que se le concedieron en propiedad y gratuitamente 20.000 ha en

---

1 En el norte de la Patagonia (la subregión ubicada aproximadamente entre el río Chubut y el río Colorado) esta práctica socio-económica, desde antes de la conquista militar a fines del siglo XIX y hasta la actualidad, necesita del traslado periódico de los arreos de ganado entre tierras de invernada (generalmente ubicadas en zonas bajas) y de veranada (ubicadas en tierras altas). El movimiento estacional implica que estos pequeños productores deban movilizar sus pertenencias y animales, a través de territorios fiscales o ajenos, confiando en la inexistencia de alambrados que corten los viejos caminos, pero además que los espacios estén disponibles sin ningún otro productor o propietario utilizando los recursos de ese lugar. Sobre el tema sugerimos algunas referencias básicas para su análisis: Vapñarsky (1983), Bendini y Alemany (2005); Mare (2009).

Neuquén; la donación de 30.000 ha al cacique Sayhueque dentro de la Colonia San Martín; las 19.000 hectáreas otorgadas al cacique Nahuelpan en cercanías de Esquel, y los lotes entregados al cacique Miguel Ñancuche Nahuelquir –que sumaban aproximadamente 37.000 ha– en la Colonia Cushamen, todas estas en Chubut (Finkelstein, 2005; Delrio, 2005; Arias y Blanco, 2016; Nahuelquir, 2016).

Respecto de esas concesiones, sin embargo, cabe realizar algunas aclaraciones. No todos aquellos que deambulaban juntos en busca de una porción de tierra donde establecerse nuevamente, tras la avanzada militar de fines del siglo XIX, fueron reconocidos por el Estado como parte del mismo colectivo, a los fines de ser alcanzados por la entrega de tierras. En el caso del cacique Sayhueque y su gente, solo fueron beneficiados quienes tenían vínculos consanguíneos con el cacique; el resto, según criterios biologicistas estatales, fue ubicado de manera precaria en los lindes de la Colonia, en lo que sería su futuro ensanche, pero sin reconocimiento legal alguno (Nahuelquir, 2016). En el caso de las tierras entregadas a Ñancuche Nahuelquir en Cushamen, aproximadamente la mitad de su gente no figuraba en la nómina de lotes a entregar (Delrio, 2005; Finkelstein, 2005). Por otra parte, algunos autores describen cómo en la Colonia Cushamen o en la línea sur rionegrina cuando las grandes estancias comenzaron a completar sus cercados perimetrales reduciendo los territorios de uso de las comunidades, los que además eran de muy mala calidad para el sostenimiento de actividades productivas, se puso en evidencia la insuficiencia de esas tierras para la subsistencia común, lo que generó la expulsión de familias enteras o de miembros de las mismas que "tuvieron que salir del campo" en busca de nuevas tierras, trabajos en las estancias o ciudades, entre otras posibles salidas a su supervivencia. Alrededor de 1904 se habría producido una significativa merma en la entrega de tierras a comunidades indígenas (Finkelstein, 2005; Delrio, 2005 y Pérez, 2016).

Las frustradas expectativas reformistas y la precarización en la tenencia de la tierra

Al comenzar el siglo XX se produjo desde los sectores gobernantes un intento de racionalizar la entrega de la tierra ordenando la legislación vigente, impulsado por los grupos de liberales reformistas que comenzaron a definirse luego de la crisis de 1890. En ese contexto, se sancionó en 1903 una nueva ley de tierras que dejaba sin efecto todas las normas vigentes hasta entonces y planteaba la necesidad de fomentar el arrendamiento con opción a comprar una parte de la superficie al finalizar el contrato; así como la venta de extensiones mucho menores a las establecidas con anterioridad -máximo de 2500 hectáreas para ganadería y 100 para agricultura-, debiendo el Estado previamente explorar, conocer y clasificar las tierras en cuestión para su mejor distribución. Nuevamente el discurso poblador y colonizador se constituyó en el eje de las acciones de gobierno. Cabe señalar dos cuestiones particulares en torno a esta ley. La primera es que dejaba expresamente estipulado que no se reconocería a partir de entonces la ocupación de tierra fiscal como un antecedente de preferencia para alcanzar la propiedad de la misma, lo que sin duda perjudicaba a la gran cantidad de fiscaleros que podían demostrar ocupación prolongada en ciertos lugares. La segunda, es que explicitaba que el Poder Ejecutivo fomentaría la reducción de las tribus indígenas existentes, procurando asentarlas en "misiones" y suministrarles tierras y elementos de trabajo, intención que nuevamente no tendría un correlato en la práctica (Bandieri y Blanco, 2009).

Tampoco la política que pretendió implementar el ministro Ramos Mexía –convertida en ley en 1908- logró modificar decisivamente la situación. Su proyecto de fomentar el desarrollo de los Territorios Nacionales a partir de la construcción de obras de infraestructura centradas en la comunicación de los territorios, sobre todo a través del ferrocarril, para recién entonces vender en remate las tierras ya valorizadas evitando la concentración en grandes extensiones, no tuvo los efectos buscados. En alguna medida, el territorio de Río Negro fue casi exclusivamente el escenario de aplicación de esta norma, habiéndose reservado 1.770.000 hectáreas para su venta en remate luego del tendido de la línea férrea San Antonio Oeste-San Carlos de Bariloche. Esta obra se vio varias veces interrumpida y demoró su finalización hasta avanzada la década de 1930, en tanto las tierras reservadas fueron puestas en venta en las décadas siguientes ante el fracaso en la implementación del proyecto completo diseñado por Ramos Mexía (Bandieri, 2005).

La aplicación de estas normas derivó, en la práctica, en una venta mucho menor de superficies pero similares procesos de concentración en algunas áreas y en el crecimiento del arrendamiento con derecho a compra, que favoreció a algunos nuevos pobladores pero también permitió la expansión de grandes propietarios ya instalados en la región patagónica (Bandieri y Blanco, 2009).

Los gobiernos radicales, fuertes críticos de las políticas de distribución implementas desde finales del siglo XIX, expresaron enfáticamente su objetivo de evitar el latifundio improductivo y el acaparamiento de tierras públicas. En esa dirección, decidieron en 1917 suspender la adjudicación en propiedad, entregándose la tierra durante los siguientes veinte años solo en arrendamiento a título precario. En 1925 se autorizó a la Dirección de Tierras a otorgar permisos precarios de ocupación de lotes pastoriles, exigiendo el pago por adelantado de los derechos de pastaje que el Estado fijara. Quienes no tuvieran títulos, contratos de arrendamiento o permisos de ocupación, serían considerados intrusos. Se profundizaba así el control sobre los sectores más vulnerables, afectando por igual a criollos, inmigrantes e indígenas que compartían la misma situación de precariedad. Solo se produjeron muy contadas excepciones, como la del cacique Ancatruz, que consiguió en 1917 que el presidente Yrigoyen le otorgara por decreto el permiso para ocupar junto a su familia las tierras donde estaban radicados en Neuquén, con la obligación de efectuar plantíos y mejoras (Arias y Blanco, 2016).

Los informes de los inspectores de tierras en esos años permiten constatar la situación general de pauperización en que se encontraban la mayoría de los ocupantes de tierras fiscales, entre ellos las colonias de base indígena. La ausencia de riego artificial, las insuficientes condiciones productivas de las superficies para la ganadería y la agricultura y la presión permanente de los pobladores blancos y de las grandes compañías sobre las tierras concedidas a estos grupos, confluyeron en esa paupérrima realidad. Poco y nada se dijo en esos informes del daño que produjo el drástico cambio cultural impuesto y la escasa capacidad de maniobra que quedaba a los indígenas para hacer frente al repudio, la coacción y los usos abusivos de la sociedad mayoritaria (Finkelstein, 2005; Argeri, 2005; Quijada, 2000).

Sin duda, las tierras con mayores capacidades productivas habían sido temprana e indiscriminadamente enajenadas por el Estado a particulares con capital y fuertes vínculos políticos y económicos, como demuestran las investigaciones para los distintos territorios patagónicos. Sin embargo, hacia fines de la década de 1920, según la Memoria elevada al Ministerio de Agricultura por Melitón Díaz de Vivar –máximo funcionario de la entonces Dirección General de Tierras y Colonias-, la tierra de libre disponibilidad fiscal en los territorios patagónicos era aún del 71,14%.[2] La meseta sur rionegrina y el este y noreste neuquino eran las áreas más marginales en términos

2 De un total de 78.169.000 hectáreas en la Patagonia (Neuquén, Río Negro, Chubut, Santa Cruz y Tierra del Fuego), las tierras fiscales alcanzaban a 55.606.000 hectáreas. De estas, 19.980.000 hectáreas fiscales correspondían a Río Negro y estaban mayoritariamente concentradas en la meseta central; y 9.700.000 hectáreas fiscales correspondían a Neuquén, sobre todo a las ubicadas en el este y noreste del territorio, Díaz de Vivar, Melitón (redactor) (1928), *Memoria de la Dirección General de Tierras en el período administrativo de 1922-1928*, Ministerio de Agricultura, Buenos Aires, Impreso por Oucinde.

agropecuarios, con escasas o nulas precipitaciones y muy poca cubierta vegetal. En esas superficies se ubicaban en gran medida los ocupantes de hecho, pequeños productores criollos o inmigrantes sin capital y familias indígenas, con poco ganado generalmente ovino y caprino. Sobre ellos pesaba la posibilidad de desalojo, en la medida en que el Estado buscaba acentuar su control a través de los inspectores de tierras y de la institución policial; al tiempo que también sufrían el acoso de otros productores y de comerciantes que presionaban para desplazarlos a tierras aun más marginales (Mases y Gallucci 2007; Argeri, 2005; Pérez, 2016; Minieri, 2007).

De los conservadores al peronismo: políticas públicas, pequeños productores y comunidades indígenas

Los gobiernos conservadores de la década de 1930, en especial durante el ejercicio de Miguel Angel Cárcano como ministro de Agricultura, se plantearon modificaciones en la política referida a las tierras públicas, en respuesta a los insistentes reclamos de los sectores ganaderos patagónicos afectados por la precariedad de los títulos sobre las tierras que ocupaban y por los efectos de la crisis mundial de 1929-1930. En esa dirección, dispusieron en 1937 que se reanudara la venta de tierras públicas que había sido suspendida por el gobierno de Yrigoyen veinte años antes, con la explícita aclaración respecto a que se prohibía la titularización de terrenos a sociedades, compañías o personas que ya fueran poseedores de 20.000 ha. Esta medida ponía fin a las adjudicaciones con carácter provisorio o precario y establecía que, para otorgar tierras y lograr el arraigo de población, debían tenerse en cuenta las condiciones agroecológicas de los lotes, su superficie y la posibilidad de acceder a infraestructura de comunicaciones.

En esas décadas comenzó, asimismo, la creación de Parques Nacionales en la Patagonia con fines de conservación y reafirmación de la soberanía en las zonas cordilleranas y fronterizas con Chile. En el norte de la región se creó en 1922 el Parque Nacional del Sur, más tarde denominado Nahuel Huapi, y en 1937 el Parque Nacional Lanín y el Parque Nacional Los Alerces con su Anexo Lago Puelo. Las familias criollas y las comunidades indígenas que residían en esas áreas quedaron como ocupantes de tierras fiscales, bajo el control de las autoridades del Parque. Tal como demuestra un importante corpus de publicaciones académicas (Tozzini, 2014), los distintos parques nacionales de la Patagonia impusieron normativas para estos colectivos que hacían peligrar sus posibilidades de permanecer en los mismos o, como en el caso del Parque Nacional Los Alerces, Anexo Lago Puelo, fueron desalojados (Crespo, 2014; Giussiano y Sánchez Reiche, 2002). A esos mismos años corresponden los desalojos que sufrió la gente de Nahuelpan y la de Sayhueque, por connivencia estatal con terratenientes y comerciantes de la zona que, o bien titularizaron dichas tierras, o bien se las apropiaron para saldar supuestas deudas de los indígenas con sus casas comerciales.

Al respecto, cabe aclarar que tras el desalojo de Nahuelpan y ante la gran cantidad de indígenas que deambulaban por distintos espacios del Territorio Nacional del Chubut, se creó –mediante decreto presidencial de 1942- la Reserva Indígena de Gualjaina, destinando la casi totalidad de las tierras de la colonia mixta homónima creada en 1921 a la "reducción de indios dispersos". En efecto, el texto del decreto, además de reconocer la gran cantidad de indígenas diseminados en el área, postulaba la reubicación en esta reserva de familias indígenas asentadas en las Colonias de Cholila y Epuyen a los fines de despejar tierras de mejores condiciones agroecológicas para el uso por parte de nuevos colonos no indígenas. Aproximadamente 500 personas de Nahuelpan fueron entonces reubicadas en la Reserva de Gualjaina (Tozzini, 2015). Según el intercambio de correspondencia entre funcionarios del Gobierno Nacional y el gerente de la ALSCo (Minieri, 2007), esta última sociedad ganadera de capitales británicos gravitó de manera contundente para que los desalojados de Nahuelpan no fueran reubicados en la Colonia Cushamen, más próxima a la Compañía, que temía por la sanidad de su ganado menor en caso de mezclarse con los animales de los indígenas desalojados.

Los vaivenes políticos de las décadas de 1930 y 1940 afectaron relativamente la legislación y las formas que se utilizaron para controlar la distribución de la tierra pública, a excepción de algunas medidas sobre el fin del período que buscaron contemplar la inestable situación contractual de los sectores arrendatarios, fundamentalmente en la pampa húmeda, política que se profundizaría en los años siguientes.

Con el peronismo, la situación de los pequeños productores y particularmente la de la población indígena, comenzaron a ser específicamente contempladas por las políticas nacionales incorporándose a la agenda estatal. La Comisión Honoraria de Reducciones de Indios surgida en la década de 1930 pasó a depender de la Secretaria de Trabajo y Previsión Social, creándose en 1947 la Comisión del Aborigen, luego Dirección Nacional de Protección al Aborigen. En esos años, se estableció por el Decreto 9.568 de 1945 que el poblador autóctono tendría prevalencia de derechos en el acceso a la tierra frente a posibles disputas con pobladores blancos, buscando garantizar el mantenimiento de las comunidades indígenas. Estas medidas, sin embargo, no parecen haber cubierto las expectativas de las comunidades que continuaron recibiendo concesiones precarias y fueron obligadas a realizar mejoras que resultaban difíciles de concretar sin el apoyo estatal (Mases, 2010).

La nueva ley de tierras sancionada en 1950, sobre fines del gobierno de Juan Domingo Perón, introducía algunas novedades interesantes como el concepto de unidad económica de explotación; esto es, la unidad mínima necesaria para una explotación racional en relación con la calidad del recurso, su ubicación y la infraestructura disponible, la que además no podía ser embargada. La preocupación del gobierno por reactivar la economía patagónica se expresó en un decreto de 1954 que, en expresa referencia a las tierras fiscales rurales de la Patagonia, establecía que se otorgaría la propiedad definitiva de las tierras a quienes tuvieran residencia en la región durante los últimos diez años y hubieran ocupado y explotado las superficies en las que se asentaban, fijando extensiones mínimas y máximas a conceder de acuerdo con la receptividad agrícolo-ganadera de las mismas. La interrupción del gobierno democrático y la transformación de los Territorios Nacionales en provincias de pleno derecho con control sobre las tierras fiscales de su jurisdicción, a mediados de la década de 1950,[3] impidió que esa norma tuviera el impacto previsto (Arias y Blanco, 2016).

Las nuevas provincias patagónicas en la mira: la disputa por los recursos desde mediados del siglo XX

El tradicional funcionamiento social y económico del sur argentino se fue transformando a partir de diversas cuestiones. Por un lado, las políticas implementadas por Argentina y Chile en las décadas de 1930 y 1940 provocaron el creciente cierre de las posibilidades de comercio libre a

3 Los Territorios Nacionales de la Patagonia, como unidades administrativas creadas por la Ley 1532 de 1884, fueron provincializados en 1955 por la Ley 14.408, conservando el nombre que habían recibido originalmente. Con excepción del Territorio de Tierra del Fuego, Antártida e Islas del Atlántico Sur, que continuó siendo Territorio Nacional hasta el año 1991, en el resto de la Patagonia cada una de las nuevas provincias fue sancionando su constitución y realizando las correspondientes elecciones de sus autoridades entre 1957 y 1958 (Bandieri, 2014: 70-72).

través de la Cordillera de los Andes.[4] Por otro, las crisis sufridas por la actividad ganadera en general afectaron al conjunto de productores –con mayor énfasis a los pequeños y medianos-, generando desplazamientos de población de áreas rurales hacia centros urbanos de la Patagonia desde mediados del siglo XX. Finalmente, el crecimiento notorio de la explotación de hidrocarburos en todas las provincias de la región y, en las últimas décadas, el acelerado desarrollo del turismo, complejizaron y acentuaron la disputa por los recursos naturales (Blanco, 2008).

El conjunto de los actores sociales vinculados a la ganadería se ha visto afectado, a lo largo del siglo XX, por esas transformaciones y por la consecuente superposición de lógicas económicas distintas. Las políticas estatales nacionales y provinciales en relación con la actividad minera, con el funcionamiento de la Administración de los Parques Nacionales, con el desarrollo turístico y, sobre todo, con la liberalidad con que se regula la transferencia de tierras tanto públicas como privadas, han contribuido fuertemente a esos cambios afectando al desarrollo ganadero y al paisaje. Las tradicionales "estancias" asociadas a un progresivo declive ganadero de medio siglo han tendido en general al reemplazo paulatino de la ganadería ovina extensiva. En algunos casos se ha producido una inclinación a incorporar rebaños de bovinos y en otros se ha optado por modificar los destinos y la propiedad de la tierra rural. Los medianos y pequeños productores, mayoritarios según los censos nacionales agropecuarios -medidos en cantidad de explotaciones-, pero que ocupan en conjunto una mínima porción de las superficies patagónicas, son sin duda quienes más duramente han soportado los cambios mencionados. Los gobiernos provinciales comenzaron a implementar en las décadas de 1970 y 1980 algunas políticas tendientes a

4 Este tema ha sido profusamente investigado y corroborado en los trabajos de Susana Bandieri. Un mayor desarrollo de las mencionadas políticas puede verse en el capítulo de la autora, incluido en esta obra.

mejorar los sistemas de comercialización e incentivar la asociación entre los productores, con el objeto de compensar su menor poder relativo de negociación. Sin embargo, otras urgencias y/o el cambio del foco de atención hacia las actividades que podían generar mayores aportes al tesoro provincial llevaron a los gobiernos de la región a reorientar la redistribución del ingreso hacia la estructura urbana y hacia el fomento de otras áreas económicas.[5]

En lo que a las familias indígenas se refiere, las políticas desarrolladas por los gobiernos nacionales y las nuevas provincias norpatagónicas se orientaron en las décadas de 1950-1960 a tratar de "integrarlas", capacitándolas para el "uso racional de los recursos". Era esta una mirada en cierto modo paternalista que no contemplaba los intereses culturales y económicos de las mismas en el uso de la tierra o el agua. Los planes de colonización indígena que se pensaron desde el Consejo Agrario Nacional –creado en 1940 pero retomado nuevamente en 1958- planteaban la entrega de tierras en usufructo vitalicio, situación que podían mantener los herederos. Ese usufructo tenía condiciones ligadas al pago de cánones, a la residencia en las mismas, a la limitación en la producción forestal y en la construcción, entre otras. El gobierno de Felipe Sapag en la provincia de Neuquén declaró de manera reiterada su preocupación por mejorar la situación en la que se encontraban las agrupaciones indígenas, traduciendo esto en el Decreto 737 de 1964 por el cual se establecía la necesidad de regularizar la ocupación de las superficies completando los permisos precarios con la mensura perimetral, lo que aseguraría la utilización permanente y definitiva de las tierras

---

5 Los censos nacionales agropecuarios, así como numerosos informes de investigación y técnicos, dan cuenta de las transformaciones mencionadas y de las políticas públicas diseñadas en esos años. Los mismos se encuentran disponibles en las Bibliotecas de la Universidad Nacional del Comahue, del Consejo de Planificación y Acción para el Desarrollo –COPADE- de la Provincia de Neuquén y de la Legislatura de la Provincia de Río Negro en Viedma, entre otras.

que ocupaban. Sin embargo, pese a la entrega de tierras en condición de "reservas" –permanecían de ese modo bajo el dominio fiscal- a varias agrupaciones indígenas entre 1964 y 1972, las comunidades continuaron en general con permisos precarios, con territorios comunales sin catastrar y, en algunos casos específicos, con reclamos de nuevas reservas que no se concretarían hasta entrada la década de 1990 (Falaschi, 1996: 30, 52, 227).

Es importante destacar, asimismo, que hacia fines de la década de 1960 y durante toda la siguiente los pequeños productores fiscaleros -tanto indígenas como criollos-estuvieron compelidos, en virtud de su falta de regularización territorial, a acatar nuevas directivas respecto del uso de los recursos. Por ejemplo, en las zonas cordilleranas de Río Negro y Chubut los fiscaleros fueron obligados a desalentar sus prácticas ganaderas en pos de la forestación de sus campos con especies exóticas de rápido crecimiento (Tozzini, 2011). Esta situación terminó de empobrecerlos. El deterioro de la calidad del suelo a largo plazo por la acidificación propia de las plantaciones de pinos, la reducción obligada de sus rodeos para dar lugar a las plantaciones y la imposibilidad posterior de usufructuar la madera producida porque aún no tenían regularizada la titularidad de las tierras agravaron sus limitadas condiciones de subsistencia. Más aun, en la mayoría de los casos la regularización definitiva de los lotes se dilató prácticamente hasta el presente sin resultados positivos, y en no pocas ocasiones esta exigencia obró como una amenaza de perder el permiso precario o afectó la posibilidad de que los trámites de regularización llegaran a buen término.

Con la recuperación del régimen democrático luego de la dictadura militar que se sostuvo en el poder entre 1976 y 1983, se comenzó a trabajar en la problemática indígena. En 1985 se sancionó la ley de Política Indígena y Apoyo a las Comunidades Aborígenes 23.302, que planteaba la inclusión de las comunidades en el cuerpo de la nación, creaba el Instituto Nacional de Asuntos Indígenas (INAI) y establecía la adjudicación en propiedad de tierras aptas y suficientes para la explotación según sus propias modalidades a las comunidades indígenas existentes en el país, debidamente inscriptas en el Registro Nacional de Comunidades Indígenas (RENACI). En esa línea, algunos gobiernos provinciales reconocieron la propiedad comunitaria de las tierras y la necesidad de avanzar en la transferencia gratuita del dominio a favor de las agrupaciones. Sin embargo, las trabas burocráticas impuestas por las provincias y la superposición con las directivas nacionales en la materia acentuaron la conflictividad ya existente. En 1992 se promulgó a nivel nacional la Ley 24.071 mediante la cual Argentina adoptó el Convenio 169 de la OIT sobre pueblos indígenas y tribales en países independientes, obligándose a asumir un conjunto de derechos políticos y territoriales de carácter colectivo. Además de reconocer a estos pueblos derechos de propiedad y de posesión sobre las tierras que tradicionalmente ocupaban, introdujo el concepto de *territorios indígenas*, que establecía derechos de estos pueblos sobre los recursos naturales, incluyendo su participación en la utilización, administración y conservación de dichos recursos (Arias y Blanco, 2016). En 1994 se daría la reforma jurídica más significativa para los derechos indígenas que quedó consagrada en la Constitución Nacional reformada, adjudicándose al Congreso Nacional la atribución de reconocer la preexistencia étnica y cultural de los pueblos originarios, así como la posesión y propiedad comunitaria de las tierras que ocupaban.

Sin embargo, mientras se dictaban esas normativas cuyas disposiciones parecían tender a mejorar la condición de vida de las comunidades, la década de 1990 marcaba una profundización de la tendencia a la exclusión de los pequeños productores y de las agrupaciones indígenas en tierras fiscales, acompañada de una simultánea expansión de los sectores terratenientes regionales y de inversores extranjeros. La competencia por el recurso tierra comenzó entonces a hacerse más fuerte, respaldándose ideológicamente en un discurso ambientalista que responsabilizaba en gran medida a los pequeños productores –criollos e indígenas- de los procesos de erosión y desertificación por un uso inadecuado de los recursos naturales, al tiempo que proponía soluciones basadas en una incorporación tecnológica que solo podrían llevar adelante los sectores más capitalizados dado sus altos costos (Bendini y Alemany, 2005).

La inestabilidad en torno al control real de la tierra por parte de los productores de menores recursos es histórica y se mantiene hasta la actualidad. La legislación no favoreció mecanismos de defensa para los reales ocupantes, quienes se ven expuestos a un creciente proceso de apropiación privada de las tierras fiscales que ocupan. La implementación por parte de algunos gobiernos provinciales de políticas de titularización de las tierras fiscales ocupadas por estos productores no se acompañó con otras medidas que favorecieran la permanencia de los mismos como tales y la viabilidad económica de sus explotaciones. Como consecuencia de ello, se produjo un abandono de la actividad ganadera y una transferencia de las superficies hacia sectores productores más capitalizados y/o corporaciones internacionales que, en muchos casos, accedieron a la propiedad de grandes extensiones públicas y privadas en la Patagonia con fines productivos, turísticos o conservacionistas. Algunos de estos casos han tomado conocimiento público por las extensiones adquiridas, por las reservas naturales que estas incluyen -bosques, acuíferos, etc.- y/o por los conflictos con otros actores sociales locales (Sánchez, 2006; Klipphan y Enz, 2006).

Es un hecho conocido y objeto de investigaciones en curso que extensas superficies históricamente dedicadas a la actividad ganadera en las áreas cordilleranas y en las mesetas patagónicas han sido adquiridas en las últimas décadas por sociedades anónimas en las que muchas veces es difícil identificar el origen del capital. En algunos casos se han introducido innovaciones tecnológicas que permiten su explotación ganadera rentable, siendo paradigmático el ejemplo de la familia Benetton con casi un millón de hectáreas en Santa Cruz, Chubut y Río Negro, protagonista de importantes conflictos con pobladores de menores recursos y agrupaciones indígenas. En otros casos, se ha combinado la actividad productiva con la explotación de los recursos naturales -esquila de guanacos silvestres, explotación forestal, caza, pesca, etc.-, encontrándose entre los más importantes el norteamericano War Lay, con ochenta mil hectáreas de la estancia Alicurá en Neuquén; el dueño de importantes cadenas de comunicación estadounidenses Ted Turner, con cincuenta y cinco mil hectáreas en el lago Traful en Neuquén; y el magnate Joe Lewis con intereses diversificados incluyendo el sector energético argentino, con dieciocho mil hectáreas en El Bolsón en Río Negro, donde controla todos los accesos a un importante recurso natural como es el lago Escondido. Finalmente, están quienes han abandonado completamente toda actividad productiva, declarando fines exclusivamente conservacionistas en esas tierras, entre los que cabe mencionar a Douglas Tompkins, con importantes superficies en los Esteros del Iberá, en la desembocadura del río Santa Cruz y en el sur de Chile (Svampa y Viale, 2014; Sánchez, 2011).

Los reseñados son solo algunos pocos ejemplos, aunque involucran importantes extensiones en las áreas patagónicas con mayor capacidad para la producción agropecuaria y con considerables recursos naturales –bosques, fauna nativa, reservorios de agua dulce-, de cómo la tierra que tuvo un uso predominantemente ganadero a lo largo del siglo XX comenzó a ser disputada por otros actores y por otras actividades económicas, disputa que en muchos casos ha perjudicado de manera directa a crianceros criollos e indígenas cuyas familias han practicado durante décadas la cría de ganado menor en las tierras ahora fuertemente cercadas y custodiadas. También, aunque no se ha profundizado específicamente en ello, se observa una débil o nula presencia estatal –nacional y provincial- en lo que se refiere a la falta de control sobre la transferencia de tierras públicas y aun privadas cuando estas se encuentran en las denominadas "áreas de frontera" o parques nacionales; a la indefensión en que se encuentran los pobladores de escasos recursos para hacer valer los derechos generados sobre tierras ocupadas por varias generaciones, los que se ven frecuentemente vulnerados; o a la ausencia de políticas claras que contribuyan al desarrollo y sostenimiento de actividades productivas en un marco sustentable. Por el contrario, cuando el Estado se hace presente a través del dictado de normativas o del accionar de sus funcionarios, muestra la mayoría de las veces una clara complacencia con los procesos que se están desarrollando y con los nuevos actores que operan sobre la sociedad regional de manera paternalista. Ejemplo de ello es la muy reciente modificación de la Ley Nacional 26.737 de 2011 que, sin afectar derechos adquiridos, limitaba la titularidad y posesión de tierras rurales a personas físicas o jurídicas extranjeras. El Decreto 820 de 2016, en cambio, volvió más laxas las restricciones para la venta de campos a extranjeros, sosteniendo el interés por destrabar las inversiones externas hasta que se tratase un nuevo proyecto para regular la transferencia del recurso.

A modo de síntesis

La incorporación de las tierras patagónicas al dominio del Estado nacional en el último cuarto del siglo XIX marca sin duda un punto de inflexión para esos territorios. Las políticas públicas, el uso de los recursos, los actores sociales vinculados a ellos y las prácticas socioeconómicas pasaron a partir de entonces por diversas transformaciones que incidieron en la trama de relaciones que se fue definiendo a nivel regional.

La crianza de ganado en el sur argentino, cuyo inicio la historiografía en general había situado a partir de la expansión de la frontera, de la conquista militar y del corrimiento ovino producto de las transformaciones operadas en la pampa húmeda hacia los años de 1880, reconocía, sin embargo, antecedentes ancestrales. Las sociedades indígenas de la Patagonia habían desarrollado, sobre todo en las áreas cercanas a la Cordillera de los Andes, la cría y engorde de ganado que era trasladado al oeste a través de múltiples pasos montañosos e intercambiado en las áreas colindantes por otros artículos de consumo. Esa práctica subsistió alrededor de medio siglo luego del avance de la frontera por las fuerzas militares, mayoritariamente en manos de pequeños y medianos productores, muchos de ellos familias indígenas y criollas, aunque el comercio de un ganado vacuno y ovino rústico cuyos cueros, lanas, grasa y carne eran demandados por las ciudades de la Araucanía chilena, también fue una práctica que asumieron grandes productores de la norpatagonia conocedores de ese funcionamiento espacial y social.

Sin embargo, la coexistencia de esos actores diversos en la región no fue armónica. Las políticas públicas con que el Estado nacional diseñó la entrega de esas tierras a particulares fueron generando la presencia y consolidación de propietarios y arrendatarios de grandes extensiones que colisionaron con las familias indígenas sobrevivientes y con los productores criollos que ya estaban asentados en la región. La disputa por las mejores tierras se definió claramente a favor de quienes poseían suficiente capital o acceso al crédito, información sobre las superficies ofrecidas por el Estado nacional y vínculos con el poder político, en detrimento de los ocupantes que carecían de esos recursos y desarrollaban prácticas socioeconómicas no necesariamente capitalistas vinculadas muchas veces a una particular cosmovisión respecto de los recursos tierra y agua y a las formas de relacionarse con la naturaleza.

Las declamadas intenciones de los gobiernos nacionales durante los setenta años de persistencia de los Territorios como unidades administrativas dependientes del poder ejecutivo, en relación con la necesidad de poblar las tierras patagónicas y establecer colonos, contemplando incluso un lugar –aunque siempre subordinado- para las comunidades indígenas y los crianceros en tierras fiscales, no se correspondió con tramitaciones menos burocráticas ni con instancias de control que garantizaran el cumplimiento de tales intenciones. En los hechos, las agencias estatales nacionales y sus funcionarios convalidaron y consolidaron, con escasas excepciones, una situación en relación con la tenencia y con el uso de los recursos que fue tejiendo una trama de relaciones compleja y muchas veces conflictiva entre los actores presentes en el espacio patagónico.

La transformación de los Territorios en provincias, con autonomía política y administrativa, no modificó en lo inmediato la situación descripta. Sin embargo, las crisis sucesivas que afectaron a las actividades agropecuarias, sobre todo a las ganaderas, sumadas al fuerte impulso que desde los gobiernos locales y nacionales se dio a la explotación de los recursos hídricos e hidrocarburíferos –petróleo y gas-, importantes para el pretendido desarrollo de la industria pesada en el país y considerable fuente de ingreso vía regalías para los nuevos Estados provinciales en un contexto internacional favorable, agravó la situación de la actividad históricamente dominante y con ella la de los productores ganaderos. Sin duda, los pequeños y medianos crianceros criollos, inmigrantes e indígenas, fueron los más perjudicados en este nuevo esquema. Las políticas que pretendieron "integrarlos" al sistema a partir de una mayor estabilidad en la tenencia de la tierra –incluyendo en algunos casos la explotación forestal- no tuvieron, como se ha podido observar, un impacto beneficioso en el corto y mediano plazo.

Por el contrario, la precariedad y la inestabilidad de la ocupación persistieron en un contexto de fuertes disputas por los recursos naturales, que en las últimas décadas tiene como protagonistas a algunos grandes propietarios ganaderos, a privados extranjeros y argentinos con considerable capital y vinculados a la explotación de los recursos paisajísticos y a la conservación, a empresas nacionales y transnacionales ligadas a la explotación hidrocarburífera, y a los Estados nacional y provinciales que propician el desarrollo de las nuevas actividades en tanto protagonistas en la recaudación fiscal de los mismos. Las políticas destinadas a mejorar las condiciones de producción y de vida de aquellos que aún tienen una relación inestable con la tierra que ocupan –sean estos criollos, inmigrantes o comunidades indígenas vinculados a la ganadería tradicional- no son suficientes para revertir la situación de extrema precariedad de esos actores sociales. En el caso de las comunidades, incluso, es notoria la forma en que se ha burocratizado el cumplimiento de las normativas nacionales e internacionales que regulan el reconocimiento de las mismas como pueblos originarios y de la tierra que ocupan. La situación hasta aquí descripta ha derivado en los últimos años en un considerable incremento de la conflictividad social emergente de esa trama de relaciones compleja y decididamente asimétrica.

Bibliografía

ARGERI, María Elba (2005), *De guerreros a delincuentes. La desarticulación de las jefaturas indígenas y el poder judicial. Norpatagonia, 1880-1930*, Madrid, España, Consejo Superior de Investigaciones Científicas.

ARIAS, Fabian y BLANCO, Graciela (2016), "La tierra en disputa: la normativa estatal y las comunidades mapuche de Neuquén. Un análisis en el largo plazo, 1880-2015", en Banzato, G.; Blanco, G. y Perren, J. (comps.), *Expansión de la frontera productiva y estructura agraria argentina, siglos XIX-XXI*, Buenos Aires, Prometeo-Asociación Argentina de Historia Económica.

BANDIERI, Susana (2000), "Ampliando las fronteras: la ocupación de la Patagonia", en Lobato, M. (dir.), *Nueva Historia Argentina: El progreso, la modernización y sus límites (1880-1916)*, vol. 5, Buenos Aires, Editorial Sudamericana.

BANDIERI, Susana (2005), *Historia de la Patagonia*, Buenos Aires, Sudamericana.

BANDIERI, Susana (2014), "¡También somos Argentinos! Territorios sin ciudadanos", en Sierra, M.; Pro, J. y Mauro, D. (eds.), *Desde la Historia. Homenaje a Marta Bonaudo*, Buenos Aires, Imago Mundi, pp. 47-72.

BANDIERI, Susana y BLANCO, Graciela (1998), "Propietarios y ganaderos chilenos en Neuquén: una particular estrategia de inversión (fines del siglo XIX y comienzos del XX)", *Estudios Trasandinos*, año2, Nº 2, Santiago de Chile, pp. 43-74.

BANDIERI, Susana y BLANCO, Graciela (2009), "Política de tierras en los territorios nacionales. Entre la norma y la práctica", en Blanco, G. y Banzato, G. (coords.), *La cuestión de la tierra pública en Argentina. A 90 años de la obra de Miguel Ángel Cárcano*, Rosario, Prohistoria, pp. 163-199.

BLANCO, Graciela (2008), "La disputa por la tierra en la Patagonia norte. Ganadería, turismo y apropiación de recursos naturales en Neuquén a lo largo del siglo XX", *Páginas. Revista Digital de la Escuela de Historia*, UNR, año 1, N° 2, Rosario, agosto-diciembre.

BLANCO, Graciela (2012), "Las sociedades anónimas cruzan los Andes: los inversores chilenos en Neuquén al comenzar el siglo XX", *ALHE-América Latina en la Historia Económica*, México, Nº 38, mayo-agosto.

BLANCO, Graciela (2016), "Los ocupantes de tierras en la Norpatagonia. Los inspectores nacionales, el colono ideal y el poblador real al comenzar el siglo XX", *Historia Regional*. Sección Historia, ISP Nº 3, Villa Constitución, año XXIX, Nº 35, julio-diciembre, pp. 51-66.

BLANCO, Graciela y BLANCO, Mónica (2008), "Expansión de la frontera productiva y oportunidades para el crecimiento empresario en el espacio pampeano-patagónico", en Bandieri, S.; Blanco, G. y Blanco, M. (coords.), *Las escalas de la historia comparada. Empresas y empresarios. La historia regional,* Tomo II, Buenos Aires, Miño y Dávila Edit., pp. 89-106.

BENDINI, Mónica (coord.) (1993), *Campesinado y ganadería trashumante en la provincia del Neuquén,* Buenos Aires, GESA-UNComahue/Ed. La Colmena.

BENDINI, Mónica; ALEMANY, Carlos (comps.) (2005), *Crianceros y chacareros en la Patagonia,* Cuaderno GESA 5, INTA-INCRD, Buenos Aires, La Colmena, pp. 23-40.

CRESPO, Carolina (2014), "Memorias de silencios en el marco de reclamos étnico-territoriales. Experiencias de despojo y violencia en la primera mitad del siglo XX en el Parque Nacional Lago Puelo (Patagonia, Argentina)", *Cuicuilco,* ENAH, México, vol. 21, N° 61, septiembre-diciembre, pp. 165-187.

DELRIO, Walter M. (2005), *Memorias de expropiación. Sometimiento e incorporación indígena en la Patagonia: 1872-1943,* Universidad Nacional de Quilmes, Bernal.

FALASCHI, Carlos (dir.) (1996), "Informe final. Defensa y reivindicación de tierras indígenas", proyecto especial de Investigación y Extensión UNCo-APDH, proyecto D015 FADECS, Neuquén, mayo.

FINKELSTEIN, Débora (2005), "La colonia aborigen de Cushamen y la reubicación de indígenas con posterioridad a la llamada Conquista al Desierto", en Finkelstein, D. y Novella, M., *Poblamiento del Noroeste del Chubut. Aportes para su historia,* Esquel, Chubut, Fundación Ameghino, pp. 49-75.

GAVIRATI, Marcelo (2005), "Las colonias que no fueron. Inmigración programada versus inmigración espontánea en el área cordillerana de Río Negro, Chubut y norte de Santa Cruz (1885-1905)", en Finkelstein D. y Novella M., *Poblamiento...*, op. cit, pp. 77-88.

GIUSSIANO, Marcelo y SÁNCHEZ REICHE, Graciela (2002), "¿Conservar la naturaleza o afianzar la frontera? El caso del Parque Nacional Lago Puelo", *Revista Pueblos y Fronteras de la Patagonia Andina*, El Bolsón, Chubut, N° 3, pp. 42-49.

KLIPPHAN, Andrés y ENZ, Daniel (2006), *Tierras S.A. Crónicas de un país rematado*, Buenos Aires, Aguilar.

MARE, Marcos Damián (2009), "Uso de las tierras, fisiografía y degradación en el noreste del departamento Aluminé, Neuquén", *Mundo Agrario*, La Plata, vol. 9, N° 18.

MASES, Enrique (2010) [2001], *Estado y cuestión indígena. El destino final de los indios sometidos en el sur del territorio. 1878-1930*, Buenos Aires, Prometeo.

MASES, Enrique y GALLUCCI, Lisandro (2007), "La travesía de los sometidos. Los indígenas en el territorio de Río Negro, 1884-1910", en Ruffini, M y Masera, R.F. (coords.), *Horizontes en perspectiva. Contribuciones para la historia de Río Negro, 1880-1955*, vol. I, Viedma, Fundación Ameghino, pp. 125-162.

MIGUEZ, Eduardo (1985), *Las tierras de los ingleses en la Argentina: 1870-1914*, Buenos Aires, Editorial de Belgrano.

MINIERI, Ramón (2007), *Ese ajeno sur. Un dominio británico de un millón de hectáreas en la Patagonia*, Viedma, Río Negro, Fondo Editorial Rionegrino.

NAHUELQUIR, Fabiana (2016), "Entre desplazamientos y expropiaciones: estrategias y memorias de familias radicadas en la Colonia San Martín (Chubut) para permanecer juntos", en Briones, C. y Ramos, A. (comps.), *Parentesco y política: Topologías indígenas en Patagonia*, Viedma, Río Negro, UNRN Editora, Colección Aperturas.

PEREZ, Pilar (2016), *Archivos del silencio. Estado, indígenas y violencia en Patagonia central, 1878-1941*, Buenos Aires, Prometeo.

QUIJADA, Mónica (2000), "Indígenas: violencia, tierras y ciudadanía", en Quijada, M.; Bernard, C. y Schneider, A. (comps), *Homogeneidad y Nación con un estudio de caso: Argentina, siglos XIX y XX*, Madrid, España, Consejo Superior de Investigaciones Científicas.

SÁNCHEZ, Gonzalo (2006), *La Patagonia vendida. Los nuevos dueños de la tierra*, Buenos Aires, Edit. Marea.

SÁNCHEZ, Gonzalo (2011), *La Patagonia perdida. La lucha por la tierra en el sur argentino*, Buenos Aires, Edit. Marea.

SVAMPA, Maristella y VIALE, Enrique (2014), *Maldesarrollo. La Argentina del extractivismo y el despojo*, Buenos Aires, Katz Editora.

TOZZINI, M. Alma (2011), "Pagarnos con lo propio. Trayectorias comunes en territorios desgajados", en Valverde, S.; Maragliano, G.; Impemba, M. y Trentini, F. (eds.), *Procesos históricos, transformaciones sociales y construcciones de fronteras. Aproximaciones a las relaciones interétnicas (Estudios sobre Norpatagonia, Argentina y Labrador, Canadá)*, Buenos Aires, Edit. Universidad de Buenos Aires, pp. 275-305.

TOZZINI, M. Alma (2014), *"Pudiendo ser mapuche". Reclamos territoriales, procesos identitarios y Estado en Lago Puelo, Provincia de Chubut*, San Carlos de Bariloche, IIDyPCa-CONICET-UNRN, Colección TESIS, disponible en https://goo.gl/Ef73pr.

TOZZINI, M. Alma (2015), "Urdiendo solicitudes de tierra en reparticiones estatales. Un análisis del expediente de la reserva indígena de Colonia Gualjaina, N.O. de Chubut en la etapa territoriana", *Estudios del ISHiR*. año 5, N° 13, pp. 58-76.

VAPÑARSKY, César A. (1983), *Pueblos del Norte de la Patagonia 1779-1957*, General Roca, Editorial de la Patagonia.

Los autores

Susana Bandieri

Profesora y licenciada en Historia por la Universidad Nacional del Comahue y doctora en Historia por la Universidad Autónoma de Madrid. Profesora de Historia Argentina en la Facultad de Humanidades de la UNCo e investigadora principal del CONICET. Ha sido presidenta de la Asociación Argentina de Historia Económica y es actualmente directora del Instituto Patagónico de Estudios de Humanidades y Ciencias Sociales –IPEHCS- (CONICET-UNCo). Sus investigaciones más relevantes giran en torno a la idea de frontera como espacio social y a la historia patagónica en perspectiva regional, temas sobre los que ha escrito numerosos artículos en revistas especializadas, capítulos y libros, en el país y en el extranjero.
susana.bandieri@gmail.com

Sandra Fernández

Doctora en Historia por la UNR y máster en Ciencias Sociales por FLACSO. Actualmente es investigadora independiente de CONICET y profesora titular regular de la cátedra de Seminario Regional de la carrera de Historia de la UNR, así como coordinadora de la Maestría en Enseñanza de la Historia de la UNR. Su perfil de investigación y docencia se encuentra dedicado a la Historia regional/local, así como al estudio de la problemática de la sociabilidad y el espacio público en las primeras décadas del siglo XX argentino. Su producción científica puede recorrerse en diferentes artículos, libros y compilaciones, tanto en el país como en el extranjero.
7acequias@gmail.com

Nidia Areces

Doctora en Historia. Investigadora del ISHIR (CONICET-UNR). Miembro de Número de la Junta de Estudios Históricos de Santa Fe. Autora de libros, compilaciones y numerosos artículos, entre otros *Poder y sociedad. Santa Fe la Vieja, 1573-1660* (comp.); *Estado y frontera en el Paraguay. Concepción durante el gobierno del Dr. Francia*; *La América española. Temas y fuentes* (coord.); *Las fronteras como espacios sociales en América del Sur. Hacia una perspectiva comparada* (coord. en colaboración).
nidia_areces@ciudad.com.ar

Gabriela Sica

Doctora por la Universidad de Sevilla. Máster en Historia Latinoamericana. Investigadora adjunta del Consejo Nacional de Investigaciones Científicas y Técnicas (CONICET). Profesora en la Facultad de Humanidades y Ciencias Sociales de la Universidad Nacional de Jujuy. Posee numerosas publicaciones especializadas en el estudio de las transformaciones de sociedades indígenas coloniales en Jujuy, siglos XVII al XIX, encomiendas, tributo mita de plaza, autoridades indígenas coloniales, arriería indígena colonial, forasteros y tierras indígenas.
gabrielasica@gmail.com

Gabriella Dalla-Corte Caballero

Profesora titular de Historia de América de la Universitat de Barcelona. Desde el año 2015 dirige el *Boletín Americanista, Revista Científica de la Universitat de Barcelona* (RCUB). Es doctora en Historia de América (1999) y doctora en Antropología Social y Cultural (2000) por la UB; así como profesora y licenciada en Historia, y magíster en Estudios de Género de la Universidad Nacional de Rosario (UNR),

Argentina. En los últimos años ha publicado diversos libros vinculados a la historia regional de Argentina y Paraguay en importante editoriales argentinas y del extranjero.
dallacorte@ub.edu

Claudia Salomón Tarquini

Profesora y licenciada en Historia por la UNLPam y doctora en Historia por la UNICEN. Es investigadora adjunta del CONICET y profesora adjunta regular en la Facultad de Ciencias Humanas, Universidad Nacional de La Pampa. Ha publicado libros, artículos y capítulos en temas relacionados con historia regional, identidades, alteridades e historia de poblaciones indígenas regionales, y en los últimos años se ha dedicado a la historia comparada de estudios indígenas entre distintos países.
claudia.salomon.tarquini@gmail.com

Sonia Tell

Doctora en Historia por la Universidad Nacional del Centro de la Provincia de Buenos Aires. Actualmente se desempeña como investigadora adjunta de CONICET con lugar de trabajo en el Instituto de Humanidades (CONICET/UNC) y como profesora titular de Historia de América I (Escuela de Historia, FFyH-Universidad Nacional de Córdoba). Se especializa en el estudio de sociedades indígenas y campesinas de Córdoba entre los siglos XVIII y XIX.
soniatell2007@gmail.com

Viviana Conti

Doctora en Historia por la Universidad Nacional de La Plata, investigadora independiente del CONICET, profesora titular en la Facultad de Humanidades y Ciencias Sociales

de la Universidad Nacional de Jujuy. Ha publicado libros, capítulos y artículos sobre Historia Económica y Social regional andina del siglo XIX.
viviconti@gmail.com

Roberto Schmit

Doctor en Historia por la Universidad Nacional de Buenos Aires. Investigador independiente del CONICET. Profesor regular de Historia de América Colonial en la Facultad de Filosofía y Letras de la UBA y de Historia Argentina I en la UNGS. Ha publicado libros, capítulos de libros y artículos sobre comercio, fiscalidad, economía rural y política de los siglos XVIII y XIX en el Río de la Plata.
rschmit@ungs.edu.ar

Daniel Santilli

Doctor en Historia por la Universidad de Buenos Aires; investigador del Instituto de Historia Argentina y Americana "Dr. E. Ravignani" en historia económica y demografía histórica. Docente de la cátedra de Historia Argentina I (1776-1862) de la carrera de Historia de la Universidad de Buenos Aires. Ha dictado seminario de grado y posgrado en diversas universidades nacionales. Ha publicado numerosos artículos en revistas especializadas nacionales e internacionales, así como contribuido con capítulos en varios libros sobre historia argentina de la primera mitad del siglo XIX.
dvsantilli@gmail.com

Guillermo Banzato

Profesor, licenciado y doctor en Historia por la Universidad Nacional de La Plata. Es profesor en la Facultad de Humanidades y Ciencias de la Educación e investigador independiente en el Centro de Historia Argentina y Americana, Instituto de Investigaciones en Humanidades y Ciencias

Sociales (UNLP-CONICET). Miembro correspondiente de la Academia Nacional de la Historia en la provincia de Buenos Aires. Ha publicado libros, artículos en revistas y capítulos de libros en el país y el exterior.
gbanzato@fahce.unlp.edu.ar

María Cecilia Rossi

Doctora en Historia por la Universidad Nacional de La Plata. Docente e investigadora de la Universidad Nacional de Santiago del Estero. Fue coordinadora académica de la Licenciatura en Historia entre 2000 y 2010. Miembro correspondiente de la Academia Nacional de la Historia en la provincia de Santiago del Estero. Ha publicado artículos en revistas de la especialidad y capítulos de libros.
mcrhecker@gmail.com

Mónica Blanco

Doctora en Historia por la Universidad Nacional de La Plata y magíster en Historia Latinoamericana por la Universidad Internacional de Andalucía (España). Es investigadora del CONICET, profesora de Historia Americana del siglo XX en la Facultad de Ciencias Humanas de la UNICEN y directora del Centro Interdisciplinario de Estudios Políticos, Sociales y Jurídicos (CIEP), radicado en dicha unidad académica. Se ha especializado en estudios sobre Historia Agraria Argentina del siglo XX. Ha publicado varios artículos en revistas argentinas y extranjeras, capítulos de libros y libros sobre el agro pampeano.
mblanco@fch.unicen.edu.ar

Silvia Lázzaro

Doctora en Historia por la Universidad Nacional de La Plata, investigadora del CONICET y del Instituto de Investigaciones en Historia y Ciencias Sociales (IdIHCS/CONICET),

Facultad de Humanidades, UNLP. Profesora titular en las Facultades de Humanidades y de Ciencias Económicas, ambas de la UNLP, en el área de Historia Argentina. Ha publicado artículos en revistas especializadas nacionales e internacionales, capítulos de libros y libros sobre historia económica y social agraria.
slazzaro@isis.unlp.edu.ar

Daniel Campi

Licenciado en Historia por la Universidad Nacional de Tucumán y doctor en Geografía e Historia por la Universidad Complutense de Madrid, es investigador principal del CONICET y profesor titular de Historia Económica en la UNT. Su principal línea de investigación se centra en el mundo del trabajo en la coyuntura del auge azucarero tucumano de la segunda mitad del siglo XIX, aunque también ha realizado contribuciones sobre política azucarera argentina, sobre la emergencia de la cuestión social en Tucumán en el tránsito del siglo XIX al XX y algunas aproximaciones comparativas con otros complejos azucareros latinoamericanos.
daniel_campi@yahoo.com.ar

Daniel Moyano

Licenciado en Historia y doctor en Humanidades (Área Historia) por la Universidad Nacional de Tucumán. Revista como investigador asistente del CONICET con sede en el Instituto Superior de Estudios Sociales (CONICET/UNT) y como miembro del Instituto de Estudios Socio-Económicos (Facultad de Ciencias Económicas – UNT). Se especializa en historia de empresas y empresarios azucareros entre fines del siglo XIX y principios del siglo XX, y trabaja temáticas relacionadas con el cambio tecnológico y la innovación en dicha agroindustria.
moyano79@gmail.com

Ana Teruel

Licenciada en Historia por la Universidad Nacional de Jujuy y doctora en Historia por la Universidad Nacional de La Plata. Es investigadora independiente de CONICET y directora de la Unidad Ejecutora en Ciencias Sociales Regionales y Humanidades -UE CISOR- (CONICET/UNJu). Profesora titular de la cátedra de Historia Política, Económica y Social de América y Argentina en la Facultad de Humanidades y Ciencias Sociales de la UNJu. Es autora de numerosas publicaciones sobre historia socioeconómica regional, fronteras indígenas, estructuras agrarias y derechos de propiedad de la tierra en el noroeste argentino y el sur de Bolivia.
aateruel13@gmail.com

Graciela Blanco

Licenciada en Historia por la Universidad Nacional del Comahue y doctora en Historia por la Universidad Nacional de La Plata. Investigadora Independiente del CONICET en el Instituto Patagónico de Estudios de Humanidades y Ciencias Sociales –IPEHCS- (CONICET-UNCo). Docente del Área de Historia Argentina, siglo XIX en la carrera de Historia y del Área de Historia Argentina Contemporánea en la carrera de Medios de Comunicación Social, ambas de la Universidad Nacional del Comahue.
graciela.blanco47@gmail.com

María Alma Tozzini

Profesora y licenciada en Ciencias Antropológicas por la Universidad de Buenos Aires, magíster en Antropología Social por la Universidad Nacional de Misiones y doctora en Antropología por la Universidad de Buenos Aires. Investigadora asistente del Consejo Nacional de Investigaciones Científicas y Tecnológicas (CONICET) en el Instituto

de Investigaciones en Diversidad y Procesos de Cambio (IIDyPCa). Docente de la carrera de Ciencias Antropológicas de la Universidad Nacional de Río Negro.
almatozzini75@gmail.com

Este libro se terminó de imprimir en junio de 2017 en Imprenta Dorrego (Dorrego 1102, CABA).

www.ingramcontent.com/pod-product-compliance
Lightning Source LLC
LaVergne TN
LVHW090545110826
845146LV00001B/21

* 9 7 8 9 8 7 7 2 3 1 3 3 5 *